普通高等教育公共管理类十二五规划教材

公共组织理论

第二版

主　编　苏忠林

副主编　刘　婧　曾婧婧　李云新

WUHAN UNIVERSITY PRESS

武汉大学出版社

图书在版编目(CIP)数据

公共组织理论/苏忠林主编;刘婧,曾婧婧,李云新副主编.—2 版.—武汉：
武汉大学出版社,2013.4(2020.12 重印)
普通高等教育公共管理类十二五规划教材
ISBN 978-7-307-10587-4

Ⅰ.公⋯ Ⅱ.①苏⋯ ②刘⋯ ③曾⋯ ④李⋯ Ⅲ.管理组织学—高等
学校—教材 Ⅳ.C936

中国版本图书馆 CIP 数据核字(2013)第 056293 号

责任编辑:李 琼   责任校对:王 建   版式设计:韩闻锦

出版发行:**武汉大学出版社** (430072 武昌 珞珈山)
    (电子邮箱:cbs22@whu.edu.cn 网址:www.wdp.com.cn)
印刷:黄冈市新华印刷股份有限公司
开本:787×1092 1/16 印张:19.25 字数:465 千字 插页:1
版次:2007 年 6 月第 1 版 2013 年 4 月第 2 版
    2020 年 12 月第 2 版第 2 次印刷
ISBN 978-7-307-10587-4/C·344 定价:35.00 元

目　　录

第1章
导　　论

学习目的

通过本章的学习，了解公共组织理论的基本概念、研究对象、研究方法以及和有关学科的关系，从而为后面有关章节的学习打下一定的知识基础。

本章重点

1. 公共组织概念与分类。
2. 公共组织与私营组织的异同。
3. 公共组织理论的研究意义。

1.1　组织与公共组织

1.1.1　组织概述

1. 组织的含义

组织是人类社会最普遍、最常见的现象，各级政府、各个党派、政治团体、学校、医院和工厂等就是组织具体的形态。社会的组织程度越高，说明人类的力量越大。因为人类的力量本质上是组织的力量。现代社会人类在科技、经济和社会文明发展等方面取得的巨大成就，正是人类社会高度组织化的结果。

组织这个词，英语为"organization"，源于器官（organ）。因为"器官"是指自成系统的、具有特定功能的细胞结构，所以后来又被从单纯的生物意义上引申到社会群体中，专门指以人为对象，把众多的人集合起来，发挥团队精神，以实现一个共同目标的人群系统。在我国汉语中"组织"的原始意义是"编织"，指将丝麻纺织成布，后来被引申为将某种物体的构成要素组合成一个整体。

人类的组织产生于人类社会的生产斗争和社会斗争中。这是因为在人类社会的发展过程中，由于个人有所期望而又无力实现这些期望，于是就需要和他人相互依存、相互合作，联合起来，共同行动，以创造群体合力。长期的实践使人们产生发展这种合作、增进相互依存关系，并使这种关系科学化、合理化，以不断提高群体效能的要求。组织就是人们对于这种要求的认识和行动的结果，它是社会、国家、地区、部门实行管理、维持秩序和发挥效能的重要手段。

正因为组织很重要，所以有许多学者开始关注组织，并进行了广泛的研究。

美国著名管理学家佳里斯·摩根（Gareth Morgan）在 1986 年出版了《组织的形象》一书，在这本书中他运用了不同的组织比喻。他提出要通过多种方式，从不同角度综合认识组织这一复杂的社会现象。

（1）组织机器论。组织的运转往往是循规蹈矩的，力求像钟表结构那样误差极小。组织被设计得像一部机器，雇员被期望发挥机器部件的作用，一环扣一环，维持机器的运转。雇员的每一步行动都进行了预先的设计，并有明确的时间限制，即使在需要进行人际交往的环境中也是如此，雇员接待顾客要严格按步骤操作，甚至具体的表情和动作都有明确的规定。这种方式的组织设计与管理曾获得过巨大的成功。

（2）组织生态论。组织也是一个生命体，生存于一个极为广阔的环境之中，并依赖于这种环境满足不同的需要。仔细观察一下组织的世界，人们不难发现，可以根据不同的环境来区分不同类型的组织。一般来讲，某种类型的组织在特定的环境条件下比其他类型的组织有更好的适应能力。比如官僚组织在稳定的和受到一定保护的环境中，就会比其他类型的组织表现得更富有效率，而在一种充满竞争和动荡变化的环境条件下，其他类型的组织可能会表现出更强的生命力。

（3）组织大脑论。有一个非常令人神往的想法，就是将组织设计得像大脑那样富有灵活性、伸缩性和创新性。组织的大脑比喻，突出的是它的自我调节能力、信息处理能力，摒弃了工具理性，完善了实体理性，强调灵活的权责体系、富有弹性的组织结构和沟通形式，以适应不断变化的主客观条件。许多管理学家和组织行为学家曾把过多的注意力集中在一些特殊的组织上，如计划小组、思想库、研究部门和决策机构等，片面地认为只有这样的组织，才需要灵活多变的创造性行为，需要具有像大脑一样的调节功能，然而组织大脑论的作用并非局限于此，这种理论普遍适用于多种类型的组织，是组织理论发展的又一新成果。

（4）组织文化论。组织与文化是相伴相生的，大凡有组织存在的地方，必然伴随着文化的形成。组织文化是共性和个性的统一体。组织文化的影响力几乎遍及现代社会的各个角落，然而，组织文化更突出的特征是其固有的个性。现代文化的重要方面根植于组织社会，而任何文化都具有历史性、民族性和继承性的特点，都是在长期的实践过程中逐步产生和积淀而成。组织受文化创造主体及其环境因素的变化影响，根植于历史、社会、民族之中，因此从形式到内容都会深深地打上这些烙印，从而形成各具特色的组织文化。总而言之，组织不仅是一种文化，而且是一种色彩各异的文化。

（5）组织政治论。现代组织中管理者与被管理者之间的矛盾是一个不能回避的现实问题。管理者经常谈论的是权威、权限、组织控制、上下关系等问题，而被管理者往往表现出抗争的情绪和极度的不满。这种现象使组织像一个按照不同政治原则行事的政治系统，其中地位的差异、权力的争夺、利益的冲突，无不属于政治的范畴，可以讲政治是组织固有的内涵。

（6）组织心狱论。组织是一种心理现象，通过自觉与不自觉的过程，人类创造了组织并努力使其发展，为此，发明了组织的形象、理念、思想和行为，这些反过来又逐渐对组织成员形成明显的限制和约束。

（7）组织动态论。把组织比喻成一个不断变化着的事物，就是要运用辩证观点来认识和解释组织现象，从组织的整体和全部看它的个体和局部，从统一联系看矛盾和问题，从绝对运动看相对静止，从发展变化看客观规律，总之，组织的动态比喻为人们提供了一种正确分析组织现象的辩证方法。

（8）组织统治论。组织总是个人或小团体设法把他们的意愿强加给其他人，以牺牲其他人的利益来满足自身利益的一种工具。持这种观点的组织学者都认为成就与剥削的结合是组织的一个重要特征，无论是从古埃及大金字塔的建设，还是从一支军队、一家跨国公司，甚至一个家庭企业的管理中，我们都不难发现这种不平衡的权力体系，其结果只会导致绝大多数人为极少数人的利益工作。[1]

胡君辰和杨永康认为，组织是由一些功能相关群体组成的有共同明确目标的人群集合体。[2]

孙成志和孙天隽对组织则是这样理解的：组织就是存在于特定的社会环境中，由人群构成的，为了达到共同目标，通过责权分配和层次结构形成的一个完整的有机体。[3]

张东建和陆江兵认为，组织是具有一致性目标的人们按照一定的原则所建构起来的、相互协作并具有一定边界的社会群体。[4]

张德和吴志明认为，组织是对完成特定使命的人的系统性安排。[5]

本书认为，孙成志和孙天隽对组织的理解较具有代表性，因而使用他们的定义，即组织就是存在于特定的社会环境中，由人群构成的，为了达到共同目标，通过责权分配和层次结构形成的一个完整的有机体。这个定义包含了以下内容：

（1）社会环境。任何一个组织都存在于特定的社会环境之中，组织的形态、功能、结构、管理活动、文化都受到环境的影响，甚至是决定性的影响。

（2）人。人是组织的主体，人群中存在着复杂的人际关系、分工和合作，正是这些关系使得组织能够在运行中保持较高的效率。

（3）目标。任何组织都有一定的目标。无论这个目标是明确的，还是隐含的，目标是组织存在的基础。

（4）权责体系。组织要有不同的权力层次的责任制度。这是由分工而要求的，权力和责任是达成组织目标的必要保证。

（5）生命体。组织是一个具有生命力的有机体，组织会成长、发展、衰落、消亡，组织管理效能、环境压力强弱，对组织的生存和发展影响很大。

---

①　详见谢明：《政策分析概论》，中国人民大学出版社，2004 年版，第 49~55 页。

②　胡君辰、杨永康：《组织行为学》，复旦大学出版社，2002 年版，第 2 页。

③　孙成志、孙天隽：《组织行为学》，中国金融出版社，2004 年版，第 3 页。

④　张东建、陆江兵：《公共组织理论》，高等教育出版社，2002 年版，第 3 页。

⑤　张德、吴志明：《组织行为学》，东北财经大学出版社，2002 年版，第 3 页。

2. 组织的功能

抽象地研究组织，我们发现组织有两种基本作用，即人力汇集作用和人力放大作用。

（1）人力汇集作用。社会中单个的人对于自然来说，力量是渺小的，单个的人不仅不能发展自己的生活，有时甚至不能维持自己的生存。在自然选择面前，人们需要联合起来，互相协作，共同从事某项活动。这种联合与协作是以各种组织的形式完成的，它实际上是个人力量的一种汇集，积细流以成江河，把分散的个人汇集成为集体，进而在同大自然的搏斗中实现个人存在的价值。人力汇集这种组织行为，需要借助于一个组织体系，要做好充分的准备，要筹划好人力的集中与分配。仓促而成的大规模社会活动是不会得到好的结果的。

（2）人力放大作用。组织起来的力量绝不等于个体力量的算术和，正如亚里士多德所说的一样，整体大于各个部分的总和。正是从这个意义上说，社会组织具有一种放大人力的作用，即对汇集起来的个体力量的放大。人力放大是人力之间分工和协作的结果，而任何人力的分工和协作都必然发生于一定的组织体系之中。①

3. 组织的类型

在社会生活中，组织的类型十分复杂，人们按照不同的标准对组织进行了不同的分类。我们介绍以下几种常见的分类方式：

（1）美国著名社会学家帕森斯（T. Parsons）根据社会功能不同，将组织分为以经济生产为导向的组织、以政治为导向的组织、整合组织和模式维持组织。以经济生产为导向的组织是以经济生产为核心，运用一切资源扩大组织的经济生产能力。这类组织除生产产品外，还负责劳务工作，所以，这种组织的范围非常广泛，包括工厂、饭店等。以政治为导向的组织的目标在于实现某种政治目的，因此它的重点是权力的生产和分配，如政府部门等。整合组织的社会功能在于协调各种冲突，引导人们向某个固定目标发展，如法院、政党等；模式维持组织的社会功能在于维持固定的形式，确保社会的发展，如学校、教会、社会团体等。这种分类方法被广泛承认和使用。

（2）美国社会学家、交换学派代表人物布劳（P. M. Blau）根据组织成员受惠程度的不同，把组织分为互利组织、企业组织、服务组织和公益组织。互利组织是指一般成员都可以获得实惠的组织，这种组织是以所有参加者都能够得到好处为依据，如政治团体、工会等。企业组织是组织的所有者或经理、股东等上层得到实惠的组织，这种组织获利最大者是组织的上层人士，如各种公司、银行等。服务组织是指为某些社会大众直接服务，使他们得到益处的组织，如大学、医院、福利机构等。公益组织是指为社会所有人服务的组织，如行政机关、军事机关、警察机关、科研机关等。

（3）美国著名社会学家艾桑尼（A. Etzioni）根据组织成员的顺从程度标准，将组织分成强制组织、功利组织和正规组织。强制组织是指用高压、威胁，甚至暴力等强制手段控制其成员行为的组织，如监狱、精神病院等。功利组织是指以金钱或物质为媒介来控制下属行为的组织，如各种工商企业。正规组织是指以荣誉鼓励的方式管理组织成员，而组织成员对这种管理方式认可的组织，如政党、学校等。

（4）按照组织的目标不同，可以把组织分为互益组织、工商组织、公共组织。互益

---

① 孙成志、孙天隽：《组织行为学》，中国金融出版社，2004年版，第6页。

组织是指以实现全体组织成员共同利益为目标而自愿结成的组织，包括政党组织、宗教组织、工会组织、俱乐部组织等。工商组织是指以赚取更多的经济利益为目标而组建的组织，包括工商企业、银行等。公共组织是指以维护、实现和发展社会全体公众的利益为目标的组织，包括国家权力机关，依赖国家公共财政运转的学校、医院、研究机构等。

1.1.2　公共组织的内涵

公共组织（Public Organization）及其活动对于现代人的重要性，就如同德怀特·沃尔多（Dwight Waldo）在 1955 年所说的那样："我们的福利、幸福以及个人生活在很大程度上都依赖于围绕和支持我们的行政机制工作的好坏。在现代社会中，从食物和住房的重要问题到我们的思想活动的氛围，行政的质量与我们的日常生活息息相关。不管愿不愿意，行政是每个人都应该关心的事情，如果我们希望生存下去，我们最好能理解它。"罗伯特·登哈特认为："在今日，公共组织对我们日常生活的重要性比 35 年前德怀特·沃尔多对其所做的评价更为贴切。在这期间，联邦、州以及地方的公共组织发展得非常庞大。现在，这个国家中有超过 1600 万的人受雇于政府。更重要的是，政府机构所要处理问题的范围和复杂性已经远远超过几年前我们所能想象的程度。"①

正因为公共组织如此重要，我们必须正确地理解它。许多学者基于自己的研究，对公共组织进行了定义。

叶常林和金太军认为，公共组织是指为了实现公共目标，以向社会提供公共物品和公共服务为手段，按照法定程序而建立起来的组织实体。②

孙多勇认为，公共组织是以公共利益为导向，以合法化的公共权力为动力，整合公共资源，解决公共问题，接受公共监督，为满足公众需求而设计的一种组织形式。③

张东建和陆江兵认为，公共组织是指在一个国家的特定地域社会中，以维护和实现公共利益为目的，拥有法定的或者授予的公共权力，承担相应公共责任的所有组织实体。④

帅学明认为，公共组织是指人们为了实现社会公共目标，向社会提供公共物品和服务，按照一定法律程序而建立起来的组织。⑤

综合以上学者的观点，我们认为，公共组织就是以维护和促进公共利益为目的，以向社会提供公共物品和公共服务为手段，按照一定法律程序而建立起来的组织实体。

公共组织的功能主要体现在以下五个方面：保持国家有效运转的政治功能；促进社会进步的管理功能；倡导以公平、效率两者兼顾的价值观；教育和诱导的功能；提供公共产品的服务职能。为了避免内容重复，这里不进行展开说明。我们将在本章第二节讨论公共组织与私营组织异同时再进行阐述。

① ［美］罗伯特·登哈特著，扶松茂、丁力译：《公共组织理论》，中国人民大学出版社，2001 年版，第 1 页。
② 叶常林、金太军：《公共管理学概论》，北京大学出版社，2005 年版，第 60 页。
③ 孙多勇：《公共管理学》，湖南人民出版社，2005 年版，第 168 页。
④ 张东建、陆江兵：《公共组织理论》，高等教育出版社，2002 年版，第 7 页。
⑤ 帅学明主编：《现代公共管理学》，华南理工大学出版社，2004 年版，第 13 页。

1.1.3 公共组织的构成要素

公共组织是由各种要素相互依存、相互作用而构成的有机系统。我们将这些要素分成两大类，即物质要素和非物质要素。

1. 物质要素

（1）人员。人是公共组织的主体和核心，离开了人的参与，公共组织将无法存在，一切活动都无法进行。公共组织成员的素质和智能状况，是影响公共组织效能的一个要素。因此，我们必须根据公共组织的需要，依据正确的公共人事政策，为公共组织配备一定数量和质量的人员。

（2）机构设置。机构是公共组织履行公共职能，实现公共目标的载体。机构设置是依据组织目标、职能范围在公共组织内部按分工不同设置的一些相互联系、相互作用、相互协作的单位、部门。为了使公共组织保持较高的效能，公共组织的机构设置必须科学合理。

（3）财务设备。经费和物资设备是构成公共组织的重要物质要素。没有经费，公共组织就无法进行投入公共物品的生产，也就无法向社会提供公共物品。另外，必要的办公场所、办公设备、公文图书和档案等也是公共组织开展各项活动所必不可少的。

2. 非物质要素

（1）公共组织目标。公共组织是根据一定目标设立的，其一切活动都是围绕着这一目标进行的。公共组织的目标是维护与实现公共利益。这个目标从本质上反映了公共组织的基本功能。我们将目标分为总目标、分目标和工作目标。组织目标的分化形成了一个完整的目标体系，具体规定了每个组织和个人在各个时间和空间内所要取得的最后成果。

（2）权责体系。权责体系是公共组织各个层级、各个部门和各个成员之间的一系列从属、并列关系，是公共组织结构的基础。权责结构配置是否科学，权责关系是否明确，是公共组织能否高效运转的关键。

（3）公共组织文化。公共组织文化是公共组织成员在长期的公务活动实践中逐渐形成的被全体成员共同认同的一套价值观念、行为模式。它包括精神文化、制度文化和器物文化三个层面。由于我国具有几千年的封建历史，所以在公共组织文化中还有许多不健康的东西。我们必须努力建设符合社会发展方向，体现现代公共价值观的具有中国特色的公共组织文化。因为公共组织文化是否先进，直接影响公共组织的发展和效能的发挥。

（4）法制规范。有效的公共组织，必须建立相应的规章制度和法律规范。法制规范是用正式文件或书面规定的形式明确组织目标、职能任务、工作程序、权责关系、内部分工以及活动方式的一种手段。法制规范的完善程度也是衡量公共组织是否健全的主要标志。

（5）技术信息。公共组织中的技术要素除了我们通常所说的管理技术如决策，执行和监督的原则、方式和方法外，还包括科学技术如利用计算机处理信息等。信息也是公共组织的重要构成要素，因为公共组织的管理活动的各个环节都涉及信息的交流、处理。公共组织内部之间以及与外部之间的信息交流是否通畅，直接关乎公共组织目标能否顺利实现。

1.1.4　公共组织的特点

公共组织是社会组织的一个类别，除了具备组织的一般特点外，还有其自身的一些特点，主要有以下几点：

1. 公共性

人类在产生与发展过程中，由于共同生活的需要，便形成了社会群体。在社会群体中，既有个人的特殊事务，也有关乎群体的共同事务，对群体共同事务的管理便是公共管理。公共组织产生于社会公共需要，它们"为公众所共用"的性质决定了其基本功能是维护社会的公共利益，解决社会公共问题，它的组织宗旨是为社会提供公共产品和服务。从另一个角度来看，它所管理的社会事务的公共性也决定了组织属性的公共性。因而无论是政府组织或是非政府组织，皆有此属性，而企业组织则是私营性的。

2. 社会性

公共组织产生于社会并具有管理社会公共事务的职能。政府组织产生于社会发展的需要，并以社会发展需要为基础形成了公共行政职能。在实施管理的过程中，它要不断地吸纳、代表和反映社会的要求，因此，社会性是政府组织的根本属性。非政府组织是为适应社会自我管理的需要而产生出来的，它本身就是一种社会自我管理、自我服务的组织，因此也具有社会性。企业组织虽然也提供社会服务，但是，公共组织所提供的管理与服务比企业组织的社会涵盖面更宽。

3. 服务性

公共组织以实现公共利益，服务于社会公众的生活作为根本宗旨。公共管理和公共组织产生的缘由，就是社会公众在长期的生产、生活中形成了共同的利益。如何使社会公众的共同利益得到最有效的维护和实现，促使人们对共同利益的维护和实现过程进行科学规划、合理组织和有效调控，于是产生了对公共利益维护和实现过程进行规划、组织、调控的部门，即公共组织。由此可见，公共组织的产生和存在始终是把如何按照社会公众的旨意来行事，如何为社会公众的物质生活、精神生活提供便利条件等作为自己的根本职责，体现出服务社会、造福大众的价值追求。服务性是公共组织的基本属性。

4. 非营利性

从社会学的角度，按照是否以谋取自身经济利益为目的作为标准，可将整个社会组织划分为营利组织与非营利组织。公共组织即属于非营利组织。非营利性，是一切公共组织的共同属性。公共组织的存在价值不是营利，而是为公共利益提供服务。比如，政府组织在履行社会责任时，是不应该也不可能去计算成本和收益的，非政府公共组织即使在开展活动中出现了收入盈余，也不能在组织成员和理事会之间进行分配。从其活动经费的来源来看，我国目前的公共组织在经费开支上有三种情况：第一种，完全由财政开支；第二种，财政给予部分补贴；第三种，自收自支，收支平衡。但无论何种形式，都是不以营利为目的的，这是公共组织与企业组织的实质性区别。

5. 民众参与性

人民大众的广泛参与，是公共组织区别于企业组织的又一个特征。民主化与法制化，是政府组织活动的宗旨，而要实现民主化的管理，必须有人民群众的广泛参与。例如，我国县乡人大代表需要选举产生；各级政府领导人的产生，要经过选民（代表）的认可；

国家重大方针政策的出台，要事先有代表性地征求各阶层人士的意见；宪法规定人民群众有权对政府组织及其工作人员的活动进行监督，等等。再从非政府组织来看，其本身就是群众性组织，是一种产生于群众之中并为群众服务的组织，是广大人民当家做主、进行自我管理的一种组织形式，是群众利益和愿望的代表者，离开了民众的积极支持与直接参与，该组织将不复存在。相比较而言，企业组织的活动，无论是主体还是客体，都只能是部分参与。

6. 公开性

公开性是公共组织的管理原则，由此而体现出公共组织的特征。从公共行政管理来看，民众对政府的政务活动及其过程具有知情权与监督权，因而政府必须增强施政的透明度，实行政务公开。非政府组织的民间性、自治性、自愿性等特征，更决定了其管理活动必须民主与公开，才能在社会中生存与发展。而企业组织出于生存竞争的需要，它的许多组织内部关键事宜是秘而不宣的。

1.1.5　公共组织的类型

公共组织数量很多，有的学者以公共组织所拥有的公共权力强制性的大小将公共组织划分为三类：强制型公共组织（政府）、半强制型公共组织（仲裁委员会、消费者权益保障委员会）、非强制型公共组织（基金会、文化和科学技术团体、院校、社区学校、医疗保障机构、研究所、咨询机构和服务机构）。还有学者依据公共组织的发展历程，将公共组织划分为三类：传统型公共组织、权变型公共组织和发展型公共组织。

按照大多数学者的分类方法，公共组织应包括政府（广义）组织与非政府组织。他们认为，我国改革开放以来，经济和社会的快速转型引起了公共管理格局的变化，公共管理领域正在形成两大块：政府部门的公共行政管理（广义）与非政府公共部门的中间事务管理。从组织系统来看，前者包括行政（狭义）、立法、司法机构，称为政府（广义）组织（见图 1-1）；后者包括事业单位、社区管理型组织、社会团体与民办非企业单位，称为非政府组织。

但是，有些组织还是不便于很好归类，如政党、公共企业，将它们归类到政府组织和非政府组织都不太合适。本书主张按照我国公共管理格局的实际，依据与公共管理的主体相对应的原则，将公共组织分为政府组织、政党组织、公共企业和非政府组织。

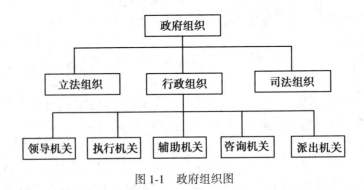

图 1-1　政府组织图

1. 政府组织

政府组织是指通过直接掌握和行使国家公共权力，负责处理国家公共事务的组织。无论从政府在公共部门中所处的核心地位以及所起的主导作用，还是从政府社会管理这一最基本的职能来看，政府部门都应该是公共事业最主要的管理主体，即在国家和社会公共事务的多元管理主体体系中处于核心地位。

在实行"三权分立、相互制衡"原则的国家，立法权、司法权和行政权分别由立法机关、司法机关和行政机关行使，相互制约。

我国实行的是议行合一的体制，人民代表大会及其常设机关是各级政府组织的权力机关，行政机关和司法机关由其产生并接受其领导。

国家立法权主要由我国的最高权力机关全国人民代表大会行使。全国人民代表大会主要职权有：制定和修改宪法和其他法律；监督宪法和法律实施；组织和监督中央以及其他政府组织；决定国家一切大政方针等。地方各级人民代表大会是地方国家权力机关，其主要职权是：保证宪法、法律、行政法规在本辖区得到遵守和执行；按照宪法规定的权限，通过和发布决议（有的可以制定地方法律），审查和决定地方的各项事业建设的计划；组织地方行政机关、司法机关等。

行政机关就是各级国家权力机关的执行机关，通常称为政府（狭义）。按照职权和管理范围可以分为最高行政机关——中央政府和地方行政机关——地方政府两部分。行政机关是政府组织的核心部分。

司法机关包括法院和检察院，是政府组织的重要组成部分。我国的审判机关独立行使审判权，由最高人民法院、地方各级人民法院和各专门人民法院构成。我国的检察机关独立行使国家检察权，它一般与法院系统平行设置，负责对有关主体贯彻执行国家法律的情况进行检察监督。

2. 政党组织

按照学术界的一般观点，政党组织不包含在公共管理主体之内。有的学者认为，上述观点不妥当，应该将政党组织包含在公共管理主体之内。尽管政党并不一定掌握公共权力，不直接从事公共管理活动，但是，几乎所有政党都会以自己的方式影响公共决策与公共资源的配置，也就是说，用间接的方式影响公共事务。对于直接掌握公共权力的执政党来说，情况就更不一样了。它是公共管理的直接参与者、公共资源的分配者、公共政策的直接制定者和执行者，因此，是公共管理的当然主体。2005 年 4 月 27 日第十届全国人民代表大会常务委员会第十五次会议通过的《公务员法》规定："本法所称公务员，是指依法履行公职、纳入国家行政编制、由国家财政负担工资福利的工作人员。"在我国，这个法律是适用于中国共产党和民主党派的。综上所述，政党作为一种合法存在的公共组织，以某种方式对公共事务产生影响，是公共管理的主体之一。

中国共产党作为执政党，在我国具有长期执政的特殊地位，这既是历史选择的结果，也是由我国根本政治制度决定的。中国共产党作为唯一执政党，主要通过以下三种方式管理国家和社会：（1）制定方针政策、做出重大决策。（2）领导全国人民代表大会制定宪法和法律。（3）向国家机关与各级政府推荐干部。

我国实行的是中国共产党领导下的多党合作与政治协商的政党制度。我国民主党派作为参政党，参与公共权力的运作和监督、公共决策与公共资源的分配等。

3. 公共企业

关于公共企业的含义，不同的学者有不同的认识。孙多勇认为，所谓公共企业主要是指政府凭借所有权、财政参与或管理条例对其直接或间接地施加支配影响的企业。① 叶常林则认为，公共企业就是指持续存在的，以为社会提供具有公共性质的产品和服务为其主要经营活动的，且具有一定营利目标的，受到政府特殊管制措施所制约的、组织化的经济实体，而不论这些经济实体是否存在与国家或政府之间的资本联系。② 本书认为，这两种理解各有千秋，学者孙多勇的观点很符合中国当今的现实情况，而学者叶常林的观点则代表我国公共企业的发展方向。

按照不同的分类标准，我们可以将公共企业划分为不同的类别。按照竞争程度，把公共企业划分为强垄断型（如供电、排水、电信等）、弱垄断型（公交系统、水上运输和邮政等）和竞争型公共企业（如保险和汽车等）。按照法律形式，可以将公共企业划分为公共机构（资金主要靠政府财政资助）和股份有限公司或有限责任公司（资本大多数属于一个公法人）。

关于建立公共企业的原因，在不同的国家、不同的历史阶段，会有所不同。但总的来说，主要有以下几个方面：

（1）宏观调控的需要。公共企业在某些重要产业发挥主导作用和弥补市场缺陷的调节作用，成为政府职能延伸到微观的、贯彻公共政策和实施公共管理的一种特殊干预手段。

（2）维护国家利益的需要。为了维护国家利益和主权，许多国家建立了自己的公共企业。比如为了满足军事需要，政府对军工原料行业的垄断；为了战争经费，政府对高利润行业的垄断；为了避免外来势力和私人力量掌握对国家重要行业的控制权而建立的一些政府公司等。

（3）提供公共产品与公共服务的需要。一些关系到人民群众基本生活保障的产品和服务，如果由私营企业来提供可能会因为成本等原因，而导致过高的价格使一般消费者难以承受，这时就需要政府建立一些公共企业，并通过对这些企业的补贴等优惠手段，以促使其向社会提供价廉物美的产品和服务，促进社会公平和社会福利水平的提高。

（4）推动经济发展的需要。出于经济原因的考虑也是政府建立公共企业的理由之一。为了挽救经济危机，抑制通货膨胀，占领经济发展的制高点，政府也会动用资金进行大规模投资建设，建立相应的公共企业。实践表明，公共企业的建立也确实在振兴经济、推动产业结构调整、实现产业结构的升级换代、加速现代化建设等方面发挥了重要作用。

4. 非政府组织

非政府组织（Non-Government Organization，NGO）这个概念引进我国的时间不长，但很快成为公共组织理论研究的热点。有的学者认为，非政府组织与国家（政府）和营利组织（企业）一起构成社会组织的三大类。一般来说，它被认为是与国家（政府）和营利组织（企业）的活动相区别而提出的概念，因此学者关于它的术语还有很多其他提法，如"第三部门"（the Third Sector）、"非营利组织"、"慈善组织"（Philanthropic

---

① 孙多勇：《公共管理学》，湖南人民出版社，2005 年版，第 54 页。

② 叶常林：《公共管理学概论》，北京大学出版社，2005 年版，第 110 页。

Organizations)、"社区组织"（Community Organizations)、"邻里组织"（Neighborhood Organizations)、"公益团体"、"私人志愿组织"（Private Voluntary Organizations)、"独立部门"（Independent Sector)、"免税部门"（Tax-exempt Sector)、"基金会"（Foundation)、"公民社会"（Civil Society）甚至"公民网络"等。尽管术语不同，概念的内涵其实大同小异。

非政府组织具有以下几个主要特征：（1）合法性。非政府组织都具有正式注册登记的合法身份，这就排除了那些非法组织。（2）民间性。非政府组织在组织、人事和财务上与政府分离。（3）非营利性。非政府组织不得为其拥有者谋取私利，所得利润不能在组织成员中进行分配。（4）自治性。非政府组织能够控制自己的活动，不受外部势力的控制。（5）志愿性。非政府组织拥有自己的志愿者群体，在其活动和管理中有显著的自愿而非强迫参与的成分。（6）公益性。非政府组织存在的目的是维护和促进公共利益。

由于政治、经济和文化等原因，发达国家的非政府组织产生较早。如今，发达国家的非政府公共组织已经渗透到文化、教育、研究、环境、服务、慈善、宗教、商业、职业协会等社会生活的方方面面，成为公共管理的一个重要主体，人们已经离不开非政府组织。由于各种原因，我国非政府组织还不是很发达，表现在虽然发展很快，但发育还不完备、不健全，对政府的依赖性还很强，自治能力较弱。不过我们相信，随着经济和社会等各方面的进一步发展，我国非政府组织将会拥有一个很好的发展前景。

我国非政府组织数量较多，种类繁杂，依据不同的标准，可以进行不同的分类。结合我国国情，我们将我国非政府组织分成以下几类：

（1）政治性群众团体。主要指类似工会、共青团、妇联和学联等组织。

（2）准行政组织。主要指由政府设立，虽不属于行政序列但却拥有行政职能，经由政府授权，实际承担一定行政管理职责的公共机构，在国外被称为"第四政府"的独立机构或法定机构就属于此列。在我国准行政组织主要包括三种：一是隶属国务院的准行政机构。如中国纺织总会、国家气象局、地震局、证监会等。二是隶属部门的准行政机构。如隶属国家知识产权局的国家专利局、隶属国家工商总局的国家商标局等。三是行政性行业组织。如中国贸易促进会等。

（3）非营利性事业单位。如科技、教育、文化、卫生、环境与自然资源保护等行业的各种机构。

（4）各种官办或民办的具有非营利性质的社会团体、群众组织和社会中介。主要有三种类型：一是促进科技、教育、文化、卫生和社会福利等事业发展的各种协会、学会、联合会、研究会、基金会、联谊会、慈善中介、国际性活动等组织；二是行业自律性社会中介组织，如行业协会和商会等机构；三是监督社会运行的非营利性社会中介组织，主要包括会计与审计事务所、资产评估机构、公证、质量、计量检验机构、消费者协会等。其中直接为市场服务、具有营利性质的社会中介组织，如代理型中介组织、经纪型中介组织、咨询型中介组织等不属于非政府公共部门。

（5）各种官办或民办的、为城市和农村社区提供各种服务的非营利性社区服务组织。如从事家政、家教、商品配送、病人护理、学生就餐、养老托幼、再就业、自愿者、法律援助等服务的社区组织。根据这样的划分，中国的非政府公共部门与西方的第三部门和非营利组织具有基本相同的价值取向。①

1.2　公共组织与私营组织的异同

公共组织和私营组织既有相同之处，也有不同之处。本节主要介绍公共组织与私营组织的异同及其相互关系。

1.2.1　公共组织和私营组织的相同之处

1. 公私组织都是一个开放的系统

因为公私组织面临的环境都是一个开放的大系统，而且，公私组织都必须同周围的环境不断地进行物质、能量和信息的交换，从而使公私组织在"平衡—不平衡—平衡"这种不断的运动中向高级形态发展。

2. 公私组织的基本形式都是科层制

科层制之所以成为公私组织的基本形式，原因在于它具有注重专业和效率的精神。德国著名的社会学家、经济学家和政治学家韦伯依据合法权威的不同将组织形态分为三种：神秘化的组织、传统的组织和合法化组织。合法化组织是以官僚组织的形式出现的。韦伯认为，官僚制具有严密性、合理性、稳定性和普适性等优点，由于它在形式上可以应用于一切任务，纯粹从技术上看它可以达到最高的完善程度，因此，官僚制是实施统治和管理的形式上最合理的形式，它可以广泛适用于各种管理形式和大型的组织，包括国家机构、企业、教会、学校、军队和各种团体等。

3. 公私组织都具有管理的一般职能

法国杰出的管理学家亨利·法约尔认为管理包含计划、组织、指挥、协调和控制五个要素，并且认为这五个要素之间存在着逻辑上的内在联系。公私组织为了实现组织目标，需要对组织拥有的要素进行计划、组织、协调和控制等各项管理活动。

4. 公私组织都为人类社会的繁荣和发展作出了贡献

公私组织在社会发展过程中扮演着各自的角色，为社会繁荣提供了各种资源和便利。作为社会的重要主体，公私组织都追求对组织拥有的人、财、物进行高效配置，从而为社会和人类创造物质文明和精神文明作出贡献。

1.2.2　公共组织和私营组织的不同之处

1. 公共组织行使公共权力

公共权力是由宪法、法律规定，由社会和公民所认同的公共权威。在国家产生之后公共权力表现为国家权力，包括立法权、司法权、行政权等。公共权力代表国家意志，为大多数公众所认同，具有很高的权威性和很强的约束力。它以国家的暴力工具，如警察、军队、监狱等保证其行使。政府组织行使公共权力的这一性质，决定其具体管理活动呈现很强的政治性、权威性和强制性特点。同时，公共组织承担公共责任，如对各种突发事件进行的公共危机管理，就体现了公共组织的公共责任。

---

① 孙多勇：《公共管理学》，湖南人民出版社，2005年版，第55~56页。

2. 公共组织管理的事务都是公共事务

与私营组织不同的是公共组织所管理的事务都是公共事务。公共组织主要是提供公共物品，消除市场外部性，解决社会不公平问题，保持社会长期的稳定和经济发展。因此，每一个公民都有权了解情况，有权批评他认为决策不当的政府官员。正如人们通常所说的那样，政府官员是在金鱼缸中工作的，他们必须服从于检查和不断进行的外部调查。詹姆斯·福里斯特尔曾经指出，政府工作的困难在于，它不仅必须干得很好，而且必须让公众相信它干得很好。换句话说，能力和表现都是必要的，但是在一个人身上同时具备这两点是很困难的。这就是为什么某些企业家到政府中任职干不好的原因。私营组织要使客户满意，使得公共关系成为企业成功的重要因素。当然，私营组织既然具有私营性质，它在很大程度上是内部经营自己的事务，而不是一般公众的事务，即不是社会公共事务。

3. 公共组织的目标是谋求公众利益

公共组织的目标是谋求公众利益，并非是赚钱的意义上的盈利。这与私营组织有很大的不同。因此，公共组织必须倡导公平、效率两者兼顾的价值观。国家对各种公用设施投入了大量的资金，不是以盈利为目的，而是为公众服务。例如，在交通不便的边远地区，尽管投递邮件不能盈利，但公营邮政公司必须保持该地区的服务。虽然这种政策要增加成本，但是能保证提供服务。但在需要增加较多成本而不能盈利的情况下，私营组织通常不会提供这种服务。

4. 公共组织尤其是政府组织具有保持国家有效运转的政治功能

公共组织要独立承担的保持国家有效运转的政治功能具体表现为：构建和维护有利于国家政权的政治、经济、法律和文化的制度和环境；制定和维护国家的政治、经济、社会和文化政策；建立和维护军队、警察、监狱等暴力机器，对内镇压被统治阶级的反抗，对外抵御侵略，维护统治阶级的利益；建立和维护从中央到地方的政府网络结构及其必要的附属设施；以制度和文化等形式，维护政府的权威性和相对稳定性；保障政府机关及其工作人员的合法利益，包括工作和生活方面的工资福利待遇等；向社会和公民征收保持政府正常运转所需要的赋税、劳役和兵役等。

5. 公共组织具有教育和诱导的功能

公共组织利用自己所掌握的强大的公共资源，对组织成员和社会公众进行教育，宣传自己的管理理念、政策主张，诱导他们围绕公共组织目标开展活动，为公共组织履行公共职能创造良好的外部环境，促使公共组织目标早日达成。

6. 公共组织规模很大

公共组织的重要之处还在于，没有哪一家私营组织在规模和活动的多样性方面能与它相提并论。比如在美国，联邦政府的雇佣人数有时已接近 300 万，没有哪一家公司，甚至像通用汽车公司、美国电话电报公司等巨型企业，其雇佣人数可能达到这一数字。而且，政府活动范围极其广泛，这些活动对国家的整个经济结构和社会结构都有影响。

1.2.3　公共组织和私营组织的伙伴关系

通过对公共组织和私营组织进行比较，希望人们改变一个印象：认为它们是相互对立的，各自属于一个独立的、性质截然不同的领域。实际上，公共组织的许多工作是通过为数众多的私营组织的协作完成的。"私营"和"公共"之间的界限现在确实已变得模糊不清。例如，政府利用私营组织承包商从事建筑专业服务（如经济适用房的开发建设、修建桥梁和铁路）和其他服务，这些承包商使用了成百上千亿的财政资金，雇佣了数百万的工作人员，这些人员虽不是政府雇员，但他们确实是政府劳动力大军的一部分。政府签订合同的数量增加或减少对许多地区的经济生活有重要影响。由于资金是政府提供的，所以人们将这种形式称为"政府包工"。实际上，这是公共部门和私营部门的一种合作形式。因此，在考察公共组织和私营组织问题时，我们会经常发现两者之间的伙伴关系。

1.3 公共组织理论的研究对象、意义及方法

1.3.1 公共组织理论的研究对象

公共组织理论（Theories of Public Organization）与其他学科的区别正在于它特殊的研究对象——公共组织。公共组织理论是研究公共组织构成、建立、运行和发展规律的学科。在第二节中我们探讨了公共组织与私营组织的区别，正因为公共组织负有维护公共利益、履行公共职责、追求社会公平和正义的使命，所以，对公共组织进行系统研究就成为学术界尤其是公共管理学界非常重要的任务。

基于上述对公共组织理论研究对象的认识，本书内容安排如下：

第 1 章 导论。主要分析公共组织的内涵，特点，类型，与私营组织的异同，公共组织理论研究的对象、方法和意义以及它的学科基础。

第 2 章 公共组织理论的发展简介。主要介绍不同历史阶段的代表人物及其观点。

第 3 章 公共组织与外部环境的互动。主要介绍公共组织系统与外部环境如何进行互动。

第 4 章 公共组织结构。主要介绍公共组织结构的内涵、几个典型的类型、设计应遵循的原则和应考虑的影响因素。

第 5 章 公共组织中人员、群体及非正式组织的管理。主要介绍公共组织人员、群体及非正式组织的管理等方面的具体内容。

第 6 章 公共组织文化的构建与创新。主要介绍公共组织文化的功能、构建基本原则、创新型公共组织文化的构建途径。

第 7 章 公共组织行为管理。主要介绍公共组织行为的含义、类型、特征以及公共组织行为的发生机制和公共组织的自矫机制。

第 8 章 公共组织的决策、执行与监控。主要介绍公共组织的决策、执行与监控等具体管理活动的作用、方法等相关内容。

第 9 章 公共组织财务管理。主要介绍公共组织财务管理的内涵和特点、公共组织财务管理的目标和原则以及公共组织财务管理的主要内容。

第 10 章 公共组织效能的评估与提高。主要介绍公共组织效能评估的原则、指标体系、实施程序、方法和功能，影响公共组织效能的因素以及提高公共组织效能的途径。

第 11 章 公共组织战略管理。主要介绍公共组织战略含义、作用、制定和实施以及存在的问题和解决的方法等方面的内容。

第 12 章 主要国际组织简介。主要介绍国际组织的含义、类型、作用以及当今世界

上一些主要的国际组织。

第 13 章 公共组织的变革与发展。主要介绍公共组织变革的动力、阻力和目标以及发展趋势。

1.3.2 公共组织理论的研究意义

公共组织理论是公共管理学科体系中的重要组成部分，具有很强的应用性，学习和研究它有着十分重要的意义。

1. 研究公共组织理论的目的是构建具有中国特色的公共组织理论体系

新中国成立以前，我国就有丰富的公共组织管理实践和大量的公共组织思想。但是，由于政治、经济等方面的原因，我国的公共组织理论研究没有形成系统，明显落后于西方国家。新中国成立以后，公共组织实践和理论获得了较大发展，也走了一段弯路。我们必须以马克思主义为指导，结合中国国情，充分吸收和借鉴古今中外的组织理论，研究我国在社会主义事业建设过程中所面临的各种问题，发现适合我国现实的公共组织运行和发展规律，努力建构有中国特色的公共组织理论体系。

2. 研究公共组织理论可以为我国公共组织改革与发展提供理论指导

公共组织作为公共事务管理的主体，对社会的发展和稳定具有重大的影响。如果公共组织构成合理，运行良好，无疑会对社会的发展和稳定具有积极的影响。反之，则会产生消极影响。因此，实现公共组织的科学化、民主化、法制化和现代化是公共组织发展的根本要求。20 世纪 80 年代以来，许多国家开始进行公共组织的变革。进入 21 世纪后，社会发展的速度明显加快了，对公共组织的要求也明显提高。在这样的外部环境条件下，各国都在进行大幅度调整，只有这样，才能使公共组织适应外界环境的变化，保持其生机与活力，为管理好国家事务和社会事务奠定坚实的组织基础。

我国处于社会的转型期，各方面都在发生较大的变化，为了适应社会的转变，公共组织必须进行改革与发展，而公共组织的改革是需要一定的理论做指导的。因此，为了提高我国公共组织管理社会公共事务的水平，就必须用具有中国特色的公共组织理论指导我国公共组织的变革与发展。

3. 研究公共组织理论有助于培养公共组织的专门人才

马克思主义认为，生产力是推动经济和社会发展的基本动力，而人是生产力中最基本、最活跃、最关键的因素。同理，公共组织是由人组成的，公共组织管理工作也是由人来推动的，因而人是公共组织中最活跃、最能动的因素。随着社会的快速发展，公共事务越来越多，公共组织的任务越来越繁重，这就需要有大批的专门人才进行管理。尽管我国是一个人口大国，但不是一个人才大国，具有现代公共管理理念和技能、适合在公共组织工作的专门人才更加缺乏。因而迫切需要用有中国特色的公共组织理论来培训公共组织人员，造就一批现代化的公共组织专业人才。

1.3.3 公共组织理论的研究方法

研究方法服从于学科性质和研究目的，并随着学科内容和研究目的的变化而变化。公共组织理论是一门新兴的学科，具有很强的社会性、理论性、应用性、综合性，研究目的是推进我国公共组织的科学化、法制化和现代化，为社会主义现代化建设服务。我们介绍的研究方法就是基于这样的前提选择和确定的。

1. 理论联系实际的方法

理论联系实际是马克思主义的一个基本原则，也是研究公共组织理论应有的学风和方法。它要求任何理论的研究必须从实际出发，实事求是，从大量的客观存在中寻找其自身的规律。公共组织理论是一门应用学科，必须以马克思主义哲学为指导，以公共管理的实践为基础，坚持理论联系实际，一切从实际出发，防止理论脱离实际的倾向，防止脱离具体条件机械地、静止地、孤立地去研究问题的倾向。

2. 调查研究法

公共组织活动必须遵循国家的法律和政策，不能各自为政，同时又必须因地制宜。要达到此目的，就必须做系统的调查研究。国家事务和社会公共事务的复杂性、广泛性决定了管理这些事务的公共组织的多样性、层次性，因此，要深入公共组织的运作当中，去认真观察，细心了解，只有收集到完整、准确、真实的信息资料，才可能把握公共组织的科学构成规律和有效运行规律。

3. 系统研究法

系统研究法就是要求从系统论的观点出发，着重从整体和部分、内部和外部之间的相互作用、相互制约的关系中来把握公共组织的整体。这种方法不仅把公共组织作为一个组织系统看待，而且将其看做社会大系统的一个子系统，认为这一组织系统与整个社会系统存在物质、能量、信息的交换关系，它们相互作用、相互制约。另外，公共组织系统内部也存在各种相互作用、相互制约的子系统。用这种观点研究公共组织，就能够获得一个全面联系的、随着社会发展而发展的、科学的组织观点，就能够真正探索到合乎公共组织发展的客观规律的各种结论。

4. 历史研究法

历史研究法是根据客观事实自然发展的历史进程，分析并揭示其发展规律的研究方法。在对古代的、近代的、现代的管理实践的基础上，对中外组织管理思想、组织理论、组织发展历程进行归纳和总结，提炼出合乎规律性、功能性、系统性的知识体系。这种方法主要是根据各种史料以及学者的著作，像研究历史学那样来重点研究公共组织的起源、演化、变革和发展趋势。

5. 比较研究法

比较研究法是通过将有相互联系的不同事物或同一事物在不同阶段的情况加以对比，从中找出共同点、本质或规律的研究方法。公共组织理论中的比较研究法则是通过比较不同国家、不同性质、不同类型、不同功能的公共组织，从中发现公共组织理论的一般规律，了解各国或地区在不同时期的公共组织特色，丰富整个公共组织理论的方法论和理论体系。

6. 案例研究法

案例研究法是公共组织理论研究中较为常用的方法。对于已经发生的经典的公共组织管理方面的事例，研究者尽可能从客观公正的角度加以观察，正视其产生的背景与原因，找出其产生、发展的条件和过程，描述导致结果的各种因素，最后总结出经验和教训。这种方法强调政治、经济、人际关系等相关因素对管理活动的影响，不以抽象推理和细节刻画为依托，可以对成功的事例和失败的事例进行正反两方面的比较分析。

7. 心理研究法

心理研究法是一种以员工的动机与行为为出发点来研究公共组织的方法。一般来说，受到团体影响的个人的行为是动机的表现，而动机是需要刺激产生的。因此员工的心理问题对公共组织的管理影响较大。运用这种研究方法，目的是关注员工心理冲突与行为挫折的问题，寻找减轻员工心理压力的办法，改善公共组织行为。

1.4　公共组织理论的学科基础

公共组织理论在产生与发展过程中，吸纳了许多学科的研究成果，引进了这些学科的研究方法，它们主要是政治学、管理学、组织学、公共管理学、行政组织学、组织行为学等学科。因此，这些学科也就构成了公共组织理论的学科基础。

1.4.1　政治学

政治学是公共组织理论的理论基础和指导思想。公共组织尤其是政府组织是整个国家政治体系最基础的组成部分，是国家机器的心脏。以国家机器为研究主体的政治学，必然要关注公共组织。由于学科性质的关系，政治学在研究国家公共组织时，只是从整个国家政治生活这个宏观的角度来分析公共组织的地位和作用。例如，公共组织既有政府组织，也有非政府性组织，政治学在研究公共权力配置（政府组织是公共权力的主要载体）、公共部门与社会关系演变和发展时，就必须把公共组织作为重要的研究对象。还需要指出的是，公共组织作为公共事务管理的主体，所奉行的一些价值理念如"维护和实现社会正义、公平"、"民主参与管理"等，都是政治学为公共组织的活动提出的价值要求。

1.4.2　管理学

管理学是研究以组织为主体对公共事务进行管理的学科，其中很重要的内容是对组织自身的研究：建立什么样的组织结构才是最有效的，在组织内部如何分配权力，对组织如何进行控制，使之能够有效地达成目标。从这个角度看，提高组织效率是组织学和管理学的共同目的。从另外的角度看，它们又是有区别的，组织学主要研究组织本身，基本上不涉及对社会某项公共事务的管理，而管理学的研究既有组织本身，又涉及对社会某项公共事务的管理。所以说组织学是管理学的一个分支。管理学作为一门基础学科，其所阐释的管理的一般规律（以原则、定理表述），始终对组织学的研究起到指导作用。而公共组织理论则是在组织学的基础上进一步分化的结果。它从研究人类社会各类组织共同规律的组织学当中分离出来，专门研究公共组织的演化、发展、构成、运行的特殊规律。综上所述，管理学和组织学都是公共组织理论的学科基础。

1.4.3　公共管理学

尽管学术界对什么是公共管理学还没有达成共识，但一般认为，公共管理学是一门研究公共组织对社会公共事务进行有效管理的规律的学科。就目前公共管理学研究的内容来看，包括对公共管理主体——公共组织的研究。因为公共组织内部权力配置是否合理，运行是否有效，是公共管理职能能否得到履行，公共管理目标能否得到实现的关键因素之一。之所以将公共组织理论从公共管理学中分离出来，是因为公共管理学对公共组织的研究只是一般层面，这显然难以满足公共管理的现实需要，因此我们必须对公共组织进行深入细化的研究。可见，公共组织理论是公共管理学的一门分支学科，是专门研究公共组织产生、演化、变革、发展以及构成、运行规律的。由此可见，公共管理学是公共组织理论的基础学科。

1.4.4 经济学

经济学是研究如何对稀缺资源进行有效配置的学科。就目前来看，学术界认为有三种资源配置机制：市场机制（第一次分配）、政府机制（第二次分配）、非政府组织机制（第三次分配）。市场机制主要依据资本要素，是资源配置的基本形式。政府机制主要依据公共权力，非政府机制主要依靠社会网络系统，这两者是前者的补充。尽管在资源配置方面政府机制和非政府组织机制只是市场机制的补充形式，但不是说它们不重要，恰恰相反，它们还是重要形式，因为这关乎社会公平和稳定。根据前面介绍的知识，我们知道政府机制和非政府组织机制的主体都是公共组织。尽管它们在配置资源方面有自身特殊的规律，但是，经济学的一些基本原则和基础理论还是起作用的。事实上，许多经济学方面的研究成果和方法在公共组织理论中占有很重要的地位，如新制度经济学等。由此看来，经济学也是公共组织理论的学科基础。

1.4.5 组织行为学

组织行为学以个体的行为和个体的效益为其研究的重点，而公共组织理论侧重于对公共组织整体行为和整体效益的研究。组织行为学着重于从微观的角度进行研究，它侧重于个人和小组的行为，其研究的重点是组织中个人的行为以及小组成员的行为表现和态度的变化。与组织行为学不同，公共组织理论则是研究公共组织系统的构成子系统、子系统之间的相互协作关系、子系统对公共组织系统绩效的影响等。尽管它们有各自的研究重点，但是，组织行为学关于个体的学习能力、需求和激励的作用，小组成员及领导的个性，权力分配和小组内的信息传播以及小组内的冲突等方面的研究成果对公共组织理论具有很多的借鉴意义。因此我们说，组织行为学是公共组织理论重要的理论来源。

本 章 小 结

本章首先对公共组织进行了概述。本书认为，公共组织就是以维护和促进公共利益为目的，以向社会提供公共物品和公共服务为手段，按照一定法律程序而建立起来的组织实体。公共组织要素分为两大类，即物质要素和非物质要素。公共组织主要有以下几个特点：公共性、社会性、服务性、非营利性、民众参与性、公开性。本书主张将公共组织分为政府组织、政党组织、公共企业和非政府组织。

公共组织和私营组织相同之处有：公私组织都是一个开放的系统、公私组织的基本形式都是科层制、公私组织都具有管理的一般职能、公私组织都为人类社会的繁荣和发展作出了贡献。公共组织和私营组织不同之处有：公共组织行使公共权力、公共组织管理的事务都是公共事务、公共组织的目标是谋求公众利益、公共组织承担公共责任、公共组织规模很大。

公共组织理论研究对象是公共组织。学习和研究公共组织理论有着十分重要的意义：研究公共组织理论的目的是构建具有中国特色的公共组织理论体系、研究公共组织理论可以为我国公共组织改革与发展提供理论指导、研究公共组织理论有助于培养公共组织的专门人才。我们介绍的研究方法有：理论联系实际的方法、调查研究法、系统研究法、历史研究法、比较研究法、案例研究法、心理研究法。

公共组织理论的学科基础主要有：政治学、管理学、公共管理学、经济学和组织行为学。

案例

中国烟草公司获颁生态贡献奖引发争议

中国烟草总公司近日获颁生态贡献奖，这一颁奖结果在中国社会引发热议。为此，中国控制吸烟协会近日还致函奖项主办单位中国绿化基金会，建议撤销向中国烟草颁布的奖项。

据了解，此前中国绿化基金会表彰了 23 个为绿化公益事业作出突出贡献的先进典型，并颁发 "2011 生态中国贡献奖"，其中就包括中国烟草总公司。

中国控制吸烟协会在信函中指出，给中国烟草总公司颁发这个奖项，有违世界公认的烟草业损害人类健康和破坏环境的事实。协会建议基金会撤销中烟总公司 "2011 生态中国贡献奖" 的资格，同时，在今后的评审中不再考虑烟草产业。

吸烟有害健康，已被世界公认为最严重的公共卫生问题之一。来自卫生部的数据显示，目前中国吸烟人群超过 3 亿，另外，约有 7.4 亿的不吸烟人群在遭受二手烟的危害，每年因为吸烟相关疾病所导致的死亡人数超过了 100 万。

在多家门户网站上，网友就此事的相关评论超过 3 万条，其中大多数网友认为，中国烟草总公司不应获生态贡献奖。

"环保事业仅仅靠政府来做是远远不够的，我们也希望通过公益的角度对此有所贡献。" 中国绿化基金会外联处处长费勇解释，此次评选主要依据企业对绿化公益事业的捐款数额。中国烟草总公司去年共捐款 1 亿元用于促进绿化，主要用于重庆地区的造林工程，同时，自 2010 年起，中国烟草基金每年捐资 500 万元，设立了 "金叶生态基金"，通过碳汇造林和生态扶贫的形式在内蒙古、河北、甘肃三地种植适宜当地土壤的板栗、沙棘等树木。

对于是否撤销奖项，费勇表示，基金会目前正在研究中，将综合各方面的考虑作出决定，也会将结果向社会公众公开。"烟草企业作为合法单位对公益事业的捐助是否受到限制，这是一个值得社会关心的话题，因为现时法律对此并没有明确的规定。如果能通过这次事件，引发公众对此的讨论，并进一步得到一个既能促进环保事业，也能帮助控烟事业的 '双赢' 局面，那就再好不过了。"

但也有网友认为这件事应该冷静思考，网友 "晴川若曦" 就认为，从销售烟草的丰厚利润中，拿出一部分在西部建设 "生态林" 也没什么不可以，这毕竟能减少烟草种植和生产给环境带来的负面效应。

中国控制吸烟协会做的一项调查显示,80%的被调查者认为,烟草企业捐赠公益活动是其营销手段。另有18%的被调查者表示在吸烟品牌的选择上,会选择从事公益活动的烟草企业品牌,7%的被调查者表示因烟草企业从事公益捐赠活动而具有好感并开始尝试吸烟。

专家普遍认为,要推进中国的控烟进程,一方面要改变中国烟民的主观认知,另一方面要管住烟草企业。

据中国疾控中心控烟办公室副主任姜垣介绍,据世界卫生组织测算,全面禁止所有烟草广告、促销和赞助,可以将烟草消费量减少大约7%,并改变烟草使用的社会风气。目前有19个国家完全禁止各种形式的烟草广告和营销活动。

(资料来源:周蕊等:《中国烟草公司获颁生态贡献奖引发争议》,新华网,http://news. xinhuanet. com/ politics/2012-07/20/c_112492895. htm,2012 年 7 月 20 日)

 结合上述材料,运用本章相关知识,谈谈非政府组织的作用。

思 考 题

1. 人们日常接触的组织有哪些?
2. 公共组织与其他组织有什么不同?
3. 公共组织理论与相关学科的关系是怎样的?
4. 组织的功能有哪些?

专 业 名 词

组织	Organization
公共组织	Public Organization
公共组织理论	Theories of Public Organization
非政府组织	Non-Government Organization

第2章
公共组织理论的发展简介

学习目的

通过本章的学习，了解公共组织理论发展的基本历史过程和主要的代表人物及其观点，把握公共组织理论的基本发展规律，为公共组织的变革提供理论指导。

本章重点

1. 公共组织理论的发展阶段。
2. 韦伯官僚制理论的主要内容。
3. 登哈特新公共服务理论的主要内容。

2.1 早期的公共组织思想

2.1.1 古希腊、古罗马的公共组织思想

公共组织管理是国家管理活动的载体，公共组织思想往往与国家管理思想交织在一起，早期公共组织思想大多包含在早期政治思想家们的治国方略中。古希腊、古罗马公共组织思想最为典型的代表人物是柏拉图、亚里士多德。

1. 柏拉图的公共组织思想

柏拉图（前427—前347年）是古希腊著名的哲学家和政治思想家。柏拉图的公共组织思想主要体现在他的代表作《理想国》与《政治家篇》里。主要观点有：

（1）柏拉图认为，社会分工是国家公共组织存在的基础。在他看来，人有各种需求，这些需求单靠个人是不能满足的，为此，就要求人们在分工的基础上进行合作，从而产生国家。柏拉图的理想国由三个自由民等级构成：监国者治理城邦，武士保卫国家，工匠从事物质生产。他认为这样的分工是天然合理的。为此，马克思曾指出：在柏拉图的理想国中，分工被说成是国家的构成

原则。

（2）柏拉图主张"无学识者不能治国"。柏拉图认为，治理国家是一种非常专门化的工作，需要很高的政治艺术，不是随便什么人都可以胜任的，只有集知识与权力于一身的哲学家才能承担。

（3）柏拉图指出，治国者应以教育为"第一要务"。既然只有最有知识的哲学家才能治理好国家，柏拉图当然就特别重视教育了。他认为教育是培养人才的唯一手段。

（4）柏拉图晚年的依法行政思想。柏拉图主张由既有知识又有良好品德的哲学家治国，实际上是一种人治思想。到了晚年，他认识到实现这样的好人治国是很难的，他就退而追求依法治国。

2. 亚里士多德的公共组织思想

亚里士多德（Aristotle，前384—前322年）是古希腊最博学的思想家，是西方第一位研究国家行政管理的学者。亚里士多德的公共组织思想集中体现在他的代表作《政治学》里。主要观点有：

（1）他首次提出应该将议事权、司法权和行政权相区别。他认为，一切政体都有议事、行政、审判三大要素，它们有分工，又应有合作。只有三个要素都组织良好时，相应的政体才是完善的。这实际上是现代西方三权分立学说的雏形。但他所说的议事机构与现代资本主义国家的立法机构是有区别的，它不仅包括立法，也包括行政、司法等大事。

（2）他提出了设置行政机构的依据。他认为无论采用何种政体的国家，都必须有行政职能和设置行政机构，国家大则机构多，国家小则机构少。他还提出了行政机构设置的原则：一是依据城邦事务管理的实际需要；二是行政机构的设置要以公共事务或管理对象为依据；三是依据政体不同而设置不同的行政机构。

（3）他提出了公共组织职能的思想，如商务管理职能、城邦监护职能、公共财政职能、军事职能等。

（4）他提出了行政人员的任用应遵循适用、专任、德才兼备的原则，反对人员任用的终身制。

（5）他提出了要建立行政监督机构，专门对行政人员进行监督，以防止其徇私舞弊。

（6）他崇尚法治。如果说柏拉图强调以学识治国，那么亚里士多德则主张依法治国。亚里士多德认为，城邦虽然由公务团体管理，但是城邦的最后裁决权应该属于法律，凡事不凭感情因素治理的统治者总是比感情用事的人们较为优良。亚里士多德还指出："为政最重要的一个规律是：一切政体都应订立法制并安排它的经济体系，使执政和属官不能假借公职、谋求私利。"[①]

2.1.2 中世纪时期西欧的公共组织思想

中世纪行政组织思想最有代表性的是意大利的政治家马基亚维利以及16~18世纪的官房学派。

1. 马基亚维利的公共组织思想

马基亚维利（Machiavelli，1469—1527年）是意大利文艺复兴时期的政治家、思想

---

① ［希］亚里士多德著，吴寿彭译：《政治学》，商务印书馆，1983年版，第269页。

家，西方资产阶级政治思想的奠基人之一。马基亚维利的公共组织思想主要体现在他的《君主论》与《讲话集》里。马基亚维利认为国家的职能有政治实施、国家安全和社会福利三个方面。一切组织管理中最重要的要素是权力，国家的管理既要通过科学的制度安排使权力得到合理配置，在实际管理中又要善于运用权力，这样才能治理好国家。他提出了提高领导者和公民素质、进行法律和公民监督以及建立监督机制和权力制约机制等反腐败措施。马基亚维利还论述了国家行政组织管理的原则，即群众支持原则、组织内聚力原则、领导者必须具有超出常人的能力原则和存在下去的原则。

2. 官房学派的公共组织思想

所谓官房学派，是指 16—18 世纪德意志、奥地利的一些财政及行政改革家和学者，由于彼此观点接近而形成的一个特殊集团。他们主张建立统一的国家和有效的行政制度及推行税制与财政的改革。也有人将官房学派译为"宫廷财臣者"。台湾学者张金鉴曾评价说："宫廷财臣者和英国的重商主义及法国的重农主义者主张相同，均在谋求国家财富的增加。宫廷财臣派不仅注意国家经济的发展及财政的改革，同时着重有系统的公共组织与制度的建立。他们的理论与实施成为一种有系统的知识，可以以行政学视之。"其公共组织思想主要有以下几点：（1）主张建立统一的，完整有效的行政组织制度与方法。（2）主张选用优秀的人才来管理国家。（3）主张国家行政组织机构应将管辖的事务分为若干部门来管理，并提倡简化礼仪和行政手续。（4）主张加强国家及政府的权力，强调人民对国家行政管理的服从。

2.1.3　资产阶级革命时期的公共组织思想

这一时期，关于国家公共组织与管理的论述有很多，思想内容很丰富。其中有代表性的是 18 世纪美国的政治家汉密尔顿、19 世纪英国的政治家密尔。

1. 汉密尔顿的公共组织思想

汉密尔顿（1757—1804 年）的公共组织思想集中体现在《联邦党人文集》里，主要观点有：（1）主张扩大行政部门的权力。这是汉密尔顿的公共组织思想中最有贡献的地方。洛克、孟德斯鸠都是看重立法权，忽视行政与司法权，而汉密尔顿的"牵制与平衡"理论的主要用意在于削弱立法机关的权力，提高和加强行政与司法机关的权力。（2）主张建立强而有力的行政组织。汉密尔顿认为，强而有力的行政组织应包含四大因素：第一，统一；第二，稳定；第三，充分的法律支持；第四，足够的权力。为了统一，应建立针对行政首脑而不是针对议会负责的内阁。稳定就是保持政府成员的稳定性和政策的稳定性。足够的权力是指行政首脑有权否定议会制定的法律，当然议会对总统也有弹劾权。充分的法律支持是指行政权力要靠法律保障并有合理的限制。汉密尔顿的这些建议大多被议会接受并写进美国宪法。①

2. 密尔的公共组织思想

密尔（John S. Mill，1806—1873 年）是 19 世纪英国著名的哲学家、政治思想家，自由主义国家学说的主要代表。他的公共组织思想主要体现在《代议制政府》里。在行政学成为一门独立的学科之前，密尔是最详尽讨论政府行政管理的思想家之一。其主要观点

---

① 傅明贤：《行政组织理论》，高等教育出版社，2000 年版，第 58~59 页。

有：（1）在探讨理想政府形式时，他明确提出政府的目的是促进社会利益。（2）在论述政府职能时，他反对政府过多地干预社会经济生活，同时承认在某些情况下进行干预的必要性。（3）他提出公共组织的分工要合理，同一问题应交给同一组织。行政工作必须实行个人负责制。（4）他提出政府的全部工作是专业技术性的业务，要由有特殊的专业性的人才来担任。只有通过公开的竞争考试和上级官员的直接选任，才能发现合适的人才。

2.2　传统时期的组织理论

由混杂、片段的公共组织思想到独立、系统的公共组织理论的演变完成于 19 世纪末 20 世纪初的西方国家。自此，公共组织理论经历了传统时期、行为科学时期、系统科学时期和现代公共组织理论四个发展阶段。

19 世纪末，伴随着西方主要资本主义国家向城市化、工业化国家的迈进，很多问题也相继产生，迫切需要新的理论予以指导。现实实践的需要促进了科学研究的发展，作为重中之重，人们对管理与组织问题进行了更为悉心的研究和更为深入的探讨。正是在这种背景下，传统时期的组织理论应运而生了。

2.2.1　威尔逊的公共组织思想

托马斯·威尔逊（Thomas W. Wilson，1856—1924 年），出生于美国弗吉尼亚州，是西方行政学的创始人，杰出的政治学家、历史学家、教育家、改革家和政治家，曾经担任美国普林斯顿大学教授、校长、第二十八届美国总统。1887 年他曾在美国《政治学季刊》上发表《行政学研究》一文，从此开始建立独立的行政科学，使行政学从政治学中正式分离出来。该文的主要贡献是确立了行政学研究的必要性、研究的目标和方法。

威尔逊关于公共组织的主要思想有：第一，要求明确行政组织的职能、任务、范围，即政府应该做什么、不该做什么。威尔逊强调，凡公共事务应当由政府管理，其他事务主要由其他社会组织承担。第二，倡导改进政府机关的组织结构与工作方法。威尔逊认为要提高行政效率，光有文官制度的改革是不够的，还要改进政府机关的组织结构与工作方法。第三，强调行政组织应成为公众信赖的机关。威尔逊提出，为使行政组织能够以尽可能高的效率和尽可能少的金钱或人力上的消耗来履行其职责，应规定一些有关行政组织与行政活动的更好办法，它将为公共机构（行政组织）树立起神圣的尊严，使公共机关变成公正不阿的、为公众信赖的机构，为此要调整行政组织职能，确定好行政组织体制，改进行政方法，通过改革，建立有效的行政机关。

2.2.2　泰罗的科学管理组织理论

弗雷德里克·温斯洛·泰罗（Frederick Winslow Taylor，1856—1915 年），出生于美国宾夕法尼亚州，是著名的"科学管理之父"。他在管理方面最著名、最权威也最有影响的著作是 1911 年出版的《科学管理原理》。其科学管理理论（Theory of Scientific Management）主要体现在该书中。

泰罗的组织理论主要是从技术分析的视角研究工人的工作方式、工作过程和工作协作，以求通过最合理、最有效的组织配合，达到工作效率的提高。具体观点主要包括以下方面：

1. 管理职能的专门化

泰罗将整个企业运行过程分为两大部分：管理部分（计划部分）和作业部分。他认为在旧的制度下，计划工作是由劳动者凭个人经验来做的，这是旧体制效率低下的根源。要提高劳动生产率，必须改变传统的凭经验工作的方法，把管理职能和作业职能、计划职能和执行职能分开。计划职能归管理当局，现场的工长和工人则只能从事执行职能，不得自作主张、自行其是。这使得分工理论进一步拓展到了管理领域。

2. 组织工作的计划化、标准化和程序化

泰罗认为制定标准化的工作方法是企业管理者的首要职责，包括作业方法的标准化、使用工具的标准化、工作环境的标准化，等等。泰罗认为，科学管理就是过去曾存在的多种要素的结合，把工人多年积累的经验知识和传统的技巧归纳整理并结合起来，进行分析比较以从中找出具有共性和规律性的东西，并制定成法则，这样就形成了科学的方法。泰罗认为，加强组织工作的计划化、标准化和程序化，可以增进组织的稳定性和有效性，也可以改善工厂行政首脑处理"例外"事件的能力。

3. 组织控制的"例外原则"

"例外原则"是指企业的高级管理人员只保留对重要事项的决策权和控制权，如企业的重大战略问题和重要人事任免等，而把一般的日常事务授权给下级管理人员去负责处理，这样就能集中精力处理重大的或最主要的事情。泰罗的"例外原则"首创了组织机构管理控制上的授权或分权化模式，至今仍是现代管理的重要原则之一。

2.2.3　法约尔的组织管理理论

亨利·法约尔（Henri Fayol，1841—1925 年）是法国杰出的管理学家。与泰罗不同，法约尔的组织理论关注的是组织的高层管理者，注重的是组织结构的一般规定性及其管理过程的基本原则性。法约尔的组织管理理论（Theory of General Management）集中体现在他的代表作《工业管理与一般管理》（1916 年）这部管理学经典名著之中。

1. 组织与管理密切相关

法约尔认为管理的基础是组织，没有组织，管理就不会存在，而离开了管理，组织就无法形成并得到维持。何谓管理？法约尔认为"管理，就是实行计划、组织、指挥、协调和控制"。[①] 这里，法约尔将管理定义为五个要素的统一体，并且认为这五个要素之间存在着逻辑上的内在联系。

2. 关于组织管理的原则

法约尔在对自己多年管理经验归纳总结的基础上，提出了著名的 14 项管理原则，这也是他的一般管理理论的核心内容，具体包括劳动分工、权力和责任、纪律、统一指挥、统一领导、个人利益服从整体利益、人员的报酬、集中、等级制度、秩序、公平、人员的稳定、首创精神、人员的团结。法约尔认为以上原则对于管理来说是非常重要的，但是，他并不认为这些原则是死板的、绝对的东西，相反，他认为"原则是灵活的，是可以适

---

① ［法］法约尔著，周安华等译：《工业管理与一般管理》，中国社会科学出版社，1982 年版，第5 页。

应一切需要的，问题在于懂得使用它。这是一门很难掌握的艺术，它要求智慧、经验、判断和注意尺度。由机智和经验合成的掌握尺度的能力是一个管理者的主要才能之一"①。

3. 组织结构的设计

合理的组织结构不仅有利于划分组织职责，鼓励组织成员充分发挥主动性和积极性、主动承担责任，而且也有利于组织内部的协调和统一。法约尔认为，要建立高效的组织，必须处理内部组织结构及其相互之间的关系，并用制度、规范把它们规定下来。

此外，法约尔还创造性地提出了要建立智囊机构协助高层管理者，并较早运用"组织图"的形式来分析组织概貌、权力路线和沟通渠道。他主张从具备管理能力的人当中来选拔各级领导人员，呼吁大众参与管理理论的建立，国家应该建立一套健全的管理教育的体制，通过各种形式实行普及性的管理教育等。

法约尔主要功绩在于开创了组织领域的研究。他提出的"管理五要素说"和"管理的14条原则"在理论和实践中已经作为普遍遵循的准则而存在。他在法国和很多其他欧洲国家的思想史上留下的影响并不逊于泰罗对美国管理理论的影响，正因为此，他被人们称为"现代管理理论之父"。

2.2.4 韦伯的"官僚制"组织理论

马克斯·韦伯（Max Weber，1864—1920年）是德国著名的社会学家、经济学家和政治学家。被称为"组织理论之父"的韦伯与泰罗、法约尔是西方古典管理理论的三位先驱。在他一生中，先后担任过大学教授、政府顾问、编辑和作家，他对社会学、经济学、政治学、历史学和宗教学等许多学科领域进行了深入研究并发表了独特的、具有开拓性的研究成果，其学术思想和观点对后世产生了极为深远的影响。韦伯是一位百科全书式的学者，但他最有影响、最有权威也是贡献最大的就是他的行政管理组织理论，即官僚制组织理论（Theory of Bureaucracy），反映这种理论的代表作是他去世两年后出版的《经济与社会》和《社会组织与经济组织理论》。

1. 权威结构理论与组织类型分析

韦伯认为，尽管社会组织在不同发展时期具有不同的性质，但是权威和控制是各类社会组织都不可缺少的要素之一。权威不同于权力，权力在行使时不顾及人们的意愿，而权威则是人们对权力的自愿服从，因而权威是合法的，它能消除组织的混乱，使组织的运行有秩序地进行。韦伯认为有三种合法的权威，由此出现了三种不同的组织形态：

（1）合理型权威（法定权威）——"合理化—合法化组织"。在"合理化—合法化组织"中，权威的基础是依法建立起来的各种组织规则，人们对权威的服从是由于有了依法建立的等级体系。此时的权威必须在组织中担任一定的领导职务，被领导者对权威的服从不是服从领导者个人，实质上是服从那种建立权威的非个人的组织制度和组织规则。此时，领导者与被领导者在法律地位上是平等的，一样受到组织规则的约束。由于个人在组织内部被制度和规则赋予了领导职务，因此他也就具有了权威，但人们对这种权威的服

---

① ［法］法约尔著，周安华等译：《工业管理与一般管理》，中国社会科学出版社，1982年版，第22~23页。

从也仅仅限于在"合理界限的事务管辖范围之内"。①

（2）传统型权威——"传统的组织"。在传统的组织中，权威是以不可侵犯的古老传统和行使这种权力者的正统地位为依据的，惯例是命令和权威的基础，整个社会管理组织呈现为高度的集权控制。在这种类型的组织中，权威具有明显的世袭性、封建性和绝对性的特点。所谓世袭性是指王之子恒为王；封建性是指领导者与被领导者之间是主人与臣仆的关系，整个组织如同一个家族；而绝对性则意味着领导者的意志就是法律，权威不受限制，至高无上。

（3）魅力型权威——"神秘化的组织"。这种组织形态的权威是以人们对个人特殊的超凡能力、英雄行为和楷模样板的崇拜为基础的。但是，这种崇拜是自愿而非强制的，如果一个领导者长期不能取得成就，尤其是他的领导不能给被领导者带来幸福安康时，人们对他的崇拜就会丧失，这种权威就会崩溃。

2. 官僚制及其特征

韦伯认为，在由上述三种权威所决定的三种组织类型中，传统型权威组织的效率最差，而魅力型权威组织因其带有浓厚的神秘色彩也不可取。只有合理型权威组织是依法通过公职来进行理性化管理，并形成一个官僚制的组织结构，因而是"理想的"行政组织体制。在这里，韦伯所说的"官僚制"并非现在意义上使用的概念，它仅指一种具有精密性、层级性、集权性和统一性结构的组织类型，与工作效率、工作作风等因素无关。韦伯认为，理想的官僚制具有以下特征：（1）有明确合理的职能分工。（2）有明确的职务等级序列。（3）有明确可行的规章制度。（4）有明确正规的书面文件和档案制度。（5）有非人格化的组织管理。（6）有专业的培训机构。

由于官僚制具有以上特点，因此，韦伯认为它最符合理性原则，在许多方面优于其他组织，其效率最高，因而是"理想的"行政组织体制，甚至是"合法型统治的最纯粹类型"。

3. 理想行政组织的结构与管理制度

韦伯认为，理想的行政组织的体系应有三个层级：最高层为高级管理层，也就是决策层；中间是中级管理层，也就是管理层；下面是基层管理层，也就是执行层，这三个层级构成一个完整的组织体系。

韦伯认为，官僚制组织的管理意味着根据知识（包括专业知识和公务知识）来进行控制，因此领导者应在能力上胜任其工作，并根据事实而不是随意主观地进行领导。韦伯指出：官员的任命和职能的行使应按下列准则进行：（1）每个人在人身上是自由的，仅仅在工作中对职务的规定和要求负有责任。（2）每个人所在的职位都是等级制度中的一个环节，并按照明确规定的职务等级系列组织起来。（3）每一职务都有固定的法律意义上的职权范围。（4）职务是通过自由契约而担任的，因此，从原则上说，每个人都可以自由选择适合自己的职位。（5）每个人所担任的职务都是根据他的专业业务资格而被任命的，这种专业业务资格在最合理的情况下是通过考试获得或是通过证书予以确认的。（6）组织中有固定的货币工资制度，大多数人还可领取退休金。工资标准基本上按等级系列中的级别、职位的责任大小以及社会地位来确定。（7）组织中的职务是任职者唯一

---

① ［德］韦伯著，林荣远译：《经济与社会》，商务印书馆，1997 年版，第 243 页。

的或主要的工作。（8）人员的升迁是根据年资或政绩，是根据其中一种还是二者兼而有之得到升迁，由上级来决定。（9）行政人员应该完全和自己所管理的物质资料的所有权分开，他只能在职位上尽忠守责，而不能视职位为己有，更不能滥用其正式职权。（10）行政人员在担任职务、履行职责时，必须接受严格的、统一的职务纪律的约束、控制和监督。

4. 官僚制的优缺点

通过对官僚制的本质和特征进行深入分析，韦伯认为，官僚制具有严密性、合理性、稳定性和普适性等优点。由于它在形式上可以应用于一切任务，纯粹从技术上看它可以达到最高的完善程度，因此，官僚制是实施统治和管理的最合理的形式，它可以广泛适用于各种管理形式和大型的组织，包括国家机构、企业、教会、学校、军队和各种团体等。官僚制的缺点在于压制了人的积极性和创造精神，使人成为一种附属品，只会机械地例行公事，成为没有精神的专家，没有感情的享乐人，整个社会将变得毫无生气。

韦伯的官僚制理论在西方管理思想史上占有极其重要的位置，是管理理论尤其是组织理论研究发展过程中的一个里程碑。尽管韦伯认为官僚制仅仅是一种抽象的、纯粹的组织类型，但它对后世的影响却非常巨大，也推进和加强了对组织问题研究的广度和深度。时至今日，这一理论仍为分析实际生活中各种组织形态提供着一种规范典型，并被人们广泛应用于各种组织设计当中，发挥着有效的指导作用。韦伯的一系列有关组织理论的精辟见解也不断地给予后人以有益的启发，甚至在 20 世纪中后期，西方国家还产生出了"新韦伯主义"，结合发展了的社会实际对韦伯的理论重新进行了诠释和发展，使之对于当代社会具有更强的应用性，这也赋予了韦伯的理论以更强盛和更久远的生命力。

2.3　行为科学时期的组织理论

20 世纪 30 年代，行为科学兴起了。"行为科学"这一概念是 1949 年在美国芝加哥大学的一次学术讨论会上提出来的。1953 年，在美国福特基金会召开的科学会议上，把研究人的行为的科学正式定名为行为科学。所谓行为科学，是综合运用人类学、社会学、心理学等学科的方法对人类行为作客观的、科学的研究的学说。从 20 世纪 30 年代到 60 年代，它始终在西方组织理论研究中占据着主导地位。行为科学代表人物有梅奥、玛丽·帕克·福莱特、切斯特·欧文·巴纳德、亚伯拉罕·马斯洛、道格拉斯·默里·麦格雷戈与赫伯特·A. 西蒙。

2.3.1　梅奥的人际关系组织理论

乔治·埃尔顿·梅奥（George Elton Mayo，1880—1949 年），原籍澳大利亚，后移民到美国。他是人际关系学说与行为科学学说的创建者。行为科学是在人际关系学派的基础上发展起来的，而梅奥的人际关系学说以及为这一学说奠定基础的著名的"霍桑实验"（1927—1933 年）则是人际关系学派产生的标志。梅奥人际关系学说的代表性论著为《工业文明的人类问题》（1933 年）和《工业文明的社会问题》（1945 年），其主要观点可以概括为以下几个方面：

（1）提出了"社会人"理论。传统组织理论把人当做"经济人"来对待，认为金钱是刺激人的积极性的唯一动力。梅奥以"霍桑实验"的资料为依据，提出组织中的人是"社会人"，都是复杂社会系统的成员，任何一个人都只有把自己完全投入集体中才能实现彻底的"自由"。因此，人在组织中不仅仅单纯追求金钱收入，他还有社会及心理方面的需求，即还要追求人与人之间的友情、安全感、归属感和受人尊重等。这就要求企业管理当局在进行组织和管理时，要考虑到人的社会和心理方面的需求，把工人当做不同的个体来对待，当做一个社会群体中的社会人来对待，不能将其视为无差别的机器或机器的一部分。对于社会人来说，重要的是人与人之间的合作，而不是人们在无组织的人群中互相竞争，每个人行动的目的并不是为自我的利益，而主要是为保护自己在集团中的地位，人的行动更多的是由感情而不是由逻辑来引导的。

（2）指出了除正式组织之外还存在非正式组织。梅奥在霍桑实验中发现，只要人们在一起活动，就会自发形成非正式组织。正式组织是由职位、权力、责任及其相互关系和规章制度明确界定、相互衔接而构成的组织体系，它以效率和组织为标准。非正式组织是人们在正式组织的共同劳动过程中，因相同的情趣、爱好、利益等而结成的自发性群体组织，它以感情为纽带，具有群体成员自愿遵从的不成文规范和惯例，对成员的感情倾向和劳动行为具有很大的影响力。这两种类型的组织相互依存。组织管理者必须正视和重视非正式组织的存在，对其进行引导，使之有利于正式组织目标的实现。

（3）工人的工作态度和士气是影响组织效率的关键因素。传统组织理论认为生产效率主要受工作方法、工作条件、工资制度等的制约，只要改善工作条件、采用科学的作业方法、实行恰当的工资制度，就可以提高生产效率。梅奥通过研究则认为，生产率的升降在很大程度上取决于工人工作的积极性、主动性和协作精神，即取决于工人的士气，而工人的士气则取决于他们对各种需要的满足程度，满足程度越高，士气就越高，劳动生产率也就越高。

（4）提出了"新型领导"的观点。在工人的需要中，金钱和物质方面的需要只占很少的一部分，更多的是要得到友谊、尊重、安全与保障等方面的社会需要。因此，新型领导应尽可能满足工人的需要，不仅要解决他们物质生活或生产技术方面的问题，还要善于倾听工人的意见，沟通上下的思想，适时、充分地激励工人，在了解人们合乎逻辑的行为的同时，也必须了解人们不合逻辑的行为，使正式组织的经济需要与非正式组织的社会需要取得平衡，以最大可能地提高工人的士气，从而从根本上提高生产效率。

梅奥的人际关系学说所产生的影响是巨大的，它用实证的方法揭示了作为管理主体和管理客体于一身的人在组织中的重要地位和作用，指出了人的本体需要、思想情感、行为方式等对于提高生产效率起着多么重要的作用，这实质上也是对资本主义制度下的生产关系所进行的重大调整。它不仅为改进资本主义的生产方式提供了新途径，为管理学的研究拓展了新的领域，同时也为行为科学学科的形成奠定了坚实的理论基础。

2.3.2　福莱特的伙伴关系理论

玛丽·帕克·福莱特（Mary P. Follett，1868—1933 年），出生于美国马萨诸塞州的昆西，是美国著名的哲学家、历史学家和管理学家。福莱特在政治学和管理学等方面的著作有很多，如《新国家》（1920 年）、《众议院的发言人》（1909 年）、《创造性经验》（1924年）和《作为一种职业的管理》（1925 年）等。她关于组织和管理方面的论文主要编辑在《动态行政管理》（1941 年）和《自由与协调》（1947 年）这两本文集中。针对传统的只重视个体人的管理理论，福莱特认为更应该重视的是人类群体的作用，群体的价值和生命是社会人行为的真正基础。在群体中，个人与个人之间、个人与组织之间存在着冲突是正常的，只要正视冲突并采用正确的方法去解决冲突，冲突也会产生积极的和建设性的效果，会导致新思想和新局面的产生，就能为组织谋利，这就是她著名的"建设性冲突"理论。福莱特重新界定了权力和权威的概念，把权力分为两类，即"统治的权力"和"共享的权力"，她主张用"共享的权力"来代替"统治的权力"，用"共同行动"来代替同意和强制。她认为，权威的运用应纯粹根据情景需要来进行，不能滥用，这就是她所谓的"情景规律"。

福莱特非常重视群体中人际关系的协调问题，甚至把协调看做组织的首要任务。为了有效地进行协调，福莱特提出了组织的四条基本原则：

（1）交互联系原则。在福莱特看来，在一种特定的情景中，所有的因素彼此之间必定存在着相互的联系，对于这些相互联系必须予以足够的重视。

（2）直接协调原则。福莱特认为，在组织中负责的人们，无论其处于组织层次的哪个职位上，都必须保持直接的交往，"横向"的联系与由命令构成的"纵向"指挥链对于实现协调具有同等的重要性。

（3）早期协调原则。所有的相关人员应该在政策或决定的形成阶段参与协调，而不能只是在政策或决定的完成阶段参与，这种早期阶段的参与方式可以通过提高组织成员的积极性而有益于组织的发展。

（4）持续过程原则。福莱特强调，需要有一种长久的机制来完成从计划到行动、再从行动到未来计划的任务。福莱特认为，这种机制具有不可估量的优越性。在她看来，信息本身就是控制的一种形式，因为假如信息能够被人们准确接收，还可以产生一种与取得的信息保持一致的行为趋向。

福莱特的管理理论都是从人的角度提出来并加以阐述的，其基本点在于"伙伴关系"这一概念。她认为，管理的根本任务在于使人和组织协调起来，并创造一种环境和形势，使人们自愿地、主动地进行合作。这可以说是福莱特管理理论的核心。

尽管对福莱特的思想存在种种的批判意见，如有人认为她的整合思想只不过是一种幻想而已，但她在冲突、整合、协调、控制、权威以及领导等方面提出的思想主张，使人们不能不承认其思想和理论的核心是正确的、无可指责的。她的研究实际上还为传统组织理论和行为科学组织理论之间作了沟通，因而也有人将她视为连接科学管理与行为科学两个时期的重要桥梁。

2.3.3 巴纳德的组织协作系统理论

切斯特·欧文·巴纳德（Chester I. Barnard，1886—1961 年），西方现代组织理论社会系统学派的创始人，被誉为"现代管理理论之父"，出生于美国的马萨诸塞州，曾长期担任美国新泽西州贝尔电话公司的总经理，并担任过许多社会职务，退休后还担任过美国洛克菲勒基金会主席和国家科学基金主席。巴纳德一生发表了大量有关组织管理的著作和论文，其中《经理人员的职能》（1938 年）和《组织与管理》（1948 年）被誉为管理学的经典著作。巴纳德的组织协作系统理论归纳起来主要表现在以下几个方面：

1. 组织的本质

巴纳德认为组织既不是单纯的物，也不是单纯的人，而是"有意识地协调两个以上的人的活动或力量的一个系统"。① 他把组织看做一个协作系统，这指出了组织的本质特征。巴纳德认为这个定义广泛适用于各种形式的组织，如政府、军事、宗教、学校、企业等。

2. 组织三要素

巴纳德认为，组织作为一个协作系统，必须具备三个基本要素，即共同目标、协作意愿、信息沟通。共同目标指组织目标，它是协作组织成员产生协作意愿的必要前提。由于组织的共同目标与组织成员的个人目标之间总会存在差异，所以管理人员的一项重要职责就在于帮助组织成员正确理解组织目标，努力避免组织目标与个人目标的不一致或理解上的背离。协作意愿指的是个人为实现组织目标贡献力量的愿望。组织成员协作意愿的强弱同组织规模成反比。组织为获得和提高其成员的协作意愿，一方面要提供金钱、威望、权力等各种客观的刺激，另一方面要通过说服等方式来影响成员的主观态度。信息沟通则是意愿、情报、建议、指示和命令等的传递。它是协作组织一切活动的基础和必不可少的条件，组织的共同目标和组织成员的协作意愿只有通过信息沟通才能相互联系，形成动态的过程，及时有效的信息沟通能确保组织成员行为的合理性、合目的性和协作性。

3. 组织平衡论

巴纳德认为，组织存在和发展的基本条件在于维持组织内部和外部的平衡。组织的内部平衡是指组织成员为组织所作的贡献与组织对其成员的满足要达到平衡，这是组织生存和发展的关键环节。组织的外部平衡是指组织与外部环境要相适应，当环境发生变化时，组织也要相应发生变化，不断地去努力适应各种复杂多变的外部环境，力求使组织与环境和谐一致。

4. 非正式组织

巴纳德重视正式组织的结构要素，但也没有忽视非正式组织的问题。他是组织理论发展史上第一位对非正式组织进行系统研究的学者。所谓非正式组织是指组织中的人们在工作中通过个人接触、相互影响、自由结合而形成的集合体。这种集合体的形成是偶然的、无意识的，没有正式的组织结构和自觉的共同目标，但它能使人们形成一定的风俗、道德观念、社会规范和理想，从而影响到正式组织。巴纳德指出，在任何正式组织中都存在着非正式组织，正式组织与非正式组织是相生相伴、相互影响和相互作用的。非正式组织具有促进信息交流，维持正式组织凝聚力，维持个人人格、自尊心和独立选择能力的功能，能对正式组织起到补充和促进作用。管理者要积极引导非正式组织的发展，避免非正式组织所带来的消极影响和不良后果，以保证组织的健康发展。

5. 权威接受论

组织中的权威关系是普遍存在的。与传统观点认为权威是自上而下所形成的有所不同，巴纳德主张管理者的权威是自下而上形成的，权威的来源不在于所谓的权威者或发布命令的人，而在于下级是否接受了命令，如果接受了，就表明他们之间形成了权威关系，

---

① ［美］巴纳德著，孙耀君等译：《经理人员的职能》，中国社会科学出版社，1997 年版，第60 页。

反之，权威就不存在。巴纳德认为，权威要得到组织成员的承认，必须具备四个条件：一是使人们能够明确所发出的命令，不能被人理解的命令不可能具有权威性；二是使人们认为这个命令与组织的目标是一致的，与组织目标相矛盾的命令不会被人们所接受；三是使人们认为这个命令同他们的利益是一致的，破坏组织成员利益的命令是不会被服从的；四是接受者在精力上和体力上允许接受这个命令，超出人们能力的命令就属于无效命令。

6. 组织决策论

组织决策论是巴纳德公共组织思想的重要内容。巴纳德认为，组织理论不是要研究组织成员的操作活动，而是要研究决策活动。组织的决策有两种，一种是个人决策，另一种是组织决策。个人决策是指个人参加组织的决策，主要出自个人动机。组织决策是为了实现组织目标而制定的理性决策，其作用是反复注意组织目标和组织环境，使两者越来越具体，最终实现组织目标。

巴纳德的组织管理理论明显是以系统观念为依据的。由于他那充满系统思想的公共组织理论具有发展方向上的首创性，著名经济学家凯恩斯把巴纳德的组织管理理论称为"巴纳德革命"。

2.3.4 麦格雷戈的公共人事管理理论

道格拉斯·默里·麦格雷戈（Douglas M. McGregor，1906—1964 年），美国著名的行为科学家、麻省理工学院教授。主要代表作有《管理的哲学》（1954 年）、《企业的人性方面》（1960 年）、《领导和激励：道格拉斯·麦格雷戈论文集》（1966 年）、《职业的经理》（1967 年）等。

麦格雷戈的人事管理思想主要体现在他所提出来的"X 理论—Y 理论"中。麦格雷戈把传统的管理观点称为"X 理论"。"X 理论"的中心思想是：（1）为了经济目的，管理部门负责把生产性企业的金钱、物资、设备、人员等要素组织起来。（2）人事是一个指挥他们的工作，控制和改正他们的行为以适应组织需要的过程。（3）没有管理部门的积极干预，人们对组织上的需要会是消极的甚至是抵触的。（4）普通人天性懒惰，会尽可能想少干工作。（5）普通人缺乏抱负和上进心，不愿承担责任，宁愿被人领导。（6）普通人生来自私自利，漠视组织的需要。（7）普通人在本性上反对改革。（8）普通人轻信，不很聪明，易于受骗子和煽动家的诱惑。[①]

麦格雷戈认为，传统的管理理论以"X 理论"为指导思想，主张的是一种"胡萝卜加大棒"式的管理方式。这种管理方式在人们的生活还不够丰裕的时候是有效的。但是，当人们达到了较高的生活水平时，"胡萝卜加大棒"式的管理方式就不起作用了，因为人们开始追求自尊和自我实现等高层次的需要了。因此，麦格雷戈提出了另一种人性假设，即"Y 理论"。

"Y 理论"的基本内容主要有：（1）为了经济目的，管理部门应该把生产性企业的金钱、物资、设备、人员等要素组织起来。（2）人们并不是生来对组织上的需要采取消极甚至是抵触态度的，这是由于他们在组织中的经历和遭遇所造成的。（3）人并非天生厌

---

① 转引自［美］斯蒂尔曼著，李方等译：《公共行政学》（下），中国社会科学出版社，1989 年版，第 143~144 页。

恶工作。（4）控制和惩罚不是使人实现组织目标的唯一方法，人对于自己参与制定的目标能够实行自我指挥和自我控制。（5）人的参与同获得成就的报酬直接相关，而报酬中最重要的是自我实现等高层次需要的满足。（6）逃避责任和缺乏抱负并不是人的天性，在适当条件下，人不但能接受，而且能主动承担责任。（7）对于解决组织方面的问题，大多数人具有相当高的想象力、独创性和创造力。（8）在现代工业条件下，一般人的智慧和潜力只是部分地得到发挥和利用。（9）管理者的主要职责在于创造某种适当的环境与条件，让人认识到人的特性，使人的智慧和潜力能够充分发挥出来。①

麦格雷戈把 Y 理论称为"个人目标与组织目标的结合"，认为它能使组织的成员在努力实现组织目标的同时，最好地实现自己的个人目标。麦格雷戈强调指出，在管理中，重要的问题不在于管理方式的选择，而在于指导思想的确定，也即应该将管理指导思想上的"X 理论"变为"Y 理论"。麦格雷戈的"Y 理论"主张采用更大的分权，更少地靠强迫和控制，更多地靠民主，强调参与决策。该理论认为，如果通过排除满足需要的人为障碍，管理能使组织内的人们有可能满足其需要和实现其潜力，组织将会更有效力。

2.3.5　西蒙的决策组织理论

赫伯特·A. 西蒙（Herbert A. Simon），美国著名的行政学家，1916 年 6 月 15 日出生于美国威斯康辛州。西蒙一生发表了大量的著作和论文，但他最重要的著作是《管理行为——管理组织决策过程的研究》（1947 年）和《管理决策的新科学》（1960 年），它们不仅奠定了西蒙在管理学界的权威地位，而且成为西方决策理论管理学派的"圣经"。在西蒙丰富的管理理论中，有关决策组织的理论主要可归纳为以下几个方面：

1. 组织首先是个决策过程

组织的基本功能就是决策。西蒙在对传统行政组织理论推崇的一些组织原则进行批评的基础上指出，决策贯穿于管理的全过程，管理就是决策。领悟和把握一个组织结构和功能的最好方法在于对组织决策进行分析。

2. 组织目标论

组织目标就是追求决策的合理性，而合理性则取决于为实现某一目的而合理选择的手段。但是，人是有限理性的动物，任何组织或个人在目的与手段关系上不会完全整合。在决策活动中，由于受知识、经费、情报消息和时间等因素的限制，决策者只是在有限并力所能及的范围内做出决定，因而他在行政组织中的行为不可能追求最优化，而是寻求在当时条件下能取得"令人满意"的结果。这就是西蒙著名的"有限理性"决策原理。

3. 组织平衡论

西蒙发展了巴纳德的组织平衡论，认为组织是由人组成的集体平衡系统，组织提供给组织成员的诱因（物质的精神的报酬）和组织成员对组织所作的贡献（劳动或资本）之间存在互依互动的关系。西蒙提出了"诱因—贡献平衡原理"。这个原理的主要内容是：一方面，组织要根据个人的贡献提供诱因。另一方面，作为对诱因的回报，组织成员也要

---

① 参见丁煌：《西方行政学说史》，武汉大学出版社，2005 年版，第 234~235 页。

对组织有所贡献。组织的参与者们所作出的贡献，就成为该组织对其参与者所提供诱因的来源。

4. 组织影响论

西蒙认为，个人在组织成员地位上所作的有关组织的决定与纯粹关系个人的决定不同，前者受组织的影响。组织影响个人决策行为的因素有以下五个方面：权威、沟通、组织认同、训练和效率。在这五种影响力中，权威与沟通是决策时的外在影响力，组织认同与效率是决策时的内在影响力，训练则在进行过程中与沟通性质相同，在训练结束后，由于受训者获得了知识、技能和态度，它就变成了内在影响力。这五种力量相互关联、相互影响，它们在实际中发生作用的情况是组织成员决策理性程度的关键，进而影响整个组织的效率。

5. 组织设计论

组织设计是组织理论中的一个老问题。西蒙对组织设计论的贡献在于，他将组织设计论构建于决策理论基础之上，指出组织设计要有利于组织决策，有利于决策所需的信息传递和信息处理。因此，他的组织设计思想主要体现在以下几个方面：（1）组织结构的设计首先要从建立或改变组织目标体系入手，把组织设计成一个包括上层、中层和基层三个层级的层级结构。（2）组织的专业分工。西蒙主张将作为整个决策系统的组织分解为彼此相对独立的子系统，以尽量减少子系统之间的依赖性，使各个子系统有充分的决策权，以便最大限度地分散决策。（3）组织的工作重心。现代组织处于"信息丰富"的环境，由于组织成员的信息处理能力有限，组织必须把自己有限的能力花在重要的决策任务即工作重心上。（4）组织的权力配置。在权力配置方面，要正确处理集权与分权的关系。西蒙反对绝对的集权和绝对的分权，主张集权和分权要适度。在作重大的决策时，应该实行适当分权，让有关单位的工作人员参与决策，但由于组织活动是集体的活动，要顺利实现组织目标，还必须有一定的协调机制。

以西蒙为代表的决策理论学派以社会系统论为基础，吸收了行为科学、系统论的观点，运用电子计算机技术和统筹学的方法，把传统管理学对组织理论的静态研究转向了以人为本的动态研究，把决策引入管理和组织过程当中，对公共政策研究和组织理论的贡献是巨大的。当前，从这种决策理论发展起来的、以公共政策为主导的公共行政学的研究潮流，已经成为了西方行政学研究的主流之一。

2.4　系统科学时期的组织理论

第二次世界大战之后，西方国家进入了一个相对和平稳定的发展时期。科学技术获得了极大的发展，以原子能技术、电子计算机技术和空间技术及生物工程的应用和发展为主要标志的第三次科学技术革命，揭开了人类生活的新篇章。由于经济发展提供了物质基础，科技发展提供了技术支持，各种管理思想和管理理论也就进入了快速的发展阶段，极大地促进了管理的现代化，也为公共组织理论研究注入了新的活力，尤其是系统方法为组织理论与管理知识的汇合，为各种组织理论流派的统一创造了机会，从而使组织理论的研究进入了第三个阶段，即系统科学时期的组织理论阶段。

2.4.1　系统组织理论

所谓系统，是指彼此通过相互作用而形成一定关系的诸元素的集合。① 在路德维格·贝塔朗菲于 20 世纪 30—40 年代对"系统"概念进行了比较完整、明确的界定，并建立起一门独立的"系统论"科学之前，"系统"概念的内涵早已为人们所认识和运用。巴纳德于 20 世纪 30 年代率先用系统观表述组织并建立了一套影响深远的理论体系。此后，系统方法的影响不断扩大，运用系统方法对组织和管理问题进行研究的学者也越来越多，代表人物有帕森斯、卡斯特和罗森茨维克。

1. 帕森斯的公共组织理论

塔尔科特·帕森斯（Talcott Parsons，1902—1979 年），美国哈佛大学社会学教授，最早将一般系统论运用于组织研究。帕森斯认为任何一种组织，其本身就处在各个社会系统之中的社会分系统内。作为社会系统的组织，必须具备适应环境、达成目标、统一协调和形态维持四个方面的功能，而这四个方面的功能一般通过组织的三个层级（即较小系统）来体现：一是决策层级。该层级的主要职责是制定决策和把握组织的方向。它处于组织的前瞻地位，与客观的社会环境直接发生联系。由于该层级必须事先了解和掌握与组织相关的信息，所以这个层级应该是完全开放式的。二是管理层级。该层级的主要职责是协调组织内部各单位的工作活动，同时也负责维持组织与外在社会团体的接触，又称协调层级。由于管理层级的主要职责在于解决对内对外协调的问题，所以它是半封闭半开放状态。三是技术层级。由于该层级的主要职责是负责工作任务的执行和具体工作目标的完成，又称操作层级。该层级与社会环境不直接发生联系，处于完全封闭的状态。帕森斯认为，这三个层级应该各司其职，不能互相干涉，也不能互相侵权。

2. 卡斯特和罗森茨维克的公共组织理论

美国学者约翰逊（Richard A. Johnson）、卡斯特（Fremont E. Kast）和罗森茨维克（James E. Rosenzweig）等人继承了帕森斯的系统组织思想，于 1963 年合著了《系统理论与管理》一书。1970 年，卡斯特和罗森茨维克又合作出版了《组织与管理——系统方法与权变方法》一书，更加深入具体地阐述了他们关于组织的系统权变理论。

（1）组织是一个开放的系统。卡斯特和罗森茨维克认为，无论企业组织还是政府组织，都是一个开放系统，处于与其环境的持续相互作用中，并努力达到动态平衡。每一个组织都需要接受足够的资源投入，以维持正常运转。同时，每一个组织必须产出足量的经过转换的资源供给外部环境，以便持续这种循环，保持组织与社会环境的平衡。

（2）组织是一个整体系统。卡斯特和罗森茨维克不仅认为组织是一个开放的系统，而且认为组织是一个整体的、与外界环境有一定界限的社会技术系统，一般由下列五个子系统构成：第一，目标与价值分系统。即组织的目标与存在的社会价值。第二，技术分系统。组织为达成目标所需运用的各种技术与知识。技术分系统取决于组织目标，不同性质的组织所需要的技术不尽相同。第三，社会心理分系统。它由相互作用的个人和群体所组成，包括个人的行为动机、地位与角色的关系、团体与团体的交互影响等，它不仅受外部

---

① 陈克文：《变革思维方式的科学——系统论、控制论、信息论的基本概念、原理和哲学意义》，上海社会科学院出版社，1988 年版，第 31 页。

环境影响，也受组织内部任务、技术和结构的影响。第四，结构分系统。组织结构与权责分配、信息沟通和工作流程有关，它可以通过组织图、工作说明书等表现出来。第五，管理分系统。它联系整个组织，负责协调各分系统，主要作用是通过整合、协调、设计及控制使组织任务顺利完成。

（3）组织具有权变性。卡斯特和罗森茨维克认为，权变观点所要研究的是组织与其环境之间的相互关系和各分系统之间的相互关系，以及确定关系即各变量的形态。具体观点如下：第一，强调组织的多变量性。第二，分析了组织在变化的特殊环境中的运行情况。第三，提出权变组织理论的最终目的是寻求组织与环境之间及组织内部各分系统之间的一致性。他们认为，只有通过组织设计和管理达到这种一致性，才能保证组织具有高效能、高效率。

2.4.2 生态组织理论

最早运用生态理论研究政府现象的是美国学者高斯，他认为政府的行政组织与行政行为必须考虑它的生态问题，可惜在当时的学术界没有受到足够的重视。20 世纪 60 年代，美国著名行政学家弗雷德·雷格斯（Fred W. Riggs）运用生态理论与方法研究发展中国家的行政问题，提出了三种行政组织模式，才使行政生态学成为一门系统的学科。雷格斯的生态组织理论主要反映在他的代表作《行政生态学》（1961 年）这本书中。

1. 雷格斯提出了三种行政组织模式

雷格斯运用物理学中光谱分析的方法分析了三种行政组织模式，并阐述了它们的功能，如图 2-1。（1）融合型——传统农业社会的行政组织形态。自然光在折射前只是一道

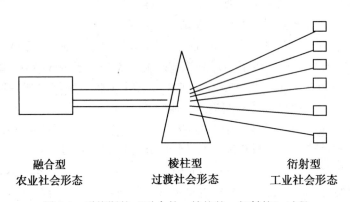

融合型　　　　　　　　　棱柱型　　　　　　　　衍射型
农业社会形态　　　　过渡社会形态　　　　工业社会形态

图 2-1　雷格斯的"融合的—棱柱的—衍射的"过程

无颜色区别的白光，如同传统农业社会的结构是混沌未分的，行政组织与其他国家组织和社会组织之间没有明显的分工或功能分化，结构与功能呈现混同状态，行政组织内部分工程度很低，行政效率极为低下。（2）棱柱型——由农业社会向工业社会过渡时期的行政组织形态。自然光在棱柱体内的折射过程中，既有折射前的混杂白光的特性，又有衍射后的各种颜色光的因素，如同过渡社会既有传统农业社会的因素，又有现代工业社会的因素，行政组织呈半分化状态。（3）衍射型（绕射型）——高度发达工业社会的行政组织形态。自然光经棱柱体折射后，衍射为各种颜色的光线，如同工业社会中行政组织与其他

社会组织之间及行政组织内部之间，在结构上和功能上有高度的分工，行政组织内部分工也很清楚，各司其职。

2. 雷格斯重点分析了棱柱型即过渡社会的行政组织

雷格斯指出，棱柱型的行政模式有三个特征：（1）异质性或异种性并存。即在同一社会的同一时期，会同时呈现不同的制度、不同的行为与观念。既有农业社会的特征，又有工业社会的特征，它是一种新旧共存、传统与现代兼容的行政模式。（2）形式主义。即法制与实际严重脱节。尽管形式上政府有相关的法律与制度，但事实上它们不太发生约束作用；传统社会中的某些特性虽然在形式上已被摒弃，如人情关系，但事实上仍然有巨大的影响力。（3）重叠性。指传统社会的结构与现代社会的结构彼此重叠存在。一方面有国会、行政机构、选举制度等，另一方面又有能量很大的家族、宗教团体、同乡会等，其影响力不能低估。

3. 雷格斯考察了外部生态环境与行政组织之间的制约关系

雷格斯将公共行政组织看做一个受经济机制、社会机制、社会沟通网络、政治制度、政治信念、意识形态等影响的生态系统。他认为一个国家的社会经济机制和生产力发展水平，是影响公共行政的最主要的生态因素。社会机制、社会沟通网络、政治制度、政治信念、意识形态等也都是影响公共行政的重要的生态因素。雷格斯认为，这些要素在不同社会形态的国家中其作用和影响的形式和程度不尽相同，但是，在任何社会形态的国家中它都存在着并影响着该国的公共行政，同时，它们彼此之间也是相互影响、相互作用的。一个国家的行政组织只有与生态环境相适应，并根据这些生态环境的变化适时地进行调整，才有可能健康地发展。为此，他反对发展中国家照搬西方发达国家的行政组织制度。

2.4.3　帕金森定律和彼得原理

1. 帕金森定律

诺斯古德·帕金森（C. Northcote Parkinson），出生于 1909 年，英国著名的历史学家和行政学理论家。他在 1958 年出版的文集《帕金森定律及关于行政的其他研究》（又译为《官场病》）中提出了帕金森定律。

帕金森对组织中容易发生而又难以改进的近似病态的现象进行了描述。第一，官员增加原理。组织官员人数与工作量毫不相关，不管工作量如何变化，人数总是成倍地增加。这是因为行政主管喜欢增加部属，而不是对手，新增加的部属之间彼此又会制造出许多工作来做。因此，不管工作量是增多还是减少，行政官员或多或少是注定要增长的。第二，无效率系数。现代政府机构如委员会之类的组织形式日益膨胀。在委员会内部必然出现非正式的核心委员会，过一段时间，这个核心组织又会扩张起来。如此周而复始，机构就越来越庞杂，人员越来越多，工作效率却越来越低。第三，嫉妒病。组织的低效、无能根源于自发的嫉妒病。机关成立的年代越长，人员的素质就越低劣。因为行政主管大多不喜欢比自己能力强的人，以免树立未来的职位竞争对手。二流水平的领导只能领导三流水平的下级，三流水平的领导又会找来四流水平的下级。这样，用不了多久，整个组织就会面临垮台的境地。第四，办公场所的豪华程度与组织的事业和效率成反比。豪华的办公大楼和考究的办公环境，是组织衰退的征兆。当一个机关趋于腐败时，其建筑和办公用品会达到华丽壮观的顶点。所以华丽的建筑可以作为推测机关正在趋于腐败的证据，等等。

2. 彼得原理

劳伦斯·J.彼得（Laurence J. Peter），1919年出生于加拿大的范库弗，美国管理组织学家。彼得原理是他在与记者雷蒙德·霍尔合作的《彼得原理》（1969年，又译为《升官病》）一书中提出来的。从此，彼得原理成为专用名词，在世界上广为流传。所谓"彼得原理"，就是在实行梯层等级组织中，组织的每一个成员都趋向于晋升到他所不能胜任的层级。彼得认为，不称职是人类社会的一个普遍现象，每个组织都充塞着不称职者。彼得认为组织效率低下的真正原因是不称职者的积聚，是因为等级制的组织不断地把人们提拔到力不从心的工作岗位上的结果。假如每个人都降一级，做力所能及的工作，就可能达到更大的工作效率。不称职不仅造成效率低下，而且使机构臃肿不可避免。彼得和霍尔认为人类任何有组织的事业——政府、宗教、企业等，都受彼得原理支配。彼得最后告诫人们：应该认真地估价自己的潜力，不要盲目地追求晋升、企望升官，这样不仅会给个人带来痛苦，引起"不称职综合征"，而且也会导致组织大滑坡，给社会造成危害，最终将导致整个人类达到"生存不称职级"。[1]

2.4.4 新公共行政学组织理论

新公共行政学派是20世纪70年代以来美国极其活跃的一个学派。所谓"新公共行政学"是相对于"传统公共行政学"而言的。乔治·弗雷德里克森（George H. Frederickson）是该学派的主要代表人物之一，主要代表作有《论新公共行政学》（1971年）、《社会公平和公共行政》（1974年）、《新公共行政学沿革》（1977年）和《新公共行政学》（1980年）等。新公共行政学派关注社会公平，致力于行政道德问题的研究。其主要观点有：

1. 对传统公共行政学"效率至上"的反思与批评

由于传统行政学单纯追求效率，这一方面使经济增长，科技进步，社会发展；另一方面也对人类社会造成了许多不良影响，出现了种种社会危机，最主要的是加重了社会的不公和道德沦丧。弗雷德克里森指出，传统行政学以管理学为理论基础，以政治与行政二分法为前提，以经济和效率为行政管理的基本目标，忽视了公共行政所应负的广泛的社会责任，其结果是在前所未有的经济发展时代，长期存在普遍失业、贫穷、疾病、无知和绝望，从而形成了对现有政治制度的根本威胁。新公共行政学则把社会公平加入到传统目标和基本原理中，认为经济和效率虽然也是公共行政的价值目标之一，但绝不是核心价值，核心价值应该是社会公平。

2. 主张将"效率至上"转变为"公平至上"，强调公共行政组织变革

新公共行政学派认为，公共行政组织变革的终极目标是建立民主行政模型。政治民主必须确实体现在民主的行政过程中。为了避免公共行政组织变成顽固的、不负责任的官僚组织，新公共行政学派提出减少层级节制、分权、组织开发、广泛吸收公众参与等民主思想。该学派同时强调，公共行政组织设计方案应该遵循两个目标，即顾客导向的行政组织形态和灵活应变的行政组织形态。

---

① 傅明贤：《行政组织理论》，高等教育出版社，2003年版，第77~78页。

3. 提出公共行政组织存在分配、整合、边际交换和社会感情四种基本运作过程

弗雷德里克森认为在公共行政组织中，存在着以下四种基本的运作过程：

（1）分配过程。所谓分配过程是指新公共行政学必须关心分配形式，必须依据从公共行政项目实施中获得的效益来处理物质和服务的分配问题，并均衡各方面的利益，尽可能做到公平合理。成本—效用或成本—效益分析是主要的技术和有效手段。由于新公共行政学派强调社会公平，所以他们把分配问题看做新公共行政学的核心内容。

（2）整合过程。整合过程是指通过权威层级来协调组织中成员的工作过程。在组织权威层级中，每个成员都扮演着自己的角色，通过层级串联在一起，去建构一个有内聚力的、能有效实现目标的组织整体，并使其运行机制更加有利于各种行政任务的完成。新公共行政学派特别主张采用相对非结构、非正式的和非权威的整合技术如项目规划技术来增强组织的凝聚力。

（3）边际交换过程。边际交换过程是指行政组织与其他相关组织及目标群体之间建立共生关系的过程。这些相关组织包括立法机关、被选任的行政官员、辅助参谋机构、服务对象以及有组织的利益集团。由于公共行政组织处于一种竞争的环境之中，所以要寻求这些相关组织的支持，才能建构和维持永久性的组织。

（4）社会情感过程。社会情感过程实际上是一种社会情感训练的过程。社会情感训练技术是行政管理变革的基本工具，这些技术到目前为止对行政官僚机构一直起着加强和改进作用，今后对分权化的和有可能按项目设置的组织也应该起到促进作用。社会情感训练能使行政人员降低对权威层级的依赖，能接受各种风险的挑战，也能对各方的冲突和感情采取宽容大度的态度，以提高行政机构整体适应各种社会环境的能力。这里所说的社会情感，实质上是指心理素质。

新公共行政学的主要贡献在于将社会公平提高到公共行政追求的首要价值目标，倡导民主行政，增强公务员的伦理道德意识。它拓宽了行政学的研究视野，丰富和发展了行政学理论。

2.5　公共组织理论的现代发展

20 世纪 80 年代以来的这段时期在公共组织理论的发展史上是一个重要的历史时期。其推动力主要来自三个方面：第一个方面是以公共选择理论为代表的经济学理论介入；第二个方面是席卷世界各国的大规模的政府改革从实践角度为公共组织理论的发展提出了新的课题；第三个方面是企业型政府、管理主义、新公共管理等各种理论、学派从不同方面对传统的公共组织的理论、观念、规模提出了挑战。

2.5.1　布坎南的公共选择理论

詹姆斯·麦吉尔·布坎南（James M. Buchanan），1919 年出生于美国田纳西州，当代美国著名的经济学家，公共选择理论的创始人和主要代表人物，1986 年诺贝尔经济学奖获得者。1969 年，他与戈登·塔洛克在弗吉尼亚理工学院公共选择中心，1982 年他随公共选择中心迁至弗吉尼亚州的乔治·梅森大学，并任该校的经济学教授。此外，他还担任过美国南部经济学会主席（1963 年）、美国经济学会副主席（1977 年）和美国西部经济学会副主席（1982年）。1986年，他因对政治决策与公共经济学理论所作的突出贡献而获得了诺贝尔经济学奖。布坎南是一位非常高产的学者，他发表了数十部著作和大量的学术论文，代表性著作和论文有《财政理论与政治经济学》（1960年）、《对赞同的计算》（1962年，与戈登·塔洛克合作）、《成本与选择》（1969年）、《公共选择理论：经济学的政治运用》（1972年，与R.托里森合作）、《民主过程中的公共财政》（1976年）、《政治活动的经济学》（1978年）、《自由、市场和国家：80年代的政治经济学》（1986年）、《俱乐部经济理论》（1965年）等。也正是由于布坎南所作出的突出成就，他被人们誉为"公共选择理论之父"。

公共选择理论一个重要的特点就是用经济学的方法研究政治问题。从经济学的角度说，它指出了传统经济学研究中的一个重大缺陷：忽略了政治过程对经济问题的重大作用，而政治过程决定着资源的非市场配置即公共物品的生产；从政治学的角度看，它用经济学的方法来分析政治过程，通过这种分析指出社会经济问题的根源在于现代国家政治制度的缺陷。所谓"公共选择"，是指资源在公共物品间的分配是通过集体行动和政治过程来选择和决定的，这实际上就是政府的选择和决定。公共选择理论的基点在于"经济人"假说，即人在本性上都是以追求个人利益、使个人利益的满足程度最大化为最基本的动机，其活动受个人利益驱动与导向。国家或政府作为一种人类的组织，也会受到人的利己主义本性的影响。所以，由个人组成的国家或政府不应被看成是以大众利益服务为目的的，其政治行为也是按对个人是否有利来行事的。

"政府失败论"是公共选择理论的研究核心。20世纪30年代以来，西方国家奉行凯恩斯主义提出的"由于市场可能失败，所以要实行政府干预"的主张，普遍实行了政府对市场的干预政策，这虽然产生了短期的效应，但也带来了许多问题，甚至出现了危机。所谓"政府失败"，就是针对凯恩斯主义的主张，认为在市场经济条件下政府的干预有很大的局限性或是失败的，政府的活动并不总像应该的那样"有效"，或像理论上所说的那样"有效"。布坎南认为，"政府失败"有两种主要表现形式：公共政策的失误和政府工作机构的低效率，其形成是由多种原因造成的。（1）公共决策失误的原因：由于政府部门的领导者为人所具有的自利的本性所左右，他们在选择或制定决策时，对作为政府决策目标的所谓公共利益的理解常常难以符合公共利益的要求，决策的依据是不充分的信息和个人效用的最大化原则。（2）政府工作机构低效率的原因：一是缺乏竞争性机制，这就使官员没有压力去高效率地工作，而过多的自由又使他们没有努力工作的积极性。二是缺乏降低成本的激励机制，导致政府官员追求规模的最大化，最终导致机构臃肿、效率低下。三是缺乏监督信息。监督有效的前提是监督者对被监督者的情况了如指掌，而这种情况正好需要被监督者提供，政府权力的扩大不仅使监督者受被监督者操纵，甚至被监督者还能强制规定和实行某些政策措施，以实现自身利益的最大化。四是政府机构自我膨胀，包括政府部门的人员增加和支出水平的增长。五是政府的寻租行为，即政府官员会利用行政权力寻求超过机会成本的那一部分收入，这就使政府决策和运作受利益集团或个人所摆布。由此，布坎南得出的结论是：市场的缺陷并不是把问题交给政府去处理的充分条件，政府的缺陷至少和市场的缺陷一样严重。除非有阻止狭隘利益集团进行掠夺的程序性规则对政治过程加以严格的约束，否则政府的缺陷——效率低下、费用高昂、计划执行不当等都是不可避免的，即便如此，只要有可能，决策就应转交私营部门。

公共选择理论对"政府失败"进行的分析和批评，目的在于完善资本主义国家的政治制度和政治过程。因此，布坎南等公共选择理论家又提出了补救"政府失败"的具体建议。其一，创立一种新的政治技术，提高社会民主程度。通过改革政治结构，重建基本宪法规则，以约束和限制政府的权力。其二，在公共部门恢复自由竞争，改善官僚体制的运转效率。包括在行政管理体制内部重新建立竞争结构，如可以由两个或两个以上的机构来提供相同的公共物品或服务，由私营企业承包某些公共物品的生产等；在政府机构内部建立激励机制，允许政府部门对节省成本的财政剩余具有某种自主处置权；加强对公共机构及其负责人员的监督等。其三，实行财政立宪，改革赋税制度。对财政体制的税收与支出两个方面采取不同的决策方法，公共支出的决策在财政决策的日常运行中做出，而税收的决策则要在日常运行之前的立宪阶段做出，以便为以后的公共支出筹资。由于政府活动依赖于赋税，因而要通过赋税制度的公共选择来限制政府的税收收入，进而限制政府的权力。

公共选择理论把经济学和政治学有机地联系在一起，用经济学方法分析政治学对象和政治过程，对经济学和政治学的研究都提供了一个新的视野和新的研究途径。它提出的"经济人假设"、政府认知和行为的有限性、缺乏竞争与激励的政府机制、政府官员的"寻租"现象、运用预算和税收手段限制政府权力、用市场解决方法代替国家干预、加强对政府权力的监督等理论，具有诸多的合理成分和共性特征，无论对理论研究还是对现实的政治行为都有非常重要的意义。

2.5.2　奥斯本的企业家政府理论

企业家政府理论（Theory of the Entrepreneurial Government）是戴维·奥斯本（Dvid Osbrne）与特德·盖布勒（Ted Gaebler）在 1992 年合作出版的《改革政府——企业精神如何改革着公营部门》一书中提出来的。政府"企业化"是 20 世纪 70 年代以后流行于西方国家的一种政府组织思想。进入 20 世纪 80 年代以后，以政府"企业化"为背景的管理模式——商业模式越来越受到人们的重视，并被广泛应用于西方国家行政制度改革的实践之中。所谓"政府企业化"，是用企业家在经营中所追求的讲效率、重质量、善待消费者和力求完美服务的精神以及企业中广泛运用的科学管理方法，改革政府机构中的公共管理部门，重塑政府形象。正如《改革政府——企业精神如何改革着公营部门》一书封套上引用克林顿的一句话所说的那样：如果我们要在 20 世纪 90 年代中激发政府的活力，我们就必须重新塑造它。

奥斯本和盖布勒一方面肯定政府的存在对于文明社会来说是必不可少的，他们不认同历史上把政府看做一种不得不忍受的邪恶的观点，而认为政府是用来作出公共决策的机制。因为我们面临的许多问题如吸毒、犯罪、贫困、环境保护必须靠政府来采取集体行动。另一方面，他们认为政府的现状并不令人满意，没有如人们所期望的那样有效运作。

即使是最有企业家创新精神的人，在掌管公共服务机构尤其是政府机构半年以后，"其行为也会变得像最糟糕的混日子的官僚和争权夺利的政客一样"①。这样的政府已经不适应时代的需求，必须进行改造。奥斯本和盖布勒认为，他们批判的矛头所指并不是政府机关的工作人员，因为公务员的大多数是负责的、有才能的、立志献身的人，而是现行的、在20世纪30年代和40年代设计出的那种中央集权、层次繁多的政府官僚体制。在奥斯本和盖布勒看来，"如果一个组织的结构是鼓励企业家精神和行为的，那么几乎人人都可以成为企业家。反之，如果一个组织的结构是鼓励官僚主义行为的，则几乎任何企业家都会成为官僚主义者"②。

奥斯本提出了对传统官僚体制进行改革的十项原则：

1. 掌舵而不是划桨

奥斯本认为，政府应该集中精力做好决策工作（掌好舵），而将向社会提供各种服务的工作（划桨）承包给私营企业和非营利组织。"掌舵的人应该看到一切问题和可能性的全貌并且能对资源的竞争性需求加以平衡。划桨的人聚精会神于一项使命并且把这件事做好。掌舵型组织机构需要发现达到目标的最佳途径。划桨型组织机构倾向于不顾任何代价来保住'他们的'行事之道。"③ 因此，有效的政府应该是一个能够"治理"并且善于实行"治理"的政府，而不是一个"实干"的政府，一个"执行"的政府。

2. 善于授权而不是事必躬亲

为何在所谓的民主国家中，也几乎没有人感觉到自己"拥有"或"控制"政府？奥斯本认为，原因在于政府过分集权，事必躬亲，在组织和管理公共事业时，没有鼓励公众参与，而是过分依赖专业人员来解决问题，致使官僚主义控制了公共服务，作为服务对象的民众只能依赖政府，没有任何自主权。解决问题的办法是通过授权于公民，建立自己的自治组织，拥有参与实施管理的权力，解决自己面临的问题。这样的自治组织由于更了解问题的关键所在，更具有责任感，更关心其成员的生活环境，也更经济和具有创造性，因而其管理比政治家和议会议员更有效。而政府则可以做一些别的组织做不了的事情，如制定政策、提供资助等。

3. 引入竞争机制

政府之所以没有商界那样富有效率，主要原因不在于公营还是私营，而在于它是采取垄断方式还是采取竞争方式进行管理活动。哪里有竞争，哪里就会取得较好的结果，增强成本意识，提供优质服务。与垄断相比较，竞争具有许多好处：竞争迫使公营的或私营的垄断组织对顾客的需要做出反应；竞争提高效率即投入少而产出多；竞争能提高组织成员的自尊心和士气；竞争鼓励革新而垄断扼杀革新。而政府行为往往是垄断的，因此政府必须通过各种形式引入竞争机制，改善行政管理。当然，竞争也不是自由放任的，政府也需

---

① ［美］戴维·奥斯本、［美］特德·盖布勒著，周敦仁等译：《改革政府——企业精神如何改革着公营部门》，上海译文出版社，1996年版，第4页。

② ［美］戴维·奥斯本、［美］特德·盖布勒著，周敦仁等译：《改革政府——企业精神如何改革着公营部门》，上海译文出版社，1996年版，第7页。

③ ［美］戴维·奥斯本、［美］特德·盖布勒著，周敦仁等译：《改革政府——企业精神如何改革着公营部门》，上海译文出版社，1996年版，第12页。

要对竞争进行必要而合理的管理。

4. 注重组织目标使命

组织运作离不开规章，然而，规章有助于防止发生坏事，但也会妨碍出现好事。长期以来，大多数公共组织被它们的规章制度和预算所左右，成为"规章驱动的政府"：程序埋没了目标，过程压倒了结果，投入代替了产出，规则取代了使命，公务员是墨守成规的办事员。改变这种情况的出路在于改变照章办事的人事制度，建立有使命感的预算制度和政府组织。有使命感的组织不指示人们如何做事，能放手让其成员以他们所能找到的最有效的方法实现该组织的使命。

5. 注重产出而不是投入

传统公共组织注重的是投入的多少而不是产出的效果，这样导致工作效果越糟的部门得到的拨款就越多。政府拨款、人员报酬与效果之间几乎没有联系。这种拨款机制没有让公共部门去改善自己业绩的动力，而企业家政府按效果而不是按投入拨款，它对政府各部门表现的评估和资助是以其政策效果而不是以项目的多少为依据。按照效果进行投入，就要对公共组织的绩效进行评估，从而使公共部门关注自己行为的后果，广泛采用全面质量管理的办法来进一步改进公共服务质量和效果。

6. 具有顾客意识

奥斯本认为，从理论上说，民主政府是为公民服务而存在的，企业是为盈利而存在的。但企业想方设法取悦顾客，而政府却是个"顾客盲"，原因就在于企业的钱来自于顾客，而政府的钱来自于拨款和税收。按企业家精神重塑政府，就是要让政府受顾客的驱使，以满足顾客的需要为宗旨。建立顾客驱使制度的好处在于：它能迫使服务提供者对他们的顾客负责；它能使选择提供者的决定不受政治影响；它能促进更多的革新；它能让人们在不同种类服务之间做出选择；它能使供需相适应，因而浪费较少；它能授权顾客做出选择，而使被授权的顾客成为更加尽责的顾客，它还能创造更多的公平机会。①

7. 有收益而不浪费

与必须考虑支出和收入的企业不同，政府是只注意花钱而不在乎盈利，只节源不开流，这往往导致更大的浪费。因此，要用企业家的投资观点来改变政府，尽可能使公共管理者转变为企业家，学会通过花钱来省钱，为获得回报而投资。为了刺激管理者像企业家一样去思考问题，我们就要对这样的行为进行奖励，比如让他们从盈利的收入中获益。

8. 预防而不是治疗

奥斯本认为，由于官僚政治的模式使政府全神贯注于提供服务——划船，很少集中精力去掌舵，由此所形成的狭隘的想象力和思维定势导致问题变成危机后才会想办法去解决，这使得为解决问题不得不投入大量的钱，而采取预防措施却无钱进行，因此也造成更大的浪费。具有企业家精神的政府应该是有预见力的政府，这样的政府会做两件根本性的事情：一是使用少量钱预防，而不是花大量钱治疗；二是在作决定时尽一切可能考虑到未

---

①　参见［美］戴维·奥斯本、［美］特德·盖布勒著，周敦仁等译：《改革政府——企业精神如何改革着公营部门》，上海译文出版社，1996 年版，第 164~168 页。

来。政府必须明白一个道理:"精明的人解决问题,有天才的人避免问题。"①

9. 注重分权的参与和协作

奥斯本认为,集权是与传统工业社会相适应的管理模式,信息时代和知识经济需要政府像企业一样削平复杂的层级组织模式,将集权式的管理权下放,建立分权的机构,以调动各方面的积极性,形成组织的协同和配合。分权的机构比集权的机构有如下好处:有多得多的灵活性和应变能力;更有效率;更具有创新精神;产生更高的士气、更强的责任感和更高的生产率。②

10. 重视市场机制调节

传统的政府对行政计划有特殊偏好,政府官员也大多习惯于按计划行事。尽管计划在某些场合下是可行的,但是,和市场机制比起来,它存在着一系列的问题,如它受选民而不是顾客推动等。因此,政府的公共管理必须以市场为导向和依据,运用市场机制达到公共目的。除了一部分特殊公共产品外,政府必须找出一条非集权化道路,有意识地去规划市场,以刺激数以百万计的企业和个人共同应对诸如环境、教育、卫生保健等问题。

企业家政府理论的问世,无论是在理论上,还是在实践上,都产生了极其重要而深刻的影响。它提出的政府改革十大原则,对于我们重新审视政府角色、正确认识政府的职能具有重要的启示。美国克林顿政府正是在企业家政府理论的指导下,从1993年开始进行大规模的行政改革运动,取得了一系列的成就。在不到5年的时间里,裁减公务员25.5万人,关闭了一些行政部门设在地方的机构,合并职能重叠的机构,重新制定的政府规章制度减少了约50%,废除了多达一万页的联邦人事管理手册,精简办事程序,放松内部管制,给各级用人单位以更大的用人自主权,政府职能开始从管理走向服务。正如当时的总统克林顿和副总统戈尔指出的,他们的目的,是要从一种自上而下的官僚体制转向建立一种自下而上、简政放权式的企业家政府模式。当然,企业家政府理论也遭到了一些尖锐的批评,甚至有的学者还针锋相对地提出了相反的十大原则。但企业家政府理论提出了一种认识和改造政府的新视野、新路子。

2.5.3 学习型政府组织理论

彼得·圣吉(Peter M. Senge)1947年出生于美国芝加哥,麻省理工学院教授,最早提出学习型组织理论,他的著作《第五项修炼——学习型组织的艺术与实务》(1990年)于1992年荣获世界企业学会最高荣誉的开拓者奖,1997年被评选为20年来最具影响力的五本管理书籍之一。学习型组织理论认为,在新的经济背景下,企业要持续发展,必须增强企业的整体能力,提高整体素质。也就是说,企业的发展不能只靠像福特、斯隆、沃森那样伟大的领导者一夫当关,运筹帷幄,指挥全局,未来真正出色的企业将是能够设法使各阶层人员全心投入并有能力不断学习的组织——学习型组织。彼得·圣吉认为,学习型组织"是一个不断创新、进步的组织,在其中,大家得以不断突破自己的能力上限,

---

① [美]戴维·奥斯本、[美]特德·盖布勒著,周敦仁等译:《改革政府——企业精神如何改革着公营部门》,上海译文出版社,1996年版,第205页。

② 参见[美]戴维·奥斯本、[美]特德·盖布勒著,周敦仁等译:《改革政府——企业精神如何改革着公营部门》,上海译文出版社,1996年版,第235~236页。

创造真心向往的结果，培养全新、前瞻而开阔的思考方式，全力实现共同的抱负，以及不断一起学习如何共同学习"。① 这种组织具有持续学习的能力，具有高于个人绩效总和的综合绩效。

彼得·圣吉在《第五项修炼：学习型组织的艺术与实务》一书中，将他的管理理论归纳为下列五项修炼：

第一项修炼是自我超越。自我超越包括建立愿景、看清现状和实现愿景。组织成员有了自我超越的能力，那么组织就有了力量的源泉。"自我超越"只是个过程，实现愿景才是目标。

第二项修炼是改善心智模式。心智模式是人们的思想方法、思维习惯、思想风格和心理素质的反映。人的心智模式有这样或那样的缺陷，容易曲解事情本来的面目，处理事情会事与愿违，因此必须进行改善。

第三项修炼是建立共同愿景。共同愿景是组织成员都真心追求的愿景，它为组织的学习提供了焦点和能量。在共同愿景的感召下，组织成员就能视组织目标为自己的目标，努力奋斗，从而创造出惊人的业绩。

第四项修炼是团体学习。所谓"团体学习"是指发展团体成员整体搭配与实现共同目标能力的过程。团体学习的目的是要使团体智商大于成员智商之和，促使团体既有创造性又有协调性，扩散团体学习的成果。团体学习比个人学习重要，因为只有每个团体的团体学习都搞好了，企业才更有竞争力。

第五项修炼是系统思考。"系统思考"就是要从整体去分析问题，要透过现象看本质，要能找到从根本上解决问题的方法。系统思考要求我们了解重要问题，不能只看个别事件，必须了解影响行动背后的结构。

学习型组织理论的五项修炼是相辅相成的，而第五项修炼——系统思考作为整合其他四项修炼成一体的理论，是其他四项的基石。

学习型政府组织理论直接渊源于学习型组织理论。学习型组织理论中所蕴含的开放理念、学习理念、系统理念已对当代官僚制公共组织理论产生了极大冲击。学习型组织本身所倡导的以人为本、系统思考等已成为当代公共组织变革的重要目标。

尽管学习型组织的前景十分迷人，但如果把它视为一贴万灵药则是危险的。事实上，学习型组织的缔造不应是最终目的，重要的是通过迈向学习型组织的种种努力，引导出一种不断创新、不断进步的新观念，从而使组织日新月异，不断创造未来。

2.5.4　史蒂文·科恩的政府全面质量管理组织理论

全面质量管理（Total Quality Management，TQM）是由美国通用电气公司的费根堡姆和质量专家朱兰最早提出并广泛用于工商管理的一种管理模式。以史蒂文·科恩（Steven Cohen）为代表的学者为把全面质量管理引入政府管理作出了杰出贡献。按照科恩等人的观点，"政府全面质量管理"是指将产品生产的全面质量管理的基本概念、工作原则、运筹模式应用于政府机构，以达到政府机构工作的全面、优质、高效。一般说来，产品生产

---

① ［美］彼得·圣吉著，郭进隆译：《第五项修炼——学习型组织的艺术与实务》，三联书店，1998 年版，第 3 页。

的全面质量管理包括三层含义：（1）单靠数据统计方法来控制生产是不够的，还要有组织管理工作。（2）产品质量是在质量螺旋中前进的，包括市场调查、设计、生产、检查、销售等。（3）质量不能脱离成本。① 全面质量管理实施的基本步骤见表2-1。

表2-1   **TQM 实施步骤**

①让员工描述、测算他们的工作并找出所需改进的工作程序，通常从明确顾客以其需求开始。
②描述完成这项工作所需要的步骤，即什么人在什么时候应该做什么。
③查明工作过程中哪些地方容易出现差错、延迟和返工。
④查明上述失误的原因：配备不佳、指示不清楚、操作不达标、指导交流不正确、员工和管理者缺乏培训、体系制度不合理等。
⑤为改进工作采取小规模试点。
⑥全面推广，并使 TQM 无形化，不再当做独立的额外事务。
⑦将 TQM 纳入日常工作过程，监控进程，确保质量的持续改进。
⑧重复第①~⑦步骤，进一步改进。

资料来源：[美] 史蒂文·科恩、[美] 罗纳德·布兰德著，孔宪遂译：《政府全面质量管理》，中国人民大学出版社，2002年版，第6页。

政府全面质量管理组织理论具有如下特征：（1）作为一种新的管理模式，它强调全组织"质量"的重要性，重视物，但更重视人——顾客、员工和谐的关系和坦诚的合作，重视"人、财、物"的协调、整体效应。这一理论的要义在于将产品质量管理技术泛化成为全组织的管理，品质的标准相应地由技术合格转变为顾客满意。在这一意义上，政府全面质量管理就是一种"以人为本"的组织管理模式。（2）作为一种新型的管理流程，贯穿全面质量管理始终的基本思想不是传统的成本核算、劳动生产率、产品质量等概念，而是经由全体组织成员共同努力，"改善"组织。科恩等人认为，要"改善"组织，使组织获得生存和持续发展的能力，必须坚持五项原则，即顾客导向、领导示范（要求各级管理人员道德高尚，领导者带头鼓励变革精神）、全员参与、重视教育、强化团队。②

2.5.5 拉塞尔·林登的无缝隙政府组织理论

拉塞尔·林登（Russell M. Linden）在通用电气公司总裁杰克·韦尔奇的"无界限组织"的基础上创造出"无缝隙政府"（Seamless Government）。"无缝隙政府"指的是政府整合所有的部门、人员和其他资源，以单一的界面，为公众提供优质高效的服务。

在物质还很短缺的社会，注重分工的科层制起到了提高生产效率的作用。随着大规模提高生产效率的生产方式的运用，社会财富逐渐丰富，人们开始注重自己个性化的需求，社会开始由生产主导型向顾客导向型转变。私营部门转变较快，公共部门则步伐较慢，表

---

① [美] 史蒂文·科恩、[美] 罗纳德·布兰德著，孔宪遂译：《政府全面质量管理》，中国人民大学出版社，2002年版。

② 转引自张国庆：《行政管理学概论》，北京大学出版社，2002年版，第642~644页。

现在传统的政府组织是"科层制政府"，注重分工，等级严格，现实运行中往往各自为政、相互推诿、人浮于事，民众办事很不方便，导致顾客成本增加，进而导致顾客对官僚机构的信任危机。

构建无缝隙政府的目的就是要打破传统的部门界限和功能分割的局面，因为无缝隙政府是一种行动快速并能够提供品种繁多、用户倾向个性化的产品和服务的组织，它以一种整体的而不是各自为政的方式提供服务。

无缝隙政府的创建主要包括以下内容：

（1）无缝隙政府的构建要以顾客为导向。顾客导向是公共部门服务创新、制度创新和管理创新的基础。林登指出，相对于政府而言的顾客：一是公共产品和服务的最终使用者，二是公共产品和服务供给过程中的参与者。顾客导向的政府管理关注的焦点是顾客需要，它通过提供满足顾客个性化需求的服务来提升公共产品和服务的价值，努力实现顾客成本最小化。顾客导向的政府将内部成员也视为顾客，进行人性化的管理。为了了解顾客的需求，顾客导向的政府非常注意加强与顾客之间的交流与沟通，使顾客在获得满足的同时，增强顾客对政府的认同度和忠诚度。

（2）无缝隙政府的构建要以竞争为导向。在公共服务领域，采取分权管理，注重质量、效率和创造力，引进市场竞争机制，允许和鼓励民间参与和提供服务，使公共机构和民营机构之间、公共机构之间、民营机构之间彼此展开竞争，不断提升公共服务的品质，为顾客提供更大的选择空间，从而提高顾客满意度。

（3）无缝隙政府的构建要以结果为导向。以结果为导向的政府，力图改变传统官僚体制下以部门和职能为导向，注重程序和规则，对结果不负责任的做法，强调积极的目标、具体的结果与产出，强调工作的实际结果、预算和绩效并重，努力提高政府的回应能力，建立开放政府和责任政府。

需要指出的是，无缝隙政府并非全盘推翻现有的行政运作程序，而是以顾客、结果、竞争为导向，使政府每一项资源投入、人员活动、公共产品和服务的提供等都能真正体现顾客的需要，使顾客能够在任何时间和任何地方得到服务，真正实现"为民服务"的目标。无缝隙政府组织为政府再造这一领域提供了公共机构迫切需要的东西：一是面向未来的公共机构自我改革的模式；二是为顾客提供无缝隙产品和服务的方式。[①]

2.5.6　登哈特的新公共服务理论

罗伯特·B. 登哈特教授是美国著名的公共行政学家。其代表作有《新公共服务：服务，而不是掌舵》、《公共组织理论》、《公共行政：一种行动取向》和《意义之寻求》等。罗伯特·B. 登哈特教授的新公共服务理论是在对包括企业家政府理论在内的新公共管理理论进行反思和批判的基础上产生的。所谓"新公共服务理论"指的是关于公共行政在以公民为中心的治理系统中所扮演的角色的理论。具体来说，新公共服务理论有以下几个主要观点：

（1）政府的职能是服务，而不是掌舵。新公共服务理论认为，公务员的角色就是要

---

① 参见［美］拉塞尔·林登著，汪大海译：《无缝隙政府：公共部门再造指南》，中国人民大学出版社，2002 年版，译者序。

帮助公民表达满足他们共同的利益需求，而不是试图通过控制或掌舵使社会朝着新的方向发展。

（2）公共利益是目标而非副产品。新公共服务理论认为，政府官员必须致力于建立集体的、共享的公共利益观念，这个目标不是要在个人选择的驱使下找到快速解决问题的方案，而是要创造共享利益和共同责任。

（3）在思想上要具有战略性，在行动上要具有民主性。满足公共需要的政策和方案可以通过集体努力和协作得到最有效且最负责任的实现。新公共服务理论认为，政府应该采取措施恢复公民的自豪感和责任感，形成强烈的参与意愿从而使各方都努力为参与、合作和达成共识创造机会。

（4）为公民服务，而不是为顾客服务。新公共服务理论认为，公共利益不是由个人的自我利益聚集而成的，而是产生于一种关于共同价值观的对话。因此，公务员不是要对"顾客"的要求做出回应，而是要集中精力在公民之间建立信任与合作关系。政府与公民的关系不同于企业与顾客的关系。在政府中，公正和公平是其提供服务必须考虑的一个重要因素。新公共服务理论试图鼓励越来越多的人履行自己的公民义务并希望政府能够特别关注公民的呼声。

（5）责任并不简单。传统的公共行政理论和新公共管理理论都倾向于将责任问题简单化。新公共服务理论认为，责任问题其实极为复杂，公共行政官员已经受到并且应该受到包括公共利益、宪法法律、职业标准、社区价值观念和价值标准、民主规范、公民需要等的综合影响，而且他们应该对这些负责。

（6）重视人，而不是重视生产率。新公共服务理论认为，如果公共组织及其所参与的网络能够以对所有人的尊重为基础，通过合作和分享领导权的过程来运作的话，那么从长远的观点来看它们就更有可能获得成功。分享领导权必定会具有相互尊重、彼此适应和相互支持的特点，特别是通过人民或与人民一起来行使领导权可以改变参与者，并可以把他们的关注焦点转移到高层次的价值观念上。

（7）公民权和公共服务比企业家精神更重要。新公共服务理论认为，与那些试图将公共资金视为己有的企业管理者相比，乐于为社会作出贡献的公务员和公民更能够促进公共利益。公共行政官员不仅要分享权力，通过人民来工作，通过中介服务来解决公共问题，而且必须将其在治理过程中的角色重新定位为负责任的参与者，而非企业家。[①]

本 章 小 结

组织理论经历了一个由零碎思想到系统理论的不断发展和深化的过程。柏拉图、亚里士多德、马基亚维利、官房学派、汉密尔顿和密尔都提出了各自宝贵的公共组织思想，成为后来公共组织理论的渊源。

19 世纪末至 20 世纪 30 年代形成的传统科学管理时期的组织理论，主要以泰罗、法约尔和韦伯等人的理论为代表，他们在人类历史上第一次用科学的方法来研究管理

---

① 参见丁煌：《西方行政学说史》，武汉大学出版社，2005 年版，第 409~413 页。

和组织问题，着重论述了管理和组织的重要性、管理与组织的职能和原则、管理与组织的过程与方法等问题，在管理学历史上有着划时代的意义。但是，这一时期的组织理论也存在着明显的缺陷，最主要的是漠视人的存在和需要，不注重人的主动性和积极性的发挥；只重视组织体制、组织机构、规章制度、职能权责等静态结构的研究，忽视了对组织动态和发展层面的研究；只注重研究组织内部的问题，即把组织作为一个封闭的系统来对待，忽略了周围环境对组织所产生的重要影响以及组织与环境之间的互动作用。

盛行于 20 世纪 30—60 年代的行为科学管理时期的组织理论，最大的特点是以人为中心，从人的需要和动机出发，研究在何种条件下能够最大限度地发挥人的主观能动性问题。同时，重视组织系统内人与人之间的协调与协作关系，以创造良好的工作环境，充分发挥人的主观能动性。这一时期还在深入研究的基础上首次提出了正式组织理论与非正式组织理论和组织决策理论。直至现在，行为科学的管理思想和管理方式仍在发挥着巨大的影响和作用。但是，这一时期的组织理论在强调发挥人的主动性的同时，却又贬低了组织的机构建设、制度建设、纪律建设以及组织工作标准化、规范化问题的作用，也即是在批判一个极端的同时走向了另一个极端。而且，这个时期的理论同样忽略了组织与周围环境之间相互影响、相互作用的问题。

形成于 20 世纪 60—80 年代系统科学管理时期的组织理论，较好地总结了前两个时期的组织理论，在融会各种知识和方法、注重学科的综合性的同时，用一种全新的视野，从更广阔的空间，提出了组织的系统理论、生态理论、权变理论，并在对传统公共行政学进行改造的基础上，提出了以社会公平为核心的新公共行政学的组织理论。

20 世纪 80 年代以来，尤其是进入 90 年代以后，有关公共组织的理论有了更新的发展，其典型代表有公共选择理论、企业家政府理论、学习型政府组织理论、政府全面质量管理组织理论、无缝隙政府组织理论和新公共服务理论。这些理论为我们重新认识公共组织提供了一些新的视角。

案例

诸城市积极构建农村基层社会管理新格局

加强和创新社会管理，重点和难点都在基层。近年来，山东省诸城市以农村社区建设为平台，大力整合农村社区资源，促进其协调配套，初步构建起以社区党组织为核心、自治组织为主体、群团及经济社会服务组织协同参与的农村基层社会管理新格局，有效提高了农村社会管理和服务水平。

发挥农村社区党组织的领导核心作用。农村基层党组织是党在农村工作的基础，是贯彻落实党的路线方针政策、推进农村改革发展的战斗堡垒，是农村基层社会管理和服务的领导核心。诸城市以农村社区为单元，选举产生了 208 个社区党委（党总支），明确社区党委是社区各类组织和各项工作的领导核心；同时，打破以村庄、地域为界设置党支部的模式，设立种养业、农民专业合作组织、个体工商业、社会事业发展、调解维稳、老党员及社区服务中心等服务型党支部。社区党委打破原村庄之间的壁垒，立足社区资源条件和产业优势，发挥政治和组织优势，整合社区内土地、资金、技术、信息等生产要素，科学制定社区经济发展规划，引领创办农民专业合作社，推进产业结构调整，建立特色产业园区，形成了"一区一品、一区一业"的发展格局。各社区党委设立的服务型党支部增强了基层党组织服务功能，凝聚了社会管理工作力量，提升了社区发展能力。

发挥农村社区自治组织的主体作用。村民自治是农民群众直接行使民主权利，实行自我管理、自我教育、自我服务的一项基本形式。以农村社区为平台，建立健全农村社区自治组织，发动农民群众共同参与社会管理，提高农民群众的自我管理、自我教育、自我服务水平，是坚持以人为本、创新农村基层社会管理体制机制的重要途径。诸城市以农村社区为单元，依法选举产生社区村委会和经济发展、规划建设、社会发展、社会保障、调解维稳等下属委员会，设立社区事务监督委员会，以实现社区的自我管理、服务和监督功能。同时，组织社区全体群众参与讨论制定群众自治章程、村民会议和村民代表会议议事规则等60多项规章制度，理顺低保户确定、救灾款物发放等30多个工作程序，实现了农村社区自治组织建设的制度化、规范化，为提高农民群众的自我管理、自我教育、自我服务水平提供了制度保障。

发挥农村社区群团及经济社会服务组织的补充作用。群团及经济社会服务组织是党领导下的群众团体，在围绕中心、服务大局、加强和创新基层社会管理中有着重要的补充作用。以农村社区建设为契机，建立健全农村社区群团及经济社会服务组织，发挥其在基层社会管理中的积极作用，是加强和创新基层社会管理的一个重要方面。诸城市在各农村社区设立团委（团总支）和妇联，在有两个以上企事业单位的社区建立工会联合会；以各自然村为单元成立经济联合社，依法代表社员行使集体资产管理职责；组织成立各类农民专业合作社、行业协会等新型经济组织以及老年协会、计生协会、红白理事会等新型社会服务组织。这些组织积极开展工作，在农村社会管理中形成了协同促进经济发展、维护和谐稳定、共建文明社区、参与社会管理的良好局面。

（资料来源：鞠进增：《诸城市积极构建农村基层社会管理新格局》，新华网：http：//gg. swjtu. edu. cn/blog/article. asp？id＝22，2012 年 7 月 20 日）

 结合上述材料，谈谈我国社会管理理论和实践的创新。

思 考 题

1. 早期的公共组织理论的代表人物有哪几位？他们的主要思想是什么？
2. 传统科学管理时期组织理论的代表人物有哪几位？他们的理论有哪些主要内容？
3. 行为科学管理时期有哪几种组织理论？其代表人物和他们的代表作有哪些？其内容是什么？
4. 传统科学管理时期和行为科学管理时期组织理论的特点和不足表现在哪些方面？
5. 试述权变组织理论和新公共行政学组织理论的主要内容。
6. 谈谈你对公共选择理论和企业家政府理论的认识和理解。
7. 新公共服务理论的主要观点有哪些？

专 业 名 词

科学管理组织理论	Theory of Scientific management
官僚制组织理论	Theory of Bureaucracy
企业家政府理论	Total Quality Management
无缝隙政府	Seamless Government

第3章
公共组织与外部环境的互动

学习目的

通过本章的学习，了解公共组织外部环境的基本概念及其基本分类，并能对公共组织与其外部环境各种因素的关系有一定程度的了解，在此基础上能够根据公共组织的类型及其外部环境各种因素做出关于公共组织与外部环境关系的综合性分析。

本章重点

1. 公共组织外部环境的概念及特征。
2. 公共组织与其外部环境关系的理论。

3.1 公共组织外部环境概述

3.1.1 组织环境的内涵

公共组织作为组织中的一种，其理论的发展受到组织理论的推动，由于公共组织的公共性特征，公共组织与环境的联系较之私营组织将更为广泛，对公共组织与环境的研究显得尤为必要。我们先来认识一下组织环境的一些基本理论。

在组织理论中，将组织有意识地分为广义和狭义的组织，前者指由诸多要素按照一定方式相互联系起来的系统，后者指人们为实现一定的目标，互相协作结合而成的集体或团体。在这个定义中，可以看出组织也是系统，所以一切组织具有目的性、整体性和开放性的特征。每个组织要存在、发展都会受到一定力量的约束。这些约束力量便来自于组织的环境。环境是指包围着某一中心的事物或状态以及影响中心事物发展变化的原因的总和，而组织环境则是指影响组织生存和发展的一切要素的总和。

组织发展是一个动态的过程，是一个从环境中获取能量并适应环境的过程。从环境的角度来看组织，组织便是一个属于更大环境中的分系统。组织管理活动除了是管理主体、管理客体和组织目的三个基本要素相互作用的过程之外，还处于一个客观环境之中，与环境发生着输出和输入的交流。组织的环境是一个复杂的综合体，单一的某个事物或某个条件只是环境的一个组成单元或子系统，只有与组织相关的一切对其产生直接或间接影响的外部条件的集合体才可以称为这个组织的环境，也可以说组织环境是由各种影响组织发展的事物和条件组成的一个大系统，在组织理论中，一般称其为超系统。

由于组织环境是组织生存与发展所处于的一个与其利益紧密相连的背景条件，组织环境的性质和内容都与组织发展有着重要的关系。有利的环境会促进组织的发展，不利的环境会阻碍组织的发展，甚至导致组织的消亡。组织环境有一定的稳定性和有序性，但其复杂性和变动性对组织来说至关重要，这两个特性决定了组织环境的不确定性。

3.1.2 公共组织外部环境

在了解了组织环境的一般理论之后，我们再来看一下公共组织的环境。由于公共组织的结构、人员、文化等内部环境将要在接下来的几章中分别进行论述，所以本章着重介绍公共组织的外部环境。

1. 公共组织外部环境的基本概念

所谓公共组织的外部环境，是指处于公共组织界限之外的，能够直接或间接影响公共组织生存与发展的一切因素或条件的总称。在前面已对组织环境做了基本了解的基础上，来对公共组织界限进行一些基本的理解。公共组织的界限是指公共组织用以过滤外部环境的投入与公共组织对外部环境的产出，防止外部环境的干扰，并保持自身独立性的边界。它是把公共组织从外部环境中分离出来，又把公共组织与外部环境联系在一起，从而使公共组织与外部环境既相互区别，又彼此相关联的中介环节。公共组织的界限有着两种功能：一方面抵抗外界的干扰，以保持公共组织的独立性；另一方面，过滤来自外部环境的投入和公共组织自身的产出，以维持公共组织的生存与运转。公共组织的界限也并不是一成不变的，不仅在时间的发展上有一定的相对性，而且在空间分布上也具有一定的相对性，同一组织随着不断地发展，其组织边界会发生一定的变化，或者扩大或者缩小。就是在同一时期内，由于公共组织的公共性和整体性存在，隶属部门之间、平级部门之间的边界也是相对的，公共组织界限的这一特性决定了公共组织外部环境也并不是一成不变的。如对整个政府而言，政府外部环境是政府以外的对其能够直接或间接影响其活动的条件和因素，而对于政府中某一部门而言，在该政府中的其他部门便又成为其外部环境，即这些部门之间也存在着外部环境的相互关系，还有一点需要说明的是，组织外部环境必须与公共组织相关联。处于组织界限之外的因素充斥着整个宇宙，从理论上来说，它们的存在和变化发展都会对组织产生影响。但是，它们并不都是公共组织的外部环境因素，只有那些直接或间接影响公共组织性质、结构、功能、运行方式等方面的因素，即对公共组织具有主要影响的因素，才构成公共组织的外部环境。

2. 公共组织外部环境的特征

（1）客观性：组织环境是一种客观的存在，组织存在于这种客观存在中，受到这种客观存在的制约。组织环境的客观性不以组织自身的主观愿望为转移，组织的生存与发展不能仅靠组织主观努力，还要对环境的客观性做出充分的了解和准备，以获得其自身发展所需要的能量和物质。

（2）变动性：公共组织外部环境的各种因素并不是稳定不变的，并且各种组织环境因素在变化中不断进行重新整合，形成新的组织环境，公共组织既要从外部环境中获取物质能量和信息以维持其发展，又要向外部环境输出其服务，这种动态的输出和输入亦使环境处于不断的变化之中。

（3）整体系统性：公共组织外部环境和内部环境共同构成了一个复杂的系统，组成这个系统的各部分相互联系、相互作用，形成一定结构的整体环境。整个社会是一个大系统，公共组织的外部环境和内部环境分别构成一个子系统，子系统的运行仍要遵循其所处于的更大的系统的运动规律，并进行不断的协调和运转。

3. 公共组织环境的分类

在对公共组织外部环境的研究过程中，由于研究角度或方法的不同，会对公共组织的外部环境进行不同的分类。

有人将组织的外部环境分为一般环境和特定环境（又称任务环境、产业环境、微观环境）。一般环境是指那些可能对组织活动产生影响，但其影响方式和程度却不很清楚的各种因素。一般外部环境包括政治环境、经济环境、社会环境和技术环境。特定环境是指对某一具体组织的组织目标的实现有直接影响的那些外部环境。典型的特定环境包括资源供应者、竞争者、服务对象（顾客）、其他组织和社会特殊利益集团。

也有人在此基础上将组织的外部环境按环境对组织产生影响的范围大小和层次高低，分为宏观环境、中观环境和微观环境。与前一分类相比，这种分类只是将介于一般环境和特定环境之间的一些环境因素概括为中观环境，指在较大范围内对公共组织整体或大部分活动产生影响的各种环境因素，包括组织体制、组织结构、职位分类制度等对组织的活动和效能产生较大作用的环境因素。

有人依据外部环境与公共组织系统之间联系的紧密程度把外部环境分为一般环境、具体环境和团体环境。这种观点以为，公共组织的一般环境是指对国家公共组织的结构和功能发生影响的或产生制约作用的一切国内外社会的和自然的因素之和，包括国内外的文化、教育、技术、政治、法制、自然、人口、社会、经济和国防等环境因素。具体环境是指直接制约或影响某一个公共组织存在与发展的政治、经济、自然、人口、法律、科技、教育、军事等方面因素的总和。团体环境指与公共组织之间相互影响、相互作用的，由政党组织、政权组织、社会福利组织、文化团体、科学联合会、行业协会构成的"组织群"。这种团体环境的提法较独特的一点是对组织之间关系的特别关注。

还有人按照各种环境性质的差异，将公共组织的环境区分为自然环境和社会环境两大类。自然环境主要包括宇宙环境、地理环境和资源环境，社会环境主要包括经济环境、政治环境、文化环境、民族环境、法制环境以及国际环境。

社会环境对组织产生作用，往往是这些外部环境因素综合起来同时发挥效能。但是在多种环境因素对公共组织产生影响的过程中，总是有某一种因素起主导作用。所以在本章的讨论中，着重介绍经济环境、政治环境、文化环境、地理环境、人口环境和国际环境与公共组织互动影响模式。

3.1.3　公共组织与其外部环境相互关系的理论

切斯特·巴纳德（Chester I·Barnard）在对组织的定义中认为组织是一个由人的行为构成的系统，当其中一部分与其他部分的关系发生变化时，作为整体的系统也会发生变化，并且认为组织系统是其与物质系统、人的系统及社会系统构成的更大整体的协作系统的核心部分，也就是组织与其外部环境存在着互动关系。但他也认为组织系统与整个协作系统的其他部分不存在明确的界限，其他系统要通过组织的活动才能组织起来并得到管理。

资源依附理论（Resource Dependency Theory）从组织自身出发，强调组织对环境的依赖性。这种理论以任何组织都不能生产自己所需要的所有资源为出发点，认为组织能够自力更生的一切活动不能在组织内完成。组织为了获取资源，就必须依赖环境。在与环境的关系中，组织是一个积极的参与者，组织管理者不仅要管理组织，而且要管理环境，而管理环境的重要途径就是战略性选择，环境总会提供给组织几种可供选择的战略方案，而组织管理者就要通过战略性选择来实现在组织与环境的互动中扬长避短，实现组织的目标和任务。这种理论还认为，组织通过合并或组织间人事变动，努力对付相互之间的依赖和不确定性，实现对环境的积极影响。

与此相似的还有贝塔朗菲（Berta Lanffy）提出的开放系统理论（Open System Theory），其主要观点就是：组织要获得满足自身生存和发展下去的各种需要，就必须与其所处的环境进行物质、能量和信息等各方面的交换，否则就不会有所发展，最终会死亡。开放系统就是一个与环境进行各种物质和能量交换的系统，组织就应该像生物体一样对环境开放并在与环境的互动关系中汲取能量，建立与环境的融洽关系。这种观点认为组织在与外部环境进行着互动作用的过程中才显示出其整体性，而组织表现出的功能亦是由组织本身和环境所共同决定的。

权变理论（Contingency Theory）在开放系统理论的基础上更进了一步，认为组织除了对环境开放外，还必须考虑如何适应环境的问题。权变理论可以概括为以下几点：（1）组织是一个开放系统，需要对其精心管理以满足和平衡内部需要并良好地适应环境。（2）在现实中没有所谓最好的组织形式，组织所处环境的类型决定着组织的形式。（3）在同一组织中，完成不同的任务需要不同的管理方式。（4）不同的环境需要不同的组织类型。这种理论的基本观点是有效组织的设计取决于环境的特性，其理论核心就是通过组织和其所处环境的互动关系，以及组织的各子系统内部和各子系统之间的互动关系来确定组织的结构类型。

种群生态学（Population Ecology）认为，可以将组织比做自然界中的生物，组织生存发展的能力依靠其从环境中获取资源的能力，在有限的资源和其他组织同时与其竞争的情况下，只有最适应环境的组织才能够生存和发展。在一定的时间段里，组织的类型、性质和数量都依赖于在组织之间的竞争中其所获取的资源，所以说，环境在组织竞争中通过优胜劣汰来选择强者，环境就成为了决定组织成败的关键因素。组织与环境的这种关系就决定了组织面对有限的资源时必须与其他组织进行激烈的竞争，以获取资源维持其自身的生存和发展，所以，组织之间的关系就是以竞争为主，越是种群关系近的竞争就越是激烈。

组织生态学（Organizational Ecology）认为组织和环境是合作关系。整个生态系统的演变包括了组织与环境的关系集合的演变。组织的环境像自然界中的环境一样也是由单个组织及其他环境相互作用构成的，尤其像前面提到过的团体环境更是如此，因此，组织与环境是一种互动的关系，不仅环境可以通过优胜劣汰来选择组织，组织也可以通过积极主动的行动来构造自己的外在环境，尤其是当组织联合起来的时候，环境就变为可协商性的，而不只是独立影响组织的外在力量。组织生态学最著名的观点是，"进化是相互适应者生存（the Survival of the Fitting），而不是最适应者生存（the Survival of the Fittest）"，这种理论强调的是合作，即一个相互联系的群体之间通过相互实现整个群体生存，这是个动态的过程。

以上几种理论是我们研究公共组织与环境的互动的基础，也是我们对公共组织与其外部环境研究的开端。我们的介绍只是在前人的研究基础上，对前人的研究成果进行借鉴和吸收，加之以公共组织的公共性特点，综合起来反映公共组织与外部环境的互动性。

3.1.4 公共组织与外部环境的互动及研究外部环境的必要性

1. 公共组织与外部环境的互动

（1）公共组织外部环境通过影响组织内部来影响公共组织，公共组织可以通过整合的策略来适应环境。公共组织是以公共利益最大化为目标的组织，其目的都是使公众的整体利益在公共组织的行动中得到维护，这是公共组织的公共特性。但是不可回避的是，公共组织成员又是数个自然人、理性经济人，他们又会在行动中考虑个人利益，实现个人利益最大化。由于组织的开放性特征，组织成员与外部环境之间的联系就会影响组织的决策以及组织成员的行为方式，以至于使组织的一致性受到挑战。对这一问题进行了深入研究的是美国学者高夫曼（Hebert Kaufman），其著作《大森林中的警备队员》提出了整合策略，提出用各种技术以整合组织内部。

（2）由于环境的不确定性，公共组织可以用层次战略来适应不确定的外部环境。另一位对组织和外部环境进行深入研究的学者汤普逊（James Thompson）在他的《行动中的组织》一书中提出了这一问题。按照社会学家帕森斯的观点，外部环境自然存在不确定性，每一个大型组织都可以分为三个层次：技术性次级组织、管理性次级组织和制度性次级组织。组织的技术层面需要稳定性来保证其服务，这要求组织具有一定程度的封闭性。但由于外部环境的不确定性，组织的制度层面要求一定的开放性。汤普逊认为，如果既要保证组织所要求的技术层次符合理性标准，又要维持弹性与适应性的制度层次以满足环境的要求，那就需要管理阶层发挥协调的功能，就是说组织要以层次性战略来面对环境存在的不确定性。

（3）公共组织要以开放策略来面对和适应动态发展中的外部环境。环境的复杂性和变动性决定了外部环境的动态发展性。在传统的公共管理理论中，探讨得较多的是闭合系统的战略，在社会发展速度加快、外部环境的动态性越来越明显的情况下，要维持组织的生存和发展，就必须以开放策略来面对外部环境的变化。赛尔兹尼克认为，在组织对社会开放的过程中，要从社会中"吸纳"某些新的因素到组织的领导层或决策体系之中，以避开危及组织稳定与生存的因素。这种"吸纳"技术是非常有用的，开放性的"吸纳"，可以将环境中潜在的威胁集团或存在的异议分子纳入到组织之内，并达成共识。这种"吸纳"并不涉及实际权力的转移，将外在的力量由反对的变为合作与支持的，将中立的变成积极合作的，这并没有让组织被外在力量控制。

2. 研究组织外部环境的必要性

（1）对公共组织外部环境研究的必要性，从小的方面来说，对于公共组织了解外部环境的发展变化，把握住外部环境变化的复杂性和多样性，做出正确适当的决策来应对其所面临的环境，从而能够适应环境、利用环境并在一定程度上改造组织的外部环境有非常大的帮助。从大的方面来说，对公共组织外部环境研究的根本目的是能使公共组织发挥其应有的效能，维护社会的公共利益，从而在依法治国、构建和谐社会方面体现对外部环境研究的价值。

（2）对组织外部环境研究的程序。对组织外部环境进行研究，一般要经过六个阶段的工作。第一，要围绕公共组织活动存在的问题来确定研究的课题。一般来说，研究课题往往是由组织决策者下达的。第二，要在确定课题的基础上，研究人员根据自己掌握的资料数据进行初步判断，提出关于公共组织活动过程中所遇到的主要问题的初步假设。第三，为验证提出假设的正确性而收集相关的资料。第四，要对通过环境调查等方式收集到的原始资料进行整理，使其能较正确地反映客观环境的情况。第五，要利用一定的科学方法和前几步调查所取得的资料，对环境的未来发展趋势及组织未来的发展进行预测。第六，要在前面的所有步骤完成之后，将整个研究过程和所得到的相关研究结果整理成逻辑严密的阶段性研究报告，并将其提供给公共组织的决策者。

3.2　经济环境、政治环境、文化环境与公共组织的良性互动模式

3.2.1　经济环境与公共组织之间的互动关系

1. 经济环境对公共组织的影响

在几种公共组织的外部环境中，经济环境是最基本的方面，是公共组织赖以生存和发展的物质基础。公共组织的经济环境包括自然资源状况、国内生产总值（GDP）、经济结构、经济体制、经济运行状况等要素，概括起来说就是生产力和生产关系两个方面。

（1）生产力对公共组织的影响。第一，生产力的发展状况决定了公共组织的性质和发展水平。从历史唯物主义的角度来看，公共组织是一种历史现象，随着生产力的发展而变化。美国学者雷格斯的行政生态理论认为，经济要素是影响一国公共行政的第一要素，一个国家公共组织的性质和发展水平根本上是由社会生产力发展水平决定的。第二，生产力的发展状况提供了公共组织运行的物质基础。物质条件与技术装备的发展与特定时期生产力的发展状况密切相关。所以，从这个角度来看，生产力与科技发展的水平直接影响公共组织的运行方式和管理手段。另外，公共组织运行所需经费能否得到保证，与一国生产力发展水平紧密相关。第三，公共组织功能的发挥和部门设置也要受制于生产力发展状况。公共组织作为社会的管理组织，其管理的对象随着生产力的发展而不断变化。从公共组织的发展来看，应该是伴随着经济的发展，会产生一些新的为社会所需要的组织，并且也会有一些公共组织随着社会的发展而消亡。在市场经济发展早期，一般认同的观点为政府是市场经济的"守夜人"，但随着生产力的提高，国家在经济发展中所起的作用也凸显出来，政府就具有了进行宏观调控、干预经济的职能。

（2）生产关系对公共组织的影响。基本的生产关系直接决定着公共组织的性质变化。社会经济制度的基本生产关系就是社会基本的生产关系，是生产力发展到一定阶段上，占统治地位的生产关系各方面的总和，也是社会中一切上层建筑的经济基础，包括生产资料所有制形式、人际关系和产品分配形式等。公共组织作为上层建筑的一部分，由经济基础决定，所以经济基础的性质和变化决定了公共组织的性质和变化。这是从政治经济学的角度来讲的，在这一基本的理论之下，也有许多具体的经济环境对公共组织产生影响。具体的经济体制是生产关系的直接表现，规定着经济资源的配置方式。在经济的发展过程中，出现过三种经济体制，即自然经济、市场经济和计划经济。第一，在自然经济体制下，经济活动表现为自给自足的小农经济，政府组织的经济功能仅限于维护社会安定，提高社会凝聚力的一些活动上，没有专门对经济活动进行指导或调控的组织，负责经济和社会事务的部门少而且小，发挥作用的手段也比较单一，就是采用直接的行政手段加以管理。第二，在市场经济体制下，要想让以价格机制为基础的市场运转有效，就要求政府从宏观的角度进行引导调控，增加一些公共组织来从事专门性的宏观调控。第三，计划经济体制下的公共组织形成了一个自上而下的命令型系统，这个系统以生产资料公有制为基础。在这种体制下，一切公共组织失去了自主性，其所有的行动要在计划的安排下进行，在计划制定之后，通过自上而下的命令下达给各级公共组织，并且所有公共组织发挥着一些应该由社会来完成的功能，如教育、社会保障、医疗卫生等。

2. 公共组织对经济环境的适应及对经济环境的推进

公共组织不仅为了自身的生存和发展适应经济环境及其变化，而且会对经济环境进行一定的干预，推动其良性发展。

（1）公共组织要根据经济环境的变化来适当调整自己的组织结构和行动模式。在科技革命之后，社会生产力的发展速度加快，并且随着社会的发展，经济的发展进入快速发展阶段。在这个阶段，经济形势的变化对于公共组织来说关系着其存在的价值。对于握有公共权力的公共组织（如财政部门、中央银行）来说，随着经济环境的变化，其自身的存在要能适应社会的新要求，用人民交给的公共权力来维护经济的稳定发展，并能维护人民的利益，在经济形势好的时候能够居安思危，采取措施防止经济过热造成通货膨胀给人民生活带来不安定。而经济形势不好时，则要采取措施促进经济的发展，增进人民的收入，提高人民的生活水平。对于那些不占有公共权力的公共组织来说，经济环境会在大背景下对它们产生一定的影响，这些公共组织，如我国的事业单位及一些扶贫性非政府组织，就要及时采取措施，调整其组织结构及运行模式来应对经济环境的变化。

（2）公共组织（如政府）的组织机制和运行程序对经济模式的选择和经济运行机制会产生重大影响。新中国成立之初，国家借助强势政府的力量，通过社会主义改造，形成了公有制形式的经济形态，并在马克思主义的指导下建立了计划经济体制，这是公共组织对经济环境影响最典型的一个例子。改革开放以来，政府又通过自身改革，在中央政府和地方政府之间进行分权以及对政府与事业单位和企业关系的纠正来推动经济的发展，改善经济环境。经济环境好转后，政府又不得不为了适应经济环境而进行改革，这就是公共组织和经济环境互动的模式。有人认为，我国改革开放以来取得的经济成果是由于政府管制的放松，长期积累的经济能量在短时间内急剧释放的结果，但从前面介绍过的组织理论来看，这就是组织在一定程度上对经济环境的影响，只是从组织理论上看，不会再有比这种公共组织对经济环境的影响更大的了，这就是公共组织理论的特殊之处。

（3）有的公共组织通过政策法令和一定的管理方式与管理手段来影响经济的发展。在公共组织的组织机制和运行程序确定以后，一般情况下，即在经济环境基本稳定和公共组织没有巨大变革的情况下，这套机制和运行程序不会再有太大的变动，这时公共组织就利用依附在其职责上的权力，通过政策法令和一定的管理方式与管理手段，在对社会进行管理的过程中影响经济的发展。政策法令可以是直接地进行经济干预，如有的地方政府通过对外地产品的限制政策来进行地方保护，会限制资源的有效流动，从而限制经济的发展。同时，公共组织的一些政策法令也会对经济环境进行宏观上的调节，如中央银行会通过调整利率和控制货币发行量的政策刺激经济或是抑制经济的发展。管理手段和管理方式的转变对经济发展的影响表现在，当公共组织的管理方式和手段发生转变时，会对资源配置产生一定的影响，这可以从乡镇政府的行政指导行为转变上有所启示，当乡镇政府对农民的行政指导行为由强制性的行政摊派转为市场信息的传递和市场行为的引导时，不仅会节约资源，而且会通过资源的合理配置来推动经济的发展。

通过对公共组织与其经济环境的互动分析，应当理解，公共组织可以通过其积极的科学的公共行为来创建良好的经济环境，在发展自己的同时发展经济，在改善经济环境的同时改善自己，形成公共组织与环境的良性互动模式。

3.2.2　政治环境与公共组织的互动关系

政治环境是公共组织产生、存在和发展的宏观形态，是公共组织产生、存在和发展的土壤和空间。这里所说的政治环境主要包括政治体系、政治关系、政治局势和公共政策等几个方面。政治环境与公共组织之间有着密切、复杂的关系，政治因素作为公共组织生存与发展以及开展组织活动的环境，使得公共组织在不同程度上都会受到政治环境的影响，并必须依据政治环境所确定的规则来实施；同时，公共组织也会对政治环境产生一定的影响。

1. 政治环境对公共组织的影响

（1）政治体系的影响。一般来讲，政治关系包括两方面的内容，即社会政治组织和政治制度。"社会政治组织是人们通过或试图通过政治权力来实现自己的利益和权利而按照一定原则和规则结成的集合体。如立法机关、司法机关、行政机关、政党。政治制度是指政治权力按照不同的利益要求，为实现社会政治的有序运行而对各种政治力量之间的关系和活动方式所作的法定规约，它既包括根本政治制度及其构成原则，又包括具体政治制度及其构成原则。"① 总之，公共组织作为社会公共事务的管理主体，是整个政治体系的重要组成部分，必然受到政治体系中其他部分的影响。此外，公共组织的活动范围和管理权限以及活动目标也都是由政治体系予以规定的。

（2）政治关系的影响。政治关系是指人们在社会生活中，基于特定的利益要求而形成的，以政治强制力和权力分配为特权的一种社会关系，而由人们的需求引起的由特定社会经济关系决定的利益关系则是政治关系中首要的和基本的。公共组织作为社会公共利益的代表，以实现公共利益为己任，以管理国家公共事务、维护和实现公共利益为其最基本

---

① 　陈淑伟：《公共组织环境的特性与领域》，载《山东工商学院报》，2006 年第 5 期，第 50 页。

目标。因此，公共组织的目标选择和实现必然会受到政治关系的影响。

（3）政治局势的影响。政治局势是指各种政治力量相互作用所形成的政治秩序以及包含着这些政治力量的政治体系的运行情况。政治局势的稳定与否，直接影响到公共组织的存在与发展，以及公共组织目标的实现。只有在政局稳定、社会安定有序的环境之下，公共组织的各项功能才能得以发挥，公共组织目标的实现才有基本的保障。很难想象在一个政权更迭频繁、社会动荡不安的环境中，公共组织的功能可以在多大程度上得以发挥，组织目标能在多大程度上得以实现，更不用说实现和保障公共利益了。

（4）公共政策的影响。公共政策作为公共权力机构为解决某项公共问题或满足某项公共需要而选择行动或不行动的方案，是公共组织实施公共管理活动的一个重要工具。公共组织为了有效地管理国家事务，实现公共利益，取得令人满意的社会效益，"通过公共政策，把实现其职能的各种意图传递给各组织、各行各业，甚至每一个职员，通过有关组织和人员的努力工作使之变为现实"①，最终实现组织目标。同时，公共政策的制定还要受到诸因素的制约。例如，必须符合宪法和法律的规定；符合统治阶级的意志；符合公众的意愿和要求，有时甚至要顾及不同利益集团的利益，等等。

（5）法律环境的影响。法治是民主国家最基本的要求，是公共组织活动最直接、最重要的政治环境因素。公共组织的活动必须在国家法律允许的范围内进行，不允许有超越法律的任何特权；公共组织的产生、变更与消亡必须要有相应的法律依据，要符合相应的法律程序；公共组织的编制、预算、人员的晋升、资源的使用等也必须在法律的规定下行动；"公共组织必须忠实地执行统治阶级及其代表——执政党的路线、方针和政策，实施执政党的各项措施与决定"② 等。总之，在法治背景之下，公共组织的活动必须在宪法和法律的框架之内，行动或不行动必须有法律依据，否则就会被追究相应的责任。

2. 公共组织对政治环境的影响

政治环境影响着公共组织的生存和发展，公共组织也影响着政治环境，主要表现在以下几个方面：

（1）公共组织对社会稳定性的影响。公共组织作为管理国家和社会事务的组织，其方针政策、职能目标、服务态度、办事效率、廉洁状况等，对社会的稳定性起着非常重要的作用。一个健全的公共组织能够合理有效地整合社会资源，使得社会中的各种要素形成一个相互作用、相互协调的有机整体；能够发挥沟通的功能，消除各种分歧、矛盾、冲突、误解，保证人民群众与政府之间的有效沟通，群众的意见能够顺利传达到政府部门，缓解社会矛盾，这些在一定程度上均会对社会的稳定起到积极的作用。

（2）公共组织变革在一定程度上推动着政治体制改革。公共组织作为国家政权体系中的一个重要组成部分，政治体制改革成败与否，在很大程度上取决于公共组织变革。目前，我国政治体制仍然存在着一些弊端，需要不断完善。例如，人民民主权利还需要进一步加强，党政不分、政企不分等状况还没有得到根本性的解决。就公共组织而言，则应积极推进

---

① 张建东、陆江兵：《公共组织学》，高等教育出版社，2003 年版，第 179 页。
② 张建东、陆江兵：《公共组织学》，高等教育出版社，2003 年版，第 178 页。

民主、科学的决策程序；保证组织活动的公开、透明，使办事程序公开化、科学化、制度化；科学设置政府机构职能，完善领导体制等，这些是政治体制改革必不可少的部分。

除此以外，公共组织的状况还可能会影响到统治阶级意志的执行，例如，公共组织"可以通过向权力机关提交议案，把对国家管理和社会事务管理方面的要求制定成法律，变成全社会必须遵循的国家意志，以保证统治阶级的意志得以落实"①。另外，公共组织在推进法制建设方面也起着积极作用。如公共组织可以广泛地开展法制宣传教育，在全体公民中普及法律知识，提高公民的法律意识，促使公民自觉遵守法律等。

3.2.3　文化环境与公共组织的互动关系

1. 文化的含义

文化本意是"耕耘"，衍生为"人的痕迹"，即客观事物的"人化"，是由人类创造的不同形态的物质所构成的一个庞大、丰富和复杂的大系统。文化在内容上有狭义和广义之分。狭义上的文化是指"一类人群与其他人群相区别的心智程序的整体"，例如政治思想、宗教信仰和人际关系及文学艺术等。广义上的文化还包括物质文化，如机器、工具、书籍等"人化"了的事物，是对非物质文化的折射。文化从表现形态上可以分为：（1）物质文化。是指社会生产、生活、文化娱乐等诸方面的环境、条件、设施等物质要素的总和。（2）制度文化。是确定社会各个方面关系、规范人们行为的各种法规和制度。（3）精神文化。是指社会多数成员所共有的，并指导和支配他们行为的思想意识。

2. 公共组织文化环境的含义

公共组织文化环境包括两个方面的内容：一是公共组织的内部环境，它是指由特定的社会环境所决定的，在公共组织及其成员的活动过程中表现出来的各种文化形态；二是公共组织的外部环境，它是指能够对公共组织产生影响的社会文化环境。它是整个社会文化在公共组织体系中的特殊表现。公共组织的内部文化环境是组织文化的一种具体表现形式，它是在一定的历史条件下逐步形成，并能够持续影响公共组织成员的价值观、意识、理想、信念、道德、制度、规范的总和。它是公共组织体系和公共组织行为的深层结构，是公共组织的灵魂。可以从以下几个方面来理解：首先，公共组织的文化是在一定的社会文化基础上，在公共组织及其成员的活动中逐渐形成的。其次，公共组织文化具有鲜明的时代特性，不同的时代背景形成不同的公共组织文化。最后，公共组织文化是一个系统性的概念，它有着丰富的内容。

3. 文化环境对公共组织的影响

作为公共组织环境的一部分，文化特征提供了整体的行为方式，塑造了影响组织行为的基本价值和规范。但文化环境对公共组织的影响相对迟缓，可作用时间更长，组织变革必须在文化延续中进行。文化环境对公共组织的影响主要体现在以下方面：

（1）认知水平决定公共组织对公共问题的确定和处理问题的方式。认知水平体现出公共组织对社会公共问题的反应能力。拥有较高的认知水平可以使得公共组织在面对社会

---

① 张建东、陆江兵：《公共组织学》，高等教育出版社，2003 年版，第 179 页。

公共问题时处之泰然，能够冷静地分析问题，找到问题的关键点，发现问题产生的原因从而能够及时制定出合理的解决问题的方法。

（2）价值观影响着公共组织的行为。价值观念体现出公共组织及成员对公共组织事物和现象的看法。它不仅影响着公共组织中每个成员的具体行为，也影响着整个公共组织整体的行为。树立正确的价值观念对公共组织的活动具有重要的意义。

（3）意识形态使公共组织的政治、经济利益目标更加鲜明。意识形态是公共组织主体对公共组织系统和公共组织的各项活动在主观上的反映。任何一个组织有其自身的目标，公共组织作为重要的社会组织同样拥有自身的政治、经济利益追求，并通过一定的组织意识反映出来。

（4）行为规范决定了公共组织如何与其他组织以合法合理的方式进行沟通交流。公共组织应具有自身运行的特定的行为规范，它不仅能够调节公共组织内部成员的行为，使公共组织的各项活动有序进行，而且在与其他组织的交流过程中影响着组织间的沟通方式。

（5）道德传统使公共组织能够不依靠国家强制力而自愿扮演特定的社会角色，发挥角色功能。与法律的强制约束性相比，道德传统具有法律所不可替代的优越性，它也更容易为人们所接受，并通过潜移默化的影响使人们能够自觉地规范自己的行为。

4. 公共组织对文化环境的反作用

公共组织作为社会大系统中的子系统，它既是文化的输入单位，也是文化的输出单位。可以说公共组织在接受外部环境的同时，也通过自己的存在、活动、行为方式影响着周围的文化环境。

（1）表率作用。作为社会主流文化的倡导者，公共组织的价值取向和道德标准都成为其他组织学习和效仿的对象。公共组织在日常的活动中通过先进的思维方式和良好的行为方式，通过组织及其成员对社会其他组织及成员起着表率作用。公共组织向社会传达着先进的价值观念，丰富着社会文化的内涵，为社会文化的发展指明了正确的方向。

（2）净化文化环境。社会的发展需要先进的文化支撑，在我们民族不断吸收并创造现代文化的同时，传统的封建文化和西方的腐朽文化同样充斥着整个社会。公共组织作为国家公共生活的主体，要致力于抵制腐朽落后文化带来的负面影响，将文化垃圾彻底地从社会中清除，净化我们身边的文化环境。

（3）舆论导向作用。在公共组织所进行的各项活动中有很大一部分是发展科教文化。公共组织一直坚持着用科学的理论武装人，用正确的舆论引导人，用高尚的精神塑造人，用优秀的作品鼓舞人的理念，积极地改善着我们周围的文化环境和文化氛围。公共组织以其正确的价值观念和文化观念影响着其他社会公民，共同推动社会的文明和进步。

3.3 地理环境、人口环境、国际环境与公共组织的良性互动模式

3.3.1 地理环境与公共组织的良性互动模式

1. 有关地理环境的理论

地理环境也是公共组织外部环境中与公共组织有着密切联系及对其有重要影响的一种

因素。在 18—19 世纪存在着一种地理决定论的思潮，这是一种主张地理环境在社会生活和社会发展中起决定作用的社会理论。18 世纪法国哲学家孟德斯鸠在《论法的精神》一书中系统阐述了关于社会制度、国家法律、民族精神"系于气候的本性"、"土地的本性"的观点。

环境决定论者认为，社会制度是作为群体的人对生存环境自然反应式的一个自然选择的过程，是一种动态的、自我延展式的、非理性设计的建构。地理生态环境通过对生存条件的影响，决定了生产方式，也塑造了民族品性，对人民在社会制度的选择过程中起着重要的作用。

新中国成立以后，我国学术界曾将环境决定论作为一种资产阶级的腐朽思想进行了激烈的批判，认为人的主观能动性才是起决定作用的因素，而地理环境则只是人类社会生存发展的一种因素而已，并不能对人类社会及其机构、制度产生决定性的作用。随着改革开放程度的日益加深，学术界的一些人对这种理论的认识开始有了一定程度上的改观，逐渐用辩证的视角来看待地理环境对社会制度及机构的影响作用，认为地理环境既不是对社会制度及机构起完全的决定作用，也并不是对社会制度及机构没有任何影响的，这种看法对于研究公共组织与地理环境的关系尤为适用。

2. 地理环境的构成及其对公共组织的影响

地理环境是由很多部分构成的，各组成部分中有的会对所有公共组织产生影响，有的只是对部分公共组织产生影响。简单地说，地理环境的构成要素包括地理位置、国土面积、自然资源和地形状况等，下面分别介绍各构成要素对公共组织产生的影响。

（1）地理位置对公共组织的影响。随着人类社会的发展，地理位置逐渐从一元的自然地理位置向多元的自然、政治、经济地理位置发展，对公共组织来说，也从单一的受自然地理位置影响转变为更多地受政治或经济地理位置影响。从人类历史来看，这三者对公共组织的影响是重心逐渐转移的过程。自然地理位置在远古时代是对公共组织非常重要的影响因素，它甚至决定着不同地区的社会发展模式，如希腊的城邦式发展模式和中国黄河流域的集权式发展模式；随着社会的发展，政治地理位置对于国家的生存和发展起着更重要的作用，尤其是在一些战略要地，其存在有些就是缘于政治需要，如中国古代很多边关城镇是因为战备需要而建立起来的，现在中国的很多重工业位于中部山区亦是由于政治地理位置决定的；在当前和平与发展成为时代主题的情况下，经济地理位置显示出了它的重要性，许多国际公共组织位于纽约等大都市，就是由于纽约等大都市处于世界金融中心的经济地位。

（2）国土面积对公共组织的影响。国土面积对公共组织的影响是从对其活动范围的影响来讲的，公共组织作为一种为公共利益而行动的组织，其活动范围应该是受其所服务的对象影响的。对于有的公共组织，如中央政府来说，国土面积对其影响可以说是绝对性的，但对于一些地方性的公共组织如地方政府或一些慈善组织来说，其服务对象主要是由所服务地区的面积大小和其服务的性质来决定的。但是，从总体来说，国土面积总会成为公共组织考虑的因素，并作为一种影响公共组织发展的因素而存在着。

（3）自然资源对公共组织的影响。自然资源包括土地资源、矿产资源等。一般来说，在经济发展同等条件下，自然资源丰富就使经济发展更好，这就意味着自然资源对于公共组织的影响是通过经济发展这个中介来实现的。虽说私营组织可能会更在意资源，但对公共组织来说，这些资源同样重要，因为公共组织的经济基础是社会，其资金来源于社会，或是通过政府税收，或是通过社会捐赠。而自然资源对社会的影响是不言而喻的，所以自然资源会影响到公共组织的存在规模和发展前景。某些特定的公共组织的存在也会受到自然资源的绝对影响，如一些协会性质的公共组织，中东的欧佩克，美国的柑橘协会，英国、加拿大的小麦协会等，完全是受当地自然资源的影响所产生的。

（4）地形状况对公共组织的影响。地形状况对于公共组织的影响主要有两个方面，一方面是对握着公共权力的政府的影响；另一方面是对研究性或是公益性的公共组织的影响。对于政府而言，地形状况总能让政府从国家的生存和发展着眼来考虑问题，并会就本国的实际地形状况来设置不同部门和采取相应的国防和外交政策，如英国、日本等岛国，其政府发展战略、国防外交政策等都不同于欧洲大陆国家。而对于一些研究性或是公益性的公共组织来说，则会受到具体地形状况的影响，如我国的长江源头探险协会、云南喀斯特地形开发研究所等公共组织，是典型的受地形状况影响而产生的组织。

3. 公共组织对地理环境的适应

地理环境是人类从事物质生产的物质前提。公共组织只有了解地理环境，并了解地理环境对其所具有的影响从而去适应环境，才能在其发展路径上做好选择，为其日后的发展做铺垫。

（1）公共组织要认识到自己所处的地理环境与自身发展间的相互关系。不同的公共组织在应对不同的地理环境时可能会有不同的对策，即使是相同的公共组织，在一个像中国这样的大国里，其发展对策也会不一样，所以在地理环境与公共组织的关系上要具体问题具体分析。掌握着公共权力的政府，其发展与本地区经济密切相关，而经济与地理环境的关系尤为重要。所以对于政府来说，就要认清地理环境与经济发展的关系并进行积极引导，根据具体的地理环境为本地区经济发展做好服务工作，对于中央政府来说，要从全国的战略安全和能源安全上进行全面考虑，制定合适的国防政策和外交政策。一些公共性的民间组织，如一些慈善组织、扶贫组织，由于其服务的具体性较高，对地理环境的了解也应该更深，这样才能因地制宜地做好慈善和扶贫工作，实现其公共组织的目标。

（2）公共组织应能动地改造地理环境因素。公共组织对环境都有一定的主观能动作用，公共组织应当根据其自身发展需要和发展目标，能动地根据自己的实力对地理环境进行改造或是保护。由于不同类型的公共组织会对地理环境产生不同的反应，其对地理环境改造的方式也不一样。政府受地理环境因素影响大，对其主观能动影响也大，且多通过政策进行直接影响；而一些非政府组织（NGO）受地理环境中个别因素的影响大，但其能动作用有限，亦只能通过曲线形式对地理环境进行间接的影响。很明显的一个例子便是在三峡的开发过程中，政府期望通过对地理环境的改造来促进经济的发展和人民生活水平的提高，并通过政策就能对地理环境进行改造。而在另外一些水库，如三江并流中怒江水库的开发建设过程，环境保护组织可能基于其组织信念和人类的共同利益希望保护地理环境，但其影响只能通过媒体宣传获得民众的支持，通过给政府施加压力来实现其组织目标。

3.3.2　人口环境与公共组织的良性互动模式

人是社会的基本单位，也是构成公共组织的最基本要素。人口环境包括人口数量、人口质量、人口结构以及人口的分布状况等，它对一个国家的政治、经济和社会的发展产生重大影响，也对公共组织的职能发挥、管理方式和目标实现等方面产生重大影响。"良好的人口环境，将促进人口与经济、社会、环境、资源的协调发展和可持续发展。"[①]

1. 我国人口环境现状

（1）我国的人口数量。全国第五次人口普查资料表明，2000 年我国的人口总数已经达到 12.59 亿，与 1990 年相比，全国人口增加了 13215 万人，增长 11.66%，年均递增 10.7‰；人口过快增长的势头虽已得到有效控制，但人口负担将依然长久地影响和制约我国经济社会的发展进程。

（2）我国的人口质量。这里讲的人口质量主要是人口的科学文化素质。人口科学文化素质常用人均受教育程度来衡量。全国第五次人口普查资料表明，2000 年与 1990 年相比，全国每 10 万人中拥有大学以上文化程度的人数由 1422 人增加到 3611 人，净增加了 2189 人，增长 154%。全国文盲人口从 1990 年的 18003 万人减少到 2000 年的 8507 万人，文盲率从 1990 年的 15.88% 降低到 2000 年的 6.72%。

（3）我国的人口结构。人口结构包括年龄结构、性别结构和分布结构，其中年龄结构最为重要。人口年龄结构分为生产年龄结构和非生产年龄结构，与之相适应形成生产年龄人口和消费年龄人口。生产年龄人口主要指劳动适龄人口，一般在 15～64 岁之间；消费年龄人口主要指少年人口（一般在 0～14 岁之间）和老年人口（一般在 65 岁及以上）。我国第五次人口普查资料表明，2000 年全国 0～14 岁人口占总人口的 22.89%；15～64 岁人口占总人口的 70.15%；65 岁及以上人口占总人口的 6.96%。依照人口年龄结构的标准，中国已进入了老龄化国家行列。

2. 人口环境对公共组织的影响

党的十六大确立了全面建设小康社会的目标，每一项具体目标都是建立在人口发展的基础上的。所以，人口环境对人类的生存和发展，特别是人口环境的恶化对以公共利益为己任的公共组织，带来了巨大的压力和挑战。

（1）过多的人口仍是制约经济和社会发展的关键。人口过多的影响表现在四个方面，一是大量的剩余劳动力不能充分就业；二是人口的持续增长对社会教育水平和能力提出挑战；三是新增国民收入的绝大部分用于新增人口，不利于人口生活水平的提高；四是过大的人口规模必然给自然资源和环境保护带来更大的压力。

（2）人口性别结构严重失衡是目前人口工作面临的一大挑战。2000 年第五次全国人口普查时男女性别比达 119.92%，且人口出生性别比失衡的地区由北向南连成一片，分别是陕西（125.15%）、河南（130.3%）、安徽（130.76%）、湖北（128.08%）、湖南（126.92%）、江西（138.01%）、广西（128.8%）、广东（137.76%）、海南（135.04%）。这种状况至少有以下几方面的危害：一是在 40 岁以下人口中，每个年龄段中男性人口平均较女性多出一百多万人，势必造成婚配压力，由此可能增加社会的不安定因素。二是女性人口的减少，会使人口再生产出现障碍，引发人口年龄结构的失衡，加重人口老化程度。三是男性人口的过剩将进一步对女性就业产生"挤压效应"，进而直接影响女性地位的提高。

---

① 江泽民：《论有中国特色社会主义》，中央文献出版社，2002 年版，第 188 页。

（3）人口老龄化。2000 年我国步入老龄化国家，成为世界上老年人口最多的国家之一。人口老龄化的影响表现在以下几个方面：一是导致老年抚养系数上升，从而导致社会成本的上升和社会经济发展速度的降低。二是影响扩大再生产。用于老年人口的退休金、医疗费用和福利费用等消费基金消耗大量经济增长的成果，导致生产性基金减少，影响扩大再生产，降低经济增长率。三是影响劳动力的供给结构和数量。我国属于发展中国家，劳动密集型行业较多，由于不同年龄劳动力在体力、精力和适应力等方面的差异，人口老龄化导致的劳动力供给结构和数量的变化在一定程度上不利于劳动生产率的提高。

（4）人口质量和人口数量相互关联、相互制约。一方面，在一定的社会经济条件下，人口数量的过多或是过少不利于人口质量的提高，甚至会阻碍人口质量的正常发展。另一方面，人口质量低下不利于控制和调整人口数量，难以使人口发展与经济社会发展相适应。根据中国目前的经济发展水平，控制好人口数量，有利于节约出更多的资金用于提高人口质量，而提高人口质量又有利于人们增强控制人口过快增长的自觉性。

3. 公共组织对人口环境的回应

面对不断恶化的人口环境带来的巨大压力和严峻挑战，我国的公共组织必须要高度重视并积极采取有力的回应措施。

（1）齐抓共管，综合治理，全面落实计划生育政策。在全面建设小康社会的新时期，更加要求各相关部门增强责任意识，认真履行计划生育法定职责的要求；在研究重大经济和社会问题时，在开展全局工作时都要把人口政策融入进去；根据不同地区的不同实际，深入研究人口状况，制定更细更全的人口控制政策和办法，以构建齐抓共管的局面，切实稳定低生育水平。

（2）大力发展经济，提高对人口老龄化的承受力。2020 年之前，我国适龄劳动人口比重将始终处在 60% 以上。虽然劳动力的平均年龄提高，但在劳动力的总量上，将长期处于供大于求的状况。因此，在人口老龄化高峰到来之前，我们应充分利用我国人口年龄结构的黄金时期大力发展经济，增加和积累社会财富，提高对人口老龄化的承受力。

（3）大力发展教育事业，提高人口文化素质，尤其是要大力提高妇女素质。一般来说，高素质的人更容易接受新事物和新观念，能够正确理解人口与经济社会发展的关系，能自觉实行计划生育。因此，公共组织必须加强基础教育，加大教育投资力度，努力提高人口素质。同时，还要努力提高妇女的受教育水平，使得她们更加关注孩子的质量而不是数量。

（4）建立、完善人口与计划生育的利益导向机制和激励机制。通过发展经济、普及教育、发展医疗卫生保健事业等途径，引导人们自觉实行计划生育。制定适当的经济政策，把人口与计划生育工作和发展经济、扶贫开发、建设文明幸福家庭相结合，帮助农民解决实际困难，少生快富，实施节育补偿、家庭福利、奖励优惠等形式的利益倾斜。

3.3.3　国际环境与公共组织的良性互动模式

公共组织的国际环境包括国际自然环境和国际社会环境两个部分。国际自然环境是指与人类的生产和生活密切相关，直接影响人类的衣食住行并对本国公共组织产生影响的各种因素的总和。国际社会环境是人类在自然环境的基础上，通过长期有意识的社会劳动，加工和改造了的自然物质、创造的物质生产体系、积累的物质文化等所形成的环境体系。

1. 国际环境现状

国际政治经济秩序目前还是很不合理，发展中国家在政治、经济、文化、安全等方面仍然处于不利地位。我国是世界上最大的发展中国家，正处在有中国特色社会主义现代化建设的初级阶段，必然会遇到这样或者那样的阻力。

（1）经济方面，发达国家将继续在经济和科技等方面对我国施加压力。目前我国经济总量已经居于世界第四位，但人均国内生产总值不到 2000 美元，经济技术落后的状况还没有得到根本改变。我国进一步发展出口贸易遭到保护主义的阻力，进口先进的技术和装备则遭到技术壁垒的限制，围绕我国进口石油等重要资源的争斗更是错综复杂。

（2）政治方面，世界并不太平。祖国尚未完全统一，"台独"分裂势力依旧是危害两岸关系发展的最大威胁，有些国家还利用台湾问题干扰我国内政。发达国家不会放弃对我国的遏制，它们会继续利用经贸、民主、自由、人权、民族、宗教等问题向我国施压，国际环境中存在影响我国国家安全的因素。

2. 国际自然环境对公共组织的互动关系

作为大自然的一员，人的生存离不开自然。为了更好地生存，我们要不断了解自然、利用自然和改造自然。因此，我们必须保护自然环境。我国政府很重视环境保护，1992—1995 年，国家基金委化学部资助了"典型有机污染物环境化学行为与生态效应"这个重大基金项目的研究。在新农药单甲脒的环境行为和生态毒理效应以及有机锡的生态毒理效应研究中取得了创新性成果。首次发现城市水源中的硝基多环芳烃的存在，对多氯联苯等的光解规律和产物毒性提出了新的解释。部分研究成果达到国际先进水平，于 1999 年获得了中国科学院自然科学一等奖。

但是我们面对的形势很严峻：大气污染、酸雨、臭氧层破坏、水污染、固体废物、地面沉降、赤潮、水土流失、气候变暖、全球变化、厄尔尼诺……这些环境问题困扰着我们。如果人与自然的关系不和谐，就会影响人与人的关系、人与社会的关系，引发严重的社会问题。所以，各国公共组织要科学认识和正确运用自然规律，学会按照自然规律办事，更加科学地利用自然为人们的生活和社会发展服务，坚决禁止各种掠夺自然、破坏自然的做法。要引导全社会树立节约资源的意识，以优化资源利用、提高资源产出率、降低环境污染为重点，加快推进清洁生产，大力发展循环经济，加快建设节约型社会，促进自然资源系统和社会经济系统的良性循环。要加强环境污染治理和生态建设，抓紧解决严重威胁人民群众健康安全的环境污染问题，保证人民群众在生态良性循环的环境中生产和生活，促进经济发展与人口、资源、环境相协调。要增强全民族的环境保护意识，在全社会形成爱护环境、保护环境的良好风尚。

3. 国际社会环境对公共组织的互动关系

和平与发展是当今时代的主题，在可以预见的时期内世界大战是不会轻易打起来的，所以各国公共组织要争取长时间和平的国际环境，并据此调整各自的对外政策，加快自身建设。世界格局处于向多极化过渡的重要时期，经济全球化趋势不断深入发展，科技进步突飞猛进，国际产业升级和转移速度加快，各国注重经济发展和国际经济技术合作，区域经济一体化进程加速。这些因素给我国的改革发展带来了难得的机遇和有利条件，只要我们高举和平、发展、合作的旗帜，坚持冷静观察、沉着应对的方针，牢牢掌握应对国际局势和处理国际事务的主动权，就能够营造有利于我国的战略态势，为我国现代化建设争取较长时期的良好国际环境和周边环境。目前，对我国公共组织有利的条件主要是：（1）维护和平，促进发展，谋求合作，既是全球人民的共同愿望，也是当今时代不可阻挡的历史潮流。世界多极化趋势进一步发展，世界政治力量的对比有利于我们争取较长时期的和平国际环境和良好的周边环境。（2）经济全球化趋势深入发展，我国与世界经济的联系日益加深，有利于我们抓住经济全球化带来的机遇，更好地利用外部资金、技术、资源和全球市场。（3）世界科技进步日新月异，有利于我们发挥后发优势，推动我国科技进步与创新，加快高新技术产业发展和传统产业改造升级。

同时，我们必须清醒地看到，当今世界仍然很不安宁，各种矛盾错综复杂，影响和平与发展的不稳定因素依然存在。具体而言表现为以下三方面：（1）世界力量失衡的局面在短期内难以根本改变，世界多极化趋势的发展不会一帆风顺。（2）国际经济旧秩序没有根本改变，经济全球化趋势在推动世界经济发展的同时，也给各国特别是发展中国家带来挑战和风险，发展中国家在经济、政治、文化、信息、军事等方面面临着严峻压力。（3）传统安全威胁和非传统安全威胁的因素相互交织，民族、宗教矛盾和边界、领土争端导致的局部冲突此起彼伏，恐怖主义活动依然猖獗，地区和国际安全形势不容乐观。

所以我们必须清醒地看到，国际环境的复杂多变必然使我国的发展面临不少制约因素和严峻挑战。首先，影响世界和平与发展的不稳定因素增多。传统安全威胁和非传统安全威胁的因素相互交织，恐怖主义危害上升。霸权主义和强权政治有新的表现。发达国家在经济、科技方面占优势对我国的压力将长期存在。其次，围绕资源、市场、技术、人才的国际竞争日趋激烈。各国在更加重视与我国发展经贸关系的同时，一些国家同我国在经贸领域的矛盾也在增加，特别是在近期，贸易保护主义抬头，围绕人民币汇率、纺织品出口、知识产权、能源资源等方面的外部压力加大，今后这些方面的贸易摩擦还会继续出现。再次，我国自主创新能力较弱，许多领域的核心技术和关键设备长期依赖进口。近年来石油等重要资源的对外依存度不断提高，这些对我国经济安全提出了新的挑战。国际经济环境的不稳定因素增加，未来世界经济仍有可能发生较大波动，从而可能对我国经济发展产生不利影响。

因此，在如此复杂多变的国际形势下，我国公共组织要有能力应对来自外部的各种挑战和风险，必须把国内的事情办好，始终保持国家统一、民族团结、社会稳定的局面。这是我们集中全党全民族的智慧和力量、全面推进中国特色社会主义事业的重要保障。

本 章 小 结

由于公共组织特殊的公共性，公共组织理论具有其自身特点，但公共组织理论从类别上说与组织理论紧密相连，因此在公共组织与外部环境的研究上借鉴了组织与环境关系的研究成果。组织及其外部环境的相关理论给我们提供了研究公共组织与外部环境相互关系的研究方法。在这种背景下，本章首先对公共组织的外部环境的概念进行了介绍，并列出了学者们对公共组织外部环境的各种分类，接着介绍了有关公共组织与其外部环境关系的各种理论。比如资源依附理论、开放系统理论、权变理论及种群生态学等，都从某个特定的角度对组织与环境的关系进行了论证，对组织与外部环境关系的认识形成一个发展的过程。在本章的第二节和第三节中分别就公共组织与经济环境、政治环境、文化环境、地理环境、人口环境及国际环境的关系进行了讨论，其中，经济环境作为公共组织生存和发展的基础，对于公共组织的影响是最大的也是最深远的，公共组织要想获得长期的生存和发展，必须在与经济环境的互动过程中正确处理经济与环境的关系。其他环境因素对公共组织的影响也是非常重要的，公共组织也必须正确处理与这些外部环境的关系，并形成良性互动，才能在其生存和发展中保持其所需物质能量的充足。这些环境因素也并非只对公共组织造成影响，公共组织也可以充分发挥其主观能动性影响公共组织外部环境。

案例

"绿色招商"，推动"绿色崛起"

近年来，梅州市政府把推进"双转移"、大力招商引资作为山区经济发展的突破口，特别是今年 1 月粤北地区现场会和山区工作会议之后，梅州市政府出台了一系列加强招商引资工作的政策和文件，在过去委托广州开发区 12 家专业招商公司开展专题招商外，又新成立了市属 7 个驻外专业招商队，以广州（梅州）产业转移工业园为重点，在保护生态环境的前提下，积极招商引资，承接产业转移。招商队围绕汽车零配件、电子信息等主导产业，有重点地接触企业、拜访客商、联系商（协）会、召开推介会或座谈会等。从今年 3 月起，在短短两个月时间里，招商队共引进企业 22 家，投资总额 25.74 亿元。此外，今年 1—4 月，该市市直和各县（市、区）共引进企业 63 家，投资总额 30.8 亿元。

同时，按照绿色崛起理念，梅州市政府近年来主动淘汰落后产能，调整产业结构，大力发展非资源型特色产业，谋求山区经济崛起。一方面，梅州市在全面关闭煤矿的基础上，2008 年以来，还在全省率先淘汰落后小钢铁企业 250 多家、产能 400 万吨，淘汰落后水泥生产线 19 条、产能 173 万吨，淘汰落后产能工作走在全省前列。今年梅州市还将继续淘汰 365 万吨落后水泥产能。另一方面，梅州通过采取资金优先、资源优先、技改优先、服务优先等扶持措施，巩固提高电力等优势产业；从技改贴息、财政补助、资源综合利用等方面，重点扶持培育陶瓷、工艺等特色产业，调整优化建材产业，加快技术改造步伐，较快地形成了资源型传统产业改造提升，非资源型特色产业加快发展的新格局。其中，电子信息产业集聚能力进一步增强，2009 年实现产值 44.3 亿元，同比增长 16.3%，今年 1—4 月又增长 17%。去年梅州外贸出口逆势增长 16%，今年首季外贸出口又增长 44.5%，居全省前列。

在旅游方面，梅州市政府充分发挥"世界客都"优势，依托源远流长的客家文化、得天独厚的生态资源、景致优美的城乡环境，与省旅游局和广州市共建"客家文化生态旅游示范区（基地）"。2009 年全市实现旅游接待总人数 553 万人次，比增 20.2%；旅游总收入 54.5 亿元，比增 17%，拉动 GDP 增长 1.5 个百分点，两项主要指标的增幅在全省地级以上市中排行第一。今年又保持了良好的增长势头。

在打造绿色农产品生产加工基地方面，梅州市政府目前已培育农业龙头企业 271 家，农产品加工企业 283 家，带动水果、茶叶、油茶、南药、优质稻、蔬菜、烤烟、畜牧水产八大主导产业形成完整的产业链条，梅州是全国最大的金柚产区，广东最大的脐橙生产基地，广东最大的油茶生产基地和"油茶丰产林国家林业标准化示范区"。建成 5 个国家级农业标准化示范区、14 个省级农业标准化示范区。

（资料来源：柯鸿海，罗伟章，刘海祥：《"绿色招商"，推动"绿色崛起"》，载《南方日报》，2010 年 5 月 30 日）

根据本章有关公共组织与外部环境互动的内容并结合案例，分析我国政府与经济环境的互动关系。

思 考 题

1. 什么是公共组织外部环境？其特征是什么？
2. 简述公共组织与外部环境关系的理论发展。

专 业 名 词

公共组织外部环境：External Environment of Public Organization
资源依附理论：Resource Dependency Theory
开放系统理论：Open System Theory
种群生态学：Population Ecology
组织生态学：Organizational Ecology
经济环境：Economic Environment
政治环境：Politic Environment
文化环境：Culture Environment
地理环境：Geographic Environment
国际环境：International Environment

第 4 章
公共组织结构

学习目的

通过本章的学习，了解公共组织结构的概念、特点、构成要素等基本内涵。重点掌握公共组织结构的一般类型，特别是直线型、职能型和直线参谋型组织结构各自的优缺点，并能够画出组织结构图。了解公共组织结构在 20 世纪 80 年代后出现的几种新类型。最后，在进行公共组织设计时，能够准确把握应遵循的设计原则和应考虑的影响因素。

本章重点

1. 公共组织结构的基本内涵。
2. 管理层次和管理幅度的关系。
3. 公共组织结构的一般类型。
4. 公共组织设计的原则和影响因素。

4.1 公共组织结构的基本内涵

4.1.1 公共组织结构概述

美国著名管理学家卡斯特和罗森茨韦克在《组织与管理》一书中指出："我们可以把结构看作是一个组织内各构成部分或各个部分间所确立的关系的形式。"[1] 中国台湾行政学家张润书指出，组织结构即"组织各部门及各层级之间所建立的一种相互关系的模式"[2]。在此基础上，我们可以把公共组织结构理解为构成公共组织的各组成部分的排列组合方式，它是公共组织的基本框

架，直接反映了公共组织的总体格局、公共组织的法定权力和职责以及各种行为主体之间的相互关系。

1. 公共组织结构的构成要素

一般来说，一个国家的公共组织系统是由四个层次的要素排列组合而成的。

（1）工作单位。公共组织结构的第一个层次，是由构成公共组织结构的基本要素和细胞，即职位——工作人员的排列组合，形成一个工作单位。（2）工作部门。公共组织结构的第二个层级是由各个工作单位根据各自的目标、责任、权力及其在分工中的地位关系，经过有机排列组合，形成一个工作部门。（3）一级公共组织。第三个层次是由各个工作部门之间，根据各自部门的工作目标、责任、权力及其在分工中的地位关系，经过有机排列组合，从而构成一级公共组织。（4）第四个层次是由各级公共组织之间，根据各自的目标、责任、权力及其在分工中的地位关系，经过有机排列组合，从而形成一个国家的公共组织系统。

一个国家的公共组织框架基本上由这四个层次组合而成，构成这个框架的实质是分工，是根据目标、责任和权力进行个人的、单位的、部门的、层级的分工。公共组织结构中这四个层次的要素排列组合是相互联系、相互依存的。

2. 公共组织结构的特点

公共组织结构与其他社会组织结构相比，具有以下四个特点：

（1）层次性。层次，指组织系统中划分管理层级的数量。公共组织为了对社会公共事务进行有效的管理，从纵向分为若干层级，采取层级控制体制，一级管一级，管理范围逐级缩小。公共组织结构的层次性的优点在于指挥统一、行动一致，有利于管理。

（2）复杂性。公共组织结构中的复杂性是指公共组织中的差异性，包括横向差异性和纵向差异性两个方面。公共组织结构的横向差异性是指一个组织内成员受教育和培训的程度、专业技能、工作性质和任务等方面的差异性，一级组织内部部门与部门之间工作目标、责任、权力、地位关系等方面的差异性。公共组织结构的纵向差异性是指组织结构中纵向垂直管理的层级数与不同层级之间的差异。

（3）开放性。公共组织管理的对象是整个社会公共事务，它处于一定的环境中。公共组织结构不是封闭的、机械的，而是开放的，是不断与外界进行信息交换，随着环境变化对自身结构不断进行调整的。它不仅要适应经济环境、政治环境和文化环境的变化，还要适应地理环境、人口环境和国际环境的变化。

（4）规范性。公共组织结构的规范性是指组织中各项工作的标准化，即有关指导和限制组织成员行为和活动的政策法规、规章制度、工作程序、工作过程等的标准化程度。规范性程度的高低主要受三个因素的影响：一是工作的专业化程度。一般而言，简单而又重复性的工作规范化程度较高，反之则规范性程度较低。二是职能范围。职能范围广，则规范性程度低，职能范围窄，则规范性程度高。三是管理层次的高低。高级管理人员需要处理较复杂的问题，重复性较少，因此其规范性程度低，相反，组织中的基层工作人员工作的规范性程度较高。

3. 公共组织结构的功能

良好的组织结构，是完成组织目标、提高工作效率的基础。一般而言，一个组织结构应该具备下列四项基本功能：

（1）确保组织目标的实现。组织是一群人为实现既定目标而有机结合的整体，必须通过有效的沟通和协调，发挥组织个体与群体的智慧和力量，才能完成组织目标。组织结构的功能便在于经过分工与权责安排，使个人的努力和行动、个人目标与组织目标统一起来，形成一个上下呼应、左右协调的公共组织网络，为实现组织目标共同努力奋斗，从而确保组织目标的实现。

（2）激发成员的积极性。合理的组织结构，由于每个工作人员有明确的任务、责任和权利，且能做到因事择人、人尽其才，从而能够使组织成员有归属感和明确的奋斗目标，既能够满足工作的需要，又能满足组织成员自我实现的需要，有利于激发组织成员的工作积极性。

（3）提高工作效率。影响工作效率的一个主要因素就是组织结构是否合理。合理的公共组织结构，使本组织内部分工协作良好，也使其与别的组织行动协调一致，促进各层级、各部门有效地运用人力、财力、物力、时间，能够合理配置资源，以最小的输入求得最大的产出，充分发挥公共组织个体和整体的作用，从而更好地提高组织效率。

（4）保持良好的沟通关系。良好的组织结构，不论上行沟通、下行沟通或侧面沟通，皆能使其达到畅通无阻的状态。因为良好的组织结构具有沟通的渠道，能够把组织的不同层级及成员的思想、观念、感情联系起来，促使公共组织系统保持良好的沟通关系，保证公共管理活动的顺利进行。

4.1.2　管理幅度与管理层次

1. 管理幅度与管理层次的关系

管理幅度与管理层次是组织结构的基本范畴，也是影响组织结构的两个决定性因素。管理幅度又称控制幅度，是指一名主管人员所能够直接领导、指挥和监督的下级人员或下级部门的数量及范围。科学合理的管理幅度没有统一的标准，它取决于管理机构的合理程度，物资设备和技术水平的先进程度，以及管理者与被管理者的业务素质与领导能力，并且与管理层次密切相关。管理层次也称管理层级，是指组织的纵向等级结构和层级数目。管理层次是以人类劳动的垂直分工和权力的等级属性为基础。因此，管理层次的划分，不但取决于组织劳动分工的需要，而且取决于组织权力构成的需要。在一定的被管理的工作量或地域条件下，管理幅度与管理层次呈反比例关系，即管理幅度越大，管理层次就越少；反之，管理幅度越小，则管理层次就越多，这就是公共组织中客观存在的管理层次与管理幅度的规律。

2. 影响管理幅度与管理层次之间关系的因素

第一，管理幅度与管理层次有关，不同管理层次应有不同的管理幅度。一般来说，高层公共组织处于核心地位，起领导作用，其职能是从事规划、决策、监督、协调等政务工作，因此，其管理幅度可以大一些，随着层次的降低，幅度也相应减小。第二，管理者与被管理者的知识水平、工作能力、综合素质影响着管理幅度与管理层次。管理幅度的大小与管理者与被管理者的水平和能力成正比例。第三，下级单位的工作性质、难易程度及信息传递状况影响着管理幅度与管理层次。如果下属单位工作性质单一、稳定，具有常规性，则领导者的管理幅度可适当加大；反之则管理幅度可适当缩小。第四，集权、分权程度影响着管理幅度与管理层次。集权型组织的权力主要集中在上级机关，事无巨细，样样都管，工作量很大，故其管理幅度不能太宽，其层次必然增多；分权型组织，其权力较松散，上级机关集中管大事，具体事务较少。第五，社会的总体发展水平，物资设备和科学技术也影响着管理幅度与管理层次。

4.2　公共组织结构的一般类型

4.2.1　公共组织的纵向结构

1. 公共组织的纵向结构的含义

公共组织的纵向结构包括宏观纵向结构（即不同层级公共组织之间的构成）和微观纵向结构（即各级公共组织或各个部门内部层级的构成）。目前，我国的行政组织体系在宏观纵向结构上，分为国务院—省/自治区/直辖市—县/区—乡/镇四级；而在各级政府机关内部的分层情况，即微观纵向结构，也是非常清楚、严格的，如国务院分为部—司（局）——处三至四个等级，省级政府内从上到下设有厅（局）—处—科等级别。层级越高，管辖地域的范围越广，公共组织的数量越少。不同层级的公共组织之间的职能，既有相同的一面，即每级公共组织都要管理政治、经济、文化、教育、社会服务等事务；又有不同的权力，一般而言，凡属全国性的宏观问题，归中央行政组织管，凡属地方的社会事务，归地方行政组织管。

2. 公共组织纵向结构的分类

按照公共组织纵向层级的多少，主要可分为金字塔型结构、扁平型结构和综合型结构（见图 4-1）。

金字塔型　　　　　扁平型　　　　　综合型

图 4-1　公共组织纵向结构

（1）金字塔型结构。行政组织最典型的形态就是层级分明的金字塔型结构。这一组织结构主要表现为管理层次多，控制幅度小，整个组织体现出较为集权的性质。其优点是组织上下目标一致，行动统一，有利于强有力的行政控制与监督；缺点是管理层次过多，内部交流、沟通受到抑制，工作效率不高，应变能力差，自主权不够，下级的创新思想被埋没，无法吸收科技成果及人才。

（2）扁平型结构。扁平型结构出现较晚。它的特点在于管理层次少，管理幅度较大，是一种分权式的结构。扁平型的组织结构的优点在于它降低了组织的集权化程度，弱化了金字塔型组织结构的不利影响；提高下属部门管理者的责任心，促进权责相统一，提高组织的绩效；减少高层管理者的一般的、程序性的管理决策工作，使其将工作重心放在组织发展的重大问题的决策上来，提高管理效率。但是，扁平型结构在有利于调动部属员工积极性的同时，也存在着可能导致行政控制不力，组织丧失中心权威的风险。

（3）综合型结构。金字塔型组织结构和扁平型组织结构都是比较典型的从纵向划分的组织结构类型。但是在实际的公共管理活动中，一个公共组织的结构可能既不完全是金字塔型，也不完全是扁平型，而往往介于两者之间，呈现出两者结合的特征，形成一种综合型组织结构。这种组织结构，在组织中的某些比较重要、复杂的层级，管理幅度较小；反之，在组织中某些不是太复杂、程序性比较强的层级，管理幅度较大，从而使得一个组织兼备以上两种结构形式，吸收了两者的优点，避免了其缺陷。

3. 公共组织纵向结构的优缺点

公共组织纵向结构有利于不同层次的机构承担着不同的工作和责任，能做到事权集中、统一指挥、统一领导；行动迅速，能及时地根据本地情况做出决策，组织实施，有利于加强控制、监督；能充分发挥各个层级公共组织的积极性、创造性，根据本地实际情况，主动开展工作；各层级实行首长负责制，全面管理各项工作，有利于通才的培养。但是应用纵向结构也应认识到各级行政首长管辖事务过多，不可能样样精通，这势必会影响到行政组织的绩效；容易犯地方主义的错误，不利于中央对地方的控制；容易造成地方块块分割，不利于各地经济、文化的交流和发展。

4.2.2 公共组织的横向结构

1. 公共组织横向结构的含义

公共组织的横向结构就是指同一层级的公共组织中不同职能的部门之间的分工合作关系。公共组织的这种横向分工，是随着社会和科学技术的发展进步，政府事务的逐渐增多而产生的。这种横向分工就构成了公共组织的横向结构，即公共组织的部门化。

2. 公共组织横向结构的分类

公共组织横向结构的种类，一般有以下几种类型：按职能标准划分、按管理程序标准划分、按管理和服务对象标准划分、按区域标准划分。

（1）按职能标准划分。按职能划分，是指按公共管理的职能异同，对公共组织进行分解、组合，设置若干职能部门或机构来承担不同的职责。按职能进行划分，符合专业化分工的原则，每个部门只负责某一项业务，有利于专才的培养，提高管理效率，使具有相同职能的工作由同一部门管理，使公共组织易于统一同一职能的公共管理的方针、政策和法规。但是，在使用这种划分方法时，应注意避免走极端。

（2）按管理程序标准划分。按管理程序标准划分，就是按管理工作过程的程序不同，分别设置公共部门。公共管理过程有咨询、决策、执行、监督、反馈等环节，根据这些程序划分咨询部门、决策部门、执行部门、监督部门和信息反馈部门等，每个部门在管理过程中各司其职，各尽其能，使公共管理的功能齐全，管理过程井然有序。这种划分方法有利于各个管理环节发挥各自的积极性，但是，它在使用上有一定的局限性，比如有很多管理工作的程序是无法完全独立出来的，也就无法交由某一个部门具体负责实施，因此也就不可能依据这些程序设立独立的部门。

（3）按管理和服务对象标准划分。按管理和服务对象标准划分是指按公共组织管理和服务的人群、财物等对象设置不同的部门。比如在中央政府中，按照管理和服务对象的不同可分为农业部、交通部、铁道部等。这是一种比较简单、直观的划分方法，可以使公共管理工作专业化，使公共组织在这一方面的工作中做到政令统一，统筹兼备，从不同角度来满足管理和服务对象的需要。但是，按管理和服务对象标准划分往往与按职能标准划分部门发生重叠交叉。这样就可能造成管理机构的恶性膨胀，还会出现相互推诿责任的情况，而且随着公共管理对象日益增多，必然导致部门林立，不利于精简节约。

（4）按区域标准划分。公共管理活动必须在一定的空间区域内开展。按区域标准划分是指依据一定的政治、经济、地理环境等要素，在不同的区域设置不同的部门。按地区进行划分，使各地公共组织机构因地制宜地制定政策，以适应各地不同的需要。但是这种划分方法容易使各地区公共组织产生地方主义观点，实行地方保护，妨碍国家民族的整体团结和事业的整体发展。

4.2.3 公共组织结构的一般类型

在组织发展过程中，政治、经济、文化、社会等各方面的变化都会对组织结构产生影响。因此，公共组织结构在基本的纵向、横向维度的基础上演化出多种不同的结构类型。按照公共组织的权力和职能分配方式，可将公共组织结构分为以下几种类型：

1. 直线式组织结构

直线式组织结构是一种垂直领导的结构。纯粹的直线式结构如图4-2所示。这种组织结构的形式如同一个金字塔，处于最顶端的是一名有绝对权威的行政首长，用A表示，他将组织的总任务分成许多块，然后分配给下一级负责，这些下一级负责人，用B表示，他们又将自己的任务进一步细分后分配给更下一级，用C表示。这样，沿着自上而下的层级一直延伸到每一位组织成员。

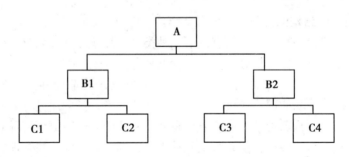

图4-2 公共组织直线式结构

在直线式组织结构中，一般不存在专门的参谋机构，个别参谋人员不过是行政首长的助手，是个人权力的延伸。各级部门和人员分属于不同的层次上，每个部门和人员都只有一个直接上司。各级部门和人员之间的关系是指挥和服从、命令和执行的关系。处于组织顶端的行政首长负责决定组织内的一切事项，首长及其下级负责人对基层单位成员有绝对指挥权。同一层次的部门和成员之间不存在领导关系，极少有意见沟通协调关系存在，信息沿着垂直线上下传递。

在直线式组织结构下，指挥权集中，决策迅速，容易贯彻到底。另外这种结构简单灵活、职权明确，适应于简单的环境。但是这种结构要求下级的一切问题只向一名上级人员请示汇报，上级工作繁重，容易陷于日常行政事务中，不利于集中精力解决重大问题，而且领导受自身专业、知识、精力等方面的限制，也难以保证决策不出现失误。假设 C1 要与 C4 进行交流协作，需要先从 C1 到 A，再从 A 下到 C4，在这个过程中每一级都需要停顿；然后，顺着原路，一级一级地返回出发点。[①]

2. 职能式组织结构

职能式组织结构，如图 4-3 所示，是在行政主管的领导下，用 A 表示，按专业分工设置若干职能部门，用 B 表示，各个职能部门在其管辖的范围内有权向其下级下达行政命令，下级部门，用 C 表示，既要听从直接的上级领导的命令，又要服从行政主管的指挥。

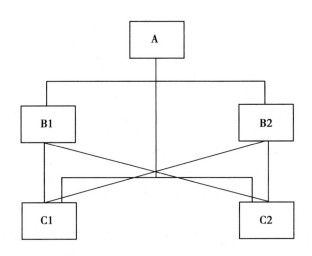

图 4-3　公共组织职能式结构

与直线式组织结构相比，职能式组织结构实行了专业化分工，各级管理者分工明确，利用自己的专业知识和技能，集中精力去处理较复杂的问题；减轻了行政主管的负担，使其有更多的时间和精力去解决组织和部门的未来发展方向等更为关键的问题；而且，职能式组织结构还能"实现职能部门内部的规模经济，促进组织实现职能目标"[②]。但这种结构形式要求各部门分别听命于许多上级，容易造成多头领导或多重领导；形成政出多门，不利于统一指挥；各职能部门从各专业角度出发，容易缺乏整体观念，不利于组织整体目标的实现。

3. 直线参谋型组织结构

直线参谋型组织结构吸取以上直线式组织结构和职能式组织结构的优点，并克服其缺点。它的特点是设置了两套系统：一套是按命令统一原则设置的直线部门，另一套是按专业化分工原则设置的职能部门（如图 4- 4 所示），A，C，E 代表直线部门，B，D 代表职能部门。

在这类组织结构中，既有纵向（实线表示）的垂直领导隶属关系，又有横向（虚线

---

① 丁煌：《西方行政学说史》，武汉大学出版社，2004 年版，第 62 页。

② ［美］理查德·L. 达夫特著，王凤彬等译：《组织理论与设计》，清华大学出版社，2003 年版，第 114 页。

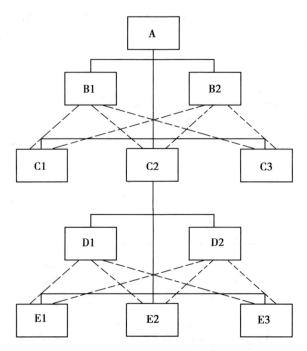

图 4- 4　直线参谋型组织结构

表示）的水平领导隶属关系和权责关系，其中垂直领导隶属关系是基础。为了充分发挥职能部门的作用，直线主管在某些特殊的任务上授予某些职能部门一定的权力，如决策权、监督权等，它们可以在权限范围内直接指挥下属直线部门，在授权范围以外，职能机构和直线机构之间没有直接的领导关系。

4. 事业部制组织结构

事业部制组织结构有时也可称为产品制结构或战略经营单位。它是对内部具有独立的产品和市场、独立的责任和利益的部门实行分权管理的一种组织结构，其显著的特点是：根据组织的产出来组合部门。

事业部制组织结构（如图4-5所示）是一种分级管理、分级核算、自负盈亏的形式，即一个公司按产品类别分成若干个事业部，从研发、成本核算、制造一直到销售，均由事业部负责，实行单独核算、独立经营，公司总部只保留人事、预算、监督等权力，并通过利润等指标对各事业部进行控制。

在事业部制组织结构中，组织领导摆脱了具体的日常事务的管理，能集中精力思考和处理组织的重大问题；各事业部独立经营，能更好地提高各事业部的积极性；跨职能的协调在各事业部内部得到强化；每个单位的规模较小，能更好地适应环境的需要，促进组织的灵活性和变革。而且，事业部制组织结构将权力下放到较低的层级，实现了决策的分权化。但是，公司与各事业部的职能机构重叠，造成机构臃肿，增加人力资源成本；事业部实行独立核算，各事业部之间缺乏联系与协作；事业部脱离组织整体而进行的竞争将不利于组织整体目标的实现和整体战略的实施，并使组织难以保持统一的外部形象。

5. 矩阵型组织结构

有时，组织结构需要多重的组合，比如同时按照产品和职能或者产品和地区进行部门

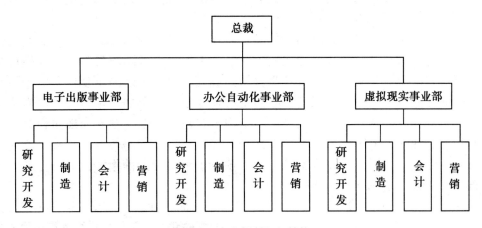

图 4-5　事业部制组织结构

资料来源：［美］理查德·L. 达夫特著，王凤彬等译：《组织理论与设计》，清华大学出版社，2003 年版，第 116 页。

组合。矩阵型组织结构（Matrix Structure）是把按职能划分的部门和按产品和工程项目划分的部门结合起来，使一名员工既同原职能部门保持组织与业务上的联系，又参加产品或项目小组的工作。其结构如图 4-6 所示。

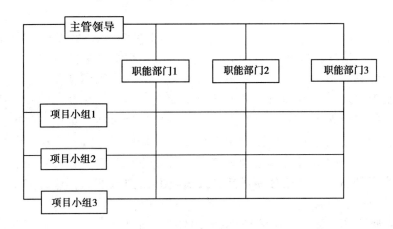

图 4-6　矩阵型组织结构

职能部门化的主要优势在于把同类专家组织在一起，使所需人员降到最少，使生产不同产品时可以实现特殊资源的共享。其主要不足在于，要协调好各种专家之间的关系，否则他们在资金预算范围内完成任务是比较困难的事。产品部门化的优势与劣势与职能部门化的优势与劣势正好不同，它有利于专家的协调，在预算范围内及时完成任务，而且它为各种活动规定了清晰的职责。因此，产品部门化可以与职能部门化实现互补。矩阵型组织结构试图把二者融合在一种组织结构中，扬二者之长，避二者之短。

矩阵型组织结构的特性表现如下：第一，矩阵型组织是一种临时性的动态组织。它并非传统组织的上下节制形态，而是具有弹性可随时接受变迁的临时组合。一旦完成任务，项目小组和矩阵组织便撤销，工作人员归还原来的部门。第二，它是一种开放性的团体。一般来说，永久性的团体较具封闭性，成员的变动较为缓慢；而开放性的团体，人员互动频繁，可随时增加或减少。项目小组的人员随项目性质和规模可多可少，并无一定的限制。第三，它为特殊目的而成立。项目小组的出现，是由于原来的组织结构无法完成某项任务。因此，必须将有关专家和人员加以组合，使之为特殊目的而工作。第四，它是一种双重领导组织结构。它是一种纵向领导和横向领导并重的组织结构。它加强了组织管理活动的纵向控制和横向联系的整体性，打破了传统的层级组织的命令统一原则，组织成员既要接受项目小组负责人的指挥，又要受其所属的职能部门负责人的指挥。

矩阵型组织结构的主要优点在于：第一，在组织的各种活动比较复杂，又相互依存时，它有助于各种活动的协调，加强各职能部门的横向联系。第二，在矩阵组织中，各种专家可以经常接触，更好地进行交流，实现各种专业人员优势互补，发挥综合优势，使组织比较灵活，能迅速地对环境的变化做出反应。第三，可以在各个不同的项目之间，共享稀缺且通常非常昂贵的人力资源和实物资源。第四，矩阵结构还有利于减少官僚主义现象，双重权威可以避免组织成员只顾本部门的利益而忽视组织整体利益和整体目标实现的现象发生。罗宾斯认为，"矩阵组织结构还有一个优点：便于专家的高效配置。专家们各自处于职能部门中时，他们的才能被垄断，难以得到充分发挥。矩阵组织结构通过为组织提供了最好的资源，并有效地配置人、财、物资源，实现规模经济，提高组织运行效率"①。

矩阵型组织结构的不足主要在于：第一，它会带来混乱。命令统一性消除后，模糊性就大大增加了，这样就容易导致冲突。例如，由于组织成员同时接受两个方向的指挥，当两个上级意见不一致时，会使工作人员左右为难，无所适从。第二，这种组织结构使项目负责人之间为得到出色的专业人员而有可能发生争执。第三，使项目小组负责人与职能部门负责人之间为争夺权力而有可能发生争执。第四，这种混乱和模糊还给工作人员带来不安全感，从而产生工作压力，降低工作效率。第五，从职能部门工作情况看，人员的频繁流动会给管理带来困难，并且会增加管理费用。由于工作缺乏长期性，当项目小组工作任务完成后，人员便要回到原部门，这会削弱他们对工作的责任感和对组织的归属感。

尽管矩阵型组织结构有诸多缺陷，双重职权关系也似乎是一种非正常的组织设计方式，但是达夫特认为，在符合下列条件时，矩阵型组织结构就是一种合适的组织结构：第一，存在跨项目小组共享稀缺资源的压力。组织没有能力给每个项目小组都配备足够的稀缺资源，只能采用矩阵型组织结构，以调配的方式将稀缺资源指派到各项目小组中。第二，环境压力使组织需要提供两方面或多方面的产出，这种压力需要组织在职能和项目双重职权线上保持权力的平衡，矩阵型组织结构正是维持这种平衡所需的。第三，组织环境复杂且充满不确定性。矩阵型组织结构使组织在动态、复杂、多变的环境中具有较高的协

① ［美］斯蒂芬·P.罗宾斯著，孙建敏译：《组织行为学》，中国人民大学出版社，1997年版，第434页。

调和应变能力。在上述三个条件下，必须使纵向和横向的职权得到同等的承认，于是便创设了具有双重职权关系的矩阵型组织结构，以使这两条线之间的权力保持一种均等的平衡。①

4.3　公共组织结构的新类型

20 世纪 80 年代以来，由于生产力的迅速发展，科学技术的日新月异，全球化态势的日益明显和知识经济时代的到来，各种组织生存和发展的环境发生了显著的变化。传统的公共组织正面临着巨大的考验，组织结构存在着无序或失效的危险。

一个组织如果一成不变，就会缺乏生机，丧失可持续发展的空间。公共组织要存在与发展，就必须适应外界环境的变化，这就要求组织结构有相应的变化。公共组织为了适应新的环境，提高组织效率，增加组织竞争力，纷纷进行组织结构的变革，产生了一些新的组织结构类型。

4.3.1　扁平型组织结构

所谓扁平型组织结构，是指通过减少中间管理层次，裁减冗员建立起来的一种紧凑的公共组织结构。在传统的公共组织中，中间层的主要作用就是上传下达，把组织中的信息加以整合，传递给他人。进入现代社会，为了加快信息和知识在组织中的传递速度，防止信息因中间层级过多而在传递过程中发生偏差，许多大公司大刀阔斧地压缩管理层级，扩大管理幅度，实施组织结构的扁平化。美国通用电气公司原来从董事长到工人有 24 个管理层级，经压缩后，现在只有 6 个管理层级，原有的 60 多个部门也减为 12 个，管理人员从 2100 多人减为 1000 多人。事实上，管理大师彼德·德鲁克早在 1988 年发表于《哈佛商业评论》上的《新型组织的管理》一文中就指出，20 年后的典型大企业，其管理层级将不及今天的一半，管理人员也不及今天的 1/3。② 公共组织受企业界组织结构改革的影响，也开始出现了扁平化趋向。例如 20 世纪 70 年代后期开始，在西方政府部门内的管理体制改革中，利用信息技术革命的成果，建立、完善行政管理信息系统，包括决策支持系统和信息管理系统，它所形成的规范化的直接的沟通渠道降低了中间层次的中转信息的作用，大大减少了中间管理层级。

扁平型组织结构的优点在于：第一，公共组织内层级减少，真正实现机构和人员的精简。第二，管理幅度扩大，提高了组织成员的积极性，促进下属部门管理者权责结合，提高组织绩效。第三，组织内信息通畅，沟通迅速，降低了管理成本。所以，扁平型组织结构克服了传统的金字塔式组织结构的弊端，优化了组织自身的功能，顺应了社会发展的大趋势。

---

① ［美］理查德·L. 达夫特著，王凤彬等译：《组织理论与设计》，清华大学出版社，2003 年版，第 120 页。

② 尹钢、梁丽芝：《行政组织学》，北京大学出版社，2005 年版，第 61 页。

4.3.2 团队型组织结构

团队型组织结构与矩阵型组织结构相似，其成员也来自不同的职能部门，不同的是在团队型组织结构中，团队领导对团队成员有完整的指挥权，因此不会发生矩阵型组织中因双重职权关系而产生的混乱与冲突。它打破了部门界限，利用分权化把决策权下放到团队成员手中，并授权让这些团队来决定工作设计、流程设计和顾客服务，使组织获得了必要的灵活性。

团队型组织还有一个特点是拥有来自组织中不同职能部门的人员。通过这种方式，团队可以有效地利用各个职能领域在思维上的差异，以及团队成员技能和经验的互补，从而产生新颖的创意来解决问题，使团队在更大的范围内能应付多方面的挑战。另外，团队型组织弹性化程度较高。任务完成后，团队便解散，其成员因新的任务再与其他的专家组合成新的团队。这种组织结构可以迅速回应外在环境的变化与服务对象需求的变化，可随时针对问题而成立弹性化的组合，避免了专业分工所造成的僵化和协调困难。同时，团队能够促进员工参与决策过程，有助于增强组织的民主气氛，提高员工的积极性和责任感，提高决策的民主性，为组织带来生机和活力。

团队型组织结构的缺点在于：第一，它虽然能使组织较为迅速地回应环境的变化与服务对象需求的变化，使决策制定更民主，更能接近顾客，但是这势必会降低决策制定的专业性，影响对问题的宏观把握。第二，团队型组织结构在规模上也有一定的局限性。当团队人数较少时，团队内部交流沟通方便、快捷，决策速度快，团队最容易获得成功；而当团队人数较多时，则彼此的沟通较为困难，增加了时间成本，影响决策速度，容易导致失败。

4.3.3 虚拟型组织结构

网络信息技术的发展将改变公共组织结构。组织结构的虚拟化就是主要表现之一。虚拟型组织结构是一个由组织或个人所组成的网络，它可以发挥其主要职能，实现某个特定目标或对各种新的机遇做出反应。这种网络可以是临时性的，也可以是永久性的。它为了迅速向社会和市场提供产品和服务，从而在一定时期内与其他组织结成动态联盟。在虚拟型组织结构中，处在虚拟网络中的组织对于网络中的其他成员所履行的职能没有多少直接的控制力，它们之间的关系主要依靠契约以及相互信任来维系。处在虚拟组织中的各个组织之间的相互依赖，要求它们必须为了实现共同的目标而同心协力。

虚拟型组织结构的优点在于：第一，组织结构精练，人员精简，协调电子化，具有很强的灵活性和适应性。第二，实现了网络组织成员之间核心能力和优势资源的共享，有利于减少开支，降低成本，增强组织的竞争力。其缺点是：第一，虚拟型组织结构存在局限性，这种组织得以正常运行的技术原因之一是计算机网络化，这类工具使人们能够超越组织的界限进行交流。第二，组织的主管人员对组织的主要职能缺乏强有力的控制。第三，员工的忠诚度较低，人心不稳。第四，组织目标的实现受网络中其他成员影响较大，如果一个重要的不可替代的成员脱离网络，将对组织产生重大损失。

4.4　公共组织设计

4.4.1　公共组织设计的基本内涵

1. 公共组织设计的概念

（1）公共组织设计的定义。所谓组织设计，是指对组织活动和组织结构的设计过程，是把任务、责任、权力和利益进行有效组合和协调的活动。公共组织设计，就是按照一定的理论和原则，对公共组织的任务、责任、权力和利益进行有效组合和协调的活动。

组织设计具体应包括以下要点：第一，组织设计是管理者在一定组织中建立最有效相互关系的一种合理化、有意识的过程。第二，它是一种交互和协调的模式，包括对组织外部要素的协调和组织内部要素的协调。第三，组织设计的结果是形成组织结构。第四，组织设计中的一个要素是各种职权、任务和责任在各个部门和个人之间的分配，而直线指挥系统与职能参谋系统的相互关系以及组织层级的层次数是其他的一些要素。组织设计把组织中的技术、任务和人力等分支联系起来，从而确保组织能够实现其目标。

（2）公共组织设计的作用。公共组织设计对于提高公共组织活动绩效、获得最大的经济和社会效益，对于实现公共组织目标起着重大的作用。有效的公共组织设计能够为组织活动提供明确的指令，有助于组织内部人员之间的合作，使组织活动更具有秩序性和预见性；有助于及时总结组织活动的成功经验和失败教训，从而形成合理的组织结构；有助于保持组织活动的连续性；也有助于正确确定公共组织活动的范围及劳动的合理分工与协作，全面提高公共组织绩效，为公共组织的生存与发展奠定基础。

2. 公共组织设计的特点

公共组织设计具有以下特点：（1）科学性。公共组织设计必须依据一定的理论与原则，同时又要从实际出发。在组织设计过程中，必须吸收一定数量的公共管理学家参与设计过程，充分论证，使组织设计规范化、现代化。另外，还要吸收一些具有丰富的实际公共管理经验的人员参加，以供专家在进行公共组织设计时能将理论与实际结合起来。（2）程序性。公共组织设计必须依据一定的程序来进行，从而保证组织设计的科学性。设计人员首先要弄清所依据的宪法、法律等，并要明确公共组织建立的目标和公共管理任务，接下来要设立相应的职位、机构和安排合适的人员，划分公共组织管理层次和公共组织管理幅度，最后，制定公共组织机构及其成员活动的行为准则即组织规范，保证组织运行有序、稳定。（3）动态性。任何公共组织设计都不可能做到一步到位、十全十美。要根据组织运行的实际情况及时修正原来的设计方案。（4）创造性。人类最大的特点在于能够进行能动性思维。在公共组织设计中，人的思维的能动性表现在将现实的组织的结构、功能、行为方式等预先反映在有关组织的文字说明和结构图表中。

4.4.2　公共组织设计的原则

公共组织作为管理社会公共事务的机构，其设计原则既要遵循一般组织设计的原则，又有自己的特殊要求。

1. 法制原则

法制原则要求公共组织的设计必须符合国家法律。这条原则是由公共组织的性质决定的。公共组织是依法管理国家及社会公共事务的组织。因此，公共组织的设置、组织权力、组织职能、组织预算、组织编制、组织程序等方面，都应遵守国家宪法和法律的规定。

2. 有助于组织目标实现原则

公共组织设计并不是目的，而仅仅是实现组织目标的手段和工具。因此，组织设计必须有助于目标的实现。为此，首先必须得明确组织目标。组织目标不仅反映了一个组织的发展方向，而且表明了该组织在社会中的地位和作用。因此，公共组织设计必须将组织的目标明确化、具体化，建立起明确的目标体系，使所有成员知道自己要做什么，如何做以及个人的行动如何服从整个组织的要求。

3. 精简与效率原则

（1）精简原则。公共组织设计符合精简原则，不仅可节省财政开支，使组织运转灵活，还有利于克服官僚主义。精简原则包括三个方面的内容：第一，组织成员精简。第二，组织机构简化。第三，办事程序简化。（2）效率原则。效率是一切管理学的最重要目的，也是任何组织设计必须考虑的原则之一。对于公共组织而言，效率体现在三个方面：一是机构运行高速；二是机构工作的高质量；三是整个公共组织系统运转灵活高效。

4. 完整统一原则

公共组织的设计是一个巨大而复杂的系统工程。不仅每个机构各自形成一个有机的整体，而且整个国家的公共组织也是一个既有纵向控制又有横向联系，既有分工又有合作，既相互制约又互相补充的，完整的，协调的有机整体。因此，公共组织设计必须服从完整统一原则，国家公共组织的结构应当完整，各种公共权力在其所拥有的职责范围内应当完整，公共组织的各个层级应当事权明确、上下贯通和政令归一，各个层级应当按各自功能实行有效的配合、协作。为此，要做到：（1）上下机构要衔接。（2）左右机构要配套。（3）要明确各级公共组织的职权。

5. 权责明晰和一致原则

（1）权责明晰原则。公共组织设计必须符合权责明晰的原则。为了保证"事事有人做"，"事事都做好"，公共组织的设计就必须保证所有组织成员的权力和责任的明晰。可以通过使用组织图表或职位分类法，来确认组织内部每个职位的权力和责任，使组织成员明白自己以及他人的职权和职责。（2）权责一致原则。公共组织设计还必须符合权责一致原则。因为如果组织成员所拥有的职权小于其工作职责的要求，则组织成员难以履行其工作职责，工作任务也难以完成。如果权力大于应负的责任，虽然能保证其工作任务的完成，但可能导致滥用权力，危及整个组织的运行。

6. 适应环境原则

组织生存的环境是不断变化的，目标也必须随之经常调整。首先，要使部门结构保持弹性。公共组织可以根据组织内外环境的变化和管理活动的需要，及时扩充和收缩某些职能部门，各部门在管理上有较多的自主权和灵活性，以便根据需要随时做出调整。其次，组织内工作职位的设置也应富有弹性，在划分机构或职位的权责范围时，既要明确但又不能过细、过死，这样有助于在非正常状态下实现部门和人员之间的协调配合。要按任务和目标需要设立岗位和职位，不按人设岗，报酬与贡献相联系，而不应与职位等同起来，从而鼓励人们去追求贡献，而不是片面追求职位。

7. 分工协作原则

分工就是按照提高管理的专业化程度和工作效率的要求，把组织的总目标和总任务分解为各层次、各部门及每个人的分目标和分任务，明确他们应做的工作以及完成工作的手段、方式和方法。协作是与分工相联系的一个概念。它是指明确部门之间、部门内部以及各项职权的协调与配合的方法。组织作为一个有机的整体，各部门或各项职权都是构成这一整体的有机组成部分，它们不能脱离其他部门或职权而单独存在，必须经常协调、密切配合。分工与协作是相辅相成的，只有分工没有协作，分工就失去了意义；而没有分工就谈不上协作。

8. 集权与分权结合原则

为保证公共组织的有效运行，必须处理好集权与分权的关系。集权管理是社会化大生产保持统一性和协调性的内在需要。一般说来，技术越发展，社会化程度越高，分工越精细，协作劳动越紧密，就越需要集中统一指挥与管理，以利于加强组织内各部门的协调配合。但集权化的组织，弹性差，适应性弱，过度的集权将会使组织在复杂多变的环境面前失去生机与活力。因此，又要实行分权，提高下属的积极性与责任感，提高组织对环境的适应能力。

9. 以人为本原则

对人的重视是现代管理理论与传统管理理论的重要区别，也是其最大的进步之处。它把人看做管理活动的目的，把管理工作从"以事为中心"转变到"以人为中心"上来。公共组织设计要做到以人为中心，符合以人为本的原则，创造一种使组织成员乐于在其中工作的组织，必须注意以下几个方面：第一，工作分配要符合员工的兴趣和特长。应给不同特长和兴趣的成员分配他们所感兴趣和擅长的工作，做到人尽其才。第二，要尊重组织成员，不能损害他们的自尊。第三，组织要有助于员工的发展。员工为组织的目标努力，组织也应为员工的发展创造条件。第四，管理工作应该以意见沟通代替控制监督。意见沟通给组织成员的感觉是地位平等的。下属在接受上级指挥时，感到是自己主动接受的，而不是迫于上级与下级、权力与服从的关系而被迫接受的。

4.4.3 公共组织设计的程序

公共组织设计一般常常发生在三种情况中：一是新建的公共组织需要设计整个管理组织系统；二是当原有公共组织结构出现较大的问题或整个组织的目标发生变化时，需对组织系统进行重新估计与设计；三是对公共组织系统的局部进行增建或完善。对于规模较大的公共组织，组织设计可能发生在上述三种情况的交错之中。但无论哪一种情况，公共组织设计的基本程序是一致的，可以分为两大步：一是公共组织的法律审批程序，二是公共组织的具体设计程序。

1. 公共组织的法律审批程序

公共组织的设置、组织权力、组织职能、组织编制、组织程序等各方面都必须符合国家法律的规定。公共组织的法律审批程序包括下列程序：

（1）由政府或立法机关提出倡议案，说明设置公共组织的法律依据和现实原因。

（2）由立法机关或政府领导机关审议其合法性和合理性。

（3）由立法机关或政府领导机关决定设置与否。

（4）由批准机关以法定的形式向社会颁布其产生与成立的审批决定，并赋予其相应的公共权力。

2. 公共组织的具体设计程序

公共组织的具体设计程序包括以下步骤：

（1）确定组织目标。组织目标是进行组织设计的基本出发点。任何组织是实现其组织目标的手段和工具，没有明确的目标，组织就失去了存在的意义。公共组织建立的目标主要来自两个方面：一是由国家宪法和法律所规定的，二是由公共组织环境和公共管理任务所决定的。因此，公共组织设计的第一步，就是要在综合分析国家宪法、法律对公共组织的规定以及公共组织内外部环境和条件的基础上，合理确定组织的总目标和各种具体的分目标。

（2）确定组织结构。根据组织规模、技术特点、组织环境以及组织战略等因素，参考同类其他组织设计的经验，确定应采取的管理组织形式以及需设计的单位和部门，并把性质相同或相近的管理业务工作分归适当的单位和部门负责，形成层次化、部门化的结构。

（3）配备合适的人员。根据各单位和部门所负责的业务工作的性质和对人员素质的要求，挑选和配备称职的人员及其部门负责人，并明确其职务和职称。

（4）规定职责权限并划分公共组织管理层次与管理幅度。根据组织目标的要求，明确规定各单位和部门及其负责人对管理业务工作应负的责任及评价工作成绩的标准。同时，还要根据充分履行职能、做好业务工作的实际需要，授予各单位和部门及其负责人适当的权力。然后根据各个单位和部门的工作职责和特点，划分出一定的公共组织管理层次，明确各个层次的责权和相互间的关系，并确定不同层次的管理幅度。

（5）联合一体。通过明确规定各单位、各部门之间的相互关系，以及它们之间的信息沟通和相互协调方面的原则和方法，把各组织实体上下左右，联结起来，形成一个能够协调运作、有效地实现组织目标的公共组织系统。

（6）制定组织规范。这是公共组织设计的最后一步，即制定公共组织机构及其成员的行为准则或规章制度，保证组织运行稳定有序。

4.4.4 公共组织设计的影响因素

1. 机械结构与有机结构

前两节介绍了几种组织结构，有高度结构化、标准化的金字塔型结构，也有相对松散的虚拟型结构，二者之间还有许多其他类型的组织结构。

如果把众多的组织结构做一个简单分类，可分为机械结构（Mechanistic Structure）和有机结构（Organic Structure）两类。图 4-7 是这两类组织结构的示意图。

机械结构是以正式的规章条例、僵化的部门制、集中制定决策，即集权化和有限的信息网络（主要指自上而下的明确的命令链）等为特征的。相反，有机结构是以较少使用正式规章条例、结构扁平、分散制定决策，即分权化，工作多运用多功能、跨等级的团队

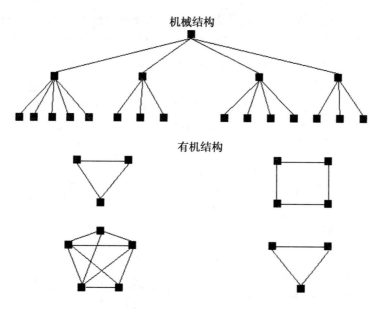

图 4-7　机械结构与有机结构

资料来源：［美］斯蒂芬·P. 罗宾斯著，孙建敏译：《组织行为学》，中国人民大学出版社，1997
年版，第 438 页。

来进行，信息自由流通（不仅有横向的，还有纵向的双向沟通）等为特征的。

为什么有的组织选择机械结构式而有的选择有机结构式呢？影响这种选择的因素有
哪些？

2. 公共组织设计的影响因素

公共组织设计是一个复杂的组织实体的构建过程，其影响因素是多种多样的。公共组
织设计除了要考虑基本的法律和政治因素之外，通常还要考虑四项因素：公共组织战略、
公共组织环境、公共组织规模以及公共组织技术。

（1）公共组织战略

组织的战略描述了组织的长期目标以及组织计划实现这些目标的方式。迈尔斯
（R. E. Miles）和斯诺（C. C. Snow）根据组织所处的外部环境的不同，认为组织可采取四
种不同的战略：探索型战略、防御型战略、分析型战略、反应型战略。探索型战略着眼于
创新、冒险、寻求新的机会以及成长。该战略适合于动态的、成长中的环境，因为这时创
造比效率更重要。防御型战略的采用者更关注稳定甚至收缩，而不是冒风险和寻求新的机
会。它适用于稳定的环境中，力求保持现有的顾客，而不寻求创新或成长。防御型战略的
采用者主要关心内部效率和控制，以便为稳定的顾客群提供可靠的、高质量的产品或服
务。分析型战略的采用者试图维持一个稳定的组织，同时在周边领域创新。组织中的有些
产品或服务面向的是一种稳定的环境，因而对之采取追求效率的战略，其他产品或服务则
处于新的、更为动态、具有成长性的环境中。反应型战略实际上并不能称为战略，因为它
的采用者没有制定长期的计划，也不明确指出组织的使命和目标，只是以一种随机的方式

对环境的威胁和机会做出反应。

罗宾斯提出三种组织战略是：创新战略、成本最小化战略和模仿战略。创新战略就是指一个组织能够在多大程度上引进有意义的、独特创新的新产品或服务方式。成本最小化战略就是要对成本加以严格的控制，限制不必要的创新和费用。模仿战略试图充分利用上述两种战略的优势，追求风险最小化和效益最大化。

战略的选择会影响组织的内部特征。组织设计必须符合组织的战略。表4-1概括了与迈尔斯、斯诺和罗宾斯的战略相对应的组织设计特征。

表 4-1　　　　　　　　　　　　　　　　**组织战略与组织设计特征**

迈尔斯和斯诺		罗宾斯	
战略类型	组织设计特征	战略类型	组织设计特征
探索型战略	松散型结构，劳动分工程度低，规范化程度低，规章制度少	创新战略	有机结构：结构松散，工作专门化程度低，正规化程度低，分权化
防御型战略	严格控制，专业化程度高，规范化程度高，规章制度多，集权程度高	成本最小化战略	机械结构：控制严密，工作专门化程度高，正规化程度高，高度集权化
分析型战略	适度集权控制，对现有的活动实行严格控制，但对一部分部门采用分权或相对自主的方式，组织结构采用一部分有机式一部分机械式	模仿战略	有机—机械结构：松紧搭配，对于目前的活动控制较严，对创新活动控制较松
反应型战略	没有明确的组织形式，根据现实情况的变化，组织设计特征会发生急剧的改变		

（2）公共组织环境

任何组织存在于一定的环境之中，并与其他的组织进行交流与合作。

环境因素主要包括：原材料供应商、竞争者、顾客、政府、公众团体等。环境因素对组织结构的影响，可以概括为不确定性。不确定性是指决策者不具有关于环境因素的足够的信息，所以难以预测外部的变化。由于这种不确定性会影响组织工作的有效性，因此，管理人员会做各种工作，努力减少它的影响。环境的不确定性由环境的复杂性与稳定性两个维度构成。

环境的复杂性是指组织所处的环境因素是单纯的还是复杂的，以及是否具有异质性和不相似性；稳定性则是指组织所处的环境因素是稳定的还是变化的，以及变化程度。在现实社会中，这两个维度是相互渗透并且同时影响着公共组织的制度和设计。由此，可以产生四种不同的环境类型：简单而动荡的环境、复杂而动荡的环境、简单而稳定的环境、复杂而稳定的环境。

与此相对应，也有四种组织结构形式，如表 4-2 所示。

（3）公共组织规模

组织规模是指一个组织内所拥有的成员数量。组织的规模也会影响到组织及其管理的诸多方面。规模不同的公共组织，其设计方法不一样，组织结构特征也不一样。规模大的组织，工作专门化、部门化的程度较高，组织的管理层次较多，从而管理幅度较小，分权化程度较高，组织的规章制度较多，规范化程度较高。规模小的组织，则管理层次少，管理幅度较大，集权化程度较高，组织的规范化程度较低。

表 4-2　　　　　　　　　　　　　　　　**环境与组织结构特征**

		环境复杂程度	
		简单	复杂
环境变化程度	动荡	动荡、简单的环境 环境特点：环境影响因素较少，但是在不断变化之中，环境因素比较容易掌握 相对应组织结构的特征：复杂性和规范化程度都较低，但集权化程度较高	动荡、复杂的环境 环境特点：环境影响因素较多且处于不断变化之中，掌握环境因素困难 相对应组织结构的特征：多采用分权的形式
	稳定	稳定、简单的环境 环境特点：环境影响因素较少，环境因素变化不大，环境因素容易了解 相对应组织结构的特征：专业分工程度高，即复杂性高；正规化程度高，即规章制度、工作程序多	稳定、复杂的环境 环境特点：环境影响因素较多，环境因素基本保持不变，掌握环境因素较难 相对应组织结构的特征：复杂化程度高，即专业分工细；规范化程度较高，但由于人员知识程度较高，工作独立性较强，故多采用分权形式

（4）公共组织技术

公共组织的设计还会受到组织技术的影响。每个组织都至少拥有一种技术，从而把人、财、物等资源转化为产品或服务。

技术可分为常规性技术和非常规性技术。常规性的技术是指技术活动为自动化、标准化的操作，非常规性的技术是指技术活动内容根据要求而有不同的活动。技术的常规性程度影响组织结构设计。在需要常规性技术的组织中，其组织中的管理层级和部门多，组织结构趋向金字塔型。在这样的组织中，工作的例行性高，决策权可以较集中于少数高层管理者手中，因此集权程度大。相反，非常规性技术需依赖基层的各种专业技术人才，因此分权程度大。技术的常规性还影响到正式化。常规性技术通常与各种标准工作手册、其他正规文件等分不开，因此正式化程度高；而非常规性技术，则较难正式化。正规化的制度程序与集权化都属于控制机制。

本 章 小 结

公共组织结构指构成公共组织的各组成部分的排列组合方式，它是公共组织的基本框架，直接反映了公共组织的总体格局、公共组织的法定权力和职责以及各种行为主体之间的相互关系。公共组织结构与其他社会组织结构相比，具有层次性、复杂性、开放性和规范性等特点。良好的组织结构，是完成组织目标、提高工作效率的基础，它对于确保组织目标的实现、激发成员积极性、提高工作效率和保持良好的沟通关系起到至关重要的作用。管理幅度与管理层次是组织结构的基本范畴。在一定的被管理的工作量或地域条件下，管理幅度与管理层次呈反比例关系。

公共组织结构分为纵向结构和横向结构。纵向结构又可分为金字塔型结构、扁平型结构和综合型结构。公共组织横向结构按职能标准、管理程序标准、管理对象、区域标准可分为不同的类型。按照公共组织的权力和职能分配方式，可将公共组织结构分为直线式组织结构、职能式组织结构、直线参谋型组织结构、事业部制组织结构、矩阵型组织结构五种类型。每种组织结构都有各自的优缺点和适用范围。

由于生产力的迅速发展，科学技术的日新月异，全球化态势的日益明显和知识经济时代的到来，各种组织生存和发展的环境发生了显著的变化。公共组织要存在与发展，就必须适应外界环境的变化，这就要求组织结构有相应的变化。公共组织为了适应新的环境，提高组织效率，增加组织竞争力，纷纷进行组织结构的变革，产生了一些新的组织结构类型，主要包括扁平型组织结构、团队型组织结构和虚拟型组织结构三种类型。

公共组织设计，就是按照一定的理论和原则，对公共组织的任务、责任、权力和利益进行有效组合和协调的活动。它对于提高公共组织活动绩效、获得最大的经济和社会效益，对于实现公共组织目标起着重大的作用。公共组织设计具有科学性、程序性、动态性和创造性等特点。在进行公共组织设计时，必须遵守一定的原则，公共组织设计的原则有法制原则、有助于组织目标实现原则、精简与效率原则、完整统一原则、权责明晰和一致原则、适应环境原则、分工协作原则、集权与分权结合原则和以人为本原则。公共组织设计的基本程序可以分为两步：一是公共组织的法律审批程序；二是公共组织的具体设计程序。公共组织设计是一个复杂的组织实体的构建过程，其影响因素是多种多样的。公共组织设计除了要考虑基本的法律和政治因素之外，通常还要考虑四项因素：公共组织战略、公共组织环境、公共组织规模以及公共组织技术。

案例

马上就办办公室

【背景链接】

山东济宁曲阜市政府设立一个机构，挂牌"马上就办办公室"。济宁市委宣传部相关人士表示"马上就办办公室"是为了提高行政效能，增强执行力和公信力。对于这个办公室的存废，网上引起了热议。

【媒体声音】

如果各单位各部门都能够尽心尽职履行自己的职能，主动提高业务素质和行政效率，老百姓的事情在有关部门就能够马上办，又何劳设立这样一个马上办办公室呢？

——《新华每日电讯》

"民之权"乃"官之责"，很多起码的民生诉求，官员们都应马上就办，而不该空喊口号。

——《北京晨报》

提高行政效能，增强执行力和公信力，只要各职能部门给力就行了，无需再增加一个部门。

——《京华时报》

【深度分析】

"马上就办办公室"，实际上是试图解决行政效能中的效率问题，至于行政效能应有的行政行为合法性、行政目的正确性等问题，不是"马上就办"能解决的，而是需要行政制度、行政理念等方面的变革来实现的。

虽然效率不等于效能，但也反映了一个现状，在行政效能方面，各级政府目前最头疼的，还是效率问题。从目前情况来看，我国不同层级的政府和不同职能的部门都存在行政效率低下的状况。民众想办一件事情不知道找谁，就算找到经办者常常也是踢皮球，推来推去。不仅是公众办事难，即使是基层政府想要办一件事，也需要写报告、按级呈递、逐级指示、开会协调等大量程序，贻误了最佳办理时间。地方首脑头疼的效率问题，可能还包括下级单位执行力不强、政令不畅的问题。

面对行政中的"怠政"情景，一些地方政府选择了听之任之的态度。相对于这类做法，曲阜市成立"马上就办办公室"，则是有意通过机制更新与系统内部的调节来解决行政效率低下的问题，在公职人员中倡树"立说立行、马上就办"工作理念。曲阜市力图改变执政手法的愿望是值得鼓励的，可就目前采取的方式来看，似乎很难长期起到提高行政效率的目的。

政府设立机构的目的，是为了履行经济调节、市场监督、社会管理、公共服务等职责，为了给公众提供更为方便、快捷、优质、高效的服务。就是说，即使没有"马上就办办公室"，该办的事也应该马上就办。现实却是若要有效行政，必得叠床架屋。"马上就办办公室"是一例，更多的是成立各种临时性小组，重重叠叠，制造大量行政冗余。这说明行政系统本身的滞缓和低效。另设的监督性机构或者联合型机构，实际上成为一个新的行政部门，它也可能和其他行政部门一样，出现懈怠。可见，如果政府不寻求一种常态的解决方式，只是在机构上不断地叠床架屋制造"监督者"，不是根本性的解决问题之道，并且会带来新的问题。

从长远来看，马上就办办公室注定了从根本上解决不了马上就办的问题，真正要解决和落实马上办的问题，不在于抓机构而在于管理人，不理清这个前提所有的机构都无以为继，马上办解决了由谁办的问题，却没有解决怎么办的难题，机关效能长期存在弊病，恰恰就在于没有一个怎么办的措施去解决由谁办的问题。究其原因就在于治标不治本，工作流于形式，长效机制没有建立起来，解决问题的根本出路还在于以人为本抓好人员的思想纪律作风教育，奖勤罚懒，让想干事者有事干，不想干事者无事干，用刚性手段治理才能使机关效能实现根本好转、良性保持。

解决行政问题的根本办法，在于明确政府的"公仆"角色。如果政府与"公仆"角色有所差距，政府不急百姓所急的话，民众就应该有权参与监督公共事务，积极维护自身权利，而不是完全处于话语权失效的弱势地位。我国提倡建设服务型政府，已经明确指出了政府是以方便国民，为国民排忧解难，提供高效优质服务，保证它的人民享有所有合法权益为存在目的的国家机器。建设服务型政府、转变政府职能并非只是政府内部的事情，也绝不可能通过几道政令、设置几个机构就可以完成，而是要寻求一种公民参与机制，形成公民与政府间的互动模式、监督模式。

（资料来源：《马上就办办公室》，http：//wenku. baidu. com/view/905c 39215901020207 409ca7. html，2012 年 7 月 20 日）

 结合上述案例，用公共组织结构的相关理论分析曲阜市成立"马上就办办公室"的利弊。

思 考 题

1. 我国公共组织的宏观纵向结构是怎样的？
2. 从国务院向下推导我国整个政府系统结构。
3. 比较直线式、职能式和直线参谋型组织结构有何异同。
4. 在进行公共组织设计时，应该遵循哪些原则？

专 业 名 词

公共组织结构：	Public Organizational Structure
事业部制结构：	Functional Structure
矩阵型组织结构：	Matrix Structure
机械结构：	Mechanistic Structure
有机结构：	Organic Structure
团队型结构：	Team Structure
虚拟型结构：	Virtual Structure

第5章
公共组织中人员、群体及非正式组织的管理

学习目的

在本章的分析论证中，我们将以管理社会公共事务的行政组织人员作为公共组织人员管理的基本范本，以国家行政组织中的公共组织人员为主要分析对象，力求从对政府行政公共人员管理的一般性与普遍性中，推断与把握整个公共组织人员管理的特性与本质。

本章重点

1. 公共组织人员的激励管理。
2. 公共组织群体行为。
3. 公共组织群体关系。

5.1 公共组织人员的行为管理

人是社会活动的主体，任何组织都是以人为核心的。人员是构成公共组织的首要要素，是公共组织新陈代谢的最小细胞，也是管理中最复杂最具活性的要素。公共组织的建立和发展过程中的所有成败与人的因素有关，准确把握组织人员的动机和行为，是组织的运行效率及生命力所在。因此，对公共组织人员及其行为的研究，是对公共组织研究的基础环节。

5.1.1 公共组织的人员及其行为

1. 公共组织人员的定义

本章要讨论的公共组织人员，是与私营组织人员相对应的基本范畴。从内涵上讲，它是指由公共部门管理的，由公共财政支付其报酬的，与政府的关系是由法律调节的，谋求公共利益，对社会与公众负责，并为国民服务的所有公职人员。在外延上，它既包括国家政权组织，尤其是管理社会公共事务的行政

组织，也包括由政府直接投资，在所有制形式上属于国有的公益事业单位，非利益性中介组织，以及具有公共管理职能的利益性组织内的全体工作人员。在我国，政府行政组织在公共事务的管理中处于事实上的垄断地位，其他非政府公共组织或从属于行政组织，或力量弱小，所以，我们所讨论的公共组织人员也多是政府行政组织工作人员。

2. 公共组织人员的行为基础

公共组织的个体行为是群体行为和组织行为的基础。个体行为是一种可以观察的行为，具有明显的外显性。这种外显的个体行为有其一定的行为基础，主要有个体的个性、能力、学习等。在这里，我们主要分析影响个体行为的个性、能力和学习等因素。

（1）个性

个性就是指人的一组相对稳定的特征，这些特征决定着特定的个人在不同情况下的行为表现。研究个性的目的在于了解公共组织人员的行为，并能够采取相应的方法进行有效管理。

有关研究表明，组织成员在事业上成功与否，不仅与他的智力高低有关，更与他的个性有关。在自信心、进取心、毅力等方面，成功者明显高于不成功者。因此，在公共组织的管理中，有必要以个性理论为指导，在了解组织成员行为的基础上，来完善组织对其成员的管理。

（2）能力

能力是组织成员之间差异的另一重要方面，更是组织成员行为的核心决定因素。能力是指个体完成某一任务所必须具备的心理特征的总和。能力总是和具体的活动和任务相联系，如思维活跃、善于言谈等。需要注意的是，完成某任务所需要的知识、经验、技术等因素，本身并不是能力。

分析和把握组织成员的能力，对于做好公共组织人员的选拔、安置以及培训与开发工作，至关重要。具体做法如下：

公共组织人员的选拔与安置：以人员的能力是否与职位要求相匹配为唯一依据。

公共组织人员的培训与开发：人员的能力无法适应职位要求时，就必须进行人员的培训与开发。主要方法有：训练（Coaching）与辅导（Mentoring），会议法（Conference Method），工作轮换（Job Rotation），计算机培训（Computer-based Training），课堂教学（Class Lecture）等。

创新管理：采用各种方法激发组织人员的创造力。

（3）学习

个人在组织工作中的表现和行为，都是通过学习而来的。如果公共组织的管理者想了解和预测组织人员的行为，就需要了解他们是如何学习的。心理学家把学习定义为，在经验的作用下而发生的相对持久的行为变化。学习以行为的变化为标志，且这种变化相对持久。经典条件反射理论、操作性条件反射理论及社会学习理论都从不同的方面对学习的规律作出描述。组织的管理者应该利用学习的规律指导员工的行为，以使他们的行为对组织最有利。个体行为之所以能形成和发生变化，其根本原因是强化作用。因此，管理者可以通过对强化行为进行系统控制的方式，来指导个体学习、塑造个体行为。

5.1.2　公共组织人员管理的原理

在现代人力资源管理理念的指导下，公共组织逐步总结了自身人员管理的一般原理。认真遵循这些原理，是实现组织人员的优化管理以及充分发挥组织人员的潜能和价值的关键环节。

1. 要素有用、同素异构原理

根据现代行为科学的基本理论，组织成员自身具有知觉、性格、能力、情感、意志等特征。一般而言，这些个性要素是有用的，即会对组织人员的行为产生影响。关键看是否存在发挥要素长处、避免要素弱点的环境。根据要素有用原理，在公共组织中，管理者和被管理者必须意识到，个体的能力有大有小，但是，只要在适合自己能力的岗位上，个体就能发挥最大的价值。因此，管理者要善于把握组织人员的要素特征，使公共组织人员能力得到充分的开发和使用。

同素异构原理是指，任何要素由于在空间上的排列顺序或结构形式的变化，会导致完全不同的组合结果。这一原理应用到公共组织中来，就是要求管理者合理配置组织人员，做到适才适用。

2. 能级对应原理

能级是指人的能力大小的分级。能级对应原理是指在公共组织的人员管理中，要根据人的能力大小和能力种类安排工作，使能力与职位要求相适应，保证各种类型、各种能力层次的组织人员都能得到合理的最大限度的利用。能级对应原理的基本内容是：（1）了解和把握组织人员的能力差别。（2）按能力层级建立和形成稳定的组织形态。（3）不同能级应表现为不同的权利、物质利益和荣誉。（4）组织人员的能级不是固定不变的，能级本身也是动态的、开放的。

3. 互补增值原理

互补增值原理的基本内容是：知识互补、能力互补、气质互补、性别互补、年龄互补以及技能互补等。实现互补增值原理要注意消除内耗。组织人员的不同特点常常是矛盾的、相对立的，处理不好这些摩擦和对立，往往会使组织在无止境的内部矛盾和斗争中消耗有生力量。因此，管理者在选人、用人、管理人的过程中应注意个性、修养、气质等各方面的和谐，以形成最佳的阵容组合。同时，遵循动态平衡的原则，允许人员流动，实现人员的相互选择和重新组合。

4. 竞争强化原理

公共组织人员管理中的竞争强化原理是指通过各种有计划的良性竞争，培养和激发组织人员的进取心和创新精神，使他们能够全面施展自身的才能，最终提高他们和公共服务能力。该原理的基本内容是：（1）通过公共组织系统内的竞争，选拔和发展各层次的优秀管理人才。（2）通过公共组织内专业人才的竞争，以发现和选拔技术人才。（3）通过公共组织间的竞争，以发现能主导全局的战略性人才。（4）通过公共组织开发新产品、新服务，以发现创造型和开拓型人才。

5. 开发与使用并重原理

开发与使用并重原理是指，在公共组织人员的管理活动和资源配置过程中，要依据社会经济发展及组织目标的需要，将公共组织人员的现实使用和不断开发相联系，使两者相辅相成。

现代公共组织人员开发与使用并重的概念，使现代公共组织人员管理区别于传统的公共组织人事管理。只注重组织人员的使用而忽视人员的发展的传统人事理念，不仅违反公共组织人员作为一种有价资本的性质，也使组织在未来的发展中缺乏开拓性的人才和持续的增长力。因此，公共组织必须高度重视人员的使用和开发的双效增值作用。

5.1.3 公共组织人员的获取

1. 公共组织人员获取的定义及功能

公共组织人员的获取是指公共组织为实现组织目标，按照人力资源规划和工作分析的要求，把优秀、合格的人员吸收进公共组织，以维护组织人员自然循环的需要，保证公共组织任务的完成与目标的实现。

2. 公共组织人员获取的基本原则

公共组织人员的获取除了遵守一般组织人员录用的标准外，还必须遵循以下原则：

（1）公开平等原则。公共组织的职位应该向社会公开。在需要吸收人员时，要把空缺职位及该职位所要求的资格条件公布于众，任何符合该条件的人有权争取这些职位，而不应受到民族、性别、婚姻状况、家庭出生、宗教信仰等的限制。

（2）竞争择优原则。组织人员的录用要在社会范围内通过竞争性的考试等方式进行，要按照应聘者的条件优劣进行对比甄选，不得依据主观好恶。

（3）因事择人原则。要依据空缺职位的性质、责任大小及职位需要去选用合适的人员，避免机构臃肿和人浮于事。

（4）能力阈限原则。在坚持择优录取的同时，也要谨慎录用那些大大超过任职资格条件的人。因为录用后他们的要求可能过高，流动性也较大。当然，录用此类人的时候要综合考虑他们的工作动机、道德素质等因素。

3. 公共组织人员的获取方式

（1）考试录用

考试录用主要用于公务员的录用。经过多年的实践和改进，公务员考试逐步发展到现在以行政能力、申论、专业技能和面试相结合，分级分类的考试形式。同时，在借鉴国外公务员考录制度和结合本国国情的基础上，采用现代的人才测评理念，逐步将心理测试、情景模拟、无领导小组讨论及结构化面试等具有多层次、多角度的定量标准化测评技术引入我国公务员考试机制。

（2）招募甄选（Recruitment and Selection）

所谓招募甄选是指通过考试录用不能充分满足机构所需人才（含质量和数量），而通过招募甄选来寻找、筛选及录用适当人选出任公共组织职位空缺的过程。

招募甄选是公共组织人员管理的入口管理，即对进入组织的人员进行选择、把关，它在现代公共组织管理中具有重要的意义：

首先，有效的招募甄选能为组织不断充实新生力量，实现组织内部公共组织人员的合理配置，为组织发展提供了人力资源上的保障。

其次，有效的招募甄选可以增加组织人员的稳定性，减少人员的流失。

最后，有效的招募甄选可降低人员初任培训和能力开发的费用，提高组织的效率。

　　无论是政府公共组织，还是社会中介组织，其招募公共人员的基本方式都可分为以下几种：①发布广告。发布招聘广告是公共组织常用的招募方式。②学校招募。经由学校的学生工作处或毕业生就业指导办公室进行人员招募是公共部门主要的、传统的招募人员方式。③转业军人的安置。在我国，转业军人的安置是公共部门的一项政治任务。因此，从转业军人中招募所需人员，也是公共部门招募人员的主要渠道之一。④人才交流中心和职业介绍所。⑤猎头公司。猎头公司是近几年才在国内出现的一种机构，专门提供引荐高级管理人员或专业技术人员的服务。

　　内部招募和外部招募各有其优缺点，具体比较见表 5-1。

表 5-1　　　　　　　　　　　　　　　内部招募和外部招募的比较

	内部招募	外部招募
优点	了解全面，准确性高； 鼓舞士气，激励员工进取； 应聘者可更快适应工作； 使组织培训投资得到回报； 费用低	人员来源广，选择余地大，利于获取一流人才； 新人员带来新思想、新方法； 当内部由多人竞争而难以作出决策时，外部招募可在一定程度上平息或缓和内部矛盾； 人才现成，节省培训投资
缺点	来源局限于组织内部，水平有限； 易造成"近亲繁殖"； 可能会因操作不公或员工心理原因造成内部矛盾	不了解组织情况，进入角色慢； 对应聘者了解少，可能招错人； 内部的人员得不到机会，积极性可能受到影响

　　资料来源：滕玉成、俞宪忠：《公共部门人力资源管理》，中国人民大学出版社，2003 年版，第142 页。

　　甄选是公共组织人员录用过程中的关键环节，它关系到吸收人员的政治素质、业务素质、思想素质及综合水平。甄选方法也复杂多样，因此，要注意甄选方法的科学性。甄选的基本方法有：①笔试。笔试是最古老、最基本的人员录用方法。它是通过应征者在试卷上笔答事先拟好的试题，然后依据解答的正确程度或成绩进行测评的方法。②面试。面试是应聘者在主考人面前，用口述方式现场回答问题，主考人根据应聘者在面试过程中的业绩表现及回答问题的正确程度来进行测评的一种方法。③心理测试。心理测试有许多种，但录用过程中所用的主要是能力测试和个性测试两种，因为这两种测试的结果对预测未来的工作绩效有较大帮助。能力测试分为普通能力测试、特殊能力测试。普通能力测试主要是测试应聘者的思维能力、想象力、记忆力、推理能力、分析能力、数学能力、空间关系能力及语言能力等，一般通过词汇、相似、相反、算术计算、推理等类型的问题进行评价。特殊能力测试用于特定能力或才能的测试，如空间感、动手灵活性、协调性等，另外还包括一些专业的基础知识，常用的方法有斯特龙伯格灵敏度测验（Stromberg Dexterity Test）、明尼苏达操作速度测试（Minnesfa Rate of Maoipulatia Test）、普渡插棒板测验（Purdue Peg Board）等。一个人的工作能否做好，不单取决于一个人的能力高低，个性品质也会对工作绩效的好坏起很大的作用。因此，把对应聘者的个性测试纳入公共组织人员的录用过程中就十分必要，尤其是对于那些需要较多人际交流的职位更应如此。个性品质主要包括人的态度、情绪、价值观、性格等方面的特性。④行为模拟测试法。亦称情景模拟法，是指通过在一种情景下，应聘者所表现出的与职位要求相关的行为方式，来判断应聘者是否适合空缺职位的一种测试方法。此方法比较适合于评价具有某种与职位相关的潜能，但又没有机会表明的应聘者。⑤工作抽样法。工作抽样法是指将空缺职位、工作的几个关键环节抽样出来，让应聘者在无主持的状况下进行实地操作，以考察其实际工作能力和绩效。科学的工作抽样比其他录用方法有效，因为这种方法所得到的信息更直接、更真实，评价结果也更客观、更公正。⑥评价中心。评价中心在这里实际上是一个运作概念，而不是一个地理概念或机构名称。它是指将应聘者（若应聘者过多，可经筛选后进行）集中起来，采用多种评价方法进行集体评价，然后从中甄选出合格人员的过程。

总之，公共组织人员录用的基本方式有很多，至于选择何种方法，要依组织的具体情况而定，包括组织的目标、招募的规模、时间、预算的许可度等，但有一个问题是所有公共组织在录用公职人员的过程中需注意的，那就是测试的效度和信度。效度是指测试的结果和工作相关的程度，也就是测试的结果能否预测出任职后的工作绩效。信度是指测试的稳定性和一致性，也就是对同一应聘者用内容相似的测验再去测试他，则所得到的分数也应相似。没有效率和信度的测试是不能在录用过程中被采用的。

公共组织人员的获取方式有很多，其侧重点、价值导向、成本和效果等方面各不相同，因此，公共组织必须要对它们进行比较使用。上述几种方式从效度、信度和成本三方面的比较见表5-2。

表 5-2　　　　　　　　　　　　　　　　**选录方法的比较**

方法	效度	信度	成本
倾向性测试	中等	中等	低
个性特征测试	中等	中等	低
能力测试	中等	中等	中等
绩效测试	高	中等	中等
面试	低	低	高
心理测试	高	低	中等
测评中心	中等	高	高
实习期或试用期	非常高	非常高	非常高

资料来源：［美］罗纳德·克林格勒、［美］约翰·纳尔班迪著，孙柏瑛等译：《公共部门人力资源管理——系统与战略》，中国人民大学出版社，2001年版，第280页。

5.1.4　公共组织人员的激励管理

现代社会是知识经济时代，人的智力、精神方面的作用日益凸显，这就要求组织对人的管理进一步深化。对人的管理的最有效的方法就是激励。① 公共组织人员激励管理（Incentive Management）是公共组织人员管理的重要组成部分，是在公共组织的背景环境下，对一般组织的激励理论的综合运用。它在发掘公共组织潜能、调动公共组织人员积极性、提高公共组织行为效率方面具有重要作用。

1. 激励理论

激励理论的发展开启了组织对人的重视，它认为组织的存在要能够满足组织成员的需求。激励理论包括：激励的基本理论和激励的应用理论。

激励的基本理论分为三类：一是内容型激励理论，包括马斯洛的需求层次论、阿尔德弗的生存、归宿、成长理论、麦克利兰的成就需要理论、赫兹博格的双因素理论；二是过程型激励理论，包括弗罗姆的期望理论、洛克的目标理论、斯金纳的强化理论；三是状态型激励理论，包括亚当斯的公平理论、挫折理论。

激励的应用理论主要包括：工作设计、目标管理、参与管理等。

（1）工作设计（Job Design）。哈克曼（Hackman）等人提出了工作设计的五个维度，分别是：工作技巧多样化（Skill Variety）、工作认同（Task Identity）、工作重要性（Task Significance）、自主性（Autonomy）及回馈（Feedback）②。工作技巧多样化主要包括工作轮调（Job Rotation）和工作扩大化（Job Enlargement）。工作扩大化是借助水平方式增加任务的多样性，而不是工作量的增加。工作认同是指组织成员对自己的工作有整体感，他们不仅负责被分配的具体工作，而且可以看到工作完成的总体结果。

（2）目标管理（Goal Management）。目标管理是指通过组织目标的设定来提高工作承诺、工作满足感及工作表现。不过目标管理能否提高组织或个人的工作表现，还会受到目标的具体化程度、目标的准确程度、对目标的期待程度、目标的困难程度、组织文化、员工个性等因素的影响。

（3）参与管理（Participative Management）。参与管理是指给组织成员提供参与组织决策的机会和渠道，这也是从情感上对组织人员的尊重。这种人性尊重的参与能够满足组织成员的自尊独立等高层次需求，从而提高其工作满足感。需要注意的是，通过参与管理达到激励效果还要考虑工作性质、人员素质、组织结构、组织文化等重要因素。

2. 公共组织人员激励的一般原则

有关激励的现实问题非常复杂。公共组织的管理人员一方面要运用各种激励理论来分析现实问题，另一方面还要善于发现新的激励理论和方法。结合各种激励理论及我国的实际，我们总结了以下几点激励的一般原则：（1）物质激励与精神激励相结合。（2）正激励与负激励相结合。（3）内在激励与外在激励相结合。（4）组织目标与个人目标相结合。（5）按需激励：要求动态地掌握公共组织人员的需求变化，制定相应的激励措施。

3. 公共组织人员的激励方式分析

我国公共组织长期以来的激励机制日益丧失其有效的激励作用，弊端日趋明显，表现在：一是激励形式单调，片面强调精神激励的作用；二是激励过程缺乏透明、公正；三是激励过程缓慢；四是激励缺乏竞争机制；五是激励效果低下、短暂。我们在设计公共组织

---

① 王祖成：《世界上最有效的管理——激励》，中国统计出版社，2002 年版，第 1 页。

② 徐仁辉、杨永年：《公共组织行为学》，北京大学出版社，2006 年版，第 105 页。

人员激励机制的时候，应遵循利益原则、效率优先兼顾公平原则及同步激励原则。但在具体的激励方式的选择上，却存在着一定的分歧。对于公共组织而言，可将这两种方法相结合而设计自身的激励机制。下面从内在激励和外在激励两方面分别论述。

内在激励是通过工作本身能提供的某些因素来满足员工的不同层次的需要，从而调动员工的积极性。内在激励的方法可具体分为以下几种：

（1）有意义的工作。有意义的工作能激发组织人员的个人使命感和价值观，同时增加他们作为人力资本在劳动力市场上的潜在价值。

（2）成就激励。是指公共组织人员在工作过程中，自己的价值和潜能得到充分实现而产生一种成就意识，这种成就意识进而促使工作积极性的提高。在现实中，成就激励具体体现为工作满意度激励。工作满意度激励是通过对公共组织人员工作内容的改善及工作行为的认同和奖励，使公共组织人员对自己的工作产生满足感，从而促使其不断积极工作、不断创新的激励形式。

（3）个人的统一性。就是把完整的个人价值、工作与组织成员的人生目标融为一体，使个人的具体职业道路还包括个人的兴趣和理想等方方面面。

（4）个人的创造机会和价值积累。公共组织能提供组织成员创造和发展的空间，使其作为人才资本的价值得到不断积累和提升。

外在激励是组织人员无法控制，而由公共组织掌握和分配的资源来调动员工的积极性，即通过各种物质和精神激励等手段，根据公共组织人员的绩效给予一定的工资、福利、表扬、荣誉等。外在激励的方法可具体分为以下几种：

（1）利益激励。激励效用只有在组织人员需要满足的基础上才能产生，而成员的需要在社会性的实现过程中，又在很大程度上表现为利益。利益表现为物质和精神两方面，实行物质利益激励，就是在肯定公共组织人员作为"理性经济人"的基础上，将公共组织人员承担的公共责任、所取得的工作成就与物质利益相挂钩并以此来达到激励效果。具体做法可以是，在公共组织人员的工资档中加入绩效工资这一栏，心理学研究表明，激励工资大概为工资总额的10%～15%才能发挥较好的激励作用。

（2）目标激励。目标激励是指管理人员通过组织目标的设置来激发组织人员的工作积极性。与公共组织人员的行为结果相联系的目标，多半是公共组织管理者关心的组织目标；与公共组织人员的需要的满足相联系的目标，则是公共组织人员的个人目标。

（3）竞争激励。我国公共组织实行的是职务常任和"无过错不免职"原则。这种稳定性导致公共组织中消极、怠慢的现象比比皆是。因此，公共组织更应强调建立任人唯贤、唯才是用的竞争选拔机制。需要注意两点：一是竞争机制要实行分类、分等、分级的考试办法，以满足不同职位考录工作的需要；二是引入聘任制的用人机制，及时清退不合格、不尽职的人员，增加组织成员的危机意识。

（4）压力激励。压力是对能使个体产生特定的生理或心理需要或两者兼而有之的行为、形式或力量的结果或反应。当公共组织人员感到环境的需求超过自己的能力时，就会产生压力或潜在的压力，诸如工作自身的压力、来自领导的压力、权威的压力及从众心理的压力等。只有最佳或适当程度的压力才能带来激励效果，压力过大或压力太小都无法实现激励效果。

（5）培训激励。指公共组织为其成员提供学习和训练的机会，促使其个人水平、工作能力的提高和自身人力资本的增值。它是物质激励与精神激励的有机结合。培训激励有多种形式，例如计算机应用培训、英语水平培训、法律知识学习等。我国兴起的公共管理硕士学习热潮，也与这种激励措施的应用不无关系。

总的来说，激励方法多种多样，其侧重点和效果也各不相同，在公共组织的具体的激励管理中，要求管理者在分析激励方法的基础上，特别是在了解目前激励管理中的存在问题的基础上，结合实际需要来实施激励。现将内在激励和外在激励的比较归纳如下。（见表 5-3）

表 5-3　　　　　　　　　　　　　　　　　外在激励与内在激励的比较

项目	满足需要的资源	满足需要的类型	作用时间	所需成本	工作对受激励者的意义	
外在激励	组织奖酬	物质需要	随奖酬消失而消失	高	工具性	
		社会情感需要	较为持久	低		
内在激励	工作过程及结果	个人及社会情感需要	较为持久	低	激励性	

资料来源：肖余春：《组织行为学》，中国发展出版社，2006 年版，第 108 页。

5.2　公共组织群体

公共组织群体是构成公共组织的基本要素，公共组织成员都是在群体内进行活动并实现各自的目标。公共组织群体作为公共组织的次一级单位，与组织设计和结构有着密切的关系。研究与分析公共组织群体的性质和特征，有助于加深对公共组织的认识，优化公共组织结构，保证公共组织的良性运转。

5.2.1　公共组织群体的定义、类型和功能

1. 公共组织群体的定义

组织行为学中，群体是作为组织的次级概念而产生的，即个体构成群体，群体则构成组织。群体是由两个或两个以上的人构成的，他们具有以下特征：彼此相互交往和影响；心理上意识到彼此的存在；认识到彼此是一个整体。

公共组织群体是与非公共组织群体相对应的，它一般是指公共组织内部存在的次一级的、由两个以上的公共组织成员组成的，具有共同的组织目标、具体的任务和实践活动，或在行为上相互作用、在心理上相互影响并具有共同点的组织人员的集合体。

2. 公共组织群体的类型

公共组织群体是多样的，我们可以根据不同的标准对其分类，通常有三种分类方法：

（1）依据公共组织群体的规模，分为大群体和小群体。大群体和小群体是相对而言的，我们通常把拥有 12 名以上成员的群体称为大群体。一般来说，大群体是以社会影响为主，心理影响次之，群体成员之间不能经常相互沟通，缺乏直接的依赖关系，在感情上

比较淡薄。反之，小群体一般有比较直接的个人相互关系，能进行直接的相互交往和信息沟通，具有不同程度的感情和心理上的联系和依赖，因此，心理因素在小群体中比在大群体中的作用大。

（2）依据公共组织群体的目标，分为职能群体、专案群体和兴趣—友谊型群体。职能群体是正式组织中最常见的一种正式群体，也是公共组织群体的核心部分。职能群体由组织结构规定其成员关系，包括上下级的关系和职位规范。职能群体能稳定地满足组织中必不可少的、重复出现的常规性需要，它与公共组织的基本目标和具体任务紧密相关，因此，它的活动范围常常被公共组织的详细的规章制度所限制。

专案群体是大型公共组织中常见的一种群体类型，它是根据完成特殊工作任务的目的来建立成员关系的。专案群体一般不是常设群体，它可长期可短期，由具体任务是否完成而决定，一旦任务完成，就会立即解散。其成员通常具有与任务分工相联系的不同背景和不同的专业知识，他们之间的交往和沟通关系都被预先规定，以平行关系为主，少有上下级关系。

兴趣—友谊型群体是大型公共组织中普遍存在的一种非正式群体形态。公共组织人员有"组织人"和"社会人"的双重角色，为了满足自身的社会心理需求，公共组织人员在经常性的工作接触中，基于共同兴趣、共同信仰、共同利益等因素而自然组成群体。这类群体有时出现在职能群体、专案群体等正式群体内部，有时也可以在正式群体之间和公共组织之间交叉形成。

（3）依据公共组织群体的形成方式，分为正式群体和非正式群体。正式群体是公共组织为实现正式目标而结合起来的群体，非正式群体则主要是为了满足组织成员个人的社会心理需求，与公共组织的目标没有直接性的关系。这种分类方法与上一种分类方法有重叠之处，如前面的职能群体和专案群体属于正式群体，而兴趣—友谊型群体则属于非正式群体。

3. 公共组织群体的功能

公共组织人员为什么要加入群体？公共组织为什么由群体构成？这是由于群体具有一定的功能。公共组织群体的功能主要表现在以下两个方面：

（1）公共组织群体对公共组织的功能。主要是完成组织任务，实现组织目标。公共组织为实现组织目标，必须分工合作，将最终目标分解为部门和群体目标，并且具体化为任务。公共组织中的正式群体主要就是完成组织规定的任务和目标，非正式组织虽然不与组织的目标任务直接联系，但是它可以促进组织人员的交流和信息传递，对完成组织任务也有贡献。当然，这要以非正式群体的目标不与公共组织的目标相对立为前提。

（2）公共组织群体对个人的作用。公共组织成员加入群体主要是为了满足其社会心理需要。具体包括六个方面：第一，安全需要。人都有保护自己不受外部威胁的需要。加入群体后，个人可以借助群体的整体力量防止孤独、被解雇、被威胁等不安全因素。第二，地位需要。加入某个有一定地位的群体，公共组织的个体人员能获得被承认和被重视的满足感。第三，情感需要。群体为组织成员提供信息沟通、寻求友谊的环境。第四，权利需要。组织成员的个体是无法实现其权利需要的，只有在群体活动中，通过影响群体的其他成员才能实现。第五，激励需要。群体的正面影响和压力可以在一定程度上对个体起到激励作用。第六，利益需要。个体通常利用群体的力量去争取其共同利益。

5.2.2　公共组织群体行为

1. 公共组织群体行为的定义

公共组织群体行为是指公共组织群体在内部因素或外部因素的刺激下产生的，由一系列反应的动作和活动构成的外在的反映系统。由于群体是由个体所组成的，因此群体行为总是与组织人员的个体行为分不开的。但它也不是群体内所有个体成员行为的叠加，而是反映群体成员的整体行为活动。

2. 公共组织群体行为的特征

公共组织群体行为不同于个体行为和一般群体行为，它有自己的特征：

（1）社会标准倾向。指在公共组织群体中，个体的认知会趋向于群体的统一标准，个体的行为从而被调节和规范。

（2）社会惰化倾向。也叫"磨洋工"，指成员个体在与其他群体成员共同工作时比自己单独工作时付出的努力减少的倾向，在大型群体中表现尤为突出。所谓"大锅饭，养懒汉"，正是社会惰化倾向的表现。

（3）社会助长倾向。指个体成员的行为效率因群体中其他成员的影响而提高的倾向。因为个体在与其他人共同工作时，可以消除单调、沉闷的心理状态，从而有助于激发其工作积极性。需要注意的是，社会助长倾向不是所有公共组织群体行为的特征，我们只是说群体环境是社会助长倾向发生的必要条件。

（4）社会协同倾向。是指群体作为由个体组合而成的系统，会产生超过个体效能总和的整体效能，即"1+1＞2"。在公共组织群体中，个体会相互配合，扬长避短，互补增值。

3. 公共组织群体行为的影响因素

在公共组织中，群体行为受一些具体的和特殊的因素影响，具体表现如下：

（1）群体规范。群体规范是指群体成员共同接受和必须接受的群体行为标准，它规定成员在一定环境下该做什么，不该做什么。具体来说，群体规范有三种功能：一是维持群体生存功能；二是规范导向功能；三是刺激功能。

（2）群体压力。群体压力是指已经形成的群体规范对群体成员所产生的一种无形的压力。在这种情况下，个体面对组织提供的限制、机会和要求，觉得结果十分重要但又不太确定该如何应对这些机会、限制和要求，于是不得不顺从群体的行为。群体压力对群体行为有积极的和消极的影响。

（3）群体凝聚力。群体凝聚力是指群体成员相互吸引，以及共同参与群体目标和群体活动的程度。群体凝聚力表现在四个基本方面：一是群体成员间有良好的人际关系。二是群体成员乐于加入到群体中来，积极参加群体活动。三是群体成员有较强的归属感。四是群体成员对群体拥有责任意识，自觉维护群体的利益和荣誉。如果群体凝聚力高，但是群体目标与组织目标相违背，群体行为的效率就会降低；如果群体凝聚力不高，但是群体目标对组织目标有利，则群体行为效率也比较高；如果群体目标与组织目标没有关系，则不论群体凝聚力高低，群体行为都不受影响（如图5-1）。

（4）群体规模。研究发现，随着群体成员的增加，即随着群体规模的扩大，成员的个人贡献往往随之下降。这是与群体行为的社会惰化倾向相一致的。群体规模扩大后，群

	群体凝聚力：高 ——→ 低	
高 目 标 的 ↓ 一 致 性 低	生产率大幅提高	生产率中等提高
	生产率下降	对生产率无明显影响

图 5-1　　群体凝聚力与生产率的关系

资料来源：Stephen P. Robbins. 1994. Management. 4th ed.，Prentice Hall，Inc.

体人员的责任也随之扩散，进而导致个体成员的责任心下降。同时，在公共组织中，由于个人的努力与整体的成果之间的关系无法清楚地计算，个体可能会成为"搭便车者"而懒于工作，最终导致群体行为效率的降低。

（5）群体管理。如果管理者提倡团结合作，鼓励良性竞争，注重沟通，分工合理，奖惩公平，则群体行为效率一般较高。反之，群体行为效率较低。

4. 公共组织群体的从众行为

公共组织中，群体成员的行为通常有跟随群体的倾向。当个体发现自己的意见、行为与群体不一致时，会感到心理紧张，群体成员希望或被迫与群体大多数人保持心理或行为上的一致的现象，就是群体从众行为（Conformity Behavior）。

群体从众行为有：表面从众和内心从众两个维度。根据从众的程度不同，群体从众行为分为四种情况：第一，表面从众，内心也接受，即完全从众行为。第二，表面从众，内心却拒绝。这是慑于群体规范的压力，是一种委曲求全的权宜之计。第三，表面不从众，内心却接受。这是个体成员碍于自尊或面子，担心行为上跟从别人会被认为没有主见，或者是不愿意承认错误，因而固执己见。第四，表面不从众，内心也拒绝，坚持己见，特立独行。

个体在群体的压力下，或表现出从众行为或坚持其独立性，取决于个体特征和情境因素两大方面。

个体特征主要包括：第一，智力水平。一般智力水平低的人容易从众。第二，情绪的稳定性。情绪焦躁、不稳定的人对群体压力的抗拒力较低，因而容易从众。第三，人际关系。易于接受别人的暗示和影响、过于依赖他人的人，容易从众。第四，态度和价值观。墨守成规、重视权威的人，容易屈服于群体的压力。

情境因素主要包括：第一，群体成员。若群体内多数成员的能力或地位高于自己，则个人容易从众。第二，群体性质。个体一般会服从能够满足个体意愿的群体。第三，群体气氛。若群体不能容忍坚持己见者，而对从众者给予奖励，个体的从众行为就会得到强化。第四，任务性质。当群体成员面对复杂、没有把握的问题时，容易从众。第五，群体凝聚力。在凝聚力较高的群体中，个体容易从众。

5.2.3　公共组织群体内部人际关系

1. 公共组织群体内部人际关系的定义及分类

公共组织群体内部人际关系是指群体成员在交往过程中，由于相互认识、相互沟通体验而形成的关系，即通常所说的人际交往关系，只不过这种人际交往是在一定的公共组织群体范围内进行的。公共组织群体内部人际关系主要表现为群体成员之间友好、亲近、疏远、敌对等心理距离，反映了群体成员寻求需要满足的心理和行为。

按照关系性质，可将公共组织群体内部人际关系分为以下四种类型：

（1）亲密友好型。表现为群体成员间感情亲密，彼此认识完全或较为一致，行动密切配合，协调一致，少有矛盾和摩擦。

（2）协调型。表现为群体成员间相处较为融洽，彼此认识基本协调一致，能够协调解决群体内部的各种摩擦和矛盾。

（3）摩擦型。表现为群体成员间感情不融洽，认识、行为不能协调一致，群体内矛盾和摩擦时有发生且得不到调节。

（4）紧张型。表现为群体成员间感情极不融洽，彼此的认识、行动极不统一，矛盾摩擦经常发生，成员关系紧张。这种群体也最难维持。

2. 公共组织群体内部人际关系的影响因素

公共组织中，群体内部的人际关系的亲疏程度有很大的不同，导致这种不同的因素有很多。它不仅受到一般因素的影响，诸如空间距离、交往机会与频率、群体成员心理上的一致与互补、交往能力等因素，而且受到公共组织背景下的一些特殊因素的影响：

（1）个体差异。在公共组织中，群体中的每个成员都有独特的经历、素养、人格和价值观，这些差异常常引起群体成员间的冲突。

（2）了解程度。在公共组织中，群体内部成员在相互接触和交往的过程中，对自己、对他人既有了解的地方，也有不了解的地方。一般来说，对自己和他人的认知程度越高，导致冲突的可能性越小，公共组织群体内部人际关系就越和谐；反之，则冲突的可能性越大。

（3）信息沟通。在公共组织中，管理者基于控制、领导的需要，信息的流动往往是单向的，信息从上级一步步地向下级传递的过程中，由于中间层的阻隔和截留，信息量通常是递减的；再加上信息传递的路径较长会导致信息失真，公共组织中群体成员之间的信息数量和信息质量都是不同的，因此就容易引发各种冲突。

（4）角色矛盾。公共组织中，许多人员的工作或职责是相互依赖的，但未必是相互协调的。这种不协调主要表现在角色位置上，角色的不同导致行为目标和行为方式等的不同，这些不同和差异进而导致冲突的产生。

（5）环境压力。在资源匮乏、竞争激烈或情况不明的情况下，公共组织群体内部更容易引发人际冲突。

3. 公共组织群体内部人际关系的处理方法

在任何组织中，我们追求的是和谐的人际关系，然而令人沮丧的是，我们面对的常常是不断的冲突。海尔·G. 瑞尼在《理解与管理公共组织》一书中，就指出，冲突可能发生在一个人身上、人们之间、团体和组织的各部门、各派别及它们之间。在公共组织中，人们也为其群体内部人际冲突头疼不已。所以，我们研究公共组织内部人际关系，主要是对其中的冲突关系进行研究，并总结出富有成效的处理方法。

人际冲突的管理，是指采取一定的办法来化解、应对、处理人际冲突。不同的人有不同的"冲突处理风格"，即对于冲突的习惯性反应不同。在公共组织中，群体内部人际冲突的处理方法一般有以下几种：

（1）强迫。是指个体在冲突中努力寻求自身利益的满足，而丝毫不理会他人的利益。奉行这种策略者通常通过权力、地位、资源等优势向对方施加压力，迫使对方退让、放弃。强迫方式并不被认为是处理人际冲突的经常有效的方式，但是，在以下情况下可能是必要的：一是情况紧急，需要迅速采取行动；二是涉及重大问题；三是对自己充满信心，认为自己完全正确；四是他人可能利用自己的软弱妥协行为。①

（2）合作。是指冲突双方对自身和对方的利益都很关注，试图实现双赢。这种方法认为冲突双方应坦诚相待，都采取积极的行动，寻求解决冲突的方法。该方法被认为是一种比较有建设性的冲突处理策略。然而，其实行也要求具备一定的先决条件：一是双方都能找到利益的共同点；二是冲突双方充分理解和信赖；三是冲突双方有较强的利害依赖关系。

（3）回避。是指冲突一方或双方远离冲突，对自己的利益和他人的利益都不关注，试图置身事外，任凭冲突事态自然发展。如果尚未解决的冲突影响到了公共组织任务的完成和目标的实现，回避方式将会产生不利的消极后果。当然，在某些特殊情况下，该方法也可能适用：一是问题不重要，不值得花费时间和精力去解决；二是暂时没有精力和办法去解决；三是其他人可以有效地解决该冲突。

（4）妥协。是指通过一系列的谈判、让步，适度满足双方的利益和要求，避免陷入僵局。该方法说明了冲突方对情感的重视超过对问题本质的关注，它也容易被视为软弱、服从。在特殊情况下，采取该方式可能有效：一是冲突双方处于情感危机爆发的边缘；二是为了长远利益而暂时放弃眼前利益；三是对方过于强大，不妥协可能遭受更大的损失。

（5）群体重组。当群体内部人际冲突过于激烈，久拖不决，常规方法难以奏效时，可以果断解散群体，进行重组，从而彻底解决原有冲突。

5.2.4　公共组织群体间关系

公共组织群体间既有协调又有冲突，其中冲突是公共组织群体间关系的主要方面。

1. 公共组织群体间冲突的定义、类型

所谓群体间冲突，是指群体在实现不同目标或实现同一目标的不同手段之间形成的相互抵触及其所持的心理体验。②

按照不同的标准，群体间冲突有不同的分类方法。

按照冲突的结构，可以分为：（1）纵向冲突：是指公共组织中不同层级的群体之间的争执。（2）横向冲突：是指公共组织中同一层级的群体之间的争执。（3）正式—非正式冲突：指公共组织中的正式组织与非正式组织间的冲突。（4）直线—参谋冲突：直线管理人员通常指公共组织中管理某个职能部门的管理层，例如纪检部门的管理者，人事部门的管理者等。

按照冲突呈现的基本形式，可分为：（1）目标冲突：指群体间因具有不同的目标导向而引发的冲突，其核心动因是冲突主体在结果追求上的不一致。（2）行为冲突：指公

---

① 孙萍、张平：《公共组织行为学》，中国人民大学出版社，2006 年版，第 166 页。
② 张建东、陆江兵：《公共组织学》，高等教育出版社，2003 年版，第 118 页。

共组织群体间的行为规范法则、操作不能相互接受时所引发的冲突。（3）认识冲突：指公共组织中，群体间在对待问题上的认识、看法或想法上存在差异而引发的冲突。（4）情感冲突：指公共组织群体间存在情感和情绪上的差异，并成为行为的动因而引发的冲突。

2. 公共组织群体间冲突的来源

总结以上几种冲突现象，我们可以得出公共群体间冲突的一般原因。

（1）资源竞争。公共组织中的资源总是有限的，在这一前提下，每个群体都会觉得自己的资源份额不能满足自身的需求。

（2）职责不清。由于群体间分工不明，职责不清，多个群体可能同时涉足某一任务或领域，因此，为了本群体的利益，大家都会趋利避害，这势必导致群体间冲突的产生。

（3）工作的相互依赖性。如果公共组织中的群体在工作中相互依赖，甚至处于单向式的工作流程中，就可能比相互独立的群体更容易发生冲突。在工作中相互依赖的群体在目标、态度、优先权等方面相差越远，就越可能引发冲突。

（4）地位、荣誉的斗争。公共组织中，不同群体都自觉地寻求各种途径以获得比其他群体更大的影响力或支配权。若一个群体在企图提高地位的过程中，被另一个群体视为对自身的威胁，就可能发生冲突。另外，群体间若常常感到在奖励、权力、荣誉等方面的不公平，也容易引发冲突。

3. 公共组织群体间冲突的后果

公共组织群体间的冲突必然会对群体行为产生一定的后果。群体间冲突有它的社会功能，它有时不仅能使各群体内的矛盾得到缓解和解决，而且还可以促进群体之间保持相对独立性和清楚的界限，从而促进群体凝聚力的提高。同时，群体间的冲突也会对各群体内部成员关系造成重大影响。当一个内部存在冲突的群体与另一群体发生冲突时，可能导致两种结果：一种是群体内各冲突方都暂时妥协，一致对外，结果群体凝聚力增强；另一种是外在冲突加剧了原有的内部冲突，在行动方面形成了新的矛盾，最终导致群体的瓦解。

4. 公共组织群体间冲突的处理方法

由于冲突产生的具体原因不同，公共组织群体间冲突的解决方法也应有所不同，在实际工作中必须具体分析。

（1）协商解决法。指当群体间因为资源的分配不均而发生冲突时，冲突双方本着协商的原则，通过相互让步和妥协来解决冲突。采取此方法时，冲突双方要顾大局，识大体，以谋求问题的共同解决方法。

（2）组织结构调整法。指上级运用权力进行干涉，从结构上改变群体间的关系，解决群体间的矛盾。

（3）设置新的目标或目标转移法。如果公共组织群体间的冲突是由于彼此目标不同而产生的，则可提出或设计能使双方获得更大利益和双方协作努力的高一级目标，或寻找一个能将冲突双方的注意力转向外部目标的新目标，从而起到缓解或解决冲突的效果。

（4）拖延法。公共组织中，有些群体间的冲突很厉害，但一时又难以解决，如果不是急需解决的问题，冲突双方都不去寻求解决办法，而是先把冲突搁置，暂缓解决。

（5）回避法。冲突双方，特别是工作任务上存在依赖性的双方，为了维持双方的

"和平共处"，而有意回避矛盾，避免意见分歧的公开化，使矛盾不至于激化。当冲突的内容不属于原则性问题且冲突处于潜在期或萌芽期的阶段，可采用这种方法。

5. 公共组织群体间冲突的激发

虽然组织中的冲突是不可避免的。麦格雷戈说过，冲突渗透在各种人类关系中，冲突既是一种破坏性的力量，也可以是一种健康、成长的力量，没有一个团体能够是完全协同的。

不良的冲突造成组织内部人际关系紧张，工作绩效降低；在外部则会营造不利于甚至破坏公共组织发展的环境。因此，在必要的时候，可进行有益的冲突的激发。一般有以下几种有效的激发冲突的方法：（1）改变冲突观念和公共组织文化。（2）吸收异质成员进入公共组织群体。（3）委任比较民主的领导者。（4）引入竞争机制。（5）公共组织的重新构建。

5.3　公共组织中非正式组织的管理

公共组织中的非正式组织是正式组织的对称物，作为矛盾的统一体，任何公共组织内都会产生一定的非正式组织结构，任何公共正式组织目标的制定和修正与补充过程也都会受到非正式组织的影响。非正式组织的形成对公共组织的正常运行产生有利的或阻碍的作用。因此，加强对公共组织中非正式组织的研究和管理，是把握和正确运用其正向功能，克服负向影响的理论基础。因此，要充分利用其正向功能，克服其负面影响，必须要加强对公共组织中非正式组织的认识、引导和管理。

5.3.1　非正式组织的含义与成因

1. 非正式组织的含义

首次提出非正式组织（Informal Organization）理论的是美国学者 C. 巴纳德。他在《经理人员的职能》一书中指出，非正式组织是在正式组织中，由于个人之间的相互接触、交互影响而形成的自由结合体，它是自然形成的，具有偶发性，不具有特定的目的。继巴纳德之后，罗茨利斯伯格和 W. 迪克森等研究者又提出自己的观点，他们认为，非正式组织就是存在于正式组织成员之间的一种无形的关系，这种关系建立在个人相互交往的基础上，是正式组织难以表示或不能适当表示的。此外，美国学者戴维斯认为，非正式组织就是基于人与社会关系而建立的交往系统，这种系统的建立不取决于正式组织的权威，而是人们之间的自发结合。总结以上有关非正式组织的定义，我们将非正式组织概括为：非正式组织是正式组织内的若干成员由于生活接触、情感交流、情趣相近、利害一致而自然形成的，没有固定形式和特定目的的人际关系团体。

2. 非正式组织与正式组织的比较

正式组织是为了实现组织目标而建立的，它具有组织存在的目的以及组织工作程序等一系列组织规则，同时组织内部存在着正式分工，具有固定的信息传递渠道。正式组织和非正式组织在组织目标、领导来源、权力来源、组织沟通等方面都是不同的，具体比较如下（见表5-4）。

表 5-4		非正式组织与正式组织的比较
特征变量	非正式组织	正式组织
组织存在原因	满足社会心理需要	实现组织目标
领导来源	内生，依靠人格魅力和个性特质	外生，依靠上级指派或其他社会认可的方式
权力来源	内生权威	外生权威
组织沟通	非命令型的横向沟通	命令型的纵向沟通
组织凝聚力	较高	较低
行为准则	不成文，自我约束	成文的，强制性规则约束

资料来源：叶沁：《浅议非正式组织对正式组织的影响》，载《当代经理人》，2006 年第 16 期，第 26 页。

3. 公共组织中非正式组织的成因

总体上说，非正式组织的成因多种多样。有时由单个因素决定，有时由几个因素共同决定。一般来说，非正式组织产生的直接原因主要有以下几个方面：

（1）暂时利益的一致。当公共组织的成员面临共同的压力或危机时，就会组织起来共渡难关，就容易产生非正式组织。

（2）兴趣爱好的一致。公共组织成员兴趣爱好相似，在工作之余频繁接触，密切联系，逐渐形成非正式组织。

（3）个人经历背景的相似。组织成员有类似的经历和现实遭遇，会产生相似的情绪和认知，从而形成非正式组织。

（4）社交因素。组织成员要靠多种多样的关系纽带联系起来，形成各式各样的交往活动，这些因工作和生活联系而经常交往接触的成员，可能形成非正式组织。

（5）个人价值观念因素。组织成员价值观念较为一致的话，容易产生共同语言，因而形成非正式组织。

5.3.2　非正式组织的特征和类型

1. 非正式组织主要具有以下几个特征

（1）具有牢固的感情纽带。非正式组织以感情为纽带，是在自愿的基础上结合起来的，是一种无形的自发的组织形式。

（2）权力的来源和实施不具有强制性和稳定性。非正式组织的权力来自于组织内成员的授予，是依靠组织人员的个人魅力或其他个人特质而自发形成的，而不是上级部门的授予。

（3）具有很大的不稳定性。非正式组织没有正式的组织结构，一般比较松散，人员不固定，容易受偶然因素的影响。

（4）拥有一套不成文的行为准则。这种行为准则从组织成员的共同利益、兴趣爱好、情感需求出发，对成员的约束力很大，从这种不成文的行为准则出发的奖惩办法是迅速而有效的。

（5）组织成员具有高度的行为一致性以及很强的群体意识，比如自卫性、排他性等。

2. 非正式组织的类型

按不同的标准划分，非正式组织可分为不同的类型。在这里将详细介绍按照非正式组织的成因和作用划分的组织类型，分别见表 5-5 和表 5-6。

表 5-5 　　　　　　　　　　　　　　按非正式组织成因划分的类型

类型	特点
利益型	这是在组织成员利益要求一致的情况下形成的组织，具有明确的满足其成员利益要求的倾向，并为成员满足其利益要求提供一定的机会，这种非正式组织的凝聚性比较强
信仰型	这种非正式组织是在共同的理想、信念的基础上形成的
兴趣型	这种非正式组织是在成员强烈的兴趣爱好下形成的，成员具有共同的兴趣爱好，共同活动，共同提高
情感型	这是由于感情、友谊或社交的需要，以情感为纽带而形成的组织
亲缘型	这种非正式组织是由于亲缘关系形成的，具有比较稳定、凝聚性强的特点

资料来源：张德：《组织行为学》，高等教育出版社，2004 年版，第 170 页。

表 5-6 　　　　　　　　　　　　　　按非正式组织作用划分的类型

类型	特点
积极型	这类非正式组织的目标以及活动对正式组织的目标具有积极的作用
消极型	这类非正式组织的存在对于正式组织目标的达成具有消极的影响，而且其活动还未超过法律或规章许可的范围
中立型	这种非正式组织的行为同正式组织的目标及行为没有明显的相关关系，看不出其积极或消极的影响
破坏型	这类非正式组织对于组织目标具有明显的破坏、干扰作用

资料来源：张德：《组织行为学》，高等教育出版社，2004 年版，第 170 页。

5.3.3 公共组织中的非正式沟通

沟通是指信息在传送者和接收者之间交换的过程。任何决策的执行，任何目标的达成，都依赖于合理、及时的沟通。西蒙指出，无论组织所建立的正式信息沟通系统是多么精致，它总会得到非正式信息沟通渠道的补充。经过这些非正式渠道的信息有情报、建议，甚至还有命令。真实的人际关系系统，最终会变得与正式组织纲领上的规定大为不同。这里指出非正式沟通（Informal Communication）渠道的重要性。

非正式沟通是围绕组织成员间的社会关系建立起来的。它是一种脱离组织机构的层次次序、不受组织监督、以口头沟通为主要方式的沟通方法。西方学者普遍认为，非正式沟通的现实表现就是小道消息。相关研究表明，小道消息所传播的与组织有关的消息至少有75%是准确的。非正式沟通——主要是小道消息，有以下特征：（1）在非正规、非严肃的时空进行，沟通双方往往能够随意交流自己的思想和情绪。（2）小道消息有超乎寻常的渗透力，能够突破组织界限，畅通无阻。（3）由于方式机动灵活，小道消息比正式沟通更能迅速地传播信息。（4）个别情况下，小道消息可能传播正式组织不愿意传播或有意缄口不说的消息。

5.3.4　公共组织对非正式组织的管理和引导

正是因为非正式组织和非正式沟通对公共组织有双重作用，公共组织的管理者在实践工作中要充分利用非正式组织的有利作用，趋利避害。这既是管理者的一个重要职责，也是管理方式和管理艺术的直接体现。

1. 接受并理解非正式组织的存在和作用

非正式组织是源于个人交往需要而建立起来的一种没有明确分工的组织。它是人性的自然流露，是必然存在的。因此，任何企图取消它的想法是不切实际的。接受并理解非正式组织，是管理者的正确态度。非正式组织不由管理人员设立，因而管理者能做的就是对其施加影响，引导它的发展方向。在对非正式组织进行引导和管理的过程中，管理者可以通过正式渠道来与非正式组织保持联系，争取它的支持与合作。

2. 正确认识非正式组织的功能和危害

非正式组织与正式组织之间存在着各种关系。总体而言，非正式组织对正式组织有着三种影响或作用：积极的作用、中性的作用和消极的作用。

非正式组织对正式组织的积极作用：（1）非正式组织讲情意重沟通，能给组织成员带来心理上的满足，从而创造一种令人满意的稳定运行的工作团体，使组织成员有某种意义上的安全感和归属感。（2）非正式组织完善了正式组织的沟通渠道。正式组织的沟通渠道有限，多遵循一定的程序，非正式组织的沟通则遍布组织的各个角落，且不受程序的限制。（3）非正式组织构成了一个有效的总体体系，在环境快速变化的情况下，正式计划往往缺乏灵活性，不能因时制宜地解决具体问题，而非正式组织能满足此需要。（4）非正式组织具有监督管理人员的作用，使管理人员在计划与行动方面更加谨慎。

非正式组织对正式组织的消极影响：（1）非正式组织具有维护团体价值观与生活方式的功能，这就使它有过分僵化和抵制变革的倾向，因而常常成为正式组织变革的阻力。（2）非正式组织的非正式沟通往往造成小道消息和谣言的流传，反而对正式沟通造成阻碍。（3）非正式组织要求成员接受其规范，不遵从的成员常常被迫离开该组织，或者屈服于组织的压力。因而非正式组织常干预组织成员的行为。（4）非正式组织成员间频繁交往，容易导致小团体主义，对正式组织的信息传递、功能运作等产生阻碍甚至扭曲作用。所以，公共组织的管理人员在作出或实施一项决策时，一定要考虑到非正式组织对该决策的可能性影响。

3. 对非正式组织的引导和管理

（1）正确影响非正式组织的组织规范。非正式组织的组织规范具有强制人们遵从的效力，不遵从的成员常常会被迫离开该组织，或者屈服于该组织的压力。因此，非正式组织能够常常干预、控制组织人员的行为，进而对整个组织产生作用。因此，管理者要重点影响非正式组织的组织规范，使其符合正式组织管理工作的需要。

（2）处理好与非正式组织的核心人物的关系。非正式组织的核心人物是内生的，是依靠人格魅力和个人特质而自发形成的，他们一般具有资历较深、为人厚道、办事公正、胆大拼命等特征。他们威信很高，对非正式组织人员有较强的影响力。对于核心人物，首先要尊重其在非正式组织中的威信，承认和肯定他们在组织中的作用，经常与他们联系，使其对正式组织产生信任。同时，可以根据其专长，让他们担任某些实际工作部门的工作，调动他们的积极性。

（3）加强与非正式组织成员的沟通。任何矛盾的产生，是由于缺乏沟通引起的。在公共组织中，应加强与非正式组织的沟通。在具体的沟通中，公共组织的管理者要做到以下几点：一是以诚相待，要站在对方的角度思考问题，寻求非正式组织与正式组织的共同点；二是要消除对方的心理障碍，取得对方的信任；三是要以情服人，以理服人。

（4）领导者要有豁达的胸襟，能够容忍非正式组织的行为方式。非正式组织的活动方式一般具有强烈的兴趣、情绪、情感等特征，并常常以挖苦、讽刺等方式来表达这类感情，即使是对正式组织有益的事情，也常以轻松的玩笑、漫不经心的口吻、出其不意的举动、放肆的语言来表达。因此，公共组织的领导者要理解、宽容和接受这种方式。

（5）领导者要对非正式组织进行甄别，合理分类，区别对待。对积极向上的非正式组织，可以给其提供信息、资金、场地等支持；对不健康的非正式组织，如谋取私利的非正式组织，要批评教育，甚至采取行政措施，调离其成员，调整其工作权限，或在无形中解散该组织；对功能模糊的非正式组织，要关注其发展变化，对其引导，充分发挥其正向功能。

本 章 小 结

本章围绕公共组织人员行为管理、公共组织群体以及非正式组织的管理进行讨论。第一节首先对公共组织人员的行为基础作出分析，接着对公共组织人员行为管理的基本原则作出阐述，之后对公共组织人员的吸收管理的原则、方式等作了介绍，最后又对公共组织人员管理的重点——激励管理，从理论和应用方面作了重点分析。公共组织成员的个人行为，都是在一定的群体活动中表现出来的，因此，公共组织群体是公共组织研究的重要内容。在第二节有关群体内容的论述上，主要在群体行为和群体关系两方面重点讨论，因为它们直接影响到公共组织的运行。非正式组织是任何组织中的必然现象，组织行为学已对它作过详细论述，在第三节中，我们仅对非正式组织的现象、影响及管理等方面作出一般性分析。

案例

山西省长治市公务员考试舞弊案真相

　　起因源于 2011 年 11 月 9 日《中国青年报》刊发的一篇名为《宋江明求职验血记》的报道，由此揭开了长治市公务员招录违规事件的冰山一角。近日，另一则与此有关的消息再一次引起了人们的关注。山西省长治市郊区检察院对长治市人力资源和社会保障局（以下简称为长治市人社局）副局长赵波涉嫌受贿、招收公务员徇私舞弊，长治市人社局公务员管理科科长吉新瑞涉嫌受贿、玩忽职守，递补考生之父贾志红涉嫌行贿，长治医学院附属和平医院（以下简称为长治和平医院）健康体检科主任韩玉梅、健康体检科检验师杨文芳涉嫌滥用职权罪提起公诉。2012 年 3 月 20 日，此案在长治市郊区法院公开开庭审理。

　　随着庭审的进行，事件的真相渐渐被还原——

　　没有人知道赵波在法庭上的心情和感受。1965 年 10 月，他出生在山西省运城市闻喜县，1986 年参加工作。1995 年起开始从事文字编辑工作，历任《山西青年报》编辑、《土地》杂志社编辑部主任、《农民日报》驻山西记者站副站长。2001 年借调到长治市委办公厅工作，从此步入仕途，任沁县县委常委、组织部长；2006 年任长治市劳动局副局长，2010 年 4 月，劳动局和人事厅合并，任长治市人力资源和社会保障局副局长。2011 年 4 月，负责长治市公务员招录工作。2011 年 12 月，因涉嫌受贿罪被山西省检察院批准逮捕。在 5 个被告人中，59 岁的吉新瑞一脸的凄苦，几近全白的头发显得格外刺目。本来再过 9 个月就可以光荣退休，回家安度晚年，而今却要以这样的方式给自己谢幕，他怎不感慨良多？吉新瑞反复辩称，他确实收受了贾志红送的 1.7 万元，但他两次都曾拒绝收下，特别是第二次，贾志红硬把钱留在他办公室沙发后面。这些钱他从未动过，一直锁在办公室的铁皮柜里，其间，他曾有过上交组织或退还贾志红的念头，但未能实现。5 个被告人中有两个女性，穿着红色囚服的韩玉梅始终把自己定位为一个有集体荣誉感和高度敬业精神的医务工作者，反复强调修改化验单是为了维护医院的公信力、科室的信誉，把自己的责任推得一干二净。穿着黑色羽绒服的杨文芳有些与众不同，因犯罪行为轻微，她一直被取保候审。她没有请辩护律师，自己为自己申辩："她（韩玉梅）是领导，她让那么改，我还能不改？"2011 年 3 月，山西省人力资源和社会保障厅、山西省公务员局联合下发《山西省行政机关 2011 年考试录用公务员公告》。2011 年 4 月，长治市人社局开始公务员招录工作，成立招考公务员领导小组并下设办公室，赵波任领导小组成员，兼任办公室主任，吉新瑞任副主任。在报考"长治市环保局科员 2"职位的数个考生中，笔试后宋江明成绩排名第一，贾美玉排名第二，宋江明、贾美玉等三人进入资格复审环节。这时，用人单位长治市环保局提出，贾美玉所学专业"资源环境科学"和环保局招录岗位要求专业"环境资源法学及相关专业"不相符合。听到此消息后，贾美玉之父贾志红急忙找到老乡、和赵波有上下级工作关系的长治县某局局长王某，请赵波在女儿资格复审中给予照顾。电话里赵波告诉王某："我在办公室，让他来找我吧。"2011 年 6 月 24 日，长治市人社局召开公务员资格复审会议，赵波主持。赵波在法庭上辩称，自己刚分管这项工作不久，对"有些问题吃不准"，在贾美玉的问题上没有表态，但会议仍然通过了贾美玉的资格复审，宋江明、贾美玉等3人进入面试。经笔试和面试后，宋江明总成绩排名第一，贾美玉排名第二。按照录用公务员公告规定，由高分到低分等额确定参加体检人选，宋江明进入体检。2011年8月10日，长治市人社局和长治和平医院签订《公务员体检责任书》，和平医院副院长、韩玉梅、赵波和吉新瑞分别在责任书上签字盖章。2011年8月11日，宋江明和其他考生到和平医院体检。韩玉梅发现6-3考生（宋江明的考生代码）血常规化验单显示，部分项目测定值异常偏低，如血红蛋白只有40g/L（正常值为90g/L以上）。这个结果让韩玉梅有些意外，她专门跑去向血液科的大夫们请教。一个大夫说，这孩子不是体检的问题，而是要赶快治疗的问题。重则可能是白血病，轻则也是贫血，让他赶快来做个骨穿检查一下吧。2011年8月15日，韩玉梅给吉新瑞打电话，告知有4个考生初检不合格，需要复检，并强调6-3考生有"疑似白血病或血液病"，吉新瑞向赵波汇报。

一个"顺水人情"的电话和一张十万元的银行卡

赵波坐在办公室里，想起了一个人，他拿起电话拨通了王某的号码。电话的大致内容是：第一名考生初检不合格，要复检。如果复检还不合格，贾志红的女儿贾美玉就有可能递补。这个消息如赵波所愿，在第一时间就由王某传给了贾志红。贾志红在法庭上曝出了一个新情况：其实，贾美玉在报考公务员前就已经参加了东北某大学的研究生入学考试，并被录取，学校通知8月26日报到。当知道女儿当公务员无望后，贾志红已计划利用送贾美玉上学的机会，到东北旅游一番。但王某的电话在一瞬间就点燃了贾志红让女儿端上公务员"铁饭碗"的希望，他不能让这个失而复得的机会从身边白白溜走。他问王某：要不要向人家表示表示？王某说，当今社会办事的规矩你又不是不知道。"那得准备多少？""这不好说，你自己看着办吧！"贾志红很快就办好了一张十万元的银行卡。2011年8月16日，也就是宋江明复检的前一天晚上，贾志红通过王某出面宴请赵波。在环境幽雅的包间里，赵波端坐在王某和贾志红中间，闲聊着公务员体检的事情，王某不停地打着圆场，而贾志红除了殷勤地给两位局长倒酒布菜，"连话都没敢插一句"。酒酣耳热时，贾志红把一张用白纸包着的十万元的银行卡推到赵波桌前，王某顺势把卡装在赵波的上衣口袋里。第二天，赵波让其侄女分3次取走了银行卡中的99999元，前两次分别是4万元，第三次取出19999元。至于为何剩下1元，赵波供述称，是因为银行卡账户的开户人是贾志红，卡主拿身份证才能办理销户手续。1元钱的卡他让侄女扔掉了。在法庭上，赵波一再强调他给王某打电话只是送个"顺水人情"，因为"递补不需要找人，是自然递补"。法官出其不意地问："既然是自然递补，为什么要收人家十万元的卡？"赵波沉默不语。

一份"被污染"的血液样本和两份被修改的化验单

2011年8月17日，宋江明到和平医院复检。韩玉梅第一个看到了他的血常规化验单。她蒙了——血常规检验指标竟然全部正常！这怎么可能？前后只相隔6天，从"疑似白血病或血液病"到各项指标"全部正常"，差异如此之大，韩玉梅从医十几年来从未见过。她觉得这个结果给和平医院、给体检中心丢了"面子"，更没法向市人社局交代。她很生气，找来分别做出这两份报告的化验员李某和郭某质问，两人一番分析后这样向她解释：可能是血液样本被"污染"了，发生了溶血或凝血现象。韩玉梅埋怨道："可以让他来再抽一次血啊？"但郭某的回答"这是公务员体检，反正不是可以复检吗？"让她也觉得不无道理。既然6-3考生复检血常规检验指标全部正常，她便在体检报告上签署了

"合格"意见。当日下午，赵波和吉新瑞一起到韩玉梅办公室。韩玉梅汇报说：四个复检的考生全部合格。赵波问："6-3初检时说得那么严重，怎么这次就合格了？"韩玉梅听后，来到化验室。在法庭上，她辩称，6-3考生两次体检结果数据相差太大，"为了体检中心的信誉，为了让化验结果更加客观"，她打电话找来杨文芳，共同商量修改化验单据，将初检的化验数据提高，将复检化验单中的部分数据降低，如血红蛋白指标由150多改为88g/L（正常值为90g/L以上）。韩玉梅拿着改动过的两张化验单回到办公室，交给赵波、吉新瑞，"6-3的化验结果是有点问题，但不是大问题，应该认定为合格"。赵波看看化验单，沉下脸来。"血红蛋白标准是90g/L以上才合格，他只有88g/L嘛。"韩玉梅赶快说，"88g/L和90g/L差别不大，应综合判定为合格。"赵波显出了明显的不悦："89.9g/L也不合格，差0.1也不行！"为了双方长期的合作关系，韩玉梅不再做声，并将6-3的体检报告的"合格"前加上一个"不"字。在法庭上，公诉人指出，根据《公务员录用体检通用标准（试行）》的规定，以男性血红蛋白低于90g/L作出"不合格"结论有一个前提，即考生须被确诊为"单纯性缺铁性贫血"。但当时宋江明的体检及复查结果，体检机构并未作出宋江明患有"单纯性缺铁性贫血"的诊断结论。赵波在供述中也承认，作为一个非专业人士，他根据一项化验结果不合格就对宋江明作出"单项淘汰"的倾向性评价"是不当的"。但他为自己辩解称，之所以对宋江明在复查中血红蛋白的测定值那么关注，是因为在此前吉新瑞向他汇报时曾提到宋江明有"疑似白血病或血液病"。

一张没有主检医师签字的体检报告和17000元现金

吉新瑞和贾志红见过两面，第一次是在赵波的办公室。2011年8月18日，赵波告诉贾志红，"你女儿以后的事情就由吉科长操办，我把他叫来，你们认识一下。我一会儿出去，你给他个饭钱"。有了赵局长的吩咐，贾志红自然不敢怠慢。见面后，吉新瑞说："你女儿真是好运气，体检递补也能当上公务员。"贾志红趁机把一万元现金塞到吉新瑞手中，吉新瑞推辞一番后，收入囊中。当天，吉新瑞向赵波递交了贾美玉递补体检报告，赵波等领导签批同意。2011年8月19日，贾美玉体检合格后进入考察环节。政审结束后，贾志红再次送给吉新瑞现金7000元。不久贾美玉被长治市环保局录用。而宋江明却因体检不合格被淘汰。2011年11月9日，《中国青年报》刊发《宋江明求职验血记》的报道引起多家网站转载，继而引发网络热议，造成恶劣的社会影响。这时，吉新瑞才发现宋江明的体检报告上没有主检医师的签字。而根据人事部、卫生部《公务员录用体检通用标准（试行）》、《公务员录用体检操作手册》中对体检工作程序的规定，"单项淘汰必须经过主检医生审定并签字"。吉新瑞急忙让下属拿着体检报告到和平医院找到主检医师补签了字。宋江明总成绩第一却因体检"不合格"被淘汰一事，引起社会各方的强烈关注。长治市纪委、监察局立即成立调查组进行调查核实，发现宋江明参加体检和复查的血液检验单存在人为篡改数据的嫌疑；长治市人社局、长治和平医院有关人员和递补考生家长涉嫌严重违纪违法问题。2012年1月16日，山西省纪委监察厅通报了对长治市公务员考录违规事件的处理结果，共有10人受到党纪政纪处分，其中8人因涉嫌犯罪被移送司法机关处理。

（资料来源：人民网《山西省长治市公务员考试舞弊案真相》，http://edu.people.com.cn/GB/88733/135264/17526831.html）

1. 长治市公务员招录黑幕事件对我国政府形象及公信力有哪些影响？
2. 政府组织如何从根本上制止这样的事件再次发生？

思 考 题

1. 公共组织人员及群体的行为受哪些因素的影响，有何影响？
2. 如何理解和处理公共组织群体内部人际冲突？
3. 如何理解和处理公共组织群体间的冲突？
4. 对于公共组织人员的激励中，应遵循哪些基本原则？如何选择激励形式？
5. 非正式组织与正式组织的关系怎样？如何对非正式组织实施有效的引导和管理？

专 业 名 词

招募甄选	Recruitment and Selection
激励管理	Incentive Management
工作认同	Task Identity
工作重要性	Task Significance
工作轮调	Job Rotation
工作扩大化	Job Enlargement
工作设计	Job Design
目标管理	Goal Management
参与管理	Participative Management
群体从众行为	Conformity Behavior
非正式组织	Informal Organization
非正式沟通	Informal Communication
工作技巧多样化	Skill Variety

第6章
公共组织文化的构建与创新

学习目的

公共组织文化是公共组织的灵魂，本章通过对公共组织文化内涵与特点的介绍使学生对公共组织文化的基本概念、类型、构成有所了解。介绍了公共组织文化的功能，通过学习能够对不同公共组织文化的作用有所鉴别，认识到组织文化在这个组织体系中的重要性。让学生掌握公共组织文化构建基本原则，在组织文化的构建过程中要始终坚持这些原则，并进行思维创新，找到构建创新型公共组织文化的途径。

本章重点

1. 公共组织文化的渊源。
2. 公共组织文化的类型。
3. 公共组织文化的构成。
4. 公共组织文化构建与创新的途径。

6.1 公共组织文化的内涵及特征

公共组织文化作为社会文化的重要组成部分，它的产生、形成与发展都受到社会文化的影响。要正确分析公共组织文化的内涵和特征，我们首先要从一些基本的概念入手。

6.1.1 文化与组织文化

文化（Culture）一词来自拉丁文 Cultus，它的原意是指人们在改造外部自然界使其满足于自身的衣、食、住、行等各个方面需求的过程中，对土地的耕耘、加工和改良。这里的"文化"即客观事物的"人化"，是由人类创造的不同形态物质所构成的一个庞大、丰富和复杂的系统。《当代百科知识大辞典》对于文化是这样解释的："一般而言，指在社会发展过程中人类创造物的总称。它包括物质技术文化、社会制度文化和精神文化。文化一旦形成之后便具有自身的发展规律，通过一代复一代的继承，文化会延续下去。"① 有关文化的定义有很多，美国人类学者 E. B. 泰勒在 1876 年的《原始文化》中提到 "所谓文化或文明乃是包括知识、信仰、艺术、道德、法律、习俗以及包括社会成员的个人而获得的其他任何能力、习惯在内的一种综合体"②。文化在内容上有狭义与广义之分。狭义上的文化是指一种非物质的文化，即 "文化是一类人群与其他人群相区别的心智程序的整体"，包括政治思想、宗教信仰和人际关系及文学艺术等；广义的文化除了以上的非物质文化外还有物质文化，如机器、工具、书籍等 "人化" 了的事物，是对非物质文化的折射。

文化的产生与人类的生产和生活密不可分，它的形成经过了一个十分复杂的过程。就文化的特点而言，主要包括以下几个方面：

（1）实践性。文化是人类活动的产物和结果，同时，它又是制约、指导人类活动方式的原因。

（2）继承性。任何一种文化不是凭空产生的，它必须建立在已有文化的基础之上，并继承和发扬传统文化的精髓。

（3）适应性。文化产生于特定的自然和社会环境之中，因而它必须同所处的环境相适应。

（4）整合性。文化是一个复杂的系统，它包含着物质、制度、精神等诸多要素，各种要素之间要相互协调一致，才能构成一个有机的整体。

（5）开放性。文化在其产生以后并非一成不变，随着外部环境的改变文化也在发生着变化。文化是一个开放的系统，它永远处在动态的发展之中。③

组织文化是企业管理中的一个概念，它是指组织成员的共同价值观体系，它能够使组织独具特色，与其他组织相区别。关于组织文化的定义，专家们众说纷纭，至今仍未形成一个定论。国外关于组织文化的定义就有 160 多种，其中美国学者迪尔和阿伦·肯尼迪在《企业文化》一书中，将组织文化描述为："我们在这种环境中做事的方式。"国内关于组织文化的理论也有很多，如 "精神文化一元论"、"精神文化和物质文化二元论"、"精神文化、规范文化和物质文化三层次论" 等。

组织是一种有意协调的社会单元，由两个以上的人组成，在一个相对连续性的基础上运作，以达到共同的目标或一系列目标。④ 组织文化（Organizational Culture）是组织从制度化向人性化发展的产物，是近代人本管理思想发展的结果。组织有了制度就拥有了生命力，有了持续发展的体系，有了可以被员工所共同接受的行为模式。组织朝着人性化的方向发展，这样就要求组织要像人一样具有自身鲜明的个性，这种鲜明的个性就是组织文化。组织文化是文化的一个组成部分，相对于国家文化、民族文化、社会文化而言，组织

---

① 《当代百科知识大辞典》，上海辞书出版社，1988 年版，第 174 页。

② 转引自 [美] 约翰·科特，方云军、张小强译：《变革的力量——领导与管理的差异》，华夏出版社，1998 年版。

③ 张建东、陆江兵：《公共组织学》，高等教育出版社，2003 年版，第 78 页。

④ [美] 斯蒂芬·P. 罗宾斯，孙建敏译：《组织行为学》，中国人民大学出版社，1997 年版，第521 页。

文化则是一种微观文化。

区别于其他文化，组织文化有自身的特点：

（1）创新与冒险：组织鼓励员工创新和冒险的程度；

（2）注意细节：组织期望员工做事缜密、善于分析、注意小节的程度；

（3）结果定向：组织管理者集中注意力于结果而不是强调实现这些结果的手段与过程的程度；

（4）人际导向：管理决策考虑到决策结果对组织成员的影响的程度；

（5）团队导向：组织以团队而不是以个人工作来进行活动；

（6）进取心：员工的进取心和竞争性的情况；

（7）稳定性：组织活动重视维持现状而不是重视成长的程度。

组织文化是一个组织的灵魂，它在组织中起着非常重要的作用。组织文化是组织与组织间的分界线，不同的组织有着自身独特的文化。从组织文化中表现出了成员对该组织的认同感，在组织的活动中它作为一种观念形式和控制机制，约束和规范成员的行为。

6.1.2　公共组织文化

公共组织文化（Public Organizational Culture）是公共管理的软环境，是公共组织的灵魂，是公共组织生存和发展的基础和动力。每个公共组织在其发展过程中，必然会形成独具特色的组织文化，这种组织文化深刻地影响着组织的运转和组织成员的行为。研究公共组织文化对公共组织具有极其重要的意义，是公共组织管理合理化，公共组织办事高效廉洁的前提条件，也是推动公共组织深入发展的内在动力。

1. 公共组织文化产生的渊源

公共组织文化是文化在公共组织活动过程中表现出来的一种独特的文化形式，它往往借助公共组织主体、公共组织活动及其对象而得到相应的体现。公共组织文化作为社会文化的一个有机组成部分，其产生必然的会受到社会物质生产运动的决定性影响。从公共组织文化形成过程来看，社会文化和公共组织具体的实践活动是其产生的主要渊源。公共组织文化正是在社会文化的基础之上，在公共组织日常的实践活动中形成和发展起来的。

2. 公共组织文化的含义及特点

公共组织文化是公共组织实践的产物，公共组织在长期的存在和发展中形成了为本组织所特有的文化，这种文化又在公共组织的日常活动中得到反映。

对于公共组织文化的界定可以有广义和狭义之分。广义上的公共组织文化是指公共组织的意识形态，以及与之相适应的公共组织制度和公共组织机构；狭义上的公共组织文化是指公共组织意识形态，即在公共组织实践的基础上形成的，直接反映公共组织与公共关系的各种组织目标、价值标准、基本信念、行为规范和精神活动状态。我们这里所讨论的主要是狭义上的公共组织文化，其内容包括思想性的公共组织文化、规范性的公共组织文化。

在不同的社会背景、不同的公共组织中会培育出不同的文化。公共组织文化的形成是一个长期而缓慢的过程，随着时代的发展，在不同时期公共部门的组织文化呈现出不同的特点。

公共组织文化具有一般组织文化的共同特点：

（1）时代性和民族性。神权政治时代的组织文化是迷信的；封建专制时代的公共组织文化是尚权威、重服从；资产阶级革命时代的公共组织文化是讲人权、尚实效、重法制；社会主义民主政治时代的公共组织文化则重科学、为民众、尚服务。公共组织文化往往因不同的国度和民族形成不同的模式，具有不同的特点。

（2）社会性和积淀性。公共组织文化是一种社会积淀物，是人们在长期的公共组织活动中，知识、经验、理想、信仰、道德、价值的积淀，是通过长期的创造、延续、传承而实现的。

（3）整合性和多元性。公共组织文化的形成是在一个相当长的过程中，在人类社会的经济和政治的相互作用过程中，在不同社会文化的冲突和交融中，由不同的区域和人群逐渐整合而成。不同的地区和人群使公共组织文化呈现出多元化的特点。

（4）普遍性与连续性。公共组织文化是无所不在的、连续的和持久的，公共组织文化的形成将广泛地、持续地影响公共组织主体及其活动。

（5）渗透性与隐蔽性。公共组织文化往往以比较隐蔽的形式渗透到社会的各个领域，渗透到各个公共组织和组织成员中，渗透到具体的公共组织管理活动中。

公共组织文化具有约束力，并与其他公共组织区分开来。公共组织的文化是基于一定的价值基础上的，面对新形势对公共行政组织的要求，现代公共组织的文化又有了新的特点：

（1）以民为本。新公共服务理论是关于公共行政在以公民为中心的治理系统中所扮演的角色的一套理念。与传统的组织文化不同，服务性的公共组织文化以"民本位"为其价值核心，组织一切活动以此为中心来进行。这种"以民为本"的公共组织文化是指在公共组织的管理活动中，公众成为活动的中心，公共组织主体应将自己定位于服务者的角色上，公共组织要以公众的利益和需要作为其行动导向，公共组织活动不再是传统的自上而下的命令执行，而是围绕公众展开服务，履行公共组织的职能。

（2）法治管理。法治是现代市场经济的必然要求，公共组织管理活动应以法律为依据，严格遵守法律。公共组织管理的法治化，要求公共组织成员必须有较强的法律意识，懂得国家基本法律的规定并熟悉与组织相关的法律法规。公共组织成员都必须在法律规定的范围内进行活动，公共组织活动的程序、条件必须符合法律的规定。公共组织成员要强化依法治理的观念，在公共组织的管理中要做到有法必依、执法必严、违法必究。

（3）服务高效。要适应市场经济迅猛发展的需要和广大人民日益增长的公共服务的要求，公共组织必须克服传统公共组织文化所带来的行动迟缓、效率低下、回应性差等弊端，将效率作为公共组织管理活动的出发点和落脚点，以方便人民、服务人民为宗旨，在制度建设上必须做到权责统一，同时改善领导作风，提高组织成员的整体素质，并通过建立科学有效的激励机制，激励公共组织成员自觉、高效地开展组织活动。

（4）群众参与。参与性是指公共组织的各项活动不仅是以公共组织主客体积极参与而非消极应付为特征，而且客体对主体的行为内容和行为方式也会积极施加自己的影响。随着公共管理事务的逐步增加，公共组织的活动更多地依赖广大民众的参与和合作，而公共组织应进行协调、引导、规划、服务以及必要的扶持以增强广大群众参与到公共组织管理中来，营造一种良好的合作氛围，激发民众通过加入各种形式的公共组织参与到公共事务的管理过程中来。

3. 公共组织文化的构成

（1）思想性的公共组织文化结构。公共组织价值观：它是指公共组织的主体对公共组织关系、公共组织活动、公共组织现象、公共组织事务的判断和评价。公共组织价值观是公共组织文化的重要组成部分，是行为主体对客观现实的反映。它是行为主体在一定条件下的动机、目的、态度的综合体现。它不仅影响着公共组织主体的行为，也影响着整个公共组织的行为，从而影响着公共组织活动的效果。实质上公共组织价值观是公共组织行为主体的需要和利益的内化。

公共组织信念：它是指公共组织主体在活动中所遵循的原则和对理想的崇高信仰。公共组织信念是公共组织目标得以实现的前提，是公共组织进行有效管理、完成组织任务的强大动力。它决定着行为主体的行为方向和结果，是行为主体的精神支柱。公共组织中的成员拥有共同的组织信念是公共组织活动得以高效率进行的保证。

公共组织理想：它是指公共组织成员对公共组织活动及变化发展的期望和设想。理想不是没有根据的臆想，它根源于主体的实践活动。公共组织行为主体在日常的实践活动的基础上，根据对组织环境的客观判断形成了一些组织在近期或远期能够实现的目标，这些目标的集合可以成为组织成员的共同理想。在工作中每个组织成员都为共同的目标而奋斗，为实现共同的理想而努力。每一个具体目标的达成都意味着离理想的实现又靠近了一步。因此，对于一个公共组织而言，树立一个正确的公共组织理想对组织的发展有着极为深远的意义。一个正确的、切合实际的公共组织理想能够激励组织成员积极地投入到组织活动当中，鼓舞每一个成员为实现组织的目标而不懈努力。

公共组织意识：它是指公共组织主体对公共组织系统、公共组织活动及其规律在主观上的反映。从对公共组织意识的定义中我们可以看出它包含以下三层含义：其一，公共组织意识形式是主观的，内容是客观的。它所反映的客体是公共组织体系、公共组织活动及其规律，这些内容的存在形式是客观的。其二，公共组织意识是主体对客体的反映，但这种反映并不是消极的、简单的，而是要通过一个能动的、复杂的过程，是各种反映形式的总和。其三，公共组织意识具体的表现形式是组织成员的认知取向、情感取向和价值取向。这三个方面的取向决定了公共组织成员意识的强弱。

公共组织道德：它是指公共组织主体在组织的管理活动过程中所形成的道德准则和规范的总称。它是基于公共组织信念和公共组织价值观而形成的。公共组织道德是选择和评价组织行为的道德要求，一方面它通过教育和舆论宣传的方式影响公共组织主体的心理和意识，形成公共组织主体的内在信念；另一方面，它又通过传统习惯、规章制度等，在公共组织的活动中确定下来，成为约束主体间相互关系和主体个人行为的原则和规范。相对于公共组织规章制度对成员的规范作用而言，道德对于组织成员行为的约束作用更为有效。

（2）规范性的公共组织文化结构。规范性的公共组织文化结构是指对公共组织主体和公共组织行为产生规范影响的公共组织文化。它的形成可以是在公共组织的活动过程中自然形成的，也可以是在公共组织活动过程中总结而得出的。由于其产生具有自然性，决定了规范性的公共组织文化不具有法律上的强制性，但也为公共组织成员共同认可和遵守。规范性的公共组织文化主要包括以下几个内容：

公共组织传统：公共组织传统是指在公共组织活动过程中从已有的文化中继承的道德

观念、习惯、制度规则等。它是特定的公共组织在其活动过程中长期积累而成的稳定的规范因素，体现在公共组织成员的思维方式、行为方式等方面。公共组织传统一经形成将会成为公共组织活动的精神支柱，它所具有的权威性和独立性随着条件的变化在不同的公共组织系统中产生着不同的效应，影响着公共组织活动的稳定性。公共组织传统对于组织活动的影响主要是通过传统的道德、思想、行为习惯、活动方式来影响组织成员的行为。我们对于公共组织的传统文化应该有一种辩证的态度，要批判地继承，传统文化中的精髓对于现代公共组织来说应该继承和发扬，它有助于提高公共组织的工作效率；对于有悖于现代公共组织发展的文化我们应该有正确的判断，避免它再次出现于组织中而影响组织的发展。因此，对于传统的继承，要取其精华，去其糟粕。

公共组织习惯：公共组织习惯是在公共组织活动中逐渐形成并转变为组织所需要的行为方式。它是公共组织传统在公共组织行为方面的具体体现。公共组织习惯包括行为方式和行为作风两个方面。在经常性的公共组织活动中，组织成员对于那些能够满足自我需要和对公共组织活动产生影响的行为方式逐渐演变为一种习惯。同公共组织传统一样，公共组织习惯也有优劣之分。良好的公共组织习惯可以形成优良的公共组织行为方式和作风。不良的公共组织习惯会影响公共组织活动的效果。长期存在的官僚主义作风，造成了我国公共组织结构复杂、机构臃肿、办事效率低下、人浮于事的局面。一种习惯的形成需要一个长期的过程，习惯一旦形成在短期内就难以改变。要在公共组织中培养和形成良好的习惯，就应该树立正确的观念，采用规范化、科学化的管理方法，将先进的科技运用于组织管理活动中。

公共组织原则：公共组织原则是指在公共组织中被共同遵循的方法和准则。公共组织的原则是在公共组织成员通过大量的实践活动的基础上总结出来的带有普遍性的规律，它能够指导公共组织的具体管理活动，成为公共组织成员能够较好地完成组织任务的推动力。在我国的公共组织发展中，形成了人民群众参与管理原则、社会主义法治原则等。西方公共组织原则中以效率原则、管理幅度原则、例外管理原则著称。

4. 公共组织文化的类型

依据不同的角度，可以把公共组织文化分为以下几种类型：

（1）按照时间的不同，公共组织文化可以分为传统的公共组织文化和现代的公共组织文化。传统的公共组织文化是指随着历史的发展而继承下来的公共组织文化；现代的公共组织文化是指适应现代发展的要求而产生的新型的公共组织文化。不同的历史时期公共组织内部会产生其固有的文化，每一时期的公共组织文化既是对已有公共组织文化的继承，又是对已有公共组织文化的发展。

（2）按照地域关系的不同，公共组织文化可分为社会性的公共组织文化和区域性的公共组织文化。社会性的公共组织文化是指存在并作用于全社会各种公共组织活动的文化，是主流的公共组织文化，它往往影响着整个社会的公共组织的行为。区域性的公共组织文化是指在不同地区，受政治、经济、文化等因素的影响而形成的与社会性的公共组织文化存在一定差异的公共组织文化。它是以主流文化为背景，又带有本地区和民族特色的一种特殊的组织文化。区域性的公共组织文化与社会性的公共组织文化既有统一性，又存在着差异性。

（3）按照表现形式的不同，公共组织文化可分为精英公共组织文化和大众公共组织文化。精英公共组织文化是在公共组织中占据主导地位，起决定性作用的公共组织文化。它决定了该组织的基本价值取向，根本目的是维护现存的组织体系，维护既得的权力，维持现行的政策。大众公共组织文化是一种不占主导地位但在公共组织中又不可被忽视的组织文化。

除了以上三种对公共组织文化的划分外，还可以按公共组织文化的作用直接与否，将其分为显性公共组织文化和隐性公共组织文化。

6.2 公共组织文化的基本功能和构建原则

公共组织文化功能的发挥是在公共组织的管理活动中体现出来的。公共组织管理的建立与发展与公共组织文化环境紧密联系，因此，公共组织管理活动在一定程度上受到了公共组织文化的影响和制约。而公共组织在其活动的过程中又会形成带有本组织特色的组织文化。在公共组织的运行过程中，作为环境要素的公共组织管理与体现这一环境特点的公共组织文化之间相互交错、相互贯通，两者的相互作用对公共组织文化功能的发挥起着至关重要的作用。

6.2.1 公共组织文化的基本功能

1. 公共组织文化的功能

公共组织文化是公共组织及其成员共同具备和遵守的理想信念、价值观念、道德标准、行为模式、生活方式及人际关系等各种生活准则与行为规范的总称，它是关于一切公共组织活动的公共组织意识、公共组织价值观、公共组织道德和公共组织心理等的总和。任何一个公共组织的结构、运转程序、决策过程以及组织成员的行为、作风、态度、价值观等，都直接或间接地受到公共组织文化的影响。根据在公共组织活动中具体运行的积极与消极后果，公共组织文化的功能可分为正向功能和负向功能，公共组织文化具有以下几个正向功能：

（1）导向功能。公共组织文化的导向功能是指公共组织文化能对公共组织及其成员的心理、性格、行为起导向作用，能对组织整体的价值取向和行为取向起导向作用，使之自觉调整行为方向，为实现公共组织目标而奋斗。公共组织文化之所以能起导向作用，关键在于公共组织文化建设中确立的基本价值观、群体意识、共同行为准则和道德规范等。

（2）凝聚功能。公共组织文化的凝聚功能是指当共同的价值观和共同的信念被公共组织和组织成员共同认同以后，它就会为公共组织成员确立"凝聚点"，产生"凝聚力"，提供"凝聚剂"，从各方面把成员上下一致地紧密地团结起来，产生一种巨大的向心力和凝聚力，从而促成人们对人对事保持基本相同的看法，形成一个在工作中协调同步、充满生机活力的"命运共同体"。公共组织文化之所以能将个体凝聚为一个团结的集体，主要依赖于共同的文化和共同的心理因素。

（3）激励功能。公共组织文化的激励功能是指公共组织文化具有使全体组织成员从内心产生一种情绪高昂、奋发进取的效应。因为优秀的公共组织文化能以其明确的整体价值观、道德观等去指导人们的行为，能使群体产生一种强大的向心力、凝聚力和高度的主人翁精神和责任感。同时，公共组织文化引导形成积极向上的思想观念及行为准则，从而形成强烈的使命感、自豪感、光荣感和持久的驱策力，成为组织成员较长时期自我激励的一把尺子，自觉地对自己提出新的更高的要求和奋斗目标。

（4）规范功能。公共组织文化的规范功能是指公共组织文化一旦形成较为固定的模式，就对公共组织和组织成员的行为起着规范作用。公共组织和组织成员应崇尚什么，提倡什么，什么该做，什么不该做，都必须按照公共组织文化的原则要求和基本内容去规范自己的行为，绝不可我行我素，自行其是，更不能违反法律的规定。在优秀的公共组织文化氛围中，组织成员的工作充满信任感、使命感和自豪感，他们在整体价值观的指导下，懂得什么该做、什么不该做，能够自己控制自己。

（5）协调功能。公共组织文化的协调功能是指公共组织文化能建立起一种积极的群体意识和确立相应的行为规范，使行政群体中的每一个组织成员对自己的行为进行自觉调整，从而沟通和处理好人际关系。因为公共组织文化主要是通过共同的价值取向、心理趋势、行为准则、道德规范等，使组织成员的思想、作风、行为、追求等自觉地统一到组织目标上来。这样，就能减少或避免组织群体内的摩擦和矛盾，使群体内部机构和成员增加共同语言，消除各种争端，从而创造出一种和谐的工作环境，使公共组织更加团结和富有活力。

（6）控制功能。公共组织的控制功能是指公共组织文化通过一种观念的力量约束、规范、监督组织成员的日常行为。它要求公共组织及其组织成员，对内，能保障基本价值观的确立和实践，沟通和协调好人际关系，从而更好地实现组织目标；对外，能树立和维护良好的组织形象，正确处理好组织与社会、权力与责任、法治与人治等关系。切实做到依法管理、廉洁奉公、勤政为民。因此，这种控制实质上是公共组织和组织成员对自己行为的自我管理和约束，是一种更积极、更有效、更持久的控制。

（7）辐射功能。公共组织文化不但对本单位，还会对社会产生一定的影响。因为公共组织文化不仅以实现组织目标为基点，而且是在更高层次上有所要求，带有强烈的社会责任、社会奉献的色彩。所以它能普遍得到社会舆论的支持，受到社会各方面工作的效仿，产生极大的积极的影响作用。

不可否认，除此以外，公共组织文化中也包含一定的消极因素，对公共组织及其成员产生负面影响，即公共组织文化的负向功能，表现为如下两点：

（1）阻抑功能。这是指包含于公共组织文化中的许多组织传统思想和思维定势容易在具体的管理活动中被公共组织内的成员所接受，进而在公共组织活动的过程中体现出来，如独裁专断、集权式管理、官僚主义、推脱责任等行为。这些公共组织文化中的消极因素只会给公共组织的活动带来破坏性的后果，阻抑公共组织管理的发展和降低公共组织管理活动的效率。

（2）障碍功能。公共组织文化的统一性或同质性可以维持组织的凝聚力，但只有多样性与异质性的文化特质，才是组织发展的必要条件，任何社会发展始于差异性。组织文化在强调共同价值观作用的同时，却容易忽略它对发展的阻碍因素。组织内部的强文化使组织成员服从组织文化既定的内容，它限定了组织可以接受的价值观与生活方式范围。所以，如果组织的核心价值观削弱了不同背景的职员带来的生机与活力，阻碍异质文化的优势互补，那么这种文化就成为影响组织发展的一个阻碍因素。

公共组织文化的各种功能不是孤立的、互不影响的，而是联为一体、综合地发挥其特有的作用。其共同的目标或作用的基点就是发掘公共组织及其组织成员的积极性、创造性，使之凝成一股强大的力量，更好地实现组织目标。

2. 公共组织文化在公共管理中的作用

公共组织文化较隐蔽地渗透到社会的各个领域，渗透到各个公共组织和组织成员中，渗透到具体的公共组织活动中。公共组织文化是一种潜在的、无形的力量，它必然会对公共组织产生影响。任何公共组织是在特有的公共组织文化环境中建立和发展起来的，必然要受到公共组织文化的影响。

（1）公共组织文化对公共组织的影响。首先，公共组织文化对公共组织的影响表现在对公共组织目标的影响上。由于行政组织公共组织内部分工的不同，不同层次、级别和性质的公共组织，其组织目标必然存在差异，那么这些组织在制定自己的目标时，必然会受到公共组织文化的影响。其次，公共组织文化也是影响公共组织结构模式的一个重要因素。任何公共组织内部存在各部分或各层级之间所建立的一种相互联系的模式，往往能体现出组织内的权力分配与责任的关系，体现出人事安排与组织内部协调的关系。在不同的公共组织文化背景下，人们是依据不同的组织理论和组织原则形成不同的公共组织结构的。再次，组织思想、组织传统和组织习惯等都对公共组织结构产生影响，公共组织文化对公共组织结构产生着多方面的影响，直接涉及组织结构的形态、组织结构中的权力分配、组织结构中的内部协调和平衡等多个方面。

（2）公共组织文化对组织领导者的影响。公共组织文化决定着组织领导者的主要行为方式和行为作风的选择。一个组织领导者可以从多种主要行为和作风中作出自己的选择，而且可以改变原有的行为和作风。任何选择是以判断为前提的，而领导者在作选择判断时，又不可避免地受到他自身已有的价值观念、知识水平、心理素质、个性特征、自我评价、对下级的认知与情感、对下级的信任程度等因素的影响。组织领导者的行为选择反过来也会影响公共组织文化。组织领导者在领导活动中往往通过自己的行为方式和行为作风把自己的信念、理想、态度、价值观投射到公共组织中去，从而对公共组织的公共组织文化产生不同程度的影响。因此，一个好的组织领导者不仅要以身作则，而且要开明豁达，富有远见和创新精神。这样的组织领导者才能有助于在公共组织中形成良好的公共组织文化。

（3）公共组织文化对组织行为的影响。公共组织文化对组织行为的影响，包括对组织成员的组织行为的影响和对组织机构的行为的影响两个方面。公共组织文化对组织成员的组织行为的影响，不是直接的，而是间接的，它往往通过组织成员的心理和精神的因素影响到组织成员的行为。社会、公共组织通过组织文化的各个组成部分来塑造和影响人的个性发展。因此，人们在进入组织领域后，所受到的文化影响主要是公共组织文化的影响，就像社会文化塑造人的个性一样，公共组织文化会在一定程度上改变组织成员的某些个性特征。公共组织文化对组织机构的行为的影响，主要包括对组织机构的沟通行为和决策行为的影响。首先，从公共组织文化与组织机构的沟通行为来看，组织内部机构之间的良好的信息沟通是组织机构进行有效组织决策的前提条件，是组织活动成功的关键。组织机构的沟通行为除与信息性质和内容、组织体制和组织机构的机制有关外，还与公共组织文化有密切的关系。上下之间的沟通很大程度上取决于下级对上级和组织机构的认知程度，取决于下级对上级和组织机构的信任和忠诚程度。其次，从公共组织文化与组织机构的决策行为来看，公共组织文化对组织决策的价值前提产生影响。它决定组织机构决策的目标性质、效益标准、道德标准和个人价值等。公共组织文化对组织决策的心理素质也产生影响，那种果断决定问题、不怕风险、富有创造欲望的心理素质，来自于人们的坚定信念、丰富的经验和专业知识，也来自于人们对组织活动的高度认知和非同寻常的价值判断。公共组织文化也对组织决策的方式产生影响。不同的决策方式鲜明地反映了不同的文化背景，在注重科学、信仰科学的公共组织文化环境下，组织决策者是在运用科学的方法和充分论证的基础上进行的决策，从而实现决策的民主化与科学化。

6.2.2 公共组织文化的构建原则

从公共组织文化的基本功能和对公共管理活动的作用来看，公共组织文化渗透于公共组织管理的各个环节，它长期存在于组织发展过程中，逐步与公共组织系统中的多种要素相结合，深化为影响公共组织发展的潜在因素。它通过与公共组织的具体管理活动和实践相结合，通过组织成员共同的价值观念、行为方式、思维模式、道德规范，把公共组织的全体成员紧密地结合在一起。正是因为公共组织文化对于整个公共组织系统及其运转产生着重要的影响，因此，构建和发展良好的公共组织文化就成为公共组织发展的重要前提。要构建良好的公共组织文化必须遵守以下原则：

（1）目标原则。公共组织的管理活动是围绕公共组织目标展开的，在组织活动中必须体现组织文化的精神动力作用。每一个公共组织成员的意识、观念、行为模式都应时刻与组织的目标保持一致，从而激发成员为实现公共组织目标而奋斗的积极性。

（2）价值原则。公共组织文化中的理想、信念、行为准则、道德标准必须能够促进公共组织更好地实现自我价值。应该有目的地引导和培养形成有利于促进组织活动绩效的观念和价值，将其作为共同的规范。

（3）创新原则。创新精神是组织保持活力、保持永久生命力的关键。一个充满活力、不断向前发展的组织必定是具有创新意识、创新能力的组织。

（4）参与原则。随着民主制度的发展，民主观念日益深入人心，应该在组织文化的形成过程中遵循参与原则。在公共组织的各项活动中要充分尊重组织成员的民主参与权利，让他们能够广泛地参与到组织的决策和管理中，从而能够更好地发挥他们的主人翁意识，使他们产生归属感，能够全心全意地为组织效力。

（5）以人为本原则。日本松下公司总裁松下幸之助认为"人仍然具有万物之王的伟大本质"①，"事业的成败取决于人"，"没有人就没有企业"。② 索尼公司始终都贯彻"每个员工都是索尼大家庭的一员"的方针，企业就好比一个大家庭，而员工被看做一家人，公司领导人和员工们和睦相处，整个气氛轻松融洽、充满友善。公共组织是由组织中的成员构成的，每个组织成员都是公共组织活动的主体。因此，要将组织中的人视为重要因素，尊重人，理解人，关心人。为每一个组织成员创造良好舒适的工作生活环境，增强他们对组织的认同感，促进组织活动效率的提高。

---

① ［日］松下幸之助著，滕颖译：《实践经营哲学》，中国社会科学出版社，1989年版，第18页。
② ［日］松下幸之助著，滕颖译：《实践经营哲学》，中国社会科学出版社，1989年版，第19页。

6.3　公共组织文化的建设与创新

文化作为人类社会特有的现象，是一定社会历史条件的产物，不同时代的社会实践决定着文化的性质和时代特点。中国改革开放和社会主义现代化建设的伟大实践，必然会对文化发展产生深刻的影响。中国进入了一个新的发展时期，社会经济生活发生了巨大的变化。但是，经济建设的发展离不开社会文化的发展与进步，而公共组织文化在一定程度上影响着社会文化的发展方向，所以在社会的转型时期，进行公共组织文化的建设显得尤为重要。我们应当立足中国国情，适应经济社会发展的现实需要，大力培育与社会主义民主政治建设、与社会主义市场经济体制的建立和完善、与中国特色社会主义事业发展相适应的现代公共组织文化。

6.3.1　公共组织文化建设

1. 公共组织文化建设的基本内容

（1）含义。公共组织文化建设是指公共组织中的管理者有意识地培育优秀文化、克服不良文化的过程，这一过程也被称为公共组织的"软管理"。

（2）公共组织文化建设的内容。一种优良的公共组织文化能够创造出和谐、进取的公共组织氛围，它能为组织的发展产生源源不断的动力，对公共组织的发展起巨大的推动作用。一个优秀的公共组织领导者不仅应该强烈意识到组织文化的存在，而且在组织的发展过程中应不断提倡和发扬组织好的精神和传统，消除公共组织中不良的观念、习惯、风气，积极主动地引导公共组织文化的运行和完善，自觉地进行公共组织文化的建设和管理。公共组织文化建设主要包括以下内容：

要在公共组织内培育具有正确取向的核心价值观念，塑造模范的公共组织精神；公共组织的管理活动应坚持以人为本的原则，全面提高公共组织成员的素质；在公共组织中要建立合理的、先进的公共组织管理制度和行为规范；加强公共组织礼仪建设，促进公共组织文化习俗化；改善公共组织的物质环境，塑造良好的公共组织形象。

（3）公共组织文化建设的基本步骤：第一，建立公共组织文化领导小组。公共组织文化领导小组负责组织文化建设的监督工作，为文化建设指引正确的方向。第二，在公共组织内部设立专门的职能部门。在公共组织内部应该设立组织文化建设部门或者组织文化建设中心，负责推进公共组织文化的建设。第三，制定公共组织文化建设计划。通过编制活动预算使资源投入、进度考核和监督等工作都能够落到实处，从而保证公共组织文化建设能够有序地进行。第四，公共组织现实文化分析。通过深入调查研究，分析公共组织文化在过去、现在和未来各个阶段的表现形式，剖析公共组织文化的各个文化层次以及各个部门文化的不同。第五，公共组织文化建设目标设计。根据公共组织的现状、特征和一系列客观公正的标准，进行公共组织文化的策划。第六，实施公共组织文化建设计划。在明确了公共组织文化的建设目标之后，就要完成组织文化从现有文化向目标文化的过渡。

2. 当前中国公共组织文化建设中出现的问题

公共组织文化是理想性与现实性的统一体，这就决定了任何一个公共组织文化不可能是完美无缺的。公共组织文化是在社会文化这样一个大的环境中形成与发展的，就不可避免地会受到来自各个方面的影响和制约。社会文化的一些消极的因素必然会影响到公共组织文化的形成，使得公共组织文化存在一些不足。随着经济体制和政治体制的不断完善，我国经过长期的公共组织文化建设已取得不少成绩，但是目前我国在公共组织文化建设中还存在着一些不够完善的方面：

（1）过分注重形式。传统组织文化注重形式，讲究繁琐程序和规则，办事拖沓、机构臃肿、人浮于事、决策迟缓，影响工作效率的提高和组织目标的实现，表现出比较严重的形式主义。这种现象在今天的公共组织活动过程中仍然存在，这样长期下去就形成了极大的惰性。一个有惰性的公共组织必然不会产生高的办事效率，更无从提高公共组织的管理水平。

（2）官本位思想和特权观念。中国公共组织管理中存在的人格化倾向、组织活动缺乏有效的法律约束、人治重于法治等现象，在很大程度上是受到"官本位"思想和特权观念的影响。这不仅使得公共组织内部成员缺乏应有的独立性，而且"官本位"和特权主义观念会衍射到广泛的社会文化领域，泛化为大众文化的内涵。这一现象的出现反过来又强化了公共组织中"官本位"的色彩。

（3）重人治而轻法治。中国传统的社会秩序，不是靠法律维系，而是靠宗法、纲常、下层对上层的绝对服从来维持。权力支配法律，用人治世多为长官意志，以致民众们接受能拯救自己的清官和救星，对保障社会正常运转和人民基本权利的法律关注度较低，不习惯用法律来捍卫自己的权利，人情之风盛行。在公共组织活动中往往表现为权力凌驾于法律之上，组织决策和活动执行缺乏法律的约束，有法不依、执法不严现象屡有发生。

（4）价值观念混乱，出现信任危机。社会的开放和自由，也带来了价值观念的多元化，使得生活于社会中的公共组织主体陷入了矛盾与困惑之中。伴随着社会市场化而来的拜金主义、享乐主义和极端个人主义思潮也不断腐蚀部分公共组织领导者和组织成员。这些思想冲击掌握着社会资源配置的公共组织领域，造成了公共组织成员价值观念的混乱。价值观念的混乱导致了信任危机的产生，导致了公共组织主体信念的缺失。

3. 公共组织文化建设的意义

我国现阶段公共组织文化的特质内涵、公共组织文化建设的目的、任务都必须充分体现人民的意愿，维护人民的利益，尊重人民的创造精神，坚持以为人民服务为方向，努力满足人民群众多方面、多层次的文化需求，致力于提高人民群众的思想道德水平和科学文化素质，动员和激励人民为实现国家富强、民族振兴和创造自己的美好新生活而辛勤劳动，积极进取。

（1）加强公共组织文化建设，是坚持以人为本，落实科学发展观，全面构建社会主义和谐社会的现实需要。公共组织文化深刻影响着公共组织及其成员的观念和行为。现代化的公共组织文化所体现的价值取向和理论观念，对政治文明建设具有举足轻重的作用。公共组织是社会这个大系统的一个组成部分，公共组织文化建设将有利于组织内形成和谐的氛围，组织成员之间和睦相处，是对构建社会主义和谐社会的有力支持。

（2）加强公共组织文化建设，是提供社会公正，促进社会主义市场经济健康发展和社会全面进步的重要保证。我国正处于政治体制改革的关键时期，公共组织的管理体制也进入了不断完善的发展时期，尤其需要促进社会主义市场经济的健康发展，积极地维护和提供社会公正，从而有效地调节人与人、人与社会的关系，以保证市场经济的公平与效率，把市场运行纳入道德规范和法制的轨道。

（3）加强公共组织的文化建设，是公共组织系统高效运行与职能充分发挥的基础和前提。良好的公共组织文化可以强化组织成员的自律精神和公共责任感，所以，加强公共组织文化建设，提高组织成员的文化素质，是公共组织体系自身高效率运行与良性发展的必然要求，从而保证国家与社会公共事务管理在高标准、高效率的基点上运行。

（4）加强公共组织文化建设是深层推进廉政建设，有效遏制腐败的重要精神力量。公共组织文化建设的深层作用在于良好的公共组织文化能促使和增强行为主体的自律意识和抵抗能力，通过制度、道德的他律和自律机制，构筑反腐败的坚固防线，并形成廉洁公正的组织文化风气。所以，良好的公共组织文化作为一种理性力量可以提高组织活动的合理性、合法性和廉洁性，树立良好的形象。

（5）加强公共组织文化建设对于推进精神文明建设，促进社会主义社会先进文化的发展具有积极的表率作用。公共组织文化建设是整个社会文化建设的中坚力量，对全社会起着极其重要的导向作用，有了良好的文化素质，组织成员才能自觉地扶正祛邪，扬善惩恶，形成追求高尚、激励先进的良好社会风气，带动群众改善民风，提高全社会的科学文化和道德水平。

总之，我国公共组织文化建设不仅需要继承和发扬民族优秀的道德传统，还要借鉴发达国家文明精华，并充分体现时代精神。社会主义组织文化建设从本质上说是对我国"德治"传统的批判继承，也是对人类公共组织文化遗产进行创造性的嬗变、扬弃与更新。

4. 公共组织文化建设的途径

社会主义社会是全面发展、全面进步的社会。我们努力进行物质文明建设的同时也要大力加强精神文明建设，加强公共组织管理。建设先进的公共组织文化是精神文明建设的重要组成部分，因此，努力推进有中国特色的现代化公共组织文化建设是社会主义现代化建设的一项重要内容。

（1）继续和发扬我国公共组织文化优势，以"更好地为人民服务"作为公共组织文化建设的动力和目标。一方面，对古今中外优秀的公共组织文化，我们要结合我国当前的公共组织管理的实际，将其继承和借鉴过来，使其为我所用。另一方面，我们必须以马克思列宁主义、毛泽东思想、邓小平理论、"三个代表"重要思想、科学发展观作为公共组织文化建设的指导思想，坚持实事求是，理论联系实际，密切联系群众，不断发展健康向上、丰富多彩，具有中国风格、中国特色的社会主义文化，满足人们日益增长的精神文化需求。在公共组织活动中处处以人民的利益为根本的出发点和归宿，以更好地为人民服务作为公共组织文化发展的动力和发展目标。

（2）加强宣传教育，尽快清除落后的思想观念。要想清除落后的组织思想观念，就需要从公共组织成员和社会民众两个方面进行宣传和教育。一方面，清除公共组织成员存在的"官本位"思想、"人治"观念。另一方面，加强对社会民众的思想观念教育，消除他们头脑中的"官贵民贱"思想，"官高一等"的观念，提高他们的"主人翁"精神，对公共组织工作提出自己的意见和想法，这样，才能形成共同管理的良好的公共组织氛围。

（3）加强公共组织管理的法治化，为公共组织文化建设奠定法治基础。用稳定的、统一的、理性的法律规范来约束公共组织行为，严肃党纪、政纪和法治，严惩一切腐败行为，并使其具有可操作性，这是当前公共组织文化建设的重要方面。同时，要提高公共组织成员的思想道德素质，提高他们的法律意识，使他们在公共组织管理活动中依法进行管理，保证有法必依、执法必严、违法必究。

（4）培养科学的公共组织意识和公共组织信念。注重培养公共组织成员的政治意识、公仆意识、法治意识、廉政意识和创新意识。社会主义民主政治不仅是一项目标，而且是一种制度。制度建设要求公共组织成员具有科学的公共组织意识，强调在组织管理过程中发挥意识的能动作用来处理好事务。培养科学的公共组织信念是一个帮助组织成员提高水平，陶冶情感，磨炼意志，确立组织信念的过程。科学的公共组织信念就是对建设有中国特色的社会主义事业充满信心，并愿意为之奋斗。

6.3.2 公共组织文化创新

文化作为一定社会历史条件的产物，不同的时代特征决定着文化的性质和特点。我国改革开放和社会主义现代化建设的伟大实践，对文化发展产生着深刻的影响。公共组织文化同样需要与时俱进，不断创新和发展。2011年，中国共产党第十七届六中全会强调了三大重点：即加强思想道德建设、丰富人民群众精神文化生活和深化文化体制改革。所以我们应当立足中国国情，回应经济社会发展的现实需要，大力培育与社会主义民主政治建设、与社会主义市场经济体制的建立和完善、与中国特色社会主义事业发展相适应的现代化的公共组织文化。

1. 公共组织文化创新的必然性

目前我国公共组织文化创新与公共组织的实践活动存在脱节的现象，文化创新工作相对落后。因此要努力推进法律与道德相结合的公共组织文化建设，以法治取代人治，适应市场经济和加入世界贸易组织后新形势的客观要求。第十七届六中全会强调：要深入实施人才强国战略，牢固树立人才是第一资源思想，全面贯彻党管人才原则，加快培养造就德才兼备、锐意创新、结构合理、规模宏大的文化人才队伍，要加强和改进党对文化工作的领导。①

（1）公共组织文化创新是实现中华民族伟大复兴的需要。一个民族的复兴必须具备一定的文化和精神作为推动其前进的力量。公共组织文化在整个社会文化中处于重要的地位，它指引着民族的发展方向。因此，我国必须大力发展社会主义的先进文化，建设社会主义精神文明，努力推进公共组织文化创新，为中华民族的伟大复兴提供精神动力和智力支持。

（2）公共组织文化创新是社会主义市场经济发展的必然要求。我国公共组织中普遍存在机构臃肿、办事效率低下、腐败蔓延等问题，拜金主义、享乐主义不断腐蚀着公共组织成员。面对这些问题，必须建立一种与社会主义市场经济体制相适应的，能促进我国市场经济快速发展的现代公共组织管理体制。因此，要使公共组织的管理适应社会主义市场经济的发展要求，就必须有意识地培育一种新型的、开放透明的组织文化，这是市场经济

---

① 《中国共产党第十七届中央委员会第六次全体会议公报》，2011年10月18日中国共产党第十七届中央委员会第六次全体会议通过。

发展的迫切要求。

（3）公共组织文化创新是现代公共组织管理的必然要求。公共组织文化创新是从根本上解决我国公共组织管理所面临问题的有效手段。随着社会的发展，公共组织中一些问题尚未很好地解决，如工作效率低下，有法不依、执法不严，权钱交易，以权谋私等问题极大地阻碍了公共组织朝着现代化的方向发展。因此，要科学地解决这些棘手的问题就必须加强公共组织文化创新，以一种充满活力的、科学的公共组织文化取代传统的公共组织文化。

（4）公共组织文化创新是我国加入 WTO 后的必然要求。公共组织文化创新是提高加入 WTO 后我国公共组织工作能力的迫切要求，只有加强公共组织文化创新，才能适应加入 WTO 后所面临的挑战，才能更好地面对国际环境。必须加强法治化建设，消除传统人治型文化对公共组织的影响力，提高公共组织依法办事的水平，提高公共组织成员的法治意识，才能适应加入 WTO 后的新形势。

（5）公共组织文化创新是党的第十七届六中全会提出的新要求。中国共产党第十七届中央委员会第六次全体会议全面分析形势和任务，认为总结我国文化改革发展的丰富实践和宝贵经验，研究部署深化文化体制改革、推动社会主义文化大发展大繁荣，进一步兴起社会主义文化建设新高潮，对夺取全面建设小康社会新胜利、开创中国特色社会主义事业新局面、实现中华民族伟大复兴具有重大而深远的意义。① 会议审议通过的《中共中央关于深化文化体制改革　推动社会主义文化大发展大繁荣若干重大问题的决定》，是当前和今后一个时期指导我国文化改革发展的纲领性文件。

2. 公共组织文化创新的发展趋势

公共组织文化创新是其自身发展的必然趋势。传统思想的根深蒂固和公共组织文化自身的局限性，严重阻碍了公共组织文化的发展。一是传统公共组织文化存在负面影响。长期以来，公共组织在继承优秀文化的同时，也深受封建思想、传统计划经济意识的影响，沿袭着落后的思维模式和行为方式，与旨在提高效率、依法行政、为民服务的公共组织建设是相悖的，极大地影响了公共组织的能力、在公众心中的形象和社会权威。二是公共组织文化存在"滞后"现象。主要表现为，在组织各项改革的过程中，公共组织文化的核心部分即价值取向的变迁总是滞后于制度、行为文化的变迁。要克服这些弊病，就必须创新。创新是公共组织文化发展的客观选择和必然趋势。

（1）以民主型取代权威型。传统组织文化中领导权威的最大弊端是公共组织主体地位的缺失和组织决策的非民主性，组织管理和决策通常被视为是领导者的职责和权力，导致组织中出现了专制主义和权力滥用的现象。为了保证公共组织内部的政令统一，上级领导拥有至高无上的权威，强调上下级之间是严格的命令与服从关系。组织的决策是上级领导的事，下级成员无法参与，造成了组织管理的专断化。随着民主制度的发展，人民民主意识的增强，公共组织管理民主化已成为一种不可阻挡的发展趋势。公共组织活动要求公开化，组织决策过程要有民主参与和监督。以民主型取代权威型的公共组织文化，必将激发公共组织成员的积极性和创造性，增强社会公众的信任感和认同感。在促进公共组织管

---

① 《中共中央关于深化文化体制改革　推动社会主义文化大发展大繁荣若干重大问题的决定》，2011 年 10 月 18 日中国共产党第十七届中央委员会第六次全体会议通过。

理科学化、民主化的同时，也在一定程度上有效地防止了腐败行为的滋生和蔓延。

（2）以分权式取代集权式。在过去计划经济的条件下，由于对社会资源与人的控制的需要，以秩序为核心导向的组织管理方式必然走向集权。随着改革开放的进一步深入，公共组织内的众多资源得以有效利用，组织文化中的集权向分权转化。分权式的组织文化是在公共组织中表现为领导将权力更多地下放给组织成员，充分调动组织成员的工作积极性，改变过去消极应付的行为方式。分权式的管理方式使得更多的成员能够参与到组织的管理与决策中来，增强了组织活动的灵活性，有利于组织成员创造性的发挥。

（3）以法治取代人治。受传统文化的影响，公共组织文化具有极强的人治色彩，公共组织管理缺乏法律法规的规定，凭主观意志行事。这种人治型的公共组织文化带来了严重的后果，影响了公共组织的健康发展。当前，建立一个法治型的社会，要求公共组织文化朝着法治化的方向发展。公共组织的各项活动必须规范化、科学化、程序化。公共组织成员要树立法律至上的观念，把法律约束变成自身行为的基本准则；组织在实践活动中要求严格地按法律法规的规定执行。法治型文化对组织法律制度的完善提出了要求，对组织活动的范围、运行的合法性进行严格规定，从制度上和实践中体现法治型文化的精神。

（4）以理性化取代经验化。传统社会的管理以经验式管理为特征，组织领导和成员凭借自己的阅历、知识和智慧进行组织活动。这种管理主要取决于组织成员的个人素质，而由于一个人的阅历、知识、智慧是有限的，因此经验式的管理易流于主观臆断，缺乏科学性。因此，实现由传统社会的经验性组织文化向理性组织文化的过渡具有必要性。树立理性的组织理念，必须自觉遵循组织活动的客观规律。注重发挥咨询机构的作用，并运用现代化的管理技术和手段。在这样一个日益复杂的社会中，组织要卓有成效地进行管理，应尽可能最大限度地实现组织行为的理性化。

（5）以开放性取代封闭性。与根深蒂固的小农经济相联系，中国传统组织文化具有明显的封闭性、保守性和排外性。在当今则表现为本位主义、地方主义，公共组织追求自身利益的最大化，而没有从社会整体利益的角度考虑。社会主义市场经济是开放的经济体系，它需要组织系统内部与外部环境间进行良好的沟通与协调发展，建立起与世界经济体系接轨的统一、开放的国内市场。只有构建"开放创新"、"兼容并蓄"的组织文化，虚心学习西方文化中优秀、科学的组织理论、方法、经验，才能促使传统组织文化向现代化的组织文化转型，从而推动组织的发展。

3. 公共组织文化创新的途径

正如江泽民同志所指出的那样："创新是一个民族进步的灵魂，是一个国家兴旺发达的不竭动力。"[①] 中国在长期的实践中所形成的同社会经济、政治制度相适应的系统性公共组织文化，在维护公共组织管理，调节组织成员行为规范、公共组织活动等方面都发挥了相当重要的作用。但随着我国经济体制转轨和政治体制改革的深化，我们发现了一些原有的公共组织文化也存在消极作用，感觉到外来公共组织文化对我国公共组织领域的冲击，逐渐认识到公共组织文化的创新对于中国公共组织的现代化发展具有重要意义。公共组织文化创新应当是公共组织体系整体上的、全面的文化创新，而不仅仅是片面地、畸形的文化创新，是现代公共组织机构、公共组织体制、公共组织成员与公共组织思维创新的

---

① 江泽民：《论党的建设》，中央文献出版社 2001 年版，第 136 页。

有机统一。

（1）公共组织体制文化创新。在公共组织文化体系中，组织体制文化具有关键性的意义，它直接影响甚至决定其他组织文化要素的性质和功能。公共组织文化的主体不仅包括组织系统的成员，还应当包括同组织体制及组织过程紧密相关的社会公众。正是社会公众与组织系统之间的相互作用，才形成某种特定的组织体制和活动方式。一种特定的组织体制及与此相适应的体制文化，客观上营造出一种特有的组织文化环境，由此深深影响组织活动的过程。

一方面，要进行价值观念的创新。树立公共组织的价值观追求，使每一个公共组织成员都能有自觉的行为和习惯。另一方面，要培养公共组织成员的职业意识。人是体制的主体，是体制的灵魂，也是体制文化创新的载体，组织成员的意识状况在体制文化结构中显然具有特殊的意义，并深深影响着体制文化及其创新。更新传统的组织观念，培育现代职业意识的关键是确立平等、公平、竞争的人员录用制度；需要强化人事管理机制，建立科学的、合理的考核、奖惩等激励机制；需要完善职后教育培训体制，从管理理念、知识、技能及职业道德等方面着手，优化公共组织成员的整体职业素质。传统血缘宗法型文化影响下所实行的任人唯亲、近亲繁殖的用人理念与体制，造就的是一些精于关系权术而缺乏职业化意识与技能的公共组织成员。经济体制转轨和政府职能转变，要求建设一支高素质的、文明的、能够切实提高公共组织服务水平的成员。而科学技术的不断进步与信息时代的来临，推动着公共组织管理的专业化与技术化的发展，从而进一步提出公共组织成员职业化的要求。

（2）公共组织决策文化创新。公共组织决策文化的创新主要也通过两个方面进行，一方面要在公共组织的决策过程中贯彻决策过程的民主化。首先，公共组织要注意发挥专家、学者的作用，在进行重大的决策时需要各个方面的专家、学者提供专门的科学知识，开展多学科的综合性论证，集思广益，以减少决策的失误。其次，要拓宽参与决策的渠道，加强实现上情下达、下情上传，只要不是涉及国家机密的都可以公开向社会征求决策方案。决策方案有了坚实的公众基础，必定能够获得公众的广泛支持。另一方面就是要建立完备的决策信息系统。信息是决策的基础，决策的合理与否在很大程度上取决于可供公共组织决策者使用的信息系统的情况。决策者需要的信息必须具有真实性、及时性、适用性、足够性，这些与决策信息系统相关联。当今，信息技术和互联网的发达为公共组织决策信息系统的更新带来了良好的机遇，有助于决策信息输入系统的改进，大大拓展了信息输入渠道，能够较为顺利地获得可供选择的信息，丰富了决策所必需的信息量，为决策者对信息进行正确分析与合理选择提供必要的条件，使公众通过网络终端随时了解决策执行情况，为实现有效监督提供了必要的信息条件。

（3）公共组织法治文化创新。法治文化对于建立法治型社会具有十分重要的作用。法治文化对于培育公民依法、守法的良好习惯，维护社会公共秩序的稳定，促进社会各种力量的团结与协作有着极为深远的意义。

这同样依赖于两个方面的努力，一方面是确立法律至上的意识。现代法治文化所确立的法律至上的原则是指任何个人、集体、政党、阶级都不能凌驾于法律之上，都必须在法律所允许的范围内活动，法律具有至高无上的权威，普遍适用于整个社会。对于公共组织中的掌权者而言，权力的行使必须在法律所规定的范围内，并承担起相应的法律责任。对于社会公众来说，他们不仅是法律义务的承担者，而且享有法律所规定的各种权利。通过对法律地位的肯定，使权力与责任、权利与义务等关系能够得到合理统一。另一方面就是要加强依法行使公共职权。公共组织成员在执行公务时，要依法行使职权，严格按照法定程序，依法履行自己的责任。在权力的行使过程中，公共组织成员与服务的对象在法律上是平等关系，公共组织成员不能因为享有权力而觉得自己高高在上。这种依法行事的观念应该转化为组织成员的坚定信念。

一定的组织文化实际上构成一定的组织制度或组织体制的灵魂。由此，我们可以得知公共组织文化创新对于公共组织制度或体制的功能发挥具有决定性的意义。而公共组织文化的形成与发展，又在一定程度上受制度或体制的影响，也深深受到一个国家的经济、政治体制状况乃至传统文化的制约，受到外来文化的影响。中国的公共组织有着自己的传统，不能简单地全盘移植西方组织文化体系。对于传统组织文化中的精髓要充分学习和借鉴。改革开放的逐步深入，正全方位地更新着传统公共组织文化，而社会主义市场经济的深入发展，必将进一步改进我国公共组织的创新。

本 章 小 结

本章首先从基本概念着手揭示了文化和组织文化的内涵与特征，由此引出了公共组织文化的概念。在对于公共组织文化的分析中主要从公共组织文化的含义、基本特点、构成和类型出发，揭示出公共组织文化的内涵，接着从整体上分析了公共组织文化的功能及对公共组织的影响，又指出在构建公共组织文化时应该遵循的基本原则。较详细地介绍了公共组织文化的构建内容和基本步骤，从分析当前我国公共组织文化构建中出现的问题出发，指出公共组织文化的构建对于组织的积极意义，并提出了公共组织文化构建的设想。最后，从客观环境的需要出发，提出要进行公共组织文化创新。它不仅对当代公共组织管理具有重要的意义，而且对当代中国建立现代化的文化起着重要的积极作用。

案例

京沪公共服务热线的"冷遇"

如今，民众咨询信息、报修电力、自来水，以及对商家投诉举报、向政府反映问题等，都离不开公共服务热线。像12345、95598、12315等这些公共服务号码逐渐被大家所熟知。不过，拨打这些电话并不是"百拨百中"。

根据全国公共服务热线反映测试报告显示，零点研究咨询呼叫中心收集了北京、上海、广州等25个省市共计207条公共服务热线，以"神秘顾客监测"这一身份与这些热线工作人员进行通话。此次被测评的公共服务热线中，79%拨打成功，拨打失败的占21%。其中超过四成的热线显示为空号或错号，这是打不通最主要的原因。此外，测评发现，职能部门热线的拨打成功率和达标率均为最低，分别为71.8%和17.9%，包括社保、城建、交通服务、三农、税务等热线。从此次监测数据来看，仅有66.7%的公共服务热线能够实现一次性拨通，转人工时间少于20秒的公共服务热线占62.9%，近四成公共服务热线等待接通时间较长。

　　另外，超四成热线的工作人员比较懈怠，不能主动询问问题细节并确认，存在"问一句答一句"的现象。还有近五成的热线工作人员比来电对象先挂电话。测评显示，在接待礼仪方面，超过七成的热线可以做到"礼貌清晰报读开头语"，但能做到"适时礼貌报读结束语"的热线仅为 61%，前后相差 9.5 个百分点。并且，有 44.8% 的热线工作人员比来电对象先挂电话。零点研究咨询呼叫中心表示，这表明多数热线应加强对工作人员基本文明素质的培训。工作人员对来电者感受的关注明显不足，在解释过程中能关注来电者感受的工作人员不到六成。

　　零点研究咨询呼叫中心分析，公共服务热线对于建设组织文化、提高话务员素质、改进绩效考核、提升服务水平等方面的投入不足，使许多热线出现了"一流的设备、二流的坐席员、三流的服务质量"的情况，从而阻碍了热线的良性发展。

（资料来源：王永生：《城市服务热线　超两成打不通》，载《法制晚报》，2012 年 2 月 7 日）

　　结合上述案例，运用本章相关知识谈谈公共组织应该如何构建组织文化，什么样的公共组织文化能更好地为公共利益服务？

思 考 题

1. 公共组织文化的含义及特点是什么？
2. 公共组织文化有哪些功能？
3. 公共组织文化的构建原则有哪些？
4. 公共组织文化构建的基本步骤分为哪些？
5. 公共组织文化创新的途径是什么？

专 业 名 词

文化	Culture
组织文化	Organizational Culture
公共组织文化	Public Organizational Culture

第7章
公共组织行为管理

学习目的

公共组织是指为了实现某个公共目的而展开合作活动的，由两个或更多的人员所构成的一个系统。其对于人类社会的价值意义是通过其组织行为来实现的。笔者希望大家能够通过对本章的学习，来了解公共组织行为的含义、类型和特征，并阐明公共组织行为的发生机制和公共组织的自矫机制。

本章重点

1. 领导行为。
2. 决策与参与行为。
3. 冲突与调试行为。
4. 自矫机制。

7.1 公共组织行为的含义、类型与特征

7.1.1 公共组织行为的含义

公共组织行为既有一般组织行为的普遍性，又有自身的特殊性。公共组织行为就是因其行为主体的特殊性而使其组织行为有了"公共性"的标志。因此要想了解公共组织行为的含义，我们首先要了解组织行为的含义。

组织行为（Organizational Behavior）是由组织中的个体和群体的行为及其相互作用构成的。① 各种组织会把一些个体聚集在一起，这些组织中的成员会为实现组织目标而努力，并且组织成员及组织之间还彼此相互作用，影响着组织中的其他成员如何很好地实现组织目标。这种行为还会受到组织的价值观、

---

① ［美］理查德·L. 达夫特、［美］雷蒙德·A. 诺伊著，杨宇等译：《组织行为学》，机械工业出版社，2004年版，第4页。

结构、政策和目标的鼓励或限制。

所谓公共组织行为（Behavior of Public Organizations），就是公共组织主体从公共组织自身的利益和需求出发，为实现公共组织的目标，对内源性或外源性的刺激而做出的反应。例如，从广义上来看，行政组织行为是指行政组织及其成员实施活动的总称，包括决策行为、计划行为、指挥行为、领导行为、执行行为、监督行为等外显的行为，此外还包括态度反应、情绪反应、人格构建、能力培养等内隐的心理活动和行为。我们需要注意的是，在新公共组织体系下，对公共组织行为的探讨将有着越来越广阔的研究领域。

7.1.2 公共组织行为的类型

按几种主要的不同分类标准可以将公共组织行为做出如下划分：

第一，按照公共组织行为的主体类别，可将公共组织行为划分为：政府组织行为、公营部门组织行为和第三部门组织行为。现代社会的公共权力并不为政府组织独享，公营部门和第三部经过一定的程序也可以获得社会的公共权力。

（1）政府组织行为。政府本身是一个历史性的概念。在原始共同体中，不存在政府这一概念，但在原始共同体中，一开始就存在着一定的共同利益，后来随着原始共同体的扩大和发展，需要建立新的机构来保护共同利益和反对相抵触的利益。国家是阶级矛盾不可调和的产物，为了维护统治阶级的利益，就必须有相应的政权机关来维护社会公共利益，从而为统治谋求合法性基础。政府在此基础上应运而生，其主体资格是由公民通过代议制度赋予的，其掌握的公共权力是主权者（国家）的权力。政府组织行为是为实现政府组织对国家和社会的政治责任、行政责任而做出的，是对国家和社会"主权性"需要做出的回应。例如，政府行使提案权，通过国家立法的途径对社会资源和社会价值进行权威性分配。再如，政府部门通过行政立法或行政司法来维护社会公共利益等，因而具有权威性、强制性、普遍性和排他性等特性。

（2）公营部门组织行为。公营部门是政府设置的涉及人民生产和生活的某些具体的职能机构，涉及教育、医疗卫生、社会保障、环境保护、水电油气邮、公共交通、就业甚至主流艺术等相关领域。公营部门组织行为是在国家相关法律法规的范围内，以国家公共财政为支持，对社会公共产品和公共服务供给的需求做出的回应。但由于庞大的官僚组织体系自身存在的种种弊病，导致了公营部门提供公共产品和服务的效率和质量越来越难以满足人们的需要。自20世纪70年代以来，公营部门民营化浪潮逐渐兴起。公营部门通过公共民营合作制、BOT（建设—经营—转让）模式、BTO（建设—转让—经营）模式、LBO（租赁—建设—经营）模式、合资模式、纯民营模式和直接购并模式等途径来实现职能转变，应对人们的需求。

（3）第三部门组织行为。所谓"第三部门"，目前尚无定论，一般指的是各种非国家或非政府所属的公民组织的总称，它包括非政府组织（NGO）、公民的志愿性社团、协会、社区组织、利益团体和公民自发组织等。它区别于第一部门政府和第二部门营利性组织，具有非营利性、公益性、非政府性、独立性和志愿性等特点。第三部门的发展是政府职能转变的依托，是社会主体多元化、价值多元化的表现，是市民社会的基本组织形式。但是目前在我国，许多第三部门，特别是一些非政府组织行为带有明显的"官方色彩"。

第二，按照公共组织行为的主体构成，可将公共组织行为划分为：个体行为、群体行为和组织行为。

公共组织从构成上来讲，是由个体构成群体，群体构成组织整体。公共组织行为的主体构成是公共组织要素中人的因素在公共组织行为上的表现。个体是构成组织的最基本的细胞，组织行为的目标最终要通过具体的个体行为来实现。群体是个体与组织之间的纽带。个人与群体、组织的关系是相互依存、相互作用的。群体和组织是由不同的个体组成的，个体会直接影响到群体和组织的质量。而个体的社会属性离开了群体和组织也就失去了意义，同时个体离开群体和组织就失去了与社会联系的联结点，其心理和行为就会失去了参照系。

公共组织的个体行为是指公共组织的个体成员从组织利益和目标出发，与外界环境交互和回应的行为过程。公共组织中的群体行为是指群体单元从组织自身出发，与外界环境交互和回应的行为过程。公共组织中的组织行为是组织对环境刺激做出的整体反应。

第三，按照公共组织行为的发生范围和影响力，可将公共组织行为划分为：内部行为和外部行为。任何公共组织行为的发生及其所涉及的影响力会有一定的范围，这种范围按是否因行为主体的人为限制，还是按行为发生影响后的自然结果，可以将公共组织行为划分为内部行为和外部行为。例如，按照公共组织主体冲突行为发生的范围及影响，可把冲突行为分为内部冲突行为和外部冲突行为。

7.1.3 公共组织行为的特征

公共组织行为主要有公共性、源法性、公益性等特征。

1. 公共性

从公共组织行为的主体类别来看，无论是政府组织行为、公营部门组织行为或非政府（第三部门）组织行为，公共组织行为的目的都是为了实现公共组织的具有"公共性"的组织目标。其公共性主要表现在公共组织行为主体以及主体价值观的公共性、公共组织行为手段、行为对象及目标的公共性。

2. 源法性

公共组织行为的源法性，是指公共组织行为应遵循一定的标准、规范。不仅国家、政府机构和其他社会公共组织的产生、设立与废止是法定的，具有合法性，而且它们的行为和结果都必须合法，并且承担相应的责任。法律，就其实质而言，是公众意志的表达。而法律所保障的权力，在本质上同样是公共权力。公共组织行为主体只有依法行使权力，才会在合法性的基础上真正具备合理性。对政府组织行为来说，源法性意味着依法行政，严格按照法律的授权和要求执政。对公营部门组织行为和第三部门组织行为来说，源法性不仅意味着依法活动，在法律规定的范围内活动，还意味着要严格按照各项章程制度活动。

3. 公益性

公共组织行为目标或宗旨必须具有公益性的本质，公共性组织依靠特殊的公共权力和组织制度规定，把实现公众依靠个人力量无法实现的利益作为自身存在的价值体现。西方社会契约论认为，国家是个人出让主权并订立契约的产物，是保障个人实现利益的主权者代表。而现代政府和第三部门也被当做维护社会公正、效率，弥补市场不足的制度性工具。公益性是公共组织行为的价值和利益取向。公共组织及其行为是为了满足国家、市场、公民社会的公益性需要而存在的。

此外，公共组织行为还具有稳定性、适应性和功能性等特征。公共组织行为的稳定性表现为公共组织行为主体自身的稳定和公共组织行为过程和目标的稳定。例如，政府机构自身的结构一般是较为平稳的，只有在进行大幅度改革时才会出现较大的调整。政府组织和非政府组织的职责和功能也基本稳定，组织目标也应是连贯一致的。公共组织行为应有规可循，而非朝令夕改。公共组织行为的适应性表现为公共组织行为主体的组织更新，亦表现为公共组织行为因环境的变化而具有的应变性"适应能力"等。公共组织要生存和发展，应不断通过组织的结构、功能调整以提高自身的创新能力和适应能力。公共组织在具体的目标性或项目性任务中，其行为反应须具有极强的应变能力，以适应具体的情况变化。

7.2 公共组织行为的发生机制

领导与服从、决策与参与、竞争与合作、冲突与调适是最常见的组织行为，研究这些组织行为的发生机制和转换模式无疑具有非常重要的意义。我们在本节将会探讨这些组织行为在公共组织内部及在公共组织活动领域里发挥的作用。

7.2.1 领导行为

1. 领导行为的合法性基础

对领导的研究是一门新兴的学科，对领导概念的认识也仍处在发展中。我们在这里可以将领导定义为影响组织中的群体和个人以达成组织目标的能力，是组织基于领导权力，发挥着组织、决策、激励和协调等功能的角色。领导行为是指领导者对追随者施加心理和行为上的影响，促使组织、群体和个人努力实现组织目标的活动和过程。研究领导行为就是探讨和分析领导者如何以自己的行为方式来影响被领导者，并分析这种影响力的有效性。

所谓法律通常解释为国家按照统治阶级的利益与意志制定或认可，并以国家强制力保证其实施的行为规范的总和。领导权力一般是法定的，通过一定的授权形式而实现的，所以领导行为的合法性是指领导行为必须限制在一定法律、制度范围内，法规、制度的完备性和执行程度是制约领导行为的首要因素。领导的特征之一在于要有一定的影响力，而领导的影响力除了从与工作相关的专门才能方面获得外，还主要源于组织的正式任命，通过对各个层级管理人员的任命，使其具有一定的职权，从而对其他人产生影响力，而这种任命的过程需要严格遵守相应的法律法规及规章制度。

领导行为的合法性基础在领导科学中的意义，即领导者和领导行为如何获得同意和忠诚。领导行为的合法性基础涉及两个问题：一是领导的权力和领导行为能否以及如何以价值观念或建立在价值观念基础上的规范所认可的方式实现有效的运行；二是这种有效性的范围、基础和来源。建构领导的合法性基础要从提高领导者的素养和能力，培育相互适应的组织基础和环境基础，改善领导行为和领导艺术等方面着手，实现领导与组织、环境之间的相互匹配，获得最佳的领导效率。例如，对政府组织的领导者而言，目前最大的合法性问题是如何通过行政变革来适应处于急剧转型中的社会的需要，提升自身"同意和忠诚"的基础。无论是发达国家还是发展中国家的政府，都同样面临"政府失败"这个问题的困扰。①

2. 领导行为模型

当前有关领导行为模式的文献众多，我们主要介绍以下几种：

（1）领导特质理论模型

领导特质理论（Trait Theory of Leadership）是指把领导者的各种个性特征作为描述和预测其领导成效的标准，并以此来解释领导者角色形成和保持的原因的一种理论。这种理论基于这样的一种假设：某些可确定的个人特性将领导者和其他人区别开来。这种理论认为，每个人的性格是有差异的，什么样的性格适宜当领导也不尽相同，但是领导的特质是与生俱来的，要根据这种先天的特质去选拔领导者。吉布森和唐纳利将研究者们关注得最多的特质分成了能力方面、个性方面和动机方面三大类，并对各个方面进行了概括。斯托格迪尔在两次对领导特质理论研究进行详细分析的基础上将领导者的特质分为六大类：第一类是领导者的身体特征；第二类是领导者的社会背景；第三类是领导者的智力特征；第四类是领导者的个性特征；第五类是领导者工作方面的特征；第六类是领导者的社会特征（见表 7-1）。

表 7-1　　　　　　　　　　　　　　领导者的特质

身体特征	行为活动、外表、穿着等
社会背景特征	教育、社会地位、流动性等
智力特征	知识、判断力、分析能力、沟通技巧、智力等
个性特征	自信、支配性、进取、独立、控制力、创造性等
工作特征	成就感、责任感、事业心、任务导向等
社会特征	交际能力、管理能力、合作性、威望等

资料来源：陈振明、孟华：《公共组织理论》，上海人民出版社，2006 年版，第 148 页。

领导特质理论具有以下几个优点：第一，领导特质理论给人一种直观的吸引力，它和人们所形成的领导者具有与众不同的天赋的期望相一致；第二，领导特质理论以一个世纪的研究为基础，有其他理论没有达到的广度和深度；第三，它强调领导过程中领导者因素；第四，它为组织培养领导者提供了一个水准基点。② 不可避免的，特质理论存在明显的缺陷。第一，它忽视了被领导者的影响因素，但它对领导者的工作具有重大影响；第二，它忽略了情境的影响因素；第三，它没有指明不同性格的重要性以及哪些是领导有效性的决定因素；第四，研究证据不一致，前后矛盾现象不少。

（2）领导行为连续体模型

坦南鲍姆（R. Tannenbaum）和施米特（W. H. Schmidt）于 1958 年提出了领导行为连续体理论。他们认为，领导者们在决定何种行为（领导作风）最适合处理某一问题时常常遇到困难，领导者们不知道是应该自己做出决定还是授权给下属做决策。为了使人们从

---

① 张建东、陆江兵：《公共组织学》，高等教育出版社，2003 年版，第 205～206 页。

② 陈振明：《公共组织理论》，上海人民出版社，2006 年版，第 149 页。

决策的角度深刻认识领导作风的意义，他们提出了下面这个连续体模型。

领导风格与领导者运用权威的程度和下属在做决策时享有的自由度有关。在连续体的最左端，表示的领导行为是专制的领导；在连续体的最右端表示的是将决策权授予下属的民主型的领导。在管理工作中，领导者使用的权威和下属拥有的自由度之间是一方扩大另一方缩小的关系。在高度专制和高度民主的领导风格之间，坦南鲍姆和施米特划分出七种主要的领导模式（见图7-1）：

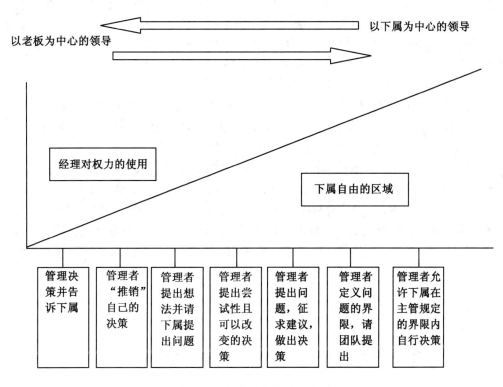

图 7-1　领导行为连续体模型

资料来源：［美］理查德·L.达夫特、［美］雷蒙德·A.诺伊著，杨宇等译：《组织行为学》，机械工业出版社，2004年版，第281页。

第一，领导做出决策并告诉下属宣布实施。在这种模式中，领导者确定一个问题，并考虑各种可供选择的方案，从中选择一种，然后向下属宣布执行，不给下属直接参与决策的机会。

第二，领导者"推销"自己的决策，说服下属执行决策。在这种模式中，同前一种模式一样，领导者承担确认问题和做出决策的责任。但他不是简单地宣布实施这个决策，而是认识到下属中可能会存在反对意见，于是试图通过阐明这个决策可能给下属带来的利益来说服下属接受这个决策，消除下属的反对。

第三，领导者提出计划并征求下属的意见。在这种模式中，领导者提出了一个决策，并希望下属接受这个决策，他向下属提出一个有关自己的计划的详细说明，并允许下属提出问题。这样，下属就能更好地理解领导者的计划和意图，领导者和下属能够共同讨论决策的意义和作用。

第四，领导者提出可修改的计划。在这种模式中，下属可以对决策发挥某些影响作用，但确认和分析问题的主动权仍在领导者手中。领导者先对问题进行思考，提出一个暂时的可修改的计划，并把这个暂定的计划交给有关人员以便征求意见。

第五，领导者提出问题，征求意见后做出决策。在以上几种模式中，领导者在征求下属意见之前就提出了自己的解决方案，而在这个模式中，下属有机会在决策做出以前就提出自己的建议。领导者的主动作用体现在确定问题，下属的作用在于提出各种解决的方案，最后，领导者从他自己和下属所提出的解决方案中选择一种他认为最好的解决方案。

第六，领导者界定问题范围，下属集体做出决策。在这种模式中，领导者已经将决策权交给了下属的群体。领导者的工作是弄清所要解决的问题，并为下属提出做决策的条件和要求，下属按照领导者界定的问题范围进行决策。

第七，领导者允许下属在上司规定的范围内发挥作用、自行决策。这种模式表示了极度的团体自由。如果领导者参与了决策的过程，他应力图使自己与团队中的其他成员处于平等的地位，并事先声明遵守团体所做出的任何决策。

在上述各种模式中，坦南鲍姆和施米特认为，不能抽象地认为哪一种模式一定是好的，哪一种模式一定是差的。成功的领导者应该是在一定的具体条件下，善于考虑各种因素的影响，采取最恰当行动的人。当需要果断指挥时，他应善于指挥；当需要员工参与决策时，他能适当放权。领导者应根据具体的情况，如领导者自身的能力、下属及环境状况、工作性质、工作时间等，适当选择连续体中的某种领导模式，才能达到领导行为的有效性。

（3）领导方格模型（见表7-2）

表 7-2　　　　　　　　　　　　　　领导方格模型

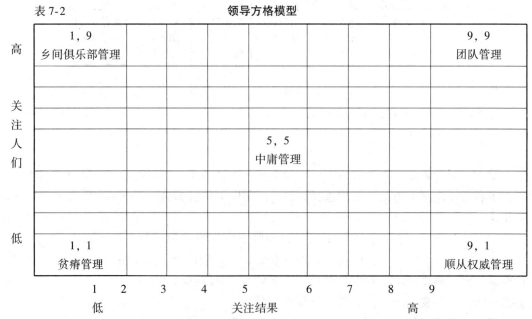

资料来源：[美] 理查德·L. 达夫特、[美] 雷蒙德·A. 诺伊著，杨宇等译：《组织行为学》，机械工业出版社，2004 年版，第 282 页。

该模型是由美国管理学家 R. 布莱克和 J. 穆顿提出的一个二维空间领导理论，即领导方格（Leadership Grid）。根据领导者对生产的关心程度和对人的关心程度来鉴定领导行为等级。领导方格图以坐标的方式表现了"关心生产"和"关心人"两种因素的各种组合方式。表 7-2 所示共有五种典型的组合，即为五种主要的管理风格。方格上的每一条轴线都分为 9 个刻度，1 表示低关注，9 表示高关注。（9，9）型是最有效的领导风格，组织成员共同完成工作任务，从而产生互相尊重和信任的关系。（1，9）型是一种乡村俱乐部的领导风格，即重点被放在人身上而不是工作成果上，密切关注人们的需求。当经营效率占主导的时候，出现了顺从权威管理（9，1）型。（5，5）型是一种中庸领导，反映了对人和对生产关注的中等程度。通过平衡工作与生活保持一定的满意水平，从而产生良好的组织绩效。（1，1）型是贫瘠领导，意味着缺少管理哲学，不管是对人际关系还是工作完成来说，都努力较少。付出很少的努力去工作，只能够维持组织成员关系。

（4）费德勒的权变模型

费德勒的权变理论认为团队绩效取决于领导者与情境因素是否搭配。费德勒和他的同事早期做出广泛的努力将领导风格和组织环境结合在一起，研究出了一个全面的领导理论，即将领导者和对其成功最有益的环境相搭配。他将领导方式分为工作导向和人际关系导向两类。为了测量一个人的领导风格，费德勒发明了最不喜欢的同事因素刻度的调查问卷表。该 LPC 刻度（LPC Scale）在 8 个点的刻度上包含了一套 16 组极端的形容词，首先让领导者回想自己所共事过的同事中最难共事的一个同事，然后用该量表对这个同事进行评价。如果一个人对他最不喜欢的工作伙伴也用肯定的形容词去描绘，说明他乐于与同事形成良好的人际关系，是人际关系导向型的；反之，则认为领导者主要关心生产，是工作导向型的。

权变模型下的领导环境能以三种因素加以分析：一是领导与下属的关系，即下属对领导者信任、信赖和尊重的程度；二是工作结构，即工作程序化、规范化的程度及目标清晰明确的程度；三是职位权力，即领导者在甄选、训练、调薪、解聘等人事方面有多大的影响力和权力。这三个维度互相组合，可以产生八种不同的情境（见表 7-3）。

表 7-3　　　　　　　　　　　　　　权变模型的八种情境

	有利		中等				不利	
领导与下属的关系	好	好					差	差
工作结构	高		低		高			低
领导职位权力	强	弱					强	弱
环境	I	II					VII	VIII

环境 I 对领导者最有利，因为领导与下属关系很好，工作结构高而领导职权也很强。环境 VIII 对领导者最不利。其他则代表对领导者有利的中间水平。

费德勒认为两种领导风格在八种不同的情境下有不同的效能（见表 7-4）。

表 7-4 不同领导风格不同情境下的效能

情境类型标号		一	二	三	四	五	六	七	八
情境维量	上下级关系	好	好	好	好	坏	坏	坏	坏
	工作结构	高	高	低	低	高	高	低	低
	职权	大	小	大	小	大	小	大	小
领导效能	关系取向	低		高		一般		低	
	工作取向	高		低		一般		高	

费德勒的模型表明在高度非结构化环境下，领导者的结构和控制可以解决该情境下的模糊和焦虑问题。在任务高度程序化以及领导者与员工的关系很好的情况下，他们会觉察到任务导向更加有助于工作绩效。其余的情况下需要建立更好的领导者与下属的关系，于是更加关心人的人际关系导向的领导者是有效的。

（5）赫塞和布兰查德的情境领导模型

保罗·赫塞（Paul Hersey）和肯尼迪·布兰查德（Kenneth Blanchard）共同开发了一种名为情境领导理论的领导模型，该模型认为影响领导者风格选择的重要因素是下属的成熟度。在他们看来，成熟度是指个体对自己的行为负责任的能力与意愿，包括工作和心理成熟度两个方面。工作成熟度是指一个人的知识和技能水平。工作成熟度越高，执行任务的能力越强，越不需要他人的指挥。反之，则需要对工作进行指导。而心理成熟度是指从事工作的意愿或动机。心理成熟度越高，自觉性越高，越不需要外力推动。反之，则要规定员工的工作任务和角色职责。

保罗·赫塞和肯尼迪·布兰查德将工作取向和关系取向两个维度相结合，得出四种领导风格：

一是指导式（高工作—低关系）：领导规定工作任务、角色职责，指示员工做什么，如何做。

二是推销式（高工作—高关系）：领导不仅表现出指导行为，而且富于支持行为。

三是参与式（低工作—高关系）：领导与下属共同决策，领导提供便利条件和沟通方式。

四是授权式（低工作—低关系）：领导提供较少的指导或支持，让下级自主决定。

情境模型中强调了被领导者，指出对于不同成熟度的员工，应采取不同形式的领导方式，以求得最佳绩效（见表 7-5）。

表 7-5 被领导者的成熟度适应的领导风格

成熟度	建议的风格
1. 能力低；意愿低	指导式
2. 能力低；意愿高	推销式
3. 能力高；意愿低	参与式
4. 能力高；意愿高	授权式

（6）最新领导理论模型。

第一，归因理论。归因理论认为，我们对个体的不同判断取决于我们对给定行为归于何种原因的解释。因此，当我们研究某一个体的行为时，我们总是试图把它归类为是外部原因引起的还是内部原因造成的。外因行为是由外部的情境因素引起的，内因行为是指在个体自己的控制范围之内的行为。领导的归因理论是指人们对领导者个体行为进行的归因。在组织工作中，如果取得了成就，人们通常把它归因于领导有方，若是出现了问题，人们也习惯把它归因于领导无能。

第二，魅力领导理论。魅力领导理论是归因理论的扩展，它指的是当下属观察到某些行为时，会把它们归因于杰出的或伟人式的领导能力。大多数的魅力领导理论的任务就是确定具有领袖气质的领导者与无领袖气质的领导者之间的差异。魅力领导理论由马克斯·韦伯首先提出，由豪斯进一步发展。豪斯认为，魅力型领导者，首先要手握极大权力，而且要有预见和洞察力。其次要具有超脱凡人的自信心和价值理念。再次，行使权力的方式基于领导者的个人人格魅力。魅力型领导者能够激发下属的自信心，使其很好地服从领导，从而达成组织工作的高绩效和高满意度。但是，魅力型领导并不总是必要的，它只有在下属的任务包含观念性要素时才能发挥作用。

第三，变革型领导理论。变革型领导理论最早由唐顿提出，伯恩斯则将它发展成一种重要的领导理论。变革型领导是富有魅力且有改革精神的领导者。变革型领导能建立起富有活力的组织，使组织成员为了群体利益而超越个人利益，很好地实现组织的远景目标。变革型领导激励下属的行为主要有：提高下属对组织目标的价值和重要性的认识水平；促使下属为了组织群体利益而超越个人利益；鼓励下属提出更高的要求。[①]

3. 公共组织中的领导与服从

领导与服从是组织中一对对称性的组织行为。前面我们花了大量的篇幅讨论领导，而什么是服从呢？在社会心理学中，把个人接受社会影响的方式从行为层面上分为从众、服从、依从等几种主要的形式。对领导者而言，应掌握这几种形式之间的区别与联系，并通过调适领导行为以获得最佳的领导效果。一般说来，服从（obedience）是指按照他人的命令行动的行为。

社会心理学家米尔格拉姆（S. Milgram）于 1963 年在美国的耶鲁大学进行了一项关于服从的经典研究。米尔格拉姆通过公开招聘的方式，以每小时 4.5 美元的价格招聘到 40 名自愿参加者，他们包括教师、工程师、公司职员、工人和商人，平均年龄在 25～50 岁。实验者告诉被实验者将参加一项研究惩罚对学生学习的影响的实验，要求两人一组，用抽签的方式决定其中一人当学生，另一人当教师。教师的任务是朗读关联词，学生的任务是记住这些词，然后教师呈现这些词，让学生在给定的四个词中选择一个正确的答案，如果选错了，教师就通过按电钮给学生以电击作为惩罚。事实上，研究者事先已经安排了每次抽签的结果总是真正的被实验者作为教师，而作为学生的却是实验者的助手。实验过程中学生和教师被分别安排在不同的房间。学生的胳膊上绑上电极，被绑在椅子上，以便在记忆词汇发生错误时被教师惩罚。教师与学生之间是通过声讯的方式进行联系的。教师的操

---

① ［美］加里·尤克尔著，陶文昭译：《组织领导者》，中国人民大学出版社，2004 年版，第 291 页。

作台上每个电钮都标明了电击的严重程度，从 15V 的"轻微"到 450V 的"致命"。这些电击实际上是假的，但为了使教师相信整个实验，让其接受一次强度为 45V 的电击作为体验。

在实验中，每当学生出错，实验者就命令教师施予电击，而且要加大强度。随着电击强度的增加，学生也由呻吟、叫喊、怒骂逐渐到哀求、讨饶、踢打，最后昏厥。若被实验者表现犹豫，实验者则严厉地督促他们继续实验，并说一切后果由实验者承担。

结果显示：在整个实验过程中，当电压增加到 300V 时，只有 5 人拒绝再提高电压，当电压增加到 315V 时，又有 4 人拒绝服从命令，电压为 330V 时，又有 2 人表示拒绝；之后，在电压达到 345V、360V、375V 时又各有 1 人拒绝服从命令。共有 14 人（占被实验者的 35%）做出了种种反抗：拒绝执行实验者的命令。另外 26 个被试验者（占被实验者的 65%）服从了实验者的命令，坚持到实验的最后，尽管他们表现出了不同程度的紧张和焦虑。

米尔格莱姆的"权威—服从"实验说明影响服从的因素有：权力支配者的合法性、行为责任的归因、行为结果的反馈、行为的情境和个性特征等。

公共组织中的"领导—服从"行为基于不同的组织类型有一定的差异。在政府组织中，政府组织的领导方式和领导类型因其权力来源的法定性，组织结构的稳定性，公务员人事制度和组织的既定政治目标等诸多因素，使其领导行为明显地带有强制性和以人为中心的色彩。而第三部门中，其领导方式和领导类型则因其权力来源的非法定性，组织结构的灵活性，人事制度和组织目标的事务性等因素，其领导行为明显带有参与性和以事为中心的色彩。

7.2.2 决策与参与行为

不管组织、群体还是个人，在日常生活中，随时随地都会遇到决策问题。决策是指为了达到一定的目标，从两个以上的备选方案中选择一个合理方案的分析判断过程。简言之，决策就是从可选的选项中所做出的选择。但需要注意的是，决策的过程不仅仅是简单的选择。决策过程是认清问题和机遇并加以解决的过程。这个过程需要决策前的准备工作和决策后的善后工作，决策者分析决策的行为需要认清一个或多个可选项，相互比较鉴别再做出选择，随后完成决策并做出评估。

1. 决策行为的影响因素

公共组织中的决策不但受组织自身情况、组织外部环境等客观条件的影响，而且还受到组织行为的主体性因素，如需要、气质、能力等的影响。

公共组织的决策是在一定的观念和思想的指导下，对公共组织的活动做出自己的判断、抉择的过程，从而规定公共组织的活动方式和内容，并在相当程度上决定了公共活动的效果。这里提到的一定的观念和思想正是公共组织自身的组织文化。一个公共组织中的价值观念和公共组织所持的信念会对公共组织的决策产生潜移默化的影响。

任何一个公共组织不可能是孤立存在的，它们时时刻刻在和周围的环境发生联系。从某种意义上说，决策也正是对外部环境变化所做出的反应。

在社会心理学中，需要（need）是指个体对内外环境的客观需求，包括个体的生理需求和社会需求，是有机体对于内部和外部环境所渴望实现的一种稳定的需求。马斯洛的需要层次论把需要从低到高划分为生理、安全、社交、自尊和自我实现五个层次。奥尔德弗的"ERG"理论认为，人们共存的三种核心的需要为：生存（existence）需要、联系（relatedness）需要和发展（growth）需要。D. C. 麦克利兰提出的激励需要理论则强调社会组织中有三种需要至为重要，即对成就、权力和归属的需要。

需要是动机产生的基础，但需要并不必然产生动机。同样，人的行为由一定的动机引起，但动机并不必然引发行为。需要转变为动机的条件是：一定的需要强度及需要目标的确定。动机转变为行为的条件是：动机的强化程度及主体的态度。正是这种由动机产生的需要会对决策者决策的内容、方式及程度产生影响。

此外，决策也会受到决策者的个人素质和能力的影响。如心理能力、体质能力、人格、知识结构、工作能力、专业技能等。

2. 决策的行为机制

对任何一个公共组织而言，决策具有极为重要的地位和作用，决策的成败将直接影响着组织的未来发展。所以，从组织管理的角度而言，决策是一种战略管理。在组织中，一个完整的决策行为大致包括五个步骤，即发现问题，确定目标，拟订方案，评估方案和选择方案。我们将会在第八章中详细陈述这五大步骤的相关内容。

3. 参与行为的分析

在参与民主理论家中，卢梭或许可以被认为是最为卓越的代表。他在《社会契约论》中关于政治体系本质的理解对参与民主理论的发展作出了非常重要的贡献。卢梭的整个政治理论讨论的中心是政治决策过程中每个公民的个人参与，在他的理论中，参与不仅仅是一套民主制度安排中的保护性附属物，它也对参与者产生一种心理效应，能够确保在政治制度运行和在这种制度下互动的个人的心理品质和态度之间具有持续的关联性。在 20 世纪 60 年代的最后几年，"参与"（participation）一词成为一个十分流行的政治词汇。"参与"被不同的人们运用于各种不同的情境，其中最重要的是用以强调在机构内部实行民主决策的迫切性。它的基本内容是指：受到各种社会和组织机构决策的巨大影响的人们，必须有权参与这些决策的制定过程。"二战"后，这一概念进入经济、文化等社会诸领域，并逐渐地成为一种民主形式的思想为这些领域所接受。

（1）治理与参与。治理理论是 20 世纪 80 年代末期在西方国家和一些国际性组织如世界银行、国际货币基金组织等组织中兴起的，该理论的产生是基于认识到在社会资源的配置中，既存在市场的失效，又存在政府的失效。市场在限制垄断、提供公共产品、约束和克服生产的随意性等方面存在局限，单纯的市场手段不可能实现社会资源的最佳配置，无法达到帕累托最优。同样，仅仅依靠国家的计划和命令手段，也无法达到资源配置的最优化。正是在对政府与市场、政府与社会及政府与公民这三对基本关系的反思过程中产生了治理理论。这一理论在政府、社会与市场三者角色的定位以及如何通过相关制度和机制实现三者之间的协调与合作等诸多问题上取得了成效。治理理论强调，各种非政府机构包括私营部门和自愿团体在社会和政府治理中应该积极参与并承担相应的责任，国家与社会组织间是相互依赖关系而且要实现合作与互动，从而突破了国家与社会二元对立的传统思维。治理理论认为，政府并不是国家唯一的权力中心，各种机构，包括社会的和私人的，只要得到公众的认可就可能成为在各个不同层面上的社会权力的中心。同时不再坚持国家职能的专属性和排他性，强调了国家与社会组织间的相互依赖关系。在现代社会里，政治民主化、经济市场化和社会组织化是一个相互伴随的过程，国家正在把原先由它承担的责任转移给公民社会，即各种私营部门和公民自愿团体，它们在承担越来越多的原先由国家承担的责任。各种非政府组织已经成为公民参与管理和治理的重要渠道和有效途径。良性公共组织的发展可以使社会个体能够根据自己的需要找到合理、合法的社会参与途径。有效的公共组织管理能够实现社会个体、群体和组织的自我管理，这种自治行为将大大降低政府治理社会的成本。

（2）决策民主化与参与。在现代的公共组织中，随着环境的复杂性、权力的下放、组织成员民主意识的强化等，决策民主化成为了公共组织决策行为的发展趋势。现代的公共组织决策多为复合型决策，这具体表现为决策权分散、社会力量参与决策、群体决策制度化、决策机制科学化等。组织成员参与公共政策，是指成员通过合法的途径，以政策主体和客体双重身份参与和影响组织公共政策，来表达自身利益和意愿的行为及过程。这对于保证一个公共组织政策的公共利益价值取向，提高政策的科学性，优化公共政策体系等具有十分重要的作用。在我国，公共组织中的决策民主化和组织成员参与已成为一个十分重要的理论和实践课题，并且参与的途径和范围比以往有了很大的发展。这对于通过参与改善公共组织决策的透明度，提升公共组织决策的合法性基础大有裨益。但是我们也要注意到，由于决策参与者的利益分化和价值取向等方面的不一致，决策中的参与问题可能有一些弊端，有时会因为决策意志的分散而贻误决策需要的速度，因为各自价值取向的差异使决策的客观性散失。此外，决策主体能力的差异也是当前决策民主化存在的一大问题。综上所述，在决策的民主化过程中我们应尽量扬长避短，使其发挥最大功效。

（3）学习型组织与参与。学习型组织是20世纪90年代发展起来的一种全新的、被称为新世纪管理新模式的理念。美国学者彼得·圣吉等人通过《第五项修炼——学习型组织的艺术与实务》一书分析了学习型组织的内部结构和运作的规律。学习型组织能使组织充满活力和创新精神，领导者高瞻远瞩，成员勤奋工作，精神健康愉快。圣吉提出五项核心修炼内容：自我超越；改善心智模式；建立共同愿景；团队学习及系统思考。其基本特征是：组织及其成员能保持持续的系统的学习；组织和成员具有创新的和可分享的知识体系；组织具有批判的、学习的和整合的组织文化，有灵活的、宽容的组织氛围，另外还有以人为本的组织理念。我们可以发现，参与对于学习型组织中的成员具有重要的意义。学习型组织中，在组织的权力控制上具有非等级性；组织具有更为开放的组织文化；领导者在决策过程中更为客观，更加透明；被领导者更为积极地行动；整个组织行动是组织各方成员主动创造的过程；领导者在管理过程中更注重参与性管理；从组织的管理效果来看，学习能力、创造性都有所提升，组织的更新能力更强了。

7.2.3　冲突与调适行为

1. 冲突的类型

冲突是指对立的、互不相容的行为，矛盾或对抗性的相互作用，是行为关系的一方意识到另一方将要或正在发生的行为危及自己的目标实现，从而做出相应的对抗性反应的过程。公共组织中的冲突主要有以下两种互相作用的形式：一方和另一方相互对立；一方试图阻止或妨碍另一方实现自己的目标。在公共组织中，冲突是一种需要加以管理的基本的组织过程。

冲突可以分为功能性冲突（Functional Conflict）和功能紊乱性冲突（Dysfunctional Conflict）。功能性冲突有利于实现组织或群体的目标。功能紊乱性冲突则会阻碍组织或群体实现其目标。[1] 一般说来，功能性冲突和功能紊乱性冲突之间的界限通常是有些模糊的，冲突超过了群体实现自身目标所需要的水平，或者冲突低到使群体无法有效地实现自身的目标，这样的冲突就是功能紊乱性冲突，反之则是功能性冲突。在某个群体中是功能性冲突，换到另外一个群体中可能就是功能紊乱性冲突。所以在一个既定的环境中，为了确定什么样的冲突才是功能性的，就需要公共组织的领导者对冲突的积极和消极效应有一个全面的了解。

2. 冲突的来源

价值观是基于文化或个人差异而产生的一种态度或观念，当公共组织中聚集了多样性的劳动力或者出现多元化的不同类别的公共组织，彼此间不同的价值观会导致冲突的产生。

不同的个人或群体乃至组织都会以不同的方式定义各自的目标，有些时候这些目标甚至是不相容的。除了组织、群体和个人的目标外，组织结构也会促成目标的差异。比如，如果组织被严格地划分为一个个的职能群体，那么群体成员可能在考虑他们的目标时更多地从一些单一的职能考虑，而忽视了共同的目标。上述这些方面所导致的目标差异会促使不同层面冲突的产生。

个人、群体或组织动机来源的差异导致了一群人中对稀缺资源的需求不同是很普遍的，个人内心的需求有时也会产生冲突。有时候这些不同的需求甚至是不相容的，这些需求上的差异也会导致冲突的产生（见表 7-6）。

表 7-6　　　　　　　　　　　　　　**组织中冲突产生的来源**

来源	产生的原因
价值观差异	文化差异、个体间差异、与角色有关的差异
目标差异	人格差异、任务或角色差异、资源稀缺
需求差异	人格差异、资源稀缺、权力不平衡
对价值观、目标或需求的知觉差异	关于角色、资源、任务的含糊不明确，知觉扭曲

资料来源：［美］理查德·L. 达夫特、［美］雷蒙德·A. 诺伊著，杨宇等译：《组织行为学》，机械工业出版社，2004 年版，第 326 页。

此外，对于公共组织中的不同角色、资源和任务的理解含糊不明确，对价值观或需求的认知发生扭曲也会导致冲突的产生。

---

[1]　Pondy, L. R. *Organizational Conflict*：*Concepts and Models. Administrative Science*，1967.

3. 冲突机制

冲突的行为过程可以分为四个阶段，即潜在冲突阶段、冲突认知阶段、冲突外显阶段和冲突余波阶段。

潜在冲突（Latent Conflict）是指组织、群体或个人中可能导致冲突行为的各种因素。潜在冲突只是在所处的环境中，有了合适的条件才会作为冲突行为出现的一种隐伏性冲突。潜在冲突只有在特定的条件下才能引起别人的注意。该阶段是冲突酝酿的过程。

认知阶段是组织、群体或个人感受到冲突的过程。并不是所有的潜在冲突因素会被人们觉察到，人们可能会通过压制冲突的做法来遮盖轻微的冲突，或者如果组织中存在许多让潜在冲突实现的条件，个人就可能会关注这些条件，以便能够成功地对冲突进行管理。并且有的时候潜在冲突并不一定总先于对冲突的知觉而出现，有时即使不存在潜在条件，人们也可能会认知到自己处于冲突之中。认知阶段是认知冲突互动中的各方所持有的价值观和态度。高水平的信任和人际合作会带来较低的知觉到的冲突；反之，对立的态度和价值观会带来较高的知觉到的冲突。

冲突外显阶段就是组织中的冲突互动各方之间的实际冲突显现出来的阶段。它具体表现为口头、书面或身体上的彼此攻击。有的时候处于冲突互动过程中的各方可能还会把互动过程之外的其他人也卷进来。

冲突余波阶段是整个冲突行为过程的终点。如果整个冲突的行为过程可以解决得令涉入冲突各方都满意的话，冲突余波就能够扫除新的互动过程的所有潜在冲突的可能性。如果冲突结束的时候，冲突的基础仍然存在的话，即涉入冲突的一方或双方并没有得到满意的结果的话，余波中就会存在着新的冲突互动过程的潜在冲突。

4. 对调适行为的分析

调适行为是当人们意识到冲突的时候，对冲突做出的反应。具体的调适行为主要表现为：躲避、适应、妥协和竞争等。

组织、群体或个人有时会以躲避的方式对冲突做出反应，也就是说，既不会寻求满足个人目标也不会对其他人的目标做出回击反应。当人们意识到冲突的存在却并不就此及时做出讨论的时候，他们就是在躲避冲突。多数情况下，躲避对于解决冲突收效甚微，但是对于躲避一些琐碎事件，特别是一些随着时间推移可以自行消退的事情时非常实用。此外，对于一些情绪化的冲突，在初期进行躲避可以让冲突双方有时间冷静下来，为更有建设性的处理方法做准备。

适应是指处于冲突的一方尽力满足另一方的目标。当权力不平等的时候，适应行为是非常具有普遍性的，多适用于处理对冲突一方当事人很重要，而对另一方的重要性略低的冲突行为当中。

在妥协行为中，冲突双方都达成了互相可以接受的解决办法，这些解决方法能够使冲突双方当事人可以满足彼此的目标。妥协主要有协商、调解、仲裁以及合作这几种表现形式。

在某些情况下，冲突的一方可能会选择以满足其所有目标的方式来解决冲突，此时就需要竞争这种调适行为。即以冲突另一方的利益为代价，尽力满足己方的目标。但在竞争过程中要注意彼此尊重，在侧重表达自己的立场时，留给其他人表达他们立场的空间。

7.3　公共组织行为的自矫机制

7.3.1　自矫机制的含义

所谓公共组织行为的自矫机制是指公共组织通过学习塑模、目标调整、规制监督、制度创新等方法纠正偏离的组织行为，使组织行为较好地为实现组织目标服务的结构功能体系。[①] 在公共组织行为从潜在、外显到终止的过程中，应当有效地利用组织的自矫机制，使组织行为能适应组织发展的需要，从而有助于实现组织的利益，尤其是在公共组织行为中的领导、决策、参与、冲突与调适等行为过程均有复杂的因素和相当长的过程时。在这些过程中就可能会面临组织目标的调整、组织结构的改革和组织环境的变迁等重大的变化，面对这些变迁就需要学习、塑模、规制、监督、强化和创新等有效的组织自矫方式来制约组织异化力量，保证组织行为的健康发展，最终实现组织目标和利益。公共组织行为的自矫机制是一个复杂的系统问题，很难清晰地界定并描述其内在的发生机制，本节我们主要侧重于从自矫行为发生的基础及自矫的途径来分析自矫机制。

7.3.2　自矫机制的基础

公共组织行为的自矫机制要想对公共组织行为发挥作用就必须基于一定的基础。这种基础就是自矫机制所针对的具体对象和依托，可以是来自组织的内部，也可以是来自组织的外部。本节主要就主体基础、制度基础和环境基础展开讨论。

1. 主体基础

（1）公共组织行为主体的含义。按本章开始部分的表述，公共组织行为主体是指凡属以不营利为目的的受到法律法规及规章制度和公共监督的，以实现公共利益为宗旨的公共组织中的公共组织行为的发出者。它可以指组织本身，也可以指组织中的群体和个体。

（2）对公共组织行为的主体基础的具体分析。主体基础包括依附于主体的主体结构、法律地位、人格特质、智商和情商基础、应变能力，等等。

第一，主体结构及其法律地位。公共组织是有一定的结构的，这种结构会塑造并影响组织及组织中的群体和个人的行为。主体结构包括了组织成员的角色、角色关系、组织群体中的沟通网络以及群体内部的影响力模式。任何的主体结构要符合相关的法律法规及规章制度。

第二，人格特质。一个人的人格（personality）是构成其相对稳定的行为模式的特征集合，是对环境中的思想、事物或者人的响应。通常人们理解的人格就是一些在一定组织文化影响下的人所具有的品质，或者说一个人所具备的相对稳定的特征。公共组织文化包含组织目标体系、认同的价值观、组织制度体系和组织形象标志等基本内容。公共组织的组织文化通过其导向作用、规范作用、凝聚作用、激励作用、创新作用和辐射作用等来影响组织行为。公共组织中的人正是经过一定的组织文化的熏陶逐渐塑造并完善其人格的，并运用某些人格特质对组织行为进行矫正。

---

① 张建东、陆江兵：《公共组织学》，高等教育出版社，2003 年版，第 217 页。

第三，智商和情商基础。智商所反映的是人们的普遍认知能力，即一个人获取、存储、重新获取并运用信息的能力。情商包括自我意识、自我调节、激励、同情和社交能力。①

第四，应变能力是组织、群体或个人面对组织中的变态行为所作出的及时的有针对性反应的能力。

（3）公共组织主体对自矫机制的影响。公共组织主体具有双重性，它既是公共组织自矫行为的主体，又是自矫行为的对象。公共组织行为主体会从主体构成、行为动机、行为能力、对行为环境的认知、对奖惩方式的认可等方面对偏离组织行为的矫正产生一定的影响。例如，当组织中的个人、群体发生越轨行为时，组织约束着个人、群体实施矫正措施。我们应当注意的是，公共组织的自矫机制受主体影响的情况较为复杂。如果公共组织的领导者是自矫机制的发起者，被矫正对象是个人，那么领导者的能力，包括认知能力、沟通能力、创造能力等，将会在很大程度上影响自矫机制的实现，同时被矫正者的人格特质，包括其心理健康程度、责任感、态度倾向性、情绪特征等也将是影响矫正行为实现的重要方面。如果公共组织矫正行为中的被矫正对象是公共组织中的群体，那么因为群体的聚合性及群体性格的影响会使矫正者面临较大的群体压力。

2. 制度基础

（1）公共组织中的制度。在组织行为学中，制度是指一个组织中所特有的并为组织大多数成员共同遵循的目标、价值、信念和行为规范等。公共组织行为是在一定的制度安排下发生、发展的，公共组织行为同时受到制度所提供的一系列的规则的约束，从而制约公共组织行为主体可选择的空间。公共组织中的制度包括三个基本内容：国家正式约束体系及其实现机制，包括法律、法规、政策以及意识形态等方面内容；社会非正式约束体系及其实现机制，包括伦理道德、风俗习惯、社会传统、行业风气等方面内容；组织约束体系及其实现机制，包括正式的和非正式的两方面。正式的方面包括组织的章程制度、职业规则程序等，非正式的方面包括群体纪律、职业道德等。这里还应注意的是，不同类型公共组织的制度存在着差异。

（2）公共组织制度基础对自矫机制的意义。公共组织的制度是组织在长时间运作过程中积淀下来的规则，这些规则抑制着公共组织行为主体在交往中可能出现的一些不良或不规范的行为。公共组织制度基础为公共组织共同体提供了一个可以贯彻和追诉的选择空间。人们为了使行为便于预见和管理，加强组织行为的控制，就需要一些制度化的规则作为保障。所谓制度化（Institutionalization）是指社会互动方式以正式的法律、规章、习俗为基础的稳定的发展进程。制度化的出现使组织行为得以预测，便于组织行为的控制。而制度价值的发挥是通过其约束机制表现出来的，制度的约束机制将公共组织的行为导入一个可合理预期的轨道，使公共组织行为变得可以预见。公共组织行为的这种可预见性是人们选择竞争对策、合作方式的可靠基础，也是公共组织行为的自矫机制得以实现的基本前提。从某种意义上来说，自矫机制的实现过程就是制度化的过程。

3. 环境基础

公共组织的环境大致可以分为内部环境和外部环境。在这里，内部环境是指组织文

---

① J. Mayer and D. Sluyter（eds），*Emotional Development and Emotional Intelligence*. Basic Books，1997.

化，外部环境大致包括自然环境、社会环境和人文环境。任何组织是处于特定环境中的，离不开环境提供的各种机会和条件。帕森斯曾指出，一个社会只有满足了四种需求，即实现四种因素之间的合理化结构，包括目标的获得、环境的适应、社会不同部分的整合及越轨行为的控制，只有这样社会才能充分发挥其功能。对于组织而言，帕森斯认为，每一个组织的行动都包括四个要素，即组织的行动者、组织的行动目标、目标实现的环境因素和组织行动的规范限定。组织行动的规范限定也就是组织行为所处环境的限定，在这里，帕森斯无疑强调了外部环境在组织功能发挥中的重要性。而公共组织行为是公共组织行为主体对公共组织环境刺激的应答反应，因此公共组织环境对自矫机制的实现有着极其重大的意义。

政治体制决定了公共组织行为主体在社会政治生活中的地位和作用；政党制度决定了各种政治社会力量表达意志的合法途径和弹性程度，因此也就决定了公共组织自矫机制实现的制度空间；公共政策决定了各类公共组织行为的活动范围；经济体制制约着政府、市场和社会三者之间的关系；分配制度决定着公共组织行为的利益倾向并为公共组织行为提供物的基础，而经济产业结构的每一次调整则直接影响着公共组织的发展，特别是非政府组织的发展。这些经济环境因素是自矫机制利用利益导向、激励机制发生作用的基本决定力量。同时，知识技术、价值观、意识形态、法律制度、道德规范等文化环境因素亦会对公共组织行为的自矫机制产生显著的影响。

7.3.3　实现自矫机制的途径

上面所描述的基础只是一些静态的自矫机制所针对的具体对象和自矫机制的依托，这只是为公共组织自矫机制的功能发挥提供了物质性的前提。为了自矫机制的实现，公共组织还必须发挥自身的能动性，找到实现自矫机制的途径，这样才可以实现对公共组织行为的有效控制。事实上，由于公共组织行为的发生和反馈机制的不确定性；公共组织领域的迅速变革及在不同国家的差异性；公共组织环境的变迁及组织文化的多样性；公共组织自身结构功能体系的复杂性以及公共组织目标大多模糊且不易测量等诸多障碍的存在，要想完整而清楚地描述公共组织自矫机制的结构功能体系是很困难的。我们在接下来将主要介绍一些实现自矫机制的途径。

1. 学习

学习是经历的一种结果，是行为或绩效的一种改变，是个体在一定的情境下由于反复的经验而产生的在内隐的心理或外显的行为上比较持久的变化过程。这种学习的过程可以是对别人的观察，也可以是阅读或接收某种信息资源。学习是以心理特质或行为方式的改变为标志的，同时使个体习得新的行为经验，这种习得可以表现为掌握新的外显行为方式或改变内隐的心理特质。而学习引起的外显或内隐反应的改变是持久的。学习一般分为四个阶段：首先一个人要遇到某种具体的经历，其次会对经历进行思考性的观察，再次会进行抽象概念化，最后重新回到具体经历的积极体验中，开始一个新的活动循环。学习过程是一个内化的过程，习得的内容将会有机地整合到个体的行为模式中，一旦情境相似就会反映出来。学习是个体与学习环境相互作用，并将经验结果内化到个体中去的过程。

2. 塑模

任何公共组织均是某一国家制度制约下、受某一民族文化影响的公共组织，任何公共组织有自己沉淀的组织文化及行为规范。行为塑造（Shaping Behavior）通过系统地强化每一个连续步骤而使行为主体越来越趋近理想的反应，即指通过学习、认知、互动等行为主体的基本活动方式，使行为反应符合某种文化模式或行为规范的过程。

3. 创新

创新，即指公共组织通过组织观念的更新、组织制度的发展、管理手段的吸纳、重新安排组织结构等方式实现公共组织自身发展的质的飞跃的过程。公共组织的创新可以表现为观念创新、制度创新、方法创新、学习创新、目标创新等方式。① 创新作为公共组织发展的重要方面，亦可作为公共组织自矫机制的一种途径选择。创新可以通过与常规矫正手段不同的方式求得公共组织运用常规矫正手段依然无法克服的组织行为偏离，从而求得矫正问题的解决。作为公共组织实现组织行为自矫机制的途径，创新在越来越复杂的组织环境中发挥着日益重要的作用。

4. 监督

监督是指公共组织通过设立内部监督部门，如行政监察部门、质量管理部门等直接负责对公共组织行为的监督，或通过该公共组织之外的政党、政府、第三部门和全体公民建构公共监督机制的方式，如信访制度、舆论监督等，实现对公共组织行为的外部约束。它的主要任务是及时发现并纠正公共组织在管理社会公共事务的活动中所产生的偏差和失误。通过内部和外部的监督机制，公共组织可进行政治责任、行政责任和公共责任的追究，以此来纠正偏离的政治行为、行政行为和非政府组织行为。

5. 规制

这里的规制是指公共组织在实现其既定目标的过程中对公共组织行为加以影响和有效约束的一种行为，通过运用相关政策、法律、法规、规章、制度等制度性因素对组织行为进行控制和约束的方式。

本 章 小 结

公共组织行为就是有"公共性"标志的行为主体遵循其特殊性而展开其组织行为，而行为主体的特殊性正是由公共组织不以营利为目的，受到法制和公共监督，并以实现公共利益为宗旨的特征所决定的。公共组织行为是公共组织主体从组织自身的利益和需求出发，为实现公共组织的目标，对内源性或外源性的刺激而作出的反应。它具有公共性、源法性和公益性。在组织活动的领域里，最常见的公共组织行为有领导与服从、决策与参与、竞争与合作、冲突与调适等，研究这些组织行为的发生机制和转换模式无疑具有非常重要的意义。

与组织的发生机制相对应的是其自矫机制，所谓公共组织行为的自矫机制是指公共组织通过学习、塑模、目标调整、规制监督、制度创新等方法纠正偏离的组织行为，使组织行为较好地为实现组织目标服务的结构功能体系。公共组织行为的自矫机制所要矫正的对象是公共组织主体的行为，矫正的目的是为了使公共组织主体的行为符合在一定社会文化

---

① 张建东、陆江兵：《公共组织学》，高等教育出版社，2003 年版，第 226 页。

和价值观之下的行为模式。这里所说的矫正不仅针对外显的行为反应，还包括内隐的心理反应，涉及个体行为、群体行为和组织行为。公共组织行为的自矫机制对公共组织行为发挥作用有赖于其主体基础、制度基础和环境基础。自矫机制实现的具体途径包括学习、塑造、创新、监督和规制。

案例

李连杰和他的"壹基金"

2007 年，功夫皇帝李连杰正式创立了壹基金，从此以后"说服人捐款"就成为他的主要事业。壹基金也迅速成为中国最为知名的"慈善基金"之一。但是，李连杰在接受央视《面对面》专访时却透露，该慈善计划却面临着严重的危机。他说，壹基金存在中断的可能。因为壹基金连"身份证"都没有。

普遍困境：政策允许民间办公募基金，只是合法"身份"很难取得

李连杰曾经透露过，2004 年东南亚海啸后，他决定回国做慈善。但在研究了《基金会管理条例》和其他相关法律法规后，他发现在现有政策环境下，民间发起公募基金会几乎不可能，可能的选择，要么是做私募基金，要么是与具有公募资格的社团或基金会合作，成为其下属专项基金计划。

无疑，李连杰和许多有志于创办慈善的团体或人士一样，遭遇了相似难题：①要求的启动资金数额很大。②找不到可以挂靠的主管单位。按照相关条例的要求，假如要做一家全国性的公募基金会，你起码要准备 800 万元的现金在账上，而李连杰的壹基金 2007 年 4 月 19 日启动的时候，账上资金也不过是 400 万元。当然，找不到挂靠单位更让人头疼。按照《基金会管理条例》，不论公募还是非公募，所有的基金会要想成立，都需要找到一个有官方背景的业务主管单位。我们在中国社会组织网上可以查到，当时登记在册的全国性基金会只有 144 个，而他们的主管单位基本是国家部委，比如"爱佑华夏慈善基金会"的业务主管单位是民政部，"宝钢教育基金会"的业务主管部门是教育部，"纺织之光科技教育基金会"的业务主管部门是国资委……但是，对于大部分的基金会来说，找到一个能够挂靠的政府部门实在是太难了，只能另作他想，在夹缝中求生存。

李亚鹏、王菲创立的"嫣然天使基金"、李宇春的歌迷们创建的"玉米基金"……许多我们耳熟能详的"基金会"，其实它们都和壹基金一样，都为自己找了个"主人"。打开红基会的官网，一数吓一跳，挂靠在它名下的"专属基金计划"一共有四十个之多。而这些"计划"中的绝大多数其实功能又等同于"公募基金"，只是它们募集来的钱都应该由红基会来统一管理。比如《崔永元公益基金管理规则》的第三章第十条就有这样的规定，"红基会可以按照使用支出额的 10% 从崔永元基金中提取管理成本，用于项目管理和行政费用"。

所以想要取得一个看似"合法"的身份，也就意味着你必须要接受官方机构的领导，对募集而来的钱也就丧失了部分甚至全部的支配权。政府和两大官办社团——红十字会和慈善总会，以及少数官方背景的公募基金会，几乎垄断了全社会的公益捐赠资源。大量有志于慈善事业的民间力量，却因为缺乏合法的参与路径，或者在慈善的门外徘徊，或者只能与各级官办慈善机构合作，其独立性、自主性，都受到很大限制。

壹基金的独特：创造性地争取了点 "自主权"

汶川地震是壹基金募捐的爆发点，截至 2008 年 5 月 19 日中午 12 点，短短 7 天之内，就筹到了善款 4272.582 万元。李连杰连夜带着善款奔赴成都，在接受记者采访时，他说："200 万元我们自己操作，四千多万交由红十字会支配，毕竟这方面红十字会更能从全局把握。" 也就是说壹基金自己只支配善款的 4.6%，剩下的 95.4% 则是交给红十字会官方支配。一位不愿透露姓名的壹基金工作人员说，壹基金只负责筹钱，并不负责管钱，对捐款的使用，必须通过红十字会的财务渠道进行。

也许是汶川地震时候的经历太发人深省了，壹基金的领导层们开始想办法争取点自主权。2008 年 10 月，非公募性质的上海李连杰壹基金公益基金会正式通过注册，作为中国红十字会李连杰壹基金计划的执行机构，"壹基金计划" 和 "上海壹基金" 合并，壹基金所做的项目越来越多，自主性越来越大，公布的财务报告也越来越详细。这种以私募基金之名行公募基金之实的做法是在打擦边球，所以壹基金实际上成了一个随时可以被叫停的黑户。

"黑" 户做的 "白" 事，颠覆了中国基金会现状

《基金会管理条例》第三十二条规定，"基金会应当执行国家统一的会计制度，依法进行会计核算、建立健全内部会计监督制度"。但是，有的基金会并不公布自己的财务报告，有的即使公布，也非常笼统。红基会的财务报告算是公布得不错的，还加盖了会计师事务所公章，但是所列出的也不过是总收入、总支出、总管理费用、总工资，等等。反观壹基金，"壹基金计划" 一开始就请来了德勤华永会计师事务所北京分所做审计，而 "上海壹基金" 则是由毕马威华振会计师事务所上海分所审计。壹基金每个季度都会公开一份财务报告在自己的官网上，到了年底还会公布全年的财务报告，细化到每一个项目都用了多少钱，相对要详尽、专业很多。

2009 年 11 月 23 日，有位天涯网友发帖称，壹基金开个会花两百多万元，建网站花两百万元，且今年第三季度的行政及营运费用占全年总支出近二成。该网友称，虽然相信壹基金的公信力，但希望壹基金予以解释。两天之后，壹基金就在官网上就三个质疑——进行了详尽的回应，表示：(1) 250 万元支出中有 200 万元得到企业定向赞助，其余 50 万元费用是非定向捐助款；(2) 官网是公益合作平台，运营要求高；(3) 虽然第三季度管理费为 19.76%，但截至 2009 年 9 月 30 日，累计管理费用只占累计总支出的 4%，没超过《基金会管理条例》规定的 10%。壹基金回应得这么爽快和细致让人感到非常意外。做公募基金意味着你的钱是大家捐来的，当然有义务面对所有的监督和质疑，但是在这点上，很多有官方背景的公募基金却做不到，面对质疑，要不就装作听不见，要不就找个理由出来随便搪塞。

事实上，与各种庞大的公募基金会动辄数十亿的救灾投入相比，壹基金在救灾上的成就并无太多值得称道之处。2008 年开始进行的典范工程评选，才是这个基金会最大价值所在，典范工程的评选遵从 "公信、专业、执行、持续" 四个标准，由研究者、会计师、律师、媒体人等各方组成专业的评委会，每年遴选 10 家本土公益组织，作为典范，各给予 100 万元资助。在一个成熟的公民社会，政府向 NGO 组织购买公共服务是常态，这背后的理念就是一个负责任的政府并非要做包办一切的全能政府。一般来说，NGO 的资金，40% 来源于政府，40% 来源于募捐，20% 来自收费，这样的结构是比较合理的。但是，在

中国内地，NGO 的生存却举步维艰，绝大多数缺乏资金。

实际上，现在中国公益事业蓬勃发展的表象背后事实上是由很多大型国企支撑起来的，但是，这样的景象对于中国社会慈善文化的培育和健康成长并无太大益处，很难想象依靠大型能源企业的捐赠来资助那些在被能源开采破坏了的区域里从事环境抗争的 NGO，会是怎样一种情境。所以，尽管现在每年壹基金还只能去资助 10 家 NGO，但是这种模式却是值得肯定的。李连杰自己也说，他在参与救灾的时候发现去资助这些专业的组织，会让钱花得恰到好处。

虽然壹基金的发展充满曲折，最终还是在 2010 年 12 月 3 日，深圳壹基金公益基金注册成立。尽管壹基金公募基金会成立了，但离开了红十字会这样一个公益事业中的金字招牌，今后的公益之路该怎么走，也许是深圳壹基金最主要的问题了。

（根据公益时报网基金会专题：壹基金变形记，http：//www. gongyishibao. com/News/201101/132164. aspx 整理）

根据本章相关内容，分析李连杰为什么要追求从有金字招牌的全国性公募平台走向区域性的独立公募基金会？壹基金是怎么在努力过程中受益的？

思　考　题

1. 试比较几种领导行为模型，并谈谈你更偏好哪种及其原因。
2. 试分析参与在当代公共组织中的作用和意义。
3. 你认为作为一名公共组织的管理者，在冲突的哪个阶段解决冲突是最好的？为什么？
4. 请思考公共组织是以何种方式从冲突中受益的？
5. 在你眼中的学习型组织具有哪些特征？并试述其对于公共组织的自矫行为的意义。

专 业 名 词

组织行为	Organizational Behavior
公共事业民营化	Privatization
社区主义	Communitarianism
非营利组织	Nonprofit Organization
非政府组织	NGO
民主行政	Democratic Administration
公共组织行为	Behavior of Public Organizations
正式群体	Formal Group
非正式群体	Informal Group

领导方格	Leadership Grid
Lpc 刻度	Lpc Scale
参与	Participation
功能性冲突	Functional Conflict
功能紊乱性冲突	Dysfunctional Conflict
组织间冲突	Interorganization Conflict
组织内冲突	Intraorganization Conflict
群体内冲突	Intragroup Conflict
人际冲突	Interpersonal Conflict
内心冲突	Intrapersonal Conflict
潜在冲突	Latent Conflict
制度化	Institutionalization

第8章
公共组织的决策、执行与监控

学习目的

公共组织的决策、执行与监控是公共组织管理活动的重要内容。通过对本章内容的学习，我们能够全面掌握公共组织管理的基本知识，深刻理解公共组织管理的重要意义，了解公共组织管理活动的基本过程，并熟悉各种管理原则和方法，从而为从事具体的组织管理活动提供重要的理论指导。

本章重点

1. 公共组织管理的职能与特性。
2. 公共组织决策与执行过程。
3. 公共组织协调和控制原则。

8.1 公共组织的管理

8.1.1 管理与公共组织管理

一提到组织，人们就会想到管理。然而，究竟什么是管理呢？学者们也是众说纷纭，莫衷一是。

法约尔提出："管理就是实行计划、组织、指挥、协调和控制。"① 斯蒂芬·P. 罗宾斯认为："管理是一个协调工作活动的过程，以便能够有效率和有效果地同别人一起或通过别人实现组织的目标。"② 周三多等学者认为："管

---

① ［法］法约尔著，周安华等译：《工业管理与一般管理》，中国社会科学出版社，1982年版，第5页。

② ［美］斯蒂芬·P. 罗宾斯著，孙建敏译：《管理学》，中国人民大学出版社，2004年版，第7页。

理就是社会组织中，为了实现预期的目标，以人为中心进行的协调活动。"①

结合以上学者的观点，我们可以把管理理解为：管理就是在特定的环境下，组织中的管理者为了实现既定的目标，运用各种方式对组织所拥有的资源进行有效的计划、组织、领导和控制的过程。

公共组织管理（Public Organization Management）是公共组织为了实现特定的目标，管理社会公共事务的活动过程。更确切地说，就是公共组织在现有宪法和法律的制度框架下，为了实现公共利益最大化的目标，以服务社会大众为宗旨，履行公共管理职能，调节和控制社会公共事务并接受社会公众监督的社会管理活动过程。

公共组织管理的本质在于提供公共物品和公共服务，满足社会公共需求，推进经济社会以及人的全面协调发展。因此，应当从以下几个方面来理解公共组织管理的深刻内涵。

第一，公共组织管理的主体是政府组织和其他社会组织形式。政府组织和其他不以营利为目的的组织形式都能成为公共组织管理的主体。

第二，公共组织管理的范围极其广泛。一方面，由于经济社会的进步和发展，社会公共事务大量涌现，公共组织的管理任务更加繁重。另一方面，在全球一体化趋势的影响下，公共组织管理有不断扩大和国际化的趋势。

第三，公共组织管理的目的是服务社会公众，满足社会需求。与私营组织管理追求自身利益最大化不同，公共组织管理的价值取向是寻求公共利益最大化，满足公共需求，促进社会整体发展。

第四，公共组织管理接受社会公众的监督。社会公众的利益与公共组织管理密切联系，公共组织管理活动只有在社会公众的监督下才能保证公共组织目标的达成。

8.1.2 公共组织管理的特性

公共组织的性质内在地决定了其管理具有一般组织管理所不具有的特性。

1. 社会性

社会性是公共组织管理的本质属性。公共组织管理为了维护社会的利益和统治秩序，必须履行社会管理的职能，管理社会政治、经济、文化等各方面的事务，在促进经济社会的全面发展的同时实现自身的发展。

2. 人本性

人本性要求公共组织管理一切从人出发，旨在调动人的主动性、积极性和创造性。公共组织管理的人本性主要体现在以下三个方面：第一，人是公共组织管理的起点和归宿。公共组织管理的本质是满足社会公众的需求，实现人的全面发展。第二，公共组织管理归根结底是人的活动。公共组织管理活动的开展和组织效能的发挥有赖于具体的个人来完成，表现出人格化的特征。第三，公共组织管理中人的群体性。公共组织是人的集合体，这些个人因某些共同的需求而构成了公共组织，公共组织是个人人格力量的集合与化身。

3. 服务性

现代市场经济条件下的公共组织管理，就其本质而言，不是管制而是服务。公共组织按照经济规律，以社会、企业和公众为本位，为其利益的实现创造良好条件。服务是公共

---

① 周三多、陈传明、鲁明泓：《管理学——原理与方法》，复旦大学出版社，1999年版，第10页。

组织管理的核心。

4. 公益性

公共组织的目标指向是公共利益，公共组织管理的目的是提供公共物品和公共服务，满足公共需求。公共组织面对的是整个社会所有公众的群体性需求，这种需求的广泛性和普遍性决定了公共组织管理的公共利益性。

5. 协调性

公共组织在管理的过程中不可避免地遇到社会公众不同需求同时并存的情况，尽管这些需求有其存在的合理性，但是不同需求之间存在的矛盾和冲突并不少。因此，公共组织在具体的管理实践中，要均衡不同需求，确保公共组织的可持续发展。

6. 强制性

虽然从本质上说，公共组织属于服务性组织，但这并不意味着公共组织强制性力量的丧失。作为公共组织重要表现形式的政府组织和非政府性的社会组织，其权力都直接或间接地来源于国家权力。在很大程度上，政府是国家的代表，它控制整个社会生活，拥有凌驾于社会之上的权威，社会各种团体和全体公民都必须服从政府的规定和命令，否则将受到制裁和惩戒。非政府性社会组织，根据政府的委托，代表政府从事管理社会公共事务的活动，其权力往往来源于政府的授权，这样，非政府性社会组织也具有强制性特征。

8.1.3 公共组织管理的职能

公共组织管理的职能是公共组织管理社会公共事务和提供公共物品的过程中所发挥的职责和功能。公共组织管理的职能有程序系统职能和任务系统职能之分。程序系统职能反映了公共组织在管理社会公共事务的过程中所具有的一般性和普遍性，它是管理活动中最基本、最普遍的职能，主要包括：决策、计划、组织、领导、协调和控制职能。而公共组织的任务系统职能主要是经济职能、政治职能和社会职能。

1. 公共组织的程序系统职能

（1）决策职能。决策是公共组织的管理者为了对公共事务进行有效的管理，解决各种问题，达成特定目标而选择行动方案的一项基本管理职能，它贯穿于一切管理活动的始终，是公共组织管理活动中占首要地位的程序系统职能。公共组织的决策过程包括目标确立、发现问题、设计方案、选定方案和实施方案等一系列基本步骤。

（2）计划职能。计划是公共组织管理的重要职能，计划包含两层含义：一是制定公共组织的目标和为实现这些目标而必须做出的选择；二是在一定的法律法规范围内，舍弃某些选择，制定工作程序。公共组织的计划是公共组织制定在未来一段时间内要达到的目标，以及为实现这些目标选择最佳方案和路径。

（3）组织职能。公共组织想要在实现决策目标的过程中产生比个体功能总和更大的功能，就需要根据工作的需要和成员的特点，将合适的人员安排到合适的岗位上，明确各个成员之间的职责关系，以形成一个有机的组织结构。公共组织的组织职能一般包括：公共组织的组织结构的设计、人员配备与力量整合等基本内容。

（4）领导职能。公共组织内部的各个成员，由于在目标、需求、偏好、性格、价值观等方面的差异，在组织工作实践过程中必然产生各种矛盾和冲突，为此，公共组织中的管理者需要运用领导职能与组织成员进行沟通，协调他们的关系，指挥他们的行为，激励每个组织成员自觉地为实现组织目标而共同努力。

（5）协调职能。公共组织规模庞大，分工精细，关系错综复杂，没有协调，公共组织的各项工作就会相互脱节，没有公共组织各部门和人员之间的配合和协作，管理的目标就不可能如期达到。公共组织管理过程的各个阶段都需要通过协调来有效发挥各自的功能。

（6）控制职能。在公共组织管理目标的实现过程中，需要适时对既定计划进行调整，这一过程就是控制。公共组织的控制职能主要体现在两个方面：一是公共组织依据搜集和分析计划执行和完成的有关情报资料，对公共组织活动的数量、质量等因素加以控制；二是依据有关资料，掌握人、财、物力等情况，对公共组织活动的各种行为进行控制。

2. 公共组织的任务系统职能

（1）经济职能。经济职能是公共组织管理的重要职能，它是公共组织在社会经济生活中依法履行职责及其所发生的功能。在市场经济条件下，公共组织的经济职能主要有：第一，提供公共物品和服务。由于公共物品和服务具有非竞争性和非排他性的特殊性质，只能由公共组织来经营和提供。第二，维护稳定的市场秩序。公共组织应当建立各种市场法规和制度，规制市场行为主体，打击垄断和不正当竞争，维护市场结构和市场秩序。第三，进行收入再分配。公共组织通过税收和支出等手段，向某些弱势群体倾斜以进行收入再分配，抑制过高收入者，补充低收入者，增进社会公平。第四，调节经济运行过程。实施稳健的财政政策和货币政策，保证宏观经济的稳定和增长，消除市场失灵。第五，优化经济结构。在市场经济自我调节的基础上，加大公共组织的介入力度，优化经济结构，推进产业升级。

（2）政治职能。公共组织的政治职能是国家统治阶级职能的构成部分。它主要包括以下几个基本方面：第一，民主建设。实行民主管理是现代民主国家政治制度的根本要求，也是公共组织必须遵循的基本原则。第二，社会治安。通过运用法律、政策、条例等约束机关团体和个人的行为，以维持正常的社会政治秩序和社会生活秩序，保护公民利益不受非法侵害，维护国家发展目标的实现。第三，国家安全。加强国防军事管理、外交及对外事务管理，防御外来侵略和颠覆，保卫国家安全与世界和平，反对霸权主义。

（3）社会职能。公共组织的社会职能是指各个公共组织为了维持正常的社会生活水平和生活秩序，增进国民福利而提供或生产福利性产品和服务的一种管理职能活动。公共组织的社会职能主要体现为社会管理、社会服务和社会平衡职能。

8.1.4　科学发展观指导下的公共组织管理

党的十六届三中全会明确提出了"坚持以人为本，树立全面、协调、可持续发展观，促进经济社会和人的全面发展"，改革和发展必须"按照统筹城乡发展、统筹区域发展、统筹经济社会发展、统筹人与自然和谐发展、统筹国内发展和对外开放的要求"整体推进。科学发展观是中国共产党人在新时期和新形势下，对改革与发展规律的科学认识。

科学发展观的提出，对公共组织的管理提出了更高的要求。贯彻落实科学发展观，公共组织管理应当从以下几个方面来体现科学发展观的要求：

1. 目标设定的全面性和多元性

科学发展观指导下的公共组织管理在目标追求上更加全面和多元化。在保持经济建设发展的同时，促使社会、文化和环境的同步跟进，既要满足经济发展的需要，又要保证社会发展的配套落实，保护生态环境，促进人与自然的和谐发展。

2. 民主管理的弘扬

科学发展观的核心在于保证人的全面发展。作为公共利益代表者和体现者的公共组织，在具体的管理过程中应当充分发扬民主，让更多的公民参与到管理中来，使管理的目标能够反映广大人民群众的根本利益和要求，从而获得更多公众的支持。

3. 实现公共利益和个人价值的统一融合

落实科学发展观，必然要求公共组织的管理者在管理的过程中处理好个人价值实现和公共利益达成之间的关系，促使公共利益与个人价值的统一融合，公共利益在个人价值追求中得到实现，个人价值在公共利益的实现中得到体现。

8.2 公共组织的领导与决策

8.2.1 领导与公共组织领导

领导通常包含两层含义：一是指处于各级领导岗位上的主管人员，他们的行动对组织产生重要的影响；二是指主管人员引导下属活动的过程。在此，我们主要从第二层含义来对领导进行分析和研究。

一般来说，领导是组织中的领导者运用权力引导和影响组织成员为实现组织目标而努力工作的过程。公共组织领导（Public Organization Leadership）就是公共组织的领导者在本组织现有的结构框架内引导和影响其成员为了实现组织的目标而努力的过程。其含义有以下几个方面：

第一，公共组织领导是一个运用权力指挥、引导组织成员的过程。这种权力有职务权力和非职务权力。

第二，公共组织领导的目的是推动组织目标的实现。

第三，公共组织领导是一种影响力。这种影响力是双向的，组织成员受到领导者的影响，领导者也受到组织成员的影响。

第四，公共组织领导必须在本组织现有结构框架内实施领导。

第五，公共组织领导的要素：领导者、被领导者和作用对象。

8.2.2 公共组织领导与权力

领导与权力的关系极为密切，一定程度上可以说它们是相互依赖的。为了实现组织的目标，领导者将权力作为实现目标的手段。领导过程中影响他人的基础就是权力，即权力就是影响力的来源。权力（Power）是指一个人影响另一个人的能力，这种影响能使被影响者去做他们本不愿意做的事情。

约翰·弗伦奇和伯特伦·瑞文指出，领导者的权力一般有五个来源：

（1）强制权（Coercive Power）。强制权是建立在畏惧的基础上的权力。组织成员如果不服从或者违背了上级领导者的意愿和指令，就可能产生坏的结果。

（2）奖酬权（Reward Power）。奖酬权是与强制权相对的一种权力。组织成员服从领导者的意愿是因为这种服从能给他们带来益处。这种奖酬可以是物质的也可以是精神的。

（3）合法权（Legitimate Power）。合法权的根基在于职位而不是人，它是组织授予处在正式管理职位上的管理者的权力。它不仅包括职位权力，还包括组织成员对职位权威的接受和认可。

（4）参考权（Referent Power）。参考权是指一个人通过被他人仿效的方式而影响他人的能力。这种权力来源于一些个人特征以及随着尊敬和钦佩而来的对这个人的认同。领导者的参考权是建立在组织成员对领导者的崇拜的基础之上的。

（5）专家权（Expert Power）。专家权是指因具有专门知识和技能而形成的权威并影响他人的能力。这种权力来自于所承担任务的人所具有的较高知识和技能，和合法权力相反，它的根基在于人而不是职位。

8.2.3　公共组织的决策

决策是管理的一项重要职能，一个管理者不管他从事什么工作，都需要不断做出决策，决策学派认为，决策是管理的核心职能，管理理论应围绕决策而展开。

1. 决策与公共组织决策

对于决策的理解，不同学者有不同的观点。赫伯特·西蒙认为："管理过程就是决策过程；他们先分离出组织成员决策制定过程中的某些要素，再建立规范的组织程序来选择和确定这些要素，并将要素的信息传递给组织内相关人员。"① 斯蒂芬·T. 罗宾斯提出："决策是对于问题的反应，由于事件的当前状态与期望状态之间存在差距，因而要求个体考虑几种不同的活动进程。"② 孙国庆认为："决策是决策主体为实现一定的目标，在多个可能的行动方案中选取一个符合自己偏好的行动方案的过程。"③

公共组织决策（Public Organization Decision）是指公共组织在管理公共事务时，为履行公共组织职能、实现预期目标、维护公共利益，根据实际情况制定并选择行动方案的组织活动过程。公共组织决策是公共组织管理活动的起始环节，具有一般决策活动的共性，同时，公共组织的自身特性又决定了公共组织决策具有区别于其他决策的特点：

（1）公共性的决策价值。公共组织的公共性特点决定了公共组织决策价值的公共性，公共组织决策在本质上是运用公共权威对社会资源和公共利益进行的权威性分配，为公众谋求公共福利最大化的组织行为。

（2）服务性的决策宗旨。公共组织决策是服务于公众的，经济发展和社会民主发展，更加要求公共组织在稳定社会秩序、维护公共利益方面提供优质的公共服务与制度安排。

（3）合法性的决策依据。公共组织决策体现的是国家、社会的利益，必须遵守国家宪政的要求，同时，应当以社会公众对决策的认同为基础。

（4）特定的决策主体。公共组织决策的主体是公共组织，公共组织依法享有公共权威，行使公共权力。

---

① ［美］赫伯特·西蒙著，詹正茂译：《管理行为》，机械工业出版社，2004 年版，第 6 页。

② ［美］斯蒂芬·P. 罗宾斯著，孙建敏等译：《组织行为学》，中国人民大学出版社，2003 年版，第 115 页。

③ 孙国庆：《公共行政决策的本质和行动》，载《辽宁行政学院学报》，2003 年第 4 期，第 109 页。

（5）多样性的决策内容。公共组织的决策面向国家和社会公共事务的各个方面，决策内容体现了公共组织管理职能的复杂性和管理范围的广泛性，也体现了利益个体利益的妥协和落实的公平性与公正性。

2. 完全理性决策与有限理性决策

（1）完全理性决策理论。完全理性（Comprehensive-rationality）决策理论是基于"经济人"假设提出来的，盛行于 20 世纪 50 年代以前。该理论认为，决策者能够依据完整而全面的信息做出合理的决策，从而使组织获得最大的经济利益。在理性"经济人"假设的基础上形成的完全理性决策理论，在很长一段时间内被公认为科学的决策观念，但是这种决策理论忽视了非经济因素在决策中的作用，不一定能指导实际的决策活动。

（2）有限理性决策理论。有限理性（Bounded-rationality）决策理论发展于 20 世纪 50 年代，是西蒙在批评完全理性决策理论及对行政决策的研究的基础上提出的。有限理性决策理论认为，决策者在决策过程中对各种备选方案的选择，所追求的不是最优的方案，而是次优或者令人满意的方案。

3. 公共组织决策过程

组织决策是一个动态的系统反馈过程，科学决策需要通过一系列的步骤和程序来实施。西蒙在系统论述组织决策过程及相关问题的基础上，把决策过程分为情报活动、设计活动、抉择活动和审查活动四个基本阶段，从而构建了比较完整的组织决策逻辑过程。

（1）发现问题。问题是决策的起点，决策必须是在发现问题并对问题有正确的认识的基础上进行的。组织内外环境发生变化，要求决策者做出新的决策以解决问题。决策者要对问题进行系统分析，正确界定问题的实质和抓住问题要害，寻求及时、适当地解决问题的办法。

（2）确定目标。决策目标就是决策者在未来一段时间内希望达到的某种效果。明确的决策目标是决策方案的拟订依据，也是实施和控制决策、分配组织资源和协调各种力量的标准。确定组织的决策目标，应做到：第一，目标的明确性，切忌模糊和笼统。第二，目标的系统性，要使多元目标成为和谐的系统。第三，目标的可行性。

（3）拟订方案。在研究现状、确定目标之后，决策者的下一步工作就是寻找解决问题的可供选择的方案。

（4）评估方案。备选方案拟订以后，决策者应对各个方案的实施效果进行评估。方案评估，就是确立各个备选方案所具有的价值，它包括评价每一个方案的可能性结果。

（5）选择方案。对方案的结果进行评估后，就需要对方案进行选择。决策方案的选择是在方案评估论证的基础上进行的，为了避免决策失误，决策者应当充分了解信息咨询、参谋、评估等人员对各种备选方案的信息反馈情况，全面把握各个决策方案的可行性、客观性、合理性和效益性。

8.2.4　公共组织决策的方法

1. 定性方法

（1）头脑风暴法。头脑风暴法是比较常用的集体决策方法，它由奥斯本于 1939 年提出，它的实质是通过会议的形式，鼓励与会者不断地产生或改进想法，从而找到解决问题的创造性方法。头脑风暴法的实施一般要遵循四项原则：第一，组织成员对别人的建议不做任何评价，讨论中没有负面评论。第二，鼓励组织成员敞开思路，畅所欲言，建议越多越好。第三，每个人独立思考，大胆设想，构思越新颖越好。第四，鼓励对已有的构思进行组合并予以补充和完善，使其更具有说服力。头脑风暴法中，讨论主题没有明确限制，在讨论的过程中也不存在某个支配局面的人，这非常有利于参与者们想象力的发挥。

（2）德尔菲法。德尔菲法是一种直觉预测技术，它由兰德公司的研究人员首先发明，是一种广泛应用于进行预测、建立评价指标体系和确定某些不可预测指标的主观、定性决策方法。这种方法不要求参与者出席，它采用匿名发表意见的形式，通过多轮向专家征求看法的问卷调查，经过反复归纳、修改，最后汇总成专家基本一致的看法。德尔菲法能发挥专家会议集思广益、取长补短的优点，但是由于这种方法耗时太多，不适用于快速决策的情况。

（3）专家意见法或经理意见法。这种决策方法可以应用于个人决策，也可以应用于集体决策。它是专业人士根据自己的知识、经验和能力，对问题进行判断和分析，最后做出决策。

2. 定量方法

（1）边际分析法。在评估抉择方案的过程中，可以采用边际分析法，即把追加的收入和追加的支出进行比较，两者相等时为临界点。如果组织的目标是取得最大利润，那么只要追加的支出和追加的收入相等，组织的目标就能达成。

（2）概率方法。概率方法可以分为主观概率方法和客观概率方法。主观概率是决策者凭借自己的经验或预感估计出来的量。客观概率是完全凭借统计资料或实验，推理而求得的量。通常说来，主观概率方法适用于非常规的、不重复的决策，客观概率方法适用于常规和重复的决策。

（3）线性规划方法。线性规划是在一定的约束条件下要求最优方案的数学模型，也就是利用一定的资源实现经济效益的最大化或者在达成目标的前提下实现消耗的最小化。在现有的约束条件下，在实现目标的多种方案中，总有一种能取得较好效果的方案，这种方案能够通过线性规划方法求得。

8.3 公共组织的执行、沟通与协调

8.3.1 公共组织的执行

公共组织目标的实现、决策方案的落实，关键在于有效的公共组织执行。公共组织决策是公共组织执行的依据，公共组织执行是公共组织决策的落实。

1. 公共组织执行的内涵与特点

公共组织执行（Public Organization Practice），就是公共组织领导者及其成员将公共组织决策付诸实施，从而实现公共组织预期目标的行为，也就是把公共组织决策方案由理想变为现实的活动过程。

公共组织执行过程不同于公共组织管理，也不同于公共组织决策，它作为公共组织过程中不可或缺的组成部分，有其自身的内在特点，主要表现在以下几个方面：

（1）执行目标的服务性。公共组织决策的目的在于解决社会公共问题，满足公众需求，为社会公众提供公共物品和公共服务。因此，公共组织决策的具体执行是服从于公共决策指令和服务于社会公众的双重作用过程。

（2）执行活动的强制性。由于公共组织的管理主体主要是政府和其他获得授权的非政府组织，因此，公共组织的执行是以国家公共权力为后盾的，具有严格的规定性和强制性，对不履行义务的公民、法人或其他组织，公共组织可以采取强制手段迫使其履行义务。

（3）执行方式的灵活性。再周全的决策也会有疏忽的地方，加上环境因素复杂多变的影响，公共组织决策在执行过程中偏离决策目标的现象在所难免。为此，就要求公共组织执行主体在执行决策的过程中拥有灵活变动的权力，针对管理过程和管理对象的实际情况，因地制宜地执行公共组织的决策方案，从而保证决策目标的最终实现。

（4）执行内容的复杂性。随着经济社会发展，社会公共事务更加错综复杂，社会问题更加多样化，这就从根本上决定了公共组织执行内容的广泛性和复杂性。

2. 公共组织执行的作用和原则

公共组织决策的制定并不意味着公共问题的解决，公共组织执行的好坏直接影响到公共组织决策的实际效果和公共组织过程的正常运转。公共组织执行在公共组织过程中有重要的作用：第一，公共组织执行是实现公共组织决策目标的基本途径。公共组织决策在付诸实施之前只是一种观念形态的行动方案，公共组织决策目标的实现与否，关键在于各项决策的具体执行情况。第二，公共组织执行是检验决策方案优劣的唯一标准。任何一项公共组织决策的制定，是决策者大脑的主观意识行动，公共组织决策方案的正确与否、效果优劣，必须通过公共组织执行才能全面、客观地检验出来。第三，公共组织执行的效果是后继公共组织决策的重要依据。公共组织的后继决策是在原有决策的执行基础上进行的，执行效果的好坏直接影响后继决策的内容设计和制度选择。

公共组织的执行不是一个随心所欲的过程，相反，它必须遵循一定的基本原则。公共组织的执行原则应当包括以下几个方面的内容：（1）严肃性原则。公共组织执行必须符合公共组织的决策目标和决策精神，严格按照决策的内容安排和决策指令来执行各项决策。（2）公平原则。公共组织的核心价值在于维护社会公平，公共组织在决策的具体执行过程中应当考虑并兼顾多方利益诉求，帮助弱势群体满足他们的需要，实现社会公平。（3）协调原则。在公共组织的具体执行过程中，必须保持各个执行环节的互相影响作用，协调各项事务，调动各方力量，做到执行工作的整体推进。（4）效益原则。公共组织执行需要投入一定的人力、物力、财力资源，为此，公共组织在具体执行过程中要寻求实现决策目标的最低成本或者实现一定投入资源的效益最大化。

3. 公共组织执行的过程

公共组织执行过程是一个逻辑严密的动态过程，通常包括准备阶段、实施阶段和总结阶段等环节。公共组织目标实现的效果，最终取决于这些环节的功能的发挥。

（1）准备阶段。准备阶段是公共组织执行过程的第一个阶段，是公共组织决策方案实施的前提基础。执行准备主要包括这几个方面的工作：

第一，拟订执行计划。制定执行计划，是公共组织执行不可或缺的必要步骤，它能确保组织执行活动的顺利进行和决策目标的实现。为了具体实施公共组织决策，执行者根据公共组织决策目标并结合实际情况，制定具体详细的执行计划，以此作为执行活动的依据，推进执行工作有条不紊地进行。

第二，组织任务分解。分解任务就是将公共组织的决策目标分解成若干个不同的组成部分，但保持各个部分之间的整体性和协调性作用。具体决策目标的不同决定了任务分解后具体组成部分的不同，各个具体的任务都应该有相应的部门配置以及确定的职位、职权和职责。

第三，分配资源。任何一项公共组织决策的执行，需要一定的人力、物力和财力准备，作为执行的物质基础和物质保障。为此，就要将合适的人员安排到合适的岗位上，使财力、物力与任务相适应。只有做好充分的人力、物力、财力准备，才能为公共组织执行工作的顺利开展创造有利的先决条件。

（2）实施阶段。公共组织执行的实施主要包括以下三个具体环节：

第一，宣传动员。决策宣传是决策执行活动的重要组成部分，公众对某一公共决策或公共决策涉及的问题是否关注和支持，很大程度上取决于决策的宣传力度。公共组织应当充分利用各种传播媒介，对公共组织的决策内容和目标进行大力宣传，以获得广大群众的了解和支持，为公共决策的有效执行奠定广泛、坚实的群众基础，以推动公共组织决策的顺利实施。

第二，执行试点。执行试点是公共组织为验证其决策的正确性和可行性并取得全面推广的初步经验和评估资料，而先对部分执行客体实施局部性的决策执行活动。

第三，全面实施。全面实施是决策实施过程中最具有操作性和挑战性的一个环节。公共组织执行的全面实施阶段就是公共组织在实施决策中面对各种复杂的环境和因素，如何发挥沟通、协调、监督和控制等功能性环节的过程，以保证公共组织决策目标的顺利实现。

（3）总结阶段。执行总结是执行过程中的最后一个阶段，它是公共组织执行完成后对其进行全面的检查和评价，总结经验，吸取教训。它是公共组织执行工作的最后环节，也是不可缺少的环节。总结的内容主要包括对执行情况公正客观的评价，对执行活动的业绩评定和责任追究，对执行活动经验和教训的有效吸取与深刻反省，对决策方案的调整与终止等。

8.3.2 公共组织的沟通

组织沟通是现代组织理论的重要组成部分，也是组织协调的基础前提，它在消除误会与隔阂、保证组织的工作效率方面发挥着重要作用。

1. 沟通的概念

沟通是指人与人之间传达思想或交换信息以达到相互理解的过程。公共组织沟通（Public Organization Communication）是指在公共组织活动过程中，公共组织与外界环境之间，公共组织内部各部门、各层级和各成员之间的信息交流与传递过程。保持有效的沟通，是公共组织达成组织目标的基础保证。

公共组织沟通主要由下列几个要素构成：第一，发送者。发送者是信息的发送主体，也可称之为信息源。在公共组织中，任何部门和个人能成为组织沟通的信息源。第二，接收者。接收者是信息指向的客体。在公共组织管理实现上下级之间的互动之后，组织中不论层级高低，任何部门和个人可以是信息的接收者。第三，信息。信息不仅包括信息的内容和表现形式，还包括信息的传递形式和产生的结果。

2. 沟通的过程

沟通的过程，就是信息的发送者将信息传递到信息接收者的过程。它包括以下六个具体步骤：

（1）信息的获取。发送者收集到确定可靠的信息或者获得某种观点、想法和事实，而且发送者有传递信息的意向和动因。

（2）信息的编码。发送者将沟通的信息编译为易于理解的语言或符号，力求信息表达充分准确，避免被歪曲和误解。

（3）信息的选择。发送者要对众多的信息进行选择，选出最为适当的信息渠道，将编码后的信息传送给接收者。

（4）接收者接收信息。信息接收者通过各种可行的渠道，对被传送的信息进行接收。

（5）信息的解码。信息接收者对接收到的信息进行解释与翻译，把它转变为自己所能理解的形式。

（6）信息的反馈。接收者对所接收的信息加以分析和判断，并据此采取相应的行动，而信息接收者的实际行动对于信息发送者来说就是信息反馈。

3. 公共组织沟通的类型

公共组织沟通按照不同的标准可以分为不同的类型，下面是几种较为常见的划分。

（1）按沟通渠道划分，可以分为正式沟通和非正式沟通。公共组织的正式沟通，是指公共组织的机构和成员，按照组织设计中规定好的组织程序和层级关系来进行的沟通。正式沟通具有正规性、严肃性和权威性的特点，沟通信息的准确性和保密性高，沟通的效果明显，但是信息传播速度慢，传播范围小，沟通方式较为刻板而缺乏灵活性。非正式沟通，是指通过非正式渠道进行的信息传递和意见交流，是正式组织途径以外的信息沟通方式，主要通过个人之间的接触来实现。非正式沟通的信息传递速度很快，是一种较为直接的沟通方式，它可以弥补正式沟通的不足，但是非正式沟通随意性强，信息失真度大。

（2）按组织内信息流向划分，可以分为上行沟通、下行沟通、平行沟通和斜行沟通。上行沟通，即自下而上的沟通。具体说来，就是组织的下级人员通过正式的层级系统，将信息从一个较低层次向另一个较高层次传递的过程。上行沟通通常存在于参与式或民主式管理的组织环境之中，它能为上级领导决策提供必要的参考依据，同时也给部属提供参政议政的机会，有助于组织的民主化管理。下行沟通，即自上而下的沟通，也就是组织的上级人员通过正式的层级系统，将信息自上而下地传达给下级人员的过程。下行沟通在实行专制式领导的组织中尤为常见。下行沟通能够协调组织各层级间的关系，增强部属责任感，但是下行沟通容易形成官僚作风，信息容易被曲解和搁置。平行沟通，是指组织结构中处于同一层级的人员或是部门之间进行的信息沟通。平行沟通可以加强不同部门和人员间的信息交流，有利于他们之间的团结与合作。斜行沟通，又称交叉沟通，是公共组织内不同层级的单位或人员之间的信息沟通。斜行沟通的目的与平行沟通的目的基本相同，但是斜行沟通要跨部门、跨职能和跨层级，实现沟通的难度很大。

（3）按沟通的线路划分，可分为单向沟通和双向沟通。单向沟通就是指信息沟通朝着一个方向进行，不可逆转。单向沟通的线路简单明了，信息传递速度快，沟通秩序好，但是单向沟通存在一定的专制作风，不利于信息交流和反馈，实际沟通效果差，效率低。双向沟通就是来回反馈式的沟通，沟通双方是互动的关系。与单向沟通相反，这种沟通有利于信息的交流和反馈，沟通效率高，效果好，但是信息沟通速度慢，耗时太多。

4. 信息沟通的障碍及排除

（1）信息沟通的障碍。公共组织的信息沟通是一个非常复杂的过程，由于外界的干扰和各种影响因素的作用，组织的信息沟通存在着诸多障碍。

第一，发送者方面的障碍。在公共组织的信息沟通过程中，由于发送者表达能力及逻辑推理能力不佳，导致接收者无法理解或理解错误。

第二，信息传递中的障碍。信息传递需要通过合适的渠道并以某种特定的网络连接方式来进行，沟通必须借助于一定的渠道。所以，沟通渠道的选择不当也会产生沟通障碍。

第三，接收者方面的障碍。接收者收到信息并不意味着理解和接受该信息。接收者需要对接收到的信息进行解码而转换成自己可以理解的形式，解码过程同编码过程一样，受到个体自身的知识能力和文化背景等方面的影响，这些因素对信息沟通效果有着重大影响。

第四，其他方面的障碍。与信息沟通相关的其他各方面因素也会影响沟通的有效性，诸如组织的规模和层级结构、组织内外的人际关系、沟通方式的选择、沟通个体性格的差异等都会对组织信息沟通效果产生影响。

（2）沟通障碍的排除。尽管沟通障碍是难以完全避免的，但是组织管理者要运用各种方法，尽量减少和排除沟通障碍，实现组织信息沟通的有效性。

第一，在发送者方面排除障碍。首先，使信息发送者具备良好的口头或书面表达能力以及逻辑推理能力，排除信息传递的先天性缺陷。其次，提高发送者的自身素质以排除发送者由于文化水平低、知识面窄形成的沟通障碍。最后，大力减少基于信仰与价值观的先入为主的偏见和对信息进行的有意识的筛选，保证沟通的有效性。

第二，在信息传递过程中排除障碍。不同的信息沟通需要选择适当的渠道和运用适当的方法进行，为此，公共组织的管理者应当根据不同沟通渠道和方法的特点以及作用效果，来选择适当的渠道和方法，确保组织信息沟通的有效。

第三，在接收者方面排除障碍。和信息的发送者一样，信息的接收者要从知识能力和文化水平等方面全面提高他们的综合素质，培养良好的倾听能力、理解能力和接受能力，对接收到的信息进行合理正确的筛选，从而减少和排除信息沟通障碍，促使沟通效率的提高。

第四，在沟通的其他方面排除障碍。为了实现良好的信息沟通，公共组织应当减少机构层级，逐步推行扁平式管理以形成科学的组织沟通架构。组织内部机构人员之间、组织与外部环境之间应形成良好的人际关系，为信息交流创造良好的环境。

8.3.3 公共组织的协调

协调在公共组织管理中具有不容忽视的重要性，为了使公共组织内外各部分、各人员之间相互配合，步调一致，共同工作，就必须进行协调。

1. 协调的概念和作用

公共组织协调（Public Organization Coordination）就是为了有效地实现公共组织的目标，对公共组织与外部环境之间，公共组织内部各部分、各成员之间的关系进行调整，使之分工合作、相互配合、协同一致的管理活动过程。

协调的存在，是调节公共组织系统内外各种矛盾的要求，它对公共组织的生存和发展发挥着重大作用。公共组织协调的作用主要表现在以下三个方面：

（1）协调有利于发挥公共组织的整体功能。在公共组织活动过程中，不同部门和成员之间构成了互相联系、互相配合的整体，因此，公共组织管理活动必然涉及多个部门、多个成员之间的关系。有效的公共组织协调能够消除组织各要素之间的矛盾和冲突，充分发挥组织的整体功能。

（2）协调有利于增强组织的凝聚力。公共组织决策的实施有赖于组织内部各部门、各成员的积极行动，只有把协调工作贯穿于公共组织活动的全过程，及时调节不同部门、不同成员之间的各种矛盾，加强信息沟通，在行动上谋取一致，在利益上求得平衡，使相互之间紧密团结，增强组织的凝聚力。

（3）协调是公共组织活动有效进行的保障。协调使公共组织各部门、各成员之间在工作上密切配合，分工合作；使各部门职责分明，工作程序明确，各尽其责；使公共组织管理有序化。同时，协调能消除各部门在人力、物力、财力和时间上的浪费，避免工作的重复和摩擦，消除各种矛盾和冲突，使整个公共组织活动向着最终目标有序地进行。

2. 协调的原则

协调是一种管理技巧和艺术，它没有固定的模式，不同的社会制度、不同的组织有着不同的协调原则。但是，根据公共组织的特点，要做好协调工作，必须遵守一些基本的原则。

（1）统筹兼顾原则。在公共组织活动中，不同部门和个体之间常常因利益、目标或任务等方面的差异导致了矛盾和冲突。为此，公共组织在协调过程中要注意统筹兼顾，既要从组织的整体出发，全面考虑，统筹兼顾各部门、各成员的总体需求的满足，又要实现公共组织的团结协作，开发潜在力量，共同完成组织工作。

（2）动态性原则。公共组织的工作重点和管理职能会随着组织任务和目标的变化而变化，而且公共组织面对的外部环境是错综复杂、变幻莫测的综合体。为此，公共组织的管理者应当用一种动态发展的眼光审视公共组织各部门和各成员之间的互动关系，尤其是要从不断变化着的外部环境获取相关信息，对公共组织活动中出现的不和谐因素适时加以协调。

（3）平等公正原则。从根本上讲，协调就是处理好人际关系，人际关系的根本是利益关系。在组织协调的过程中，平等公正是协调利益关系和人际关系的前提，如在此问题上失之公正，必然会破坏组织的团结。为此，协调必须在平等公正的原则下做到实事求是和民主协商，在充分尊重和理解的基础上，寻求能够使人接受的方法，最终达到协调目的。

（4）权变原则。就是要求在协调组织活动时，要保持原则性和灵活性相结合。一方面，协调要依据原则行事；另一方面，在讲求原则的前提下，也要体现相应的灵活性。

8.4 公共组织的反馈、监督和控制

8.4.1 公共组织反馈

1. 公共组织反馈的概念

决策方案确定并付诸实施之后，可能会遇到一些决策方案尚未预测到的问题或者执行行为偏离决策目标的情况，影响决策的顺利执行，这就需要随时对决策的实施进行跟踪和反馈，以确定决策执行活动是否与组织目标相一致。

公共组织反馈（Public Organization Feedback）实际上就是对公共组织决策执行情况的信息回流，它是公共组织对自身进行管理控制的一种重要手段。公共组织的反馈是指，公共组织为了保证决策方案的顺利执行和决策目标的实现，而对决策的执行情况进行跟踪和收集信息，并把相关信息反馈给公共组织决策管理者的一种控制行为。

2. 公共组织反馈的作用

公共组织反馈，在整个公共组织的管理运作过程中，发挥着极其重要的作用。首先，公共组织反馈是公共组织跟踪决策的前提基础。公共组织决策者在决策方案的试点执行或全面实施过程中，要保持与决策各层级实施者的密切关系，及时了解决策方案的实施情况，依据各方面的反馈信息对决策方案进行必要的调整。其次，公共组织反馈对整个公共组织的管理流程起着承上启下的作用。公共组织管理过程的每一环节都要有及时正确的信息反馈，这些反馈回来的信息是评判公共组织前一环节的实施情况的重要现实依据，根据这些反馈信息就能确定所实施的计划与步骤是否已经达到预期目标。最后，公共组织的反馈也是管理过程继续进行和深入的基础。公共组织管理过程的下一环节应当在上一环节反馈信息的指引下开展。

8.4.2 公共组织监督

1. 公共组织监督的含义

公共组织监督（Public Organization Supervision）是指国家机关、社会组织或公民等监督主体，采取相应措施对公共组织及其管理者在管理社会公共事务的过程中的行为以及公共权力运行的合理性、合法性和有效性进行的监察和督导活动。

从公共组织监督的定义可以看出，公共组织监督包含以下几点：第一，监督主体的多元性。公共组织监督主体包括国家的立法机关、司法机关、政党组织、各种社会团体以及广大社会公众。第二，监督客体的多层性。公共组织监督的对象涵盖各级政府部门及其行政人员、各类事业单位和中介组织的工作人员。第三，监督内容的广泛性。公共组织监督既包括对公共组织管理合法性的监督，也包括对公共组织管理合理性的监督，同时还包括对公共组织管理的有效性进行监督。

2. 公共组织监督的作用

公共组织监督不仅是规范公共组织管理行为、保持正常的管理秩序的重要手段，而且是维护社会整体利益、顺利实现组织目标的有力保证，同时还是提高公共组织工作效率和实现科学管理的有效途径。公共组织监督在公共组织活动中发挥着重大作用。

（1）保障作用。公共组织监督要保障公共组织管理沿着正确的政治方向发展，并对偏离这一方向的管理行为进行纠正。公共组织监督有利于保障公共组织管理的公共利益取向，维护社会公共利益，保护公民权益，实现公共组织的预期目标。

（2）预防作用。公共组织管理社会公共事务的范围十分广泛，管理环境错综复杂，加之公共组织可运用的管理方法和技术条件的限制，在具体的管理活动过程中，各种失误和问题的出现在所难免。公共组织监督可以在事先采取相应的预防措施和手段，尽可能减少公共组织管理过程中各种错误和问题的发生，使公共组织管理活动符合合法性和合理性要求，提高管理工作效率，保证管理目标顺利实现和管理最佳效果的获得。

（3）补救作用。复杂多变的管理环境的影响作用，管理对象的广泛性不可把握，公共组织活动中各种不确定性和随机性因素增加，都给公共组织管理带来了风险和难度，而公共组织管理行为的偏差又会给社会带来广泛的危害，对公共组织及其管理者实施及时有效的监督，有利于及时发现缺陷和问题，并能及时预警和化解，起到弥补缺陷、解决问题的补救作用。

（4）改善作用。公共组织监督的目的是通过有效的监督，及时地发现组织未意识到的、有可能影响组织工作顺利开展的某些不尽如人意的地方，及时地调整工作计划并解决管理过程中存在的各种问题，保证组织的所有活动围绕着目标进行。公共组织监督活动还有利于调动公共组织管理者的积极性，促进他们认真履行管理职责，提高管理效率。

3. 公共组织的监督体系

公共组织的监督方式是多种多样的，众多的监督类型构成公共组织的监督体系。以公共组织监督主体和客体的关系为标准，我们可以将公共组织的监督体系划分为外部监督体系和内部监督体系两种。

（1）公共组织的外部监督体系。公共组织的外部监督体主要包括：立法监督、政党监督、司法监督和社会监督等。立法监督是指国家立法机关作为监督主体对公共组织管理实施的监督活动。它包括监督宪法的实施、监督法律法规的执行、监督公共组织规章的合法性等。政党监督是指执政党和其他各党派对公共组织及其成员进行的监督活动。政党对公共组织行使公共权力过程的监督是必要的，而且这种监督的力度和作用非常大。司法监督是指司法机关通过司法程序对公共组织及其成员的管理行为的监督与限制。司法监督是一种兼具公正性与合法性的监督形式，对于保障国家法制秩序的稳定和完善法制建设有着重要意义。社会监督是指各种社会组织和团体以及社会公众作为监督主体，对公共组织管理实行广泛的监督活动。社会监督主要包含社会团体监督、公民监督和社会舆论监督三个方面。社会监督具有覆盖面广、影响范围大、透明性高等特点。

（2）公共组织的内部监督体系。公共组织的内部监督体系主要包括三种：一般监督、专门监督和特种监督。一般监督指公共组织内部按直接隶属关系自下而上和自上而下以及横向之间所实施的监督行为。一般监督包含上级对下级的监督、下级对上级的监督、平行机关的监督三个方面的内容。专门监督指公共组织各职能部门就其所主管的工作，在其职权范围内对其他有关部门实施的监督行为。专门监督是在法定职权范围内进行的，具有保障力和强制力。特种监督又称为业务监督，是指公共组织内部依法实施的针对某种专门的公共组织管理活动进行的监督行为，它具有很强的专业性、灵活性和权威性的特点。

4. 公共组织监督的原则和方法

（1）公共组织监督的原则。公共组织监督是公共组织管理活动的重要组成部分，要使监督活动科学化、合理化和有效化，取得较好的监督效果，必须遵循以下基本原则：

第一，合法性原则。合法性原则是公共组织监督的前提性原则。没有法律作为保障，公共组织的监督活动难以展开。公共组织监督的合法性原则要求公共组织监督主体的资格和监督权限由法律赋予并保障，公共组织监督活动必须严格以法律为准绳，依据法定程序和形式进行，公共组织的监督方式也必须符合法定要求，使监督方式法制化和规范化。

第二，公正性原则。公共组织监督的公正性原则要求监督主体在具体的监督过程中，对待不同的监督对象应依据统一的监督标准，做到对各个公共权力的行使者一视同仁、赏罚分明，禁止在监督过程中采用双重或多重标准。同时，应做到监督活动信息公开，并接受社会的监督，真正做到公共组织监督的"公平、公正、公开"。

第三，经常性原则。公共组织的监督是一种经常性监督，它贯穿于公共组织活动的始终，遍及组织决策、执行、评估各个环节。公共组织要使监督及时和有效，就必须保持监督活动的经常性和连续性。

第四，广泛性原则。公共组织监督的广泛性除了体现在监督主体的多元性上，还体现在对监督对象和范围的广泛性上。公共组织监督主体既包括国家机关又包括社会组织和个人，公共组织管理活动涉及多种社会公共事务，理所当然要求公共组织的监督范围涵盖公共组织管理的方方面面和活动的全过程。

第五，时效性原则。公共组织监督的目的是使组织工作能够按预定的轨道进行，因此，在实施监督活动的过程中，必须做到监督的及时有效，使被监督者的不当或违法行为得到及时有效的制止、防范和矫正，保证组织活动沿着实现组织目标的方向发展。

（2）公共组织的监督方法。在开展具体监督活动的时候，必须要全面了解各种监督方法的运用。公共组织的监督方法主要包括：第一，汇报与报告。汇报可以分为例行报告和专项汇报。例行汇报是公共组织下级定期向上级管理者反映工作情况。专项汇报是公共组织及时汇报某些活动进展的详细报告。第二，审核与批准。审核与批准是公共组织上级权力机关对下级权力机关的运行过程进行事先检验的方法。第三，视察和调查。视公共组织监督主体对监督对象的工作状况进行一般性的检查或专项详细调查，了解情况，沟通信息，及时发现、纠正问题或进行绩效评价以改进工作。第四，考核与奖惩。上级机关及考核管理部门依据组织的目标，对下属的工作情况进行考核并做出评价以作为奖励和惩戒的依据。第五，申诉和控告。申诉和控告是指公共组织监督主体对公共组织在行使公共权力、管理社会公共事务的过程中损害公共利益的行为提出法律诉求。申诉是为了使受到损害的公共利益得到补偿。

8.4.3 公共组织控制

公共组织控制是公共组织管理的重要环节，是公共组织实现功能的重要手段。公共组织计划的有效实施、组织的良性运行、行为的合理规范都有赖于公共组织控制职能的有效发挥。

1. 公共组织控制的概念

公共组织控制（Public Organization Control）是指公共组织的管理者为了确保组织目

标的顺利实现，通过对照、计划、检查、督促、调节和纠正偏差等行为，对公共组织管理的全过程施加影响的管理活动。公共组织的控制与公共组织的监督既有联系又有区别。控制偏向于偏差的纠正，监督侧重于问题的发现。但从监督的目的来看，监督活动属于控制活动的范畴。监督和控制的最终目的都统一于确保公共组织目标的实现。

2. 公共组织控制的类型

根据不同的标准，我们可以将公共组织的控制划分为不同的类型。

（1）根据公共组织控制的手段不同，可以把控制分为直接控制和间接控制。直接控制是公共组织为了实现控制目标，而运用公共权力和法律、法规，直接干预公共组织的具体管理行为的活动过程。间接控制是公共组织通过制定路线、方针、政策和法规，对公共组织的具体管理行为所实施的控制活动。

（2）按照公共组织控制的时间不同，可以把控制分为前馈控制、同步控制和反馈控制。前馈控制又称事前控制，是指公共组织控制主体在事件发生之前严格按照预定的标准检查各项准备工作，预测组织目标的未来状态并采取控制措施，力求避免产生偏差的一种控制。同步控制又称事中控制，是指公共组织在管理活动过程中随时了解公共组织活动的变化情况，针对被控制对象的活动而实施的即时控制行为。反馈控制又称事后控制，是指公共组织在公共组织管理活动结束后，在总结经验和教训的基础上而采取的补救措施。

（3）按照公共组织控制的表现形式的不同，可以把控制分为内部控制和外部控制。内部控制又叫自我控制，是公共组织对其自身的控制活动，控制行为的发出者和承受者都是公共组织。外部控制是指公共组织对组织以外的事务进行控制，公共组织是控制行为的发出者，而外部事物是控制行为的承受者。

除了以上三种重要的划分类型的标准外，公共组织的控制按其他的标准还可以分为各种不同的类型。按控制活动的性质可以分为预防性控制和更正性控制；按控制的范围和大小可以分为全面控制和局部控制；按控制主体的不同可以分为集中控制、分散控制和分层控制；按控制层次的不同，可以分为宏观控制、中观控制和微观控制等。

3. 公共组织控制的过程

公共组织的控制过程就是公共组织的控制程序，一般说来，它包括三个基本的环节：

（1）确定控制标准。正确设定控制标准是保证组织控制有效性的关键。控制标准是控制目标的表现形式，是测定实际工作的尺度和实施组织控制的前提和基础。大体看来，公共组织的控制标准可以分为定性标准和定量标准两大类，它主要包括政策标准、职责标准、行为标准、工作标准、时间标准和财务标准等。控制标准要体现适用性、公正性、可行性和一致性的要求。

（2）衡量工作绩效。衡量工作绩效必须首先获取相关信息，然后依据获取的信息进行考核评估，最后在考核评估的基础上界定和分析偏差，衡量工作绩效要注意采用有效的衡量方法和手段，同时，还要有向前看的思想。

（3）采取控制措施。公共组织在对组织的绩效进行评估并发现偏差后，要及时地针对组织现存的偏差采取纠正措施，把被控制对象的行为和活动进程控制在预定的轨道。在控制措施的选择和实施过程中，管理者要注意保持纠正方案的双重优化，充分考虑原有计划实施的影响、长期目标和短期目标兼顾，消除组织成员的疑惑。

4. 公共组织控制的原则

有效的控制必须具备一定的条件并遵循科学的原则。为了使公共组织的控制工作更加富于效率，必须遵循以下几个基本原则：

（1）目的性原则。公共组织控制要有明确的目的性。公共组织控制的目的是及时发现偏离计划的误差，采取有效的措施，纠正可能发生或已经存在的偏差，确保计划的顺利执行，从而保证公共组织预期目标的实现。归根结底，公共组织控制的目的是保证组织目标的最终实现。

（2）及时性原则。信息是公共组织实施控制的前提条件，公共组织要保持及时有效地收集并传递各种与组织活动相关的信息。如果信息处理时间过长，往往会给组织带来不可弥补的损失。公共组织在信息快速传递的基础上要随时掌握工作的进度，及时发现偏差，并能及时采取有效措施对偏差加以纠正。

（3）灵活性原则。灵活性就是指公共组织实施控制行为的过程中应当注意适应主客观条件的变化，而保持充分的灵活性。外部环境的复杂性和内部环境的多变性，必然要求控制标准和方法随着情况的变化而做出相应的调整，否则，公共组织的控制就会失败，而原先的计划也因此而无法执行。

（4）例外原则。例外原则要求管理人员把有限的精力放在对重点问题的控制上，更多地关注那些重大的偏差，以及工作中发生的特殊情况，并尽可能地选择计划的重点作为控制标准，以提高控制的有效性。

本 章 小 结

公共组织管理是公共组织为了实现特定的目标，管理社会公共事务的活动过程。公共组织管理的特性有社会性、人本性、服务性、公益性、协调性和强制性六大方面。公共组织管理职能有程序系统职能和任务系统职能之分。程序系统职能主要包括：决策、计划、组织、领导、协调和控制职能。任务系统职能主要是经济职能、政治职能和社会职能。科学发展观对公共组织的管理提出了更高的要求。

公共组织领导是公共组织管理的重要职能，它对公共组织的发展方向和运作效率产生重要的影响。领导者的权力一般有五个来源：强制权、奖酬权、合法权、参考权、专家权。

公共组织决策是指公共组织主体在管理公共事务时，为履行公共组织职能、实现公共组织目标，维护公共利益，根据实际情况，制定并选择行动方案的组织活动过程。公共组织决策以公共性的决策价值、服务性的决策宗旨、合法性的决策依据、特定的决策主体和多样性的决策内容区别于其他决策。决策有完全理性决策与有限理性决策之分。公共组织的决策过程一般经过发现问题、确定目标、拟订方案、评估方案和选择方案五个基本阶段。公共组织决策的方法有定性方法和定量方法两大类。

公共组织完成决策以后，便进入决策的执行阶段。公共组织执行，就是公共组织领导者及其成员将公共组织决策付诸实施的活动过程。公共组织执行有自身的内在特点：执行目标的服务性，执行活动的强制性，执行方式的灵活性，执行内容的复杂性。公共组织执行的作用十分重大，它必须遵循严肃性原则、公平原则、协调原则和效益原则等，还必须通过准备阶段、实施阶段和总结阶段的逻辑过程。

沟通是指人与人之间传达思想或交换信息以达到相互理解的过程。它包括发送者、接收者和信息三个基本要素，具体过程分为信息的获取、信息的编码、信息的选择、接收者接收信息、信息的解码和信息的反馈六个步骤。沟通对于公共组织的管理活动有着非常重要的作用。公共组织沟通按照不同的标准可以分为不同的类型。公共组织要针对存在的各种沟通障碍采取相应的排除措施。

公共组织协调就是为了有效地实现公共组织的目标，对公共组织与外部环境之间，公共组织内部各部分、各成员之间的关系进行调整，使之分工合作、相互配合、协同一致的管理活动过程。协调在公共组织管理中具有不容忽视的重要性。公共组织协调应当遵循统筹兼顾原则、动态性原则、平等公共原则和权变原则等基本原则。

公共组织反馈实际上就是对公共组织决策执行情况的信息回流，它是公共组织对自身进行管理控制的一种重要手段。公共组织反馈在整个公共组织的管理运作过程中，发挥着极其重要的作用。

公共组织监督是指国家机关、社会组织或公民等监督主体对公共组织及其管理者进行的监察和督导活动。公共组织监督有保障作用、预防作用、补救作用和改善作用。公共组织监督可以分为外部监督体系和内部监督体系。公共组织监督的原则有：合法性原则、公正性原则、经常性原则、广泛性原则和时效性原则。公共组织监督还要注意各种监督方法的运用。

公共组织控制是指公共组织的管理者为了确保组织目标的顺利实现，通过对照、计划、检查、督促、调节和纠正偏差等行为，对公共组织管理的全过程施加影响的管理活动。根据不同的标准，可以将控制划分为不同的类型。公共组织控制的过程一般有三个基本阶段：确定控制标准、衡量工作绩效、采取控制措施。控制还应当体现如下原则：目的性原则、及时性原则、灵活性原则、例外原则。

案例

申城规范药品零售企业开办的筹建、验收及变更

上海市食品药品监管部门日前发布药品零售企业行政许可指南，对本市药品零售企业开办的筹建、验收及变更进行规范。

新颁布的指南对开办零售药店的经营面积及与周边已开药店的距离等作出严格规定，"300 米"和"40 平方米+20 平方米"成为两道市场准入门槛。为避免在城市人口集中区域"扎堆"，新开办的零售药店须符合所在区域商业网点布局和发展规划，与周边已有的零售药店店址门牌号码标志之间的最短正常步行距离要在 300 米以上。本市大型商场内新开药品零售企业也要满足这一距离要求，且原则上只能开设一个，只有乙类非处方药柜除外。为方便群众购药，市食品药品监管部门鼓励在新建居住区、偏远郊区和农村地区开设零售药店，但城镇地区开设零售药店要符合常住人口（含户籍人口和暂住人口）每 7000人以上平均配置 1 个零售药店的要求，农村地区则不受这一限制。

指南规定，药品零售企业的经营面积是指除办公生活等区域以外实际使用的营业场所

和仓储面积总和，只有在保证基本营业场所面积达到 40 平方米、仓储面积达到 20 平方米的条件下，药品零售企业才可以根据实际情况对经营场所进行合理布局。

零售药店所配备的人员不仅要专职还要专业。据悉，执业药师、从业药师和药师拟从事药品经营工作的，应当经过岗位技能知识考核合格并办理注册或挂牌手续后方可上岗，且只能在本人受聘并注册、挂牌的药店从业，药品零售企业配备的专职负责人也不得在其他企业兼职。同时，药品零售企业应当根据不同的营业面积，配备零售药学技术人员，营业面积在 40 平方米至 250 平方米的，要至少配备 1 名执业药师；250 平方米至 500 平方米的、500 平方米至 750 平方米的、750 平方米至 1000 平方米的，则应该分别至少配备 2 名、3 名和 4 名执业药师。营业面积超过 1000 平方米的，每增加 100 平方米，至少应增加 1 名执业药师。

记者从市食品药品监管部门了解到，本市目前在经营的零售药店有 3500 多家，80% 左右是连锁经营企业，每年新开办、变更或注销的平均有 100 多家。

（资料来源：陈玺撼：《申城规范药品零售企业开办的筹建、验收及变更》，载《解放日报》，2011 年 7 月 3 日）

结合上述案例，运用本章相关知识分析上海市是如何规范药品零售企业的，并谈谈公共组织应该如何在执行中监控零售业务的发展。

思 考 题

1. 如何理解公共组织管理的内涵与特点？
2. 公共组织领导与权力的关系怎样？请简要评述公共组织领导权力的运用。
3. 如何从"有限理性决策"的角度理解公共组织决策的一般过程？
4. 什么是公共组织沟通？公共组织怎样才能保持沟通的高效性？
5. 怎样把握公共组织监督的含义和作用？公共组织监督的基本原则和方法是什么？
6. 公共组织如何在对市场行为进行控制的同时接受监督和控制？

专 业 名 词

公共组织管理	Public Organization Management
公共组织领导	Public Organization Leadership
权力	Power
强制权	Coercive Power
奖酬权	Reward Power
合法权	Legitimate Power
参考权	Referent Power

专家权　　　　　　　　Expert Power
公共组织决策　　　　　Public Organization Decision
完全理性　　　　　　　Comprehensive-rationality
有限理性　　　　　　　Bounded-rationality
公共组织执行　　　　　Public Organization Practice
公共组织沟通　　　　　Public Organization Communication
公共组织协调　　　　　Public Organization Coordination
公共组织反馈　　　　　Public Organization Feedback
公共组织监督　　　　　Public Organization Supervision
公共组织控制　　　　　Public Organization Control

第 9 章
公共组织财务管理

学习目的

公共组织财务管理是公共组织管理的重要内容，高效的公共组织财务管理能够实现增收节支，合理安排支出结构，提高资金使用绩效，充分利用有限的资金的目标。通过本章的学习，应掌握公共组织财务管理的内涵、主要内容、特点、目标和原则，理解公共组织预算的编制和财务核算的原则。在此基础上，结合《行政单位财务规则》、《事业单位财务规则》和《民间非营利组织会计制度》对我国行政单位、事业单位和民间非营利组织的财务管理与核算有一个基本的了解。

本章重点

1. 公共组织财务管理的特点、目标和原则。
2. 公共组织财务管理的主要内容。
3. 公共组织财务核算特点。

9.1 公共组织财务管理概述

9.1.1 公共组织财务管理的内涵和特点

公共组织财务管理（Financial Management）是公共组织根据财务制度和财经法规，按照财务管理的基本原则，对本单位有关资金的筹集、分配和使用所引起的对财务活动进行计划、组织、协调和控制，并处理财务关系的一项综合性的经济管理工作。要深入理解公共组织财务管理，必须先了解公共组织财务活动和财务关系。

1. 公共组织财务活动

公共组织财务活动是公共组织以现金收支为主的资金收支活动的总称。公共组织资金的收支，构成了公共组织财务活动。公共组织财务活动包括以下几个方面的内容：（1）预算资金收支活动。公共组织预算是各公共组织根据国家的方针、政策，按照国家规定的任务和事业计划，依据定员定额和收支标准的计划期内的财务收支计划。（2）预算外资金收支活动。预算外资金是指公共组织为履行或代行政府职能，依据国家法律、法规和规章而收取、提取、募集和安排使用的，未纳入财政预算管理的各种财政性资金。（3）经营活动。公共组织资产配置领域的非生产性、资金来源的非直接性、资金使用的服务性和非增值性，决定了公共组织资产的非营利性。①

2. 公共组织财务关系

公共组织财务关系是公共组织在组织和管理本单位财务活动过程中与有关各方发生的经济联系。它包括以下几个方面：（1）与政府的关系。主要是指公共组织与政府之间预算资金及预算外资金的上缴下拨所形成的资金分配关系。公共组织的非营利性决定了其开展业务活动，完成工作任务所必需的资金主要由政府承担，由国家预算来供给。（2）与其他职能部门的关系。主要是指公共组织与计划、银行、审计、物价、劳动以及税务等部门之间的经济关系。（3）与上下级单位之间的关系。公共组织的收入一部分来源于上级的补助，而公共组织通过某些渠道取得的部分收入又要按规定上缴上级单位。（4）与内部各单位的关系。公共组织内部各单位指公共组织内部的各职能部门，这些职能部门承担着不同的任务和职责，彼此分工协作。（5）与本单位工作人员的关系。主要是公共组织按照规定的工资等级向本单位工作人员支付工资、津贴、奖金、福利开支等形成的经济关系。（6）与其他各有关方面的关系。公共组织在开展工作、提供公共产品和公共服务的过程中与其他各方面发生的资金往来关系。

3. 公共组织财务管理的特点

公共组织资金运动的特点使得公共组织财务管理凸显以下特点：（1）政策性强。它们的一收一支，包括哪些可收，哪些不可收，哪些该收，哪些不该收，哪些可减收，收多少，怎样收等都有明确的规定，都带有极强的政策性。②（2）以预算管理为中心。公共组织每年年初要根据事业发展计划和单位工作任务编制单位年度预算报有关部门审批。（3）经费来源的无偿性。各类公共组织的资金来源，主要依靠国家财政，由财政部门通过预算向单位无偿分配财政资金。（4）涉及面广泛、类型多样化。公共组织财务管理是为公共组织开展各项业务活动服务的，所以，公共组织财务管理的范围也非常广泛。

9.1.2　公共组织财务管理的目标、任务和原则

1. 公共组织财务管理的目标

公共组织财务管理的目标是努力增收节支，合理安排支出结构，严格控制经费支出，提高资金使用效果，充分利用有限的资金。公共组织应切实加强财务管理工作，各项财务活动都要紧紧围绕努力增收节支，合理安排支出结构，严格控制经费支出，提高资金使用效果，充分利用有限的资金这个目标来进行。

2. 公共组织财务管理的任务

公共组织财务管理的基本任务是依法筹集并合理高效地使用资金，对公共组织的各项

① 王为民：《公共组织财务管理》，中国人民大学出版社，2006 年版，第 14 页。

② 王为民：《公共组织财务管理》，中国人民大学出版社，2006 年版，第 18 页。

财务活动实施有效的综合管理。具体包括以下几个方面：（1）加强公共组织预算管理，保证各项事业计划和工作任务的完成。（2）加强收支管理，提高资金使用效率。公共组织应严格执行有关的财务制度，按照规定的范围和标准，办理各项收支，既要努力挖掘潜力，增加收入，又要精打细算，节约使用资金，合理安排支出。（3）加强资产管理，防止国有资产流失。国有资产是各公共组织开展业务活动、完成工作任务的基本物质条件。（4）建立健全财务制度，实现公共组织财务管理的规范化和法制化。财务制度是公共组织财务管理的基本依据和行为规范。（5）加强财务分析与财务监督，保证公共组织各项活动的合理性与合法性。

3. 公共组织财务管理的原则

公共组织财务管理的原则是公共组织财务管理工作应遵循的基本规范和评价标准。公共组织财务管理原则主要包括以下几个方面：（1）依法理财原则。（2）勤俭节约原则。（3）量入为出原则。（4）效益原则。（5）正确处理国家、集体和个人的利益关系原则。（6）责任原则。

9.1.3 公共组织财务管理的主要内容

公共组织财务管理活动研究的是资金的筹集、分配和使用以及经费支出是否符合预算，是否有利于促进各项事业发展和社会财力的充分利用等问题。公共组织财务管理包括以下主要内容：

1. 预算管理

公共组织预算是公共组织的年度财务收支计划，是公共组织根据本单位的事业发展计划及工作任务，根据定员定额和收支标准，利用价值形式编制的一定时期的财务收支规模的预计。预算管理主要通过公共组织的预算编制、审批和执行，对公共组织财务收支计划进行管理，它是公共组织财务管理的中心。

2. 计划管理

计划管理是针对公共组织预算外的其他计划进行的管理。公共组织各项计划与预算一起，约束着公共组织财务活动的方向和规模，是公共组织财务管理的重要内容。

3. 收支管理

收支管理包括收入和支出管理两方面的内容。收入管理主要是根据国家有关规定，对收入的方式、范围、标准、用途、办法及收益分配进行的管理。支出管理是公共组织根据制度规定和审批的公共组织预算，按现行的开支标准和有关法规，对支出的项目、范围标准进行管理，使各公共组织合理安排和节约使用资源，少花钱，多办事。

4. 定员定额管理

定员定额管理主要是通过公共组织人员编制和其他各项定额的制定、执行和检查，对公共组织人员配置、资金的分配和使用进行管理。

5. 资产负债管理

资产管理是对公共组织的各项资产的取得、使用、保管和储备、维修报废及清查盘点等，制定管理措施，保证公共组织财产物资的安全完整，并充分挖掘财产物资的潜力，做到物尽其用。负债管理主要是对公共组织的各种借入款项、应付款项、暂存款项、应缴款项等进行管理。

6. 成本费用管理

成本费用管理是指实行内部成本核算制的公共组织按照有关规定，对成本开支范围、开支标准进行控制，对生产经营和服务过程中的各项成本、费用、税金和收益情况进行预测、计划、控制、分析、考核，以便合理安排和节约使用资金，降低成本，为公共事业发展积累资金。

7. 投资管理

投资管理是指根据政府组织和非政府组织投资目的的不同，对投资的项目、规模和投资的报批程序、投资资产评估、投资收益的核算等进行管理。

8. 净资产管理与财务清算管理

净资产管理是对公共组织各项净资产的来源、提取、使用、周转和分配等进行管理。公共组织财务清算是公共组织由于发生划转撤并等原因，需终止其业务活动，依据国家有关规定对财产、债权、债务和有关遗留问题进行全面清查和处理。

9. 财务报告管理、财务分析与财务监督

公共组织财务报告管理主要是对财务报告的内容、格式、编制方法、报送时间等进行管理，保证财务报告的质量，充分发挥财务报告的作用。财务分析是根据会计核算资料和其他有关资料，对公共组织一定时期的全部或部分经济活动过程和财务收支过程及结果进行分析、研究、比较和评价。

9.2 权责发生制

权责发生制原则在企业会计处理中处处可见，它以权利和责任的发生来决定收入和费用归属期的一项原则。所谓权责发生制，具体讲就是凡是当期已经实现的收入和已经发生或应当负担的费用，不论款项是否收付，都应作为当期的收入或费用处理；凡是不属于当期的收入和费用，即使款项已经在当期收付，都不作为当期的收入和费用。

9.2.1 权责发生制的实践依据

在会计主体的经济活动中，存在着现金流动与经济活动的分离。由此而产生两个确认和记录会计要素的标准，其一是根据货币收支与否来作为确认和记录收入或费用的依据，称为收付实现制；其二是以取得收款权利付款责任作为确认和记录收入或费用的依据，称为权责发生制。

权责发生制是依据持续经营和会计分期两个基本前提来正确划分不同会计期间资产、负债、收入、费用等会计要素的归属，并运用一些诸如应收、应付、预提、待摊等项目来记录由此形成的资产和负债等会计要素。企业经营不是一次而是多次，而其损益的记录又要分期进行，每期的损益计算理应反映所有属于本期的真实经营业绩，收付实现制显然不能完全做到这一点。因此，权责发生制能更加准确地反映特定会计期间实际的财务状况和经营业绩。

9.2.2 权责发生制和收付实现制的区别

权责发生制和收付实现制在处理收入和费用时的原则是不同的，所以同一会计事项按不同的会计处理基础进行处理，其结果可能是相同的，也可能是不同的。采用债权发生制基础和现金收付基础有以下不同：

（1）因为在债权发生制基础上存在费用的待摊和预提问题等，而在现金收付基础上不存在这些问题，所以在进行核算时它们所设置的会计科目不完全相同。

（2）因为应计基础和现金收付基础确定收入和费用的原则不同，因此，它们即使是在同一时期同一业务计算的收入和费用总额也可能不同。

（3）由于在债权发生制基础上是以应收应付为标准来做收入和费用的归属、配比，因此，计算出来的盈亏较为准确。而在现金收付基础下是以款项的实际收付为标准来做收入和费用的归属、配比，因此，计算出来的盈亏不够准确。

（4）在债权发生制基础上期末对账簿记录进行调整之后才能计算盈亏，所以手续比较麻烦，而在现金收付基础上期末不需要对账簿记录进行调整，即可计算盈亏，所以手续比较简单。

9.2.3 预算会计运用权责发生制核算基础的优点

预算会计运用债权发生制核算基础的优点有以下几个：

（1）能够真实、准确地反映公共组织提供公共产品和服务的成本。在购进物资入账时，对于付款人购入的物资不在一个会计期间时，不会影响费用的确认，便于管理。

（2）能够全面揭示公共组织债务情况。

（3）公共组织采用权责发生制，能更加适应新公共管理环境下拓展了的公共受托责任要求，从而使得公共组织的竞争力得到增强。

（4）权责发生制在加强资产和负债管理，控制财政风险，提高预算及会计信息的透明度等方面，比收付实现制具有明显优势。

9.3 公共组织预算与财务核算

公共组织的收支活动是通过预算来安排的，预算管理是公共组织财务管理的中心。公共组织的资金收支活动是通过公共组织财务核算来反映的，公共组织核算是公共组织财务管理的基础，本节将对公共组织财务预算与核算的基本知识进行简要阐述。

9.3.1 公共组织预算的概念和原则

1. 公共组织预算的概念

公共组织预算（Budget）是指公共组织根据公共事务和公共事业发展计划编制的、按规定程序报批的年度财务收支计划。

2. 公共组织预算编制的基本原则

公共组织预算编制的原则是指编制公共组织预算应遵循的指导思想和方针，它是多年来预算编制经验的高度概括，反映了预算编制的客观规律和根本要求。科学、合理地编制单位预算，要遵循以下五项基本原则：（1）政策性原则。（2）可靠性原则。可靠性是指公共组织预算收支数字的依据必须真实可靠，计算正确，不得以假定的或上年的非正常收入作为编制预算收入的依据，更不准任意杜撰数据。（3）完整性原则。只有完整的预算才能保证政府控制、调节财政性资金的流向和流量、完善财政的分配、调节与监督职能。①（4）量力而行，收支平衡，不打赤字预算的原则。（5）统一性原则。

9.3.2　公共组织单位预算的编制与管理

1. 行政单位预算的编制与管理

（1）行政单位预算管理方式。财政部门对行政单位实行"收支统一管理，定员或定项拨款，超支不补、结余留用"的预算管理方式。

（2）行政单位预算的编制。行政单位预算的编制包括两方面：收入预算的编制和支出预算的编制。行政单位的收入预算是指行政单位预算年度内取得的各项收入以及用于各项支出的情况，包括预算拨款收入、预算外资金收入和其他收入等。

（3）行政单位预算报表。行政单位预算报表是行政单位编制年度收支预算时所使用的统一的表格，主要包括行政单位收支预算总表、行政单位支出明细表、行政单位其他收入预算明细表、行政单位经常性支出预算计算表、行政单位基本数字表、预算外资金收支计划表和预算外资金收入项目明细表。

2. 事业单位预算的编制与管理

（1）事业单位预算管理办法。国家对事业单位实行"核定收支，定额或者定项补助（或上缴），超支不补，结余留用"的预算管理办法。

（2）事业单位预算的编制。事业单位预算的编制也包括收入预算和支出预算两部分。事业单位收入预算由财政补助收入和非财政补助收入两部分构成，主要包括：财政补助收入、上级补助收入、事业收入、经营收入、附属单位上缴收入、其他收入和拨入专款等主要内容。支出预算的编制主要包括：拨出经费、事业支出、经营支出、对附属单位补助支出、上缴上级支出、对附属单位的补助支出、上缴上级支出和自筹基本建设支出等主要内容。

（3）事业单位预算报表。事业单位预算报表是事业单位编制年度收支预算时所使用的统一的表格，主要包括事业单位收支预算总表、事业单位收入预算明细表、事业单位支出预算明细表和事业单位预算外资金表（包括预算外资金收支计划表和预算外资金收入明细表）等内容。

3. 民间非营利组织预算的编制和管理

民间非营利组织预算的编制和管理，基本上是依照事业单位预算的编制和管理进行的。

9.3.3　公共组织财务核算特点和一般原则

1. 公共组织财务核算的特点

公共组织财务核算的特点有别于以营利为目的的企业组织。其主要特点是，核算业务收支，计算收支余超，财务核算以收支结余核算为中心。具体表现在以下几个方面：（1）出资者提供资金不具有营利性、增值性，但具有限制性。（2）有关财政资金的收支项目要符合国家预算管理的要求。（3）公共组织财务核算不进行盈亏核算，以核算有关资金

---

① 侯江红：《公共组织财务管理》，高等教育出版社，2002 年版，第 50 页。

的收支结余为中心。（4）政府财务核算原则上实行收付实现制、事业单位的财务核算实行权责发生制、民间非营利组织财务核算一般以权责发生制为基础。

2. 公共组织财务核算的一般原则

公共组织财务核算的一般原则是衡量财务核算信息质量的重要标准。

（1）财务信息质量要求。第一，相关性原则，即有用性原则。第二，客观性原则。第三，可比性原则。第四，一贯性原则。第五，及时性原则。（2）财务核算确认计量要求。第一，收付实现制和权责发生制原则。第二，专款专用原则。第三，历史成本原则。第四，配比原则。

9.4　行政单位财务管理与核算

行政单位是指行使国家权力、管理国家事务、维护社会公共秩序、进行各项行政管理工作的机关。本节将按照《行政单位财务规则》的规定，对行政单位财务管理与核算进行简要的阐述。

9.4.1　行政单位资产的管理与核算

行政单位的资产是指行政单位占有或使用的、能以货币计量的经济资源，包括各种财产、债权和其他权利。

1. 流动资产的管理与核算

流动资产是指在一年内变现或耗用的资产，一般包括：货币资金、应收暂付款和存货等内容。

（1）货币资金的管理与核算。货币资金的管理与核算包括三个方面：现金、银行存款及有价证券的管理与核算。

为核算行政单位库存现金的增减结存情况，设置"现金"科目，借方反映库存现金的增加数，贷方反映库存现金的减少数，期末借方余额反映行政单位库存现金数额。行政单位应设置"现金日记账"，由出纳人员根据原始凭证逐笔登记，每日终了，计算当日现金收入合计数、现金支出合计数和结余数，并将结余数与实际库存数进行核对，做到账款相符，并编制"库存现金日报表"。有外币现金的行政单位还应分别设置人民币和各种外币"现金日记账"进行明细核算。

有价证券是由国家指定的证券发行部门依照法定程序发行的，约定在一定期限还本付息的信用凭证。行政单位持有的有价证券是行政单位用结余资金购买的政府债券。

（2）暂付款的管理与核算。暂付款是行政单位在业务活动中与其他单位、所属单位和本单位职工发生的临时性待结款项。行政单位的暂付款项必须遵守预算资金管理有关规定，严格管理，严格控制。根据收款单位或收款人的借款收据，经本单位负责人签批、会计主管人员审核后办理。存在前款未清的款项时，原则上不得办理第二次借款。

（3）库存材料的管理与核算。行政单位库存材料的核算，应设置"库存材料"科目，借记行政单位库存材料购入和增加，贷记行政单位库存材料的领用或损失等，借方余额反映库存未耗用的材料。库存材料按照调入、购入、领用出库、盘存盈亏、变价处理分别设置明细科目。

2. 固定资产的管理与核算

为反映和监督行政单位固定资产的增减变动和结存情况，需设置"固定资产"和"固定基金"科目。"固定资产"科目用来核算和监督行政单位占有的全部固定资产的原始价值，借方登记通过各种渠道增加的固定资产原值；贷方登记调出、出售及报废固定资产的原值；余额在借方，反映行政单位期末占有的全部固定资产原值。"固定基金"科目用来核算行政单位以各种渠道增加固定资产形成的固定资金，贷方登记因增加固定资产而增加的固定基金；借方登记因减少固定资产而减少的固定基金；余额在贷方，反映行政单位期末占用固定资产所形成的固定基金。

9.4.2　行政单位负债的管理与核算

行政单位负债是指行政单位承担的能以货币计量、需要以资产偿付的债务，包括应缴预算款、应缴财政专户款、暂存款。

1. 应缴款项和暂存款的管理与核算

应缴款项是指行政单位依法取得并应当上缴国家财政的预算资金和应缴财政专户的预算外资金款项，即包括：应缴预算款和应缴财政专户款两方面的内容。

为核算应缴预算款，设置"应缴预算款"总账科目，贷方登记应缴数，借方登记已缴数，平时贷方余额，反映应缴未缴数，年终本科目应无余额。

为核算应缴财政专户款，行政单位设置"应缴财政专户款"科目，贷方登记应上缴财政专户的预算外资金的收入数，借方登记上缴财政专户数，贷方余额反映应缴未缴数，年终本科目应无余额。

2. 暂存款的管理与核算

对于暂存款的管理，行政单位要划清暂存款、应缴款项和其他收入的界限；行政单位的暂存款要及时清理，不得长期挂账；暂存款原则上应在年底全部清结，因特殊原因形成呆账无法结算的，应说明原因后报主管单位和财政部门研究处理。

在暂存款的核算方面，设置"暂存款"科目，以反映和监督行政单位发生的临时性暂存款和应付款，贷方登记行政单位收到其他单位或个人的暂存款；借方登记结算、退回的暂存款；余额在贷方，反映尚未结清的暂存款负债额，该科目应按债权单位或个人名称设置明细账。

9.4.3　行政单位净资产的管理与核算

行政单位净资产是指行政单位的资产减去负债或收入减去支出的差额，包括固定基金和结余。

1. 行政单位固定基金的管理与核算

固定基金是行政单位固定资产所占用的基金，是固定资产的价值反映，它体现国家对固定资产的所有权。

固定基金的管理参见本节固定资产的管理部分，在此不赘述。

在固定基金的核算方面，为反映和监督行政单位固定基金的增减变动及结存情况，设置"固定基金"科目，该科目是固定资产的对应科目，贷方登记随固定资产增加而形成固定基金的增加数；借方登记随固定资产的减少而形成固定基金的减少数；余额在贷方，反映行政单位掌握的固定资产所占用的资金数。

2. 行政单位结余的管理与核算

结余是行政单位各项收入与支出相抵后的余额，一年计算一次，是全年资金运行以后的余额。

对结余的核算，行政单位应设置"结余"科目，借方登记年终各支出账户余额的转入数，贷方登记年终各收入账户余额的转入数，其贷方余额为行政单位滚存结余，有专项资金的行政单位，应设置"经常性结余"和"专项结余"明细科目，进行明细核算。

9.4.4 行政单位收入的管理与核算

行政单位的收入是指行政单位为开展业务活动，依法取得的非偿还性资金，包括拨入经费、预算外资金收入和其他收入。

1. 预算拨款资金的管理与核算

行政单位的预算拨款资金是指行政单位依照经费领拨关系，按照批准的经费预算和规定的手续，向财政部门或上级主管部门请领的经费。预算拨款资金是行政单位的主要资金来源和财力保证，行政单位必须加强对预算拨款资金的管理。

（1）预算拨款资金的管理。行政单位应根据核定的年度预算指标和工作计划，在每季度开始前，按照国家预算收支科目，按"款"分项编制"经费拨款申请单"，报同级财政部门或上级单位核定，作为领拨经费的依据。在领拨经费时，应坚持"按计划领拨经费、按进度领拨经费、按用途领拨经费、按级次领拨经费"的原则。

（2）预算资金的核算。行政单位应设置"拨入经费"科目，核算由财政部门或上级单位拨入的预算经费。该科目属于收入类科目，贷方登记拨入的预算经费数；借方登记缴回经费数或核销数，平时贷方余额反映拨入经费累计数；年终结账时，将贷方余额转入"结余"科目。年终转账后，本科目无余额。"拨入经费"科目还应按照拨入经费的资金管理要求分别设置拨入经常性经费和拨入专项经费两个二级科目。行政单位收到非主管会计单位拨入的财政性资金时，应在"拨入专项经费"二级科目下按拨入的单位分别进行明细核算。

2. 预算外资金收入的管理与核算

预算外资金收入是财政部门按规定从财政专户核拨给行政单位的预算外资金和部分经财政部门核准不予上缴预算外资金财政专户而直接由行政单位按计划使用的预算外资金。

（1）预算外资金收入的管理。预算外资金是从财政预算资金中分离出来的，是财政资金的一部分，是财务管理的重要对象。但由于其游离于预算之外，财务管理难度较大，导致实践中出现混乱。[1] 因此，行政单位预算外资金的管理必须遵循以下原则：第一，收支两条线，预算外资金收入必须上缴财政专户；第二，预算外资金实行分类管理；第三，预算外资金收入需列入单位综合财政计划。

（2）预算外资金的核算。为核算和监督行政单位预算外资金收入情况，需设置"预算外资金收入"科目，其贷方登记收到从财政专户拨回的预算外资金以及核准留用的预

---

[1] 顾群斐：《试析行政事业单位的财务管理》，载《农村财政与财务》，2006 年第 11 期，第 8~10 页。

算外资金，借方登记冲减数以及年终转账转入"结余"账户的全年预算外资金收入累计数，平时余额在贷方，年终结转后本账户应无余额。本账户应按照预算外资金项目设置明细账。

3. 其他收入的管理与核算

其他收入是指行政单位按规定获得的，除拨入经费、预算外资金收入以外的各种收入，包括行政单位在业务活动中取得的不必上缴财政的零星杂项收入、有偿服务收入、有价证券收入及银行存款的利息收入等。[1]

（1）其他收入的管理。行政单位必须对其他收入有一个正确的认识，并且加强对其他收入的管理。第一，其他收入作为财政拨入资金的补充纳入单位预算，统筹使用，并不意味着国家鼓励行政单位自行组织收入；第二，其他收入的取得必须符合国家的规定，严禁行政单位办企业或其他经济实体；第三，行政单位的其他收入必须及时入账，严格银行存款账户的管理，防止设立"小金库"。

（2）其他收入的核算。核算行政单位的其他收入，需设置"其他收入"科目。该科目贷方登记收入的增加，借方登记冲销转出数，平时本科目贷方余额反映其他收入的累计数，年终结账时，本科目贷方余额全数转入"结余"科目，年终转账后本科目无余额。

9.4.5　行政单位支出的管理与核算

行政单位的支出是行政单位为开展业务活动所发生的各项资金耗费数及损失，包括经费支出、拨出经费和自筹基本建设支出。

1. 经费支出的管理与核算

经费支出是行政单位在业务活动中发生的各项支出。

（1）经费支出的管理。为加强对支出经费的管理，行政单位在办理经费支出时，必须遵守以下几个方面的国家财务管理制度和规定：第一，按批准的预算和计划用款；第二，严格按财务制度和开支标准办理支出；第三，勤俭节约，讲究经费支出的经济效果；第四，按规定的渠道分别列支；第五，支出的凭证必须合法，每一笔支出做到有根有据，符合规定要求的才能付款、报销。

（2）经费支出的核算。为核算行政单位的经费支出，应设置"经费支出"账户，其借方登记发生的经费支出数，贷方登记支出收回或冲销转出数，平时借方余额反映实际经费支出累计数。年终，"经费支出"账户借方余额应转入"结余"账户，转账后该账户无余额。该账户应按经常性支出和专项支出分设二级账户进行明细核算。

2. 拨出经费的管理与核算

拨出经费是指在实拨经费方式下，行政单位按核定预算将财政或上级单位拨入的经费，按预算级次转拨给下属预算单位的资金。

（1）拨出经费的管理。拨出经费应遵守经费管理的有关规定和原则，主要是：按预算拨款、按核定的季度用款计划拨款、按用途拨款、专款专用、按行政次级逐级拨款等。在国库单一账户制度下，各行政单位的经费用款额度逐级申请。

（2）拨出经费的核算。为正确核算和监督所属单位的预算资金拨付，行政单位应设

---

[1]　王为民：《公共组织财务管理》，中国人民大学出版社，2006年版，第140页。

置"拨出经费"科目，其借方登记对所属单位转拨经费数；贷方登记收回或冲销转出数，平时借方余额反映拨出经费累计数。年终，该科目借方余额转入"结余"后无余额。此外，该科目还应设置"拨出经常性经费"和"拨出专项经费"分设二级科目，并按照所属拨款单位设置明细分类核算。

3. 自筹基本建设支出的管理与核算

自筹基本建设支出，是指行政单位经批准用拨入经费以外的资金安排基本建设，其所筹集并转存建设银行的资金。

（1）自筹基本建设支出的管理。行政单位对自筹基本建设支出的管理原则是：专款专用，专项核算，严格控制自筹基本建设支出，不得用财政预算拨款自行安排基本建设支出，对确需用预算外资金和其他收入安排的，也要严格控制、严格审判程序，未经批准，不得使用。

（2）自筹基本建设支出的核算。为核算和监督行政单位自筹基本建设支出，行政单位需设置"结转自筹基建"科目，该科目借方登记自筹的基本建设资金转存建设银行的数额，贷方登记年终转入"结余"账户的数额，结转后该账户年终无余额。

9.5 事业单位财务管理与核算

9.5.1 事业单位资产的管理与核算

事业单位的资产是指事业单位占有或者使用的能以货币计量的经济资源，包括各种财产、债权和其他权利。

1. 事业单位流动资产的管理与核算

流动资产是指可以在一年内变现或者耗用的资产，包括现金、各种存款、应收款项、预付款项和存货等。

（1）现金管理与核算。为核算事业单位库存现金的收支和结存情况，事业单位应设置"现金"总账账户，借方登记收到现金数，贷方登记支出现金数，借方余额反映库存现金数额。事业单位除了设置现金总分类核算外，还需设置"现金日记账"，由出纳人员依据原始凭证逐笔顺序登记，每日终了，应编制"库存现金日报表"。

（2）银行存款的管理与核算。为核算事业单位存入银行和其他金融机构的各种存款，应设置"银行存款"总账账户，借方登记存入银行和其他金融机构的存款数，贷方登记提取和支出存款数，借方余额反映事业单位存款数额。此外，事业单位还应根据开户银行和其他金融机构的名称以及存款种类，分别设置"银行存款日记账"，由出纳人员根据收付凭证逐笔顺序登记，每日终了应结出余额。有外币存款的事业单位，应在本账户下按人民币和外币设置"银行存款日记账"进行明细核算。

（3）应收及预付款项的管理与核算。对于应收和预付款项的管理，事业单位应严格按下列要求进行：首先，严格控制各种应收、预付款项的额度；其次，对各种应收及预付款项，应督促有关经办人员和单位及时办理结账和结报手续；再次，对各种应收、预算款项，应按照购货或劳务合同的规定，按单位名称设置有关的明细账；最后，应通过对应收、预付款项的管理，加速资金的周转，提高资产的使用效益。

2. 事业单位固定资产的管理与核算

事业单位的固定资产，是指一般设备单位价值在 500 元以上、专用设备单位价值在 800 元以上，使用期限在一年以上，并在使用过程中基本保持原有物资形态的资产。① 为核算事业单位的固定资产的原价，应设置资产类账户"固定资产"总账账户，借方登记增加的固定资产原值；贷方登记减少的固定资产原值；借方余额反映现有固定资产的原值总值。

3. 事业单位无形资产的管理与核算

事业单位的无形资产是指不具有实物形态而能为事业单位提供某种权益的资产，包括专利权、商标权、土地使用权、非专利技术、商誉和其他财产权利。

事业单位大多是自创和转让无形资产，因此事业单位必须高度重视保护并合理利用无形资产，加强无形资产的管理。在无形资产的管理方面要注意以下三点：第一，要增强无形资产管理的意识。无形资产虽然看不见，但却能为事业单位带来收益。第二，要重视对无形资产的保护。第三，要依法合理利用单位占有的无形资产。

9.5.2　事业单位负债的管理与核算

事业单位的负债包括借入款项、应付款项、预收款项、应缴款项等。事业单位要对不同的负债分别管理，及时清理并按规定办理结算，保证各项负债在规定的期限偿还。在负债管理上要注意以下两个问题：其一，事业单位要严格控制负债的规模；其二，要对负债进行及时清理，按规定办理有关结算。

1. 借入款项和预收款项的管理与核算

借入款项是指事业单位借入的有偿使用的各种款项。预收款项是事业单位预先收到其他单位因购货或接受劳务而预交的款项。

为核算事业单位从财政部门、上级单位和金融机构借入的有偿使用的款项，应设置"借入款项"总账账户，贷方登记借入的款项数；借方登记归还的本金数；贷方余额反映尚未归还的借款。

对预收款项的核算，应设置"预收账款"总账账户，贷记预收款数；借记货物销售实现或劳务兑现数；贷方余额反映尚未结清的预收款项。需要注意的是，预收款项业务不多的单位，可以将预收的款项直接记入"应付账款"的贷方，不设置"预收账款"账户。

2. 应付款项的管理与核算

事业单位的应付款项包括应付票据、应付账款和其他应付款。

为核算事业单位对外发生债务时开出和承兑的商业汇票，要设置"应付票据"总账账户，贷方登记开出、承兑汇票或以汇票抵押贷款数；借方登记到期支付票面金额数；贷方余额反映已开出承兑而尚未付款的应付票据数额。此外，事业单位还应设置"应付票据备查簿"，详细登记每一笔应付票据的种类、号数、签发日期、到期日、票面金额、收款人或单位名称，以及付款日期和金额等资料。应付票据到期付清时，应在备查簿类逐笔注销。

---

① 《事业单位会计制度》，财政部第 288 号，1997 年 10 月。

3. 应缴款项的管理与核算

事业单位的应缴款项包括应缴预算款、应缴财政专户款和应缴税金。

（1）应缴预算款的管理与核算。应缴预算款是事业单位应缴入国家预算的收入。为核算应缴预算款，应设置"应缴预算款"总账账户，贷方登记取得的应缴预算的各项收入数；借方登记上缴数；贷方余额反映应缴未缴数，年终本账户应无余额。

（2）应缴财政专户款的管理与核算。应缴财政专户款是指事业单位按规定代收的应缴财政专户储存的预算外资金数。为核算事业单位按规定代收的应上缴财政专户的预算外资金，应设置"应缴财政专户款"。贷方登记收到应缴财政专户的各项收入数；借方登记上缴财政专户数；贷方余额反映应缴未缴数，年终本账户无余额。

（3）应缴税金的管理与核算。应缴税金是事业单位按照税法的规定应缴纳的各种税金。为核算事业单位的应缴纳的各种税金，需设置"应缴税金"总账账户。贷方登记应缴纳的税金数；借方登记缴纳的税金数；贷方余额反映应缴未缴的税金数；期末如为借方余额，反映多缴纳的税金数。

9.5.3 事业单位净资产的管理与核算

事业单位的净资产是事业单位资产减去负债的差额，包括事业基金、固定基金、专用基金和结余等。

1. 结余的管理与核算

事业单位的结余是事业单位各项非经营收支相抵后的余额，包括事业结余和经营结余两方面。为核算事业结余，应设置"事业结余"总账账户，贷方登记从有关收入账户转入数；借方登记从有关支出账户转入数；余额一般在贷方，反映事业单位当年收入大于支出的结余数；如果余额在借方，反映事业单位当年支出大于收入的亏损数。为核算经营结余，应设置"经营结余"账户，贷方登记经营收入账户的转入数；借方登记经营支出和属于经营收入应负担的销售税金的转入数；余额一般在贷方，反映事业单位当年经营收入大于支出的结余数；如果余额在借方，则表示事业单位当年经营支出大于收入的亏损数。

2. 事业单位基金的管理与核算

（1）固定基金的管理与核算。固定基金是指事业单位固定资产占用的基金。

在进行核算时，固定基金应按实际发生的数额记账。为对事业单位的固定基金进行核算，应设置"固定基金"总账账户。固定基金账户用来核算事业单位应购入、自制、调入、融资租入、接受捐赠以及盘盈固定资产所形成的基金。

（2）专用基金的管理与核算。专用基金是事业单位按照规定提取或者设置的有专门用途的资金，包括职工福利基金、医疗基金、住房基金和修购基金等。

专用基金的管理要遵循"先提后用、专设账户、专款专用"的原则。先提后用是指各项专用基金必须根据规定的来源渠道，在取得资金后，才能安排使用；专设账户是指各项专用基金应单设账户进行管理和核算，需要注意的是，这里的账户是指会计核算上的账户；专款专用是指各种专用基金必须按照规定的用途和使用范围安排开支。

（3）事业基金的管理与核算。事业基金是事业单位拥有的非限定用途的净资产，主要包括滚存结余资金（事业单位历年的未分配结余和损失以及历年的专项资金结余）和投资产权等。

为核算事业基金，需设置"事业基金"总账账户。在总账账户下，应按核算的业务内容设置"一般基金"和"投资基金"两个明细科目，其中，一般基金主要核算滚存结余资金；"投资基金"用于核算对外投资部分的基金。年终，事业单位应将当期未分配的结余转入本账户。

9.5.4　事业单位收入的管理与核算

事业单位的收入是指事业单位为开展业务以及其他活动依法取得的非偿还性资金，包括财政补助收入、上级补助收入、事业单位依法组织的事业收入、经营收入、附属单位上缴收入以及其他收入等。

1. 财政补助收入的核算

财政补助收入是事业单位按照核定的预算和经费报领关系，由财政部门或上级单位拨入的各类事业经费。

事业单位为核算财政补助收入，应设置"财政补助收入"总账账户。贷方登记财政部门或上级单位拨入的事业经费数；借方登记上缴财政部门和事业单位的经费数，平时贷方余额，反映财政补助收入的累计数。年终转账时，将本账户的余额全部转入"事业结余"账户，转账后本账户无余额。

2. 上级补助收入的核算

上级补助收入是事业单位从主管部门和上级单位取得的非财政性补助资金。

事业单位应设置"上级补助收入"账户，核算事业单位收到上级单位和主管部门拨入的非财政性补助资金。该账户，贷方登记上级单位拨入的补助数；借方平时无发生额；年终转账时，将本账户余额转入"事业结余"账户，本账户无余额。

3. 拨入专款的核算

拨入专款是指事业单位收到财政部门、上级单位或其他单位拨入的指定用途的并需要单独报账的专项资金。专项资金应遵循专款专用的原则，按照指定的用途使用，不得随意改变用途或挪作他用；还应遵循单独报账的原则，即根据拨款单位的要求，及时报送资金使用情况和事业成果报表。事后，要单独办理报销手续，将余款缴回或用款单位按拨款单位的规定处理。①

4. 事业收入的核算

事业收入是事业单位通过开展业务及其他辅助活动依法取得的收入。按照规定应上缴财政预算的资金和应缴财政专户的预算外资金不计入事业收入；从财政专户核拨的预算外资金和部分经财政部门核准不上缴财政专户管理的预算外资金应计入事业收入。

核算事业单位的事业收入，应设置"事业收入"账户。单位收到的从财政专户核拨的预算外资金（不含用于自筹基建的部分）和部分经财政部门核准不予上缴财政专户管理的预算外资金，也在本账户核算。需要注意的是：收到应返还所属事业单位的预算外资金，主管部门应通过"其他应付款"账户进行核算。

---

① 王为民：《公共组织财务管理》，中国人民大学出版社，2006 年版，第 222 页。

9.5.5 事业单位支出的管理与核算

事业单位支出是指其开展业务活动及其他活动所发生的各项资金耗费和损失，按支出资金性质分为：事业支出、经营支出、对附属单位补助支出以及上缴上级支出。

1. 拨出款项的核算

拨出款项是事业单位拨付给所属单位的预算资金和专项资金，包括：拨出经费和拨出专款两部分。

（1）拨出经费的核算。对拨出经费进行核算，应设置"拨出经费"总账账户，借方登记事业单位拨出的经费数；贷方登记拨出经费的收回数；平时借方余额反映拨出经费的累计数；年终应将本账户借方余额全数转入"事业结余"账户，结转后，本账户无余额。

（2）拨出专款的核算。为核算事业单位拨出专款的情况，应设置"拨出专款"账户。借方登记主管部门或上级单位拨出的专项资金数；贷方登记拨出专项资金的收回数；借方余额反映所属单位尚未报销数。

2. 事业支出的核算

事业支出的内容按照支出的用途划分包括：基本工资、补助工资、其他工资、职工福利费、社会保障费、公务费、业务费和设备购置费等。

为核算事业单位开展各项专业业务活动以及辅助活动发生的实际支出，应设置"事业支出"账户，借方登记发生的事业支出数以及实行内部成本核算的事业单位结转已销业务或产品成本数；贷方登记当年的支出收回数；年终，将本账户借方余额全数转入"事业结余"账户，转账后，本账户无余额。

3. 经营支出和专款支出的核算

（1）经营支出的核算。经营支出是事业单位在专业业务活动及辅助活动之外开展非独立核算经营活动所发生的支出。

事业单位应设置"经营支出"账户，核算其在专业业务活动及辅助活动之外开展非独立核算经营活动所发生的各项支出以及实行内部成本核算的单位已销产品实际成本。借方登记事业单位发生的各项经营支出数，以及实行内部成本核算的事业单位结转已销经营性成果或产品的实际成本；期末将本账户借方余额全数转入"经营结余"账户，转账后，本账户无余额。

（2）专款支出的核算。专款支出是指由财政部门、上级单位和其他单位拨入的专项资金的实际支出数。

为核算专款支出，事业单位会计应设置"专款支出"总账账户，借方登记事业单位按指定的项目或用途所开支的工、料费；贷方在项目完工时向有关部门单独列报数。本账户除了进行总账核算外，还应按照专款的项目设置明细账，进行明细核算。

9.6 民间非营利组织财务管理与核算

根据《民间非营利组织会计制度》的规定，我国的民间非营利组织（Non-profit Organization，简称 NPO）包括社会团体、基金会、民办非企业单位等民间组织，并且要符合以下特征：第一，民间非营利组织不以营利为宗旨和目的；第二，资源提供者向民间非营利组织投入资源不得取得经济回报；第三，资源提供者不享有民间非营利组织的所有权。民间非营利组织财务管理的目标是获取并有效使用资金，以最大限度地实现组织的社会使命，即致力于最大限度地筹集资金，提高筹资效率和资金使用社会效用的最大化。①

9.6.1　民间非营利组织资产的管理与核算

民间非营利组织的资产按其流动性分为：流动资产、长期投资、固定资产、无形资产和受托代理资产等。下面我们将对其中比较重要的几类进行简要的介绍。

1. 流动资产的管理与核算

民间非营利组织的流动资产包括：货币资金、短期投资、应收款项与预付款项以及存货等内容。

（1）货币资金的管理与核算。货币资金是民间非营利组织的资产以货币形态表现出来的那部分资产，包括：现金、银行存款和其他货币资金。

民间非营利组织应设置"现金日记账"，以加强对现金的管理与核算。所发生的现金收支业务必须通过出纳人员，由其通过审核无误的收付款凭证，按照业务发生的先后顺序，逐日逐笔登记。每日终了，应结算当天的现金收入合计数、现金支出合计数和余额，以做到日清月结，款账相符。每月终了，"现金日记账"的月末余额必须与"现金"科目的余额相等。

民间非营利组织应当按照开户行和其他金融机构、存款种类等分别设置"银行存款日记账"，由出纳人员根据收付款凭证，按业务发生的顺序逐笔登记，每日终了应结出余额。"银行存款日记账"应定期与"银行存款对账单"核对。

民间非营利组织设置"其他货币资金"科目，按照其他货币资金的种类，设置明细科目，并按照外埠存款的开户行、银行汇票或本票的收款单位等设置明细核算。

（2）短期投资的管理与核算。核算短期投资，应设置"短期投资"账户。按照短期投资的初始计量、投资收益、投资收益的期末计价以及短期投资的处置等环节分别进行核算。

（3）应收款项与预付款项的管理与核算。应收款项应当按照实际发生额入账，并按照往来单位或个人设置明细账，进行明细核算。在期末，应当分析应收款项的可回收性，对预计可能产生的坏账损失计提坏账准备，确认坏账损失并计入当期费用。

预付款项是民间非营利组织预付给商品供应者或服务提供单位的款项。预付款项同样按照实际发生额入账，并按照往来单位或个人设置明细账，进行明细核算。

（4）存货的管理与核算。存货是民间非营利组织在日常业务活动中持有的、以备出售或捐赠的，或者为出售或捐赠仍处在生产过程中的，或者将在生产、提供服务或日常管理过程中耗用的材料、物资、商品等。

对存货的管理主要包括：存货的取得、存货的发出和存货的后续计量三个方面。

为对存货进行核算，需设置"存货"科目和"存货跌价准备"科目。第一，对存货取得的核算，属于外购存货，按照确定的成本，借记"存货"科目，贷记"银行存款"、

---

① 景涛：《初探我国非营利组织财务管理目标内容》，载《会计学研究》，2006 年第 2 期，第 177~178 页。

"应付账款"及明细科目;属于自加工的,借记"存货"科目,贷记"银行存款"、"应付账款"、"应付工资"科目;属于捐赠的,借记"存货"科目,贷记"捐赠收入"。第二,对存货发出的核算,领用材料生产产品的,将材料成本转入生产成本,借记"存货—生产成本",贷记"存货—材料"科目,生产完成后,再由"存货—生产成本"科目转入"存货—生产成品"科目。第三,对短期投资后续计量的核算,如果存货的期末可变现净值低于账面价值,则将差额计入当期管理费用,借记"管理费用—存货跌价损失"科目,贷记"存货跌价准备"科目;如果存货的期末可变现净值高于账面价值,则将差额冲减当期管理费用,借记"存货跌价准备"科目,贷记"管理费用—存货跌价损失"科目。

2. 固定资产的管理与核算

(1)固定资产的管理。固定资产在取得时,应当按取得时的实际成本入账。固定资产取得时的实际成本应当根据具体情况分别确定:第一,外购的固定资产,按照实际支付的买价、相关税费以及为使固定资产达到预定可使用状态前所发生的可直接归属于该固定资产的其他支出(如,运输费、安装费、装卸费等)确定其成本。第二,如果以一笔款项购入多项没有单独标价的固定资产,按各项固定资产公允价值的比例对总成本进行分配,分别确定各项固定资产的成本。第三,自行建造的固定资产,按建造该项资产达到预定可使用状态前所发生的全部必要支出确定其成本。第四,接受捐赠的固定资产,按照捐助者能否提供有关凭证分别处理。

(2)固定资产的核算。为核算民间非营利组织的固定资产,应设置"固定资产"、"固定资产清理"和"文物文化资产"科目,对固定资产的初始计量、固定资产的折旧、固定资产的处置、固定资产的盘盈盘亏以及文物文化资产分别进行核算。

此外,对民间非营利组织无形资产的管理与核算、受委托代理资产和受委托长期投资的管理与核算,在此不作介绍。

9.6.2 民间非营利组织负债的管理与核算

负债,是指过去的交易或者事项形成的现时义务,按其流动性分为流动负债和长期负债。

1. 流动负债的管理与核算

民间非营利组织的流动负债,是指将在一年内(含一年)偿还的负债,包括:短期借款、应付款项、应付工资、应交税金、预收账款、预提费用和预计负债等。

对民间非营利组织的流动负债的核算要分别设置"短期借款"、"应付款项"、"应付工资"、"应交税金"、"预收账款"、"预提费用"和"预计负债"等科目进行核算。

2. 长期负债的管理与核算

民间非营利组织的长期负债,是指偿还期限在一年以上(不含一年)的负债,包括:长期借款、长期应付款和其他长期负债。

为核算长期借款,应设置"长期借款"科目。当取得长期借款时,借记"银行存款"科目,贷记"长期负债"科目;计息时,为购建固定资产而发生长期借款费用,借记"在建工程",贷记"长期借款"科目。除为购建固定资产而发生的长期借款,借款费用在发生时计入当期筹资费用,借记"筹资费用",贷记"长期借款"科目。

对长期应付款的核算，应设置"长期应付款"科目。当民间非营利组织发生融资租入固定资产业务，按发生的费用，借记"固定资产—融资租入固定资产"科目，贷记"长期应付款"科目。

9.6.3　民间非营利组织净资产的管理与核算

民间非营利组织的净资产，是指资产减去负债后的余额，包括：限定性净资产和非限定性净资产。

1. 限定性净资产的核算

为核算民间非营利组织的限定性净资产，需设置"限定性净资产"科目。主要的账务处理如下：第一，期末结转限定性净资产。将当期的限定性收入的贷方余额转为限定性资产，即将各科目中所属的限定性收入明细科目的贷方余额转入"限定性净资产"科目的贷方，借记"捐赠收入—限定性收入"、"政府补助收入—限定性收入"科目，贷记"限定性净资产"科目。第二，限定性净资产的重新分类。如果限定性净资产的限制已经解除，应对净资产重新分类。借记"限定性净资产"，贷记"非限定性净资产"科目。第三，调整以前期间的限定性收入项目。如果因调整以前期间的限定性收入项目而涉及调整限定性净资产，按需要调整的金额，借记或贷记有关科目，贷记或借记"限定性资产"科目。第四，对于限定性净资产的其他变动，如一些净资产在取得时没有限制条件，但后来国家的法律法规或者资源提供者增设了限制条件，那么，相应的非限定性净资产就要转入限定性净资产，借记"非限定性净资产"，贷记"限定性净资产"科目。

2. 非限定性净资产的核算

为核算民间非营利组织的非限定性净资产，应设置"非限定性净资产"科目。主要的账务处理如下：第一，期末结转非限定性收入。应将捐赠收入、会费收入、提供服务收入、政府补助收入、商品销售收入、投资收益和其他收入等项目中非限定性收入明细科目的期末余额全数转入非限定性净资产，借记相关科目，贷记"非限定性净资产"科目。第二，期末结转成本费用项目。应将业务活动成本、管理费用、筹资费用和其他费用的期末余额结转至非限定性净资产，借记"非限定性净资产"科目，贷记"业务活动成本"、"管理费用"、"筹资费用"和"其他费用"科目。第三，对调整以前期间的非限定性收入、费用的核算，如果因调整以前期间的非限定性收入、费用项目而涉及调整非限定性净资产的，按需要调整的金额，借记或贷记有关科目，贷记或借记"非限定性净资产"科目。

9.6.4　民间非营利组织收入的管理与核算

《民间非营利组织会计制度》第57条规定，民间非营利组织的收入，是指民间非营利组织开展业务活动取得的、导致本期净资产增加的经济利益或者服务潜力的流入，包括：捐赠收入、会费收入、提供服务收入、政府补助收入、投资收益、商品销售收入等主要业务活动收入和其他收入等。

1. 民间非营利组织收入的管理

民间非营利组织的主要业务收入包括：捐赠收入、会费收入、提供服务收入、政府补助收入、投资收益和商品销售收入等。

其他收入，是指除上述主要业务活动收入以外的其他收入，如固定资产处置净收入、无形资产处置净收入等。民间非营利组织对其他收入的确认和计量，应遵循收入确认和计量的基本原则。

2. 民间非营利组织收入的核算

（1）捐赠收入的核算。民间非营利组织为了对取得的其他单位和个人捐赠收入进行核算，应设置"捐赠收入"科目；同时，还应当按照捐赠收入是否存在限制，设置"限定性收入"和"非限定性收入"明细科目，分别核算限定性捐赠收入和非限定性捐赠收入。"捐赠收入"科目的贷方反映当期捐赠收入的实际发生额，期末，应将该科目中的"非限定性收入"明细科目当期贷方发生额转入"非限定性净资产"科目，将该科目中的"限定性收入"明细科目当期贷方发生额转入"限定性净资产"科目，期末结转后，本科目无余额。

（2）会费收入的核算。民间非营利组织为核算其根据章程的规定向会员收取的会费收入，应设置"会费收入"科目，同时还应当按照会费收入是否存在限制，设置"限定性收入"和"非限定性收入"明细科目，分别核算限定性会费收入和非限定性会费收入。此外，如果存在多种会费，还可以按照会费的种类设置明细科目。"会费收入"科目的贷方反映当期会费收入的实际发生额，期末，应将该科目中的"非限定性收入"明细科目当期贷方发生额转入"非限定性净资产"科目，将该科目中的"限定性收入"明细科目当期贷方发生额转入"限定性净资产"科目，期末结转后，本科目无余额。

（3）提供服务收入的核算。民间非营利组织为核算提供服务取得的收入，应设置"提供服务收入"科目，同时还应当按照提供服务收入是否存在限制，设置"限定性收入"和"非限定性收入"明细科目，分别核算限定性提供服务收入和非限定性提供服务收入。此外，如果存在多种提供服务，还可以按照提供服务的种类设置明细科目。"提供服务收入"科目的贷方反映当期提供服务收入的实际发生额，期末，应将该科目中的"非限定性收入"明细科目当期贷方发生额转入"非限定性净资产"科目，将该科目中的"限定性收入"明细科目当期贷方发生额转入"限定性净资产"科目，期末结转后，本科目无余额。

9.6.5 民间非营利组织费用的管理与核算

1. 民间非营利组织费用的管理

业务活动成本，是指民间非营利组织为了实现其业务活动目标、开展其项目活动或者提供服务所发生的费用。

管理费用，是指民间非营利组织为组织和管理其业务活动所发生的各项费用。

筹资费用，是指民间非营利组织为筹集业务活动所需资金而发生的费用，它包括：民间非营利组织为了获得捐赠资产而发生的费用以及应当计入当期费用的借款费用、汇兑损失（减汇兑收益）等。

其他费用，是指民间非营利组织发生的、无法归属到上述业务活动成本、管理费用或者筹资费用中的费用，包括固定资产处置净损失、无形资产处置净损失等。

2. 民间非营利组织费用的核算

（1）业务活动成本的核算。为核算民间非营利组织为实现业务活动目标，开展项目活动以及提供服务所发生的费用，应设置"业务活动成本"科目。结合具体的业务情况，设置"销售商品成本"、"提供服务成本"、"会员服务成本"、"捐赠项目成本"等明细科目。"业务活动成本"科目的借方反映当期业务成本的实际发生额，期末，应将本科目当期借方发生额转入"非限定性净资产"科目，期末结转后，本科目应无余额。

（2）管理费用的核算。民间非营利组织为核算组织和管理其业务活动而发生的各项费用，应设置"管理费用"科目，同时，按照管理费用的种类设置明细科目进行明细核算。

（3）筹资费用的核算。民间非营利组织为核算筹集业务活动所需资金而发生的费用，应设置"筹资费用"科目，同时，按照筹资费用的种类，设置明细科目，以满足核算的要求。

"筹资费用"科目的借方反映当期筹资费用的实际发生额，期末，应将当期"筹资费用"科目的借方发生额转入"非限定性净资产"科目，期末结转后，本科目应无余额。

（4）其他费用的核算。民间非营利组织为核算其他费用的情况，应设置"其他费用"科目，同时，按照其他费用的种类，设置明细科目，以满足核算的要求。

本 章 小 结

公共组织财务管理是公共组织根据财务制度和财经法规，按照财务管理的基本原则，对本单位有关资金的筹集、分配和使用所引起的财务活动进行计划、组织、协调和控制，并处理财务关系的一项综合性的经济管理工作。

理解公共组织财务管理，必须了解公共组织的财务活动以及财务关系。公共组织财务活动是公共组织以现金收支为主的资金收支活动的总称，包括预算资金收支活动、预算外资金收支活动和经营活动。公共组织财务关系是各公共组织在组织和管理本单位的财务活动过程中与有关各方之间发生的经济联系。

公共组织财务管理的特点是政策性强、以预算管理为中心、经费来源的无偿性、涉及面广泛、类型多样化。目标是努力增收节支，合理安排支出结构，严格控制经费支出，提高资金使用效果，充分利用有限的资金。基本任务是依法筹集并合理有效地使用资金，对公共组织的各项财务活动实施有效的综合管理。基本原则包括依法理财原则、勤俭节约原则，量入为出原则，效益原则，正确处理国家、集体和个人三者之间的利益关系原则以及责任性原则。

公共组织财务管理包括：预算管理、计划管理、收支管理、定员定额管理、资产负债管理、成本费用管理、投资管理、净资产管理与财务清算管理、财务报告管理、财务分析与财务监督等内容。预算管理是公共组织财务管理的中心，公共组织核算是公共组织财务管理的基础。

公共组织财务核算的一般原则包括：相关性原则、客观性原则、可比性原则、一贯性原则、及时性原则、收付实现制和权责发生制原则、专款专用原则、历史成本原则、配比原则等。

行政单位是指行使国家权力、管理国家事务、维护社会公共秩序、进行各项行政管理工作的机关。事业单位是指国家为了社会公共利益，由国家机关举办或其他组织利用国有资产举办的，从事科技、教育、文化、卫生等社会服务的组织。民间非营利组织是符合以下三个特征的组织：民间非营利组织不以营利为宗旨和目的；资源提供者向民间非营利组织投入资源不得取得经济回报；资源提供者不享有民间非营利组织的所有权。公共组织财务管理与核算主要包括资产、负债和净资产的管理与核算及收入与支出（或费用）的管理与核算等方面。

案例

"天价采购"禁令成"浮云"   监督亟须"给力"

IPhone 4 手机、豪华电动按摩椅、高价笔记本电脑……这些当下时髦的高档商品，目前尚属于富人和时髦青年购买的"显摆"商品。但是，这样的"显摆"商品却跃上了政府采购的名单。岁末年初，几条有关政府"豪华采购"的新闻，引发公众热议。对政府采购如何监督？记者采访了有关专家。

"买贵不买对"的背后，往往暗藏着腐败勾当

来自媒体的一组调查数据显示，87%的人感觉当前地方政府"天价采购"现象严重，其中53.8%的人感觉"非常严重"。而98.1%的受访者表示，政府"天价采购"会影响自己对政府的信任度。受访专家均指出，"天价采购"行为不仅违背了公共财政的精神和原则，而且败坏了政府的形象，它所带来的危害与负面影响是多方面的。

"'豪华采购'暴露出一些政府机关在花钱方面的'大手大脚'。"国家行政学院法学部副主任、博士生导师杨小军教授表示，开支的必要性和开支的节俭性，是政府花钱的必要条件。"政府的钱是纳税人的钱，是公共财政，是为社会为老百姓干事才应当花的钱。因此，政府的每一项开支，都必须'精打细算'，而且是非开支不可的。"他说，这种"大手大脚"浪费了国家资财，侵蚀了纳税人所共有的社会公共财产利益。

"豪华采购"不但减损了政府的公信力，还容易助长政府机构与公共部门奢靡享乐等不正之风。湖北省行政学院政法系教授黄金桥认为，法治政府是廉洁政府、责任政府、民本政府、诚信政府，"天价采购"行为则与这些基本理念背道而驰。

而"豪华采购"最致命之处在于它破坏了政府采购制度和监督制度的严肃性。

"政府采购及其监督制度也是不少。但仍然频频出现'豪华采购'事件，暴露出这些制度的实施与执行存在诸多漏洞和问题。"杨小军表示，"一项制度，如果很容易地被践踏，那么这个制度本身也就存在问题"。

而黄金桥认为，"天价采购"行为罔顾政府采购方面的法律法规，一些人"买贵不买对"的背后，往往暗藏着腐败勾当。

禁令何以成了"浮云"

有网友戏称，"天价采购"扎堆，监督成了"浮云"。

多年来，各级党委政府制发了不少的禁令，严禁浪费和岁末年初突击花钱。但是，现实中不难发现这样的怪圈：一方面是不断地颁布规定和禁令，另一方面又是不断地出现违反和践踏这些规定和禁令的行为。为什么这些禁令难以遏制某些官员的高消费冲动呢？

　　管理学上有一条这样的定律：花自己的钱，为别人办事，讲求节俭，不讲求效果；花别人的钱，为自己办事，讲求效果，不讲求节俭；花自己的钱，为自己办事，既讲求效果，也讲求节俭；花别人的钱，为别人办事，既不讲求效果，也不讲求节俭。杨小军表示："'豪华采购'的政府机关就是因为不是在花自己的钱，所以不讲求节俭，尽可能多花钱，买豪华高档的设备供自己使用。这里面仍然是利益驱动使然。"

　　在利益诱惑面前，禁令的执行仅靠官员的自觉自律恐怕是天方夜谭。

　　"禁令很多，惩治措施也很严厉，但是几乎都没有怎么真正兑现。"黄金桥表示，"豪华采购"缺乏监督的根本原因在于各个监督主体的监督意识不够强。

杜绝"豪华采购"，监督还须"给力"

　　虽然政府采购制度比过去已经有了不少的改进，增加了公开的成分。但从实际情况来看，还远远不够。受访专家一致认为，阳光是最好的防腐剂，也是最好的杜绝"豪华采购"剂，必须加大政府采购的公开力度。

　　"在政府采购问题上，必须坚持以公开为原则，以不公开为例外。除非有法定事由，否则都得向社会公开。"杨小军指出："政府采购的商品、单价、购买对象等绝大多数细节，需要向社会公开，接受人民群众和媒体的监督。"他表示，只有在公开的监督下，才能发挥制度的作用。否则，关起门来搞监督，是自律性质的约束，很大程度上取决于自我觉悟和道德底线，这是非常脆弱的，一旦有人想方设法去突破，就可以为所欲为。

　　专家们还表示，应逐步扩大货币补贴范围和对象，减少公共设施设备的分量，切断公务员个人利益与"豪华采购"之间的链条。

　　"像电脑、手机这些设备，既可以是个人所有个人使用，也可以是单位所有个人使用。如果是单位所有个人使用，公务员就有利益关系，购买的设备当然就有趋豪华高档时髦性。反之，如果是个人所有个人使用，谁都会'掂量掂量。'"杨小军说。

　　受访专家指出，要节约行政开支，必须使个人利益与节俭挂钩，使公务员产生节俭冲动，而不是产生高档消费冲动。目前，可以逐步扩大公务员货币补贴范围和对象，逐步减少实物购买比重。

　　专家们还对如何进一步完善政府采购制度提出了建议。"例如，在政府采购商品中，应当作出限制性规定。政府采购的大多数商品，应当是同类商品中的中低档次商品；对于个别确实需要采购高档豪华商品的，一要限制比例，控制到极少数，二要让其他经销商、生产商、公众对政府拟购买的高档豪华商品进行'评头论足'。"杨小军认为。

　　受访专家均认为，除了对政府"豪华采购"的法律责任作出更加明确规定、问责更加严厉外，必须有体制外的力量来制约和监督政府采购。黄金桥提出，对政府采购实施严密监督的关键在于"多管齐下"。除了政府采购部门（单位）应向本部门（单位）公开采购信息，接受本部门（单位）的群众监督外，国家权力机关对各级财政部门关于政府采购部分的财政支出情况，应进行实质性的专项审查；财政机关对报送的各种政府采购预算编制计划，应实行严格审批制度；审计部门对政府采购项目及其实施情况，要依法实施重点审计；纪检监察机关要强化对政府采购活动中不正之风的责任追究；检察机关要善于分析、发现并查处发生在政府采购领域中的商业贿赂等腐败行为。

（资料来源：《"天价采购"禁令成"浮云"　监督亟须"给力"》，中国政府采购网，http：// www. ccgp. gov. cn/dfcg/llsj/201101/t20110118_ 1484723. shtml，2012 年 7 月 18 日）

 通过以上材料，结合本章所学知识，分析我国公共组织如何更有效地将"天价采购"禁令落实到位。

思 考 题

1. 公共组织财务管理的主要内容和特点有哪些？
2. 简述公共组织财务管理的目标和原则。
3. 简述公共组织预算的概念和原则。
4. 与企业相比，公共组织财务核算有哪些特点？
5. 公共组织财务核算应遵循的一般原则有哪些？

专 业 名 词

非营利组织	Non-profit Organization，NPO
财务管理	Financial Management
预算	Budget
流动资产	Current Asset
财务报表	Financial Statement
固定资产	Fixed Asset

第10章
公共组织效能的评估与提高

学习目的

通过本章的学习，了解什么是公共组织的效能以及公共组织效能的评估，对公共组织效能评估的原则、指标体系、实施程序、方法和功能有一个基本的认识，结合我国公共组织效能状况，重点掌握影响公共组织效能的因素以及提高公共组织效能的途径。

本章重点

1. 公共组织效能的评估。

2. 公共组织效能提高的途径。

10.1　公共组织效能概述

10.1.1　公共组织效能的含义

从一般意义上来说，探究组织效能就是根据一套标准来判断组织运作得如何，但这只是一种十分简单的看法，事实上，对此简单问题的探究，往往会把人引入某些复杂而不确定的问题里。

在公共行政学的研究中，"行政效率"常用来考察组织的效能，它是指政府组织及其行政人员从事行政管理活动的产出与所消耗的人力、物力、财力等要素之间的比率关系。后来，人们认为行政效率的评价方式及评价内容具有单一性和不完整性，于是采用绩效评估的方法。英国政府率先运用"绩效"（Performance）概念来衡量公共行政组织管理活动的效果，认为它主要包括三项标准：经济，侧重成本的节约程度，涉及成本和投入之间的关系；效率，关注投入和产出的比率；效益，着眼于产出所带来的社会效果，包括质量及社会公众的满意程度。这是一个目前在管理实践中，应用十分广泛的标准。但是，为了对公共组织的"数量和质量、价值和作用"有一个完整的概括，本章将使用"公共组织效能"这一概念。

效能，顾名思义，即绩效、功能。公共组织的效能就是指公共组织在内部组织活动和外部组织活动的过程中所实现的绩效和功能。公共组织的绩效是指公共组织就组织资源的经济性、效率和效益等方面进行评价；公共组织的功能则是就公共组织在国家、市场和公民社会诸领域的作用和意义等方面进行评价。例如，英国撒切尔主义公共管理的核心是市场取向的改革，其政府的"绩效"衡量主要注重"效益"，而新公共管理运动中的"治理理论"则强调公共组织对国家、市场和公民社会的"公共性"功能。公共组织效能是公共组织的绩效和公共组织的功能二者的统一。①

1. 公共组织效能中的绩效

公共组织的绩效是指公共组织利用组织资源的经济性、效率和效益，是公共组织功能的实现程度。例如，政府组织的立法产出是政府组织作为公共产品提供者功能的主要价值体现，那么，政府组织的立法成本、立法的时效性和实效性就是其立法功能实现程度的标志。公共组织绩效内容包括：

（1）内部绩效。公共组织的内部绩效是指公共组织在管理的过程中所实现的公共组织内部经济性、效率和效益。公共组织的内部绩效是公共组织实现外部绩效的内在前提。公共组织的内部绩效表现为：第一，针对公共组织目标作出科学而及时的决策。第二，在良好的工作纪律和健全的管理体制下有效利用公共组织的资源。第三，通过人性化的管理方式所取得的效果。第四，公共组织成员的自我实现和成就感；第五，优秀的公共组织文化所塑造的人格魅力等。

（2）外部绩效。公共组织的外部绩效是指公共组织在管理过程中所实现的公共组织的外部社会效益。公共组织的外部绩效是公共组织内部绩效的外在实现。公共组织的外部绩效表现为：第一，维护公共安全。在国际方面，主要表现为抵御外来军事侵略，打击偷盗或泄露政治、经济、军事、科技等方面机密的间谍行为，增强与国际的安全合作，打击国际犯罪等；在国内方面，主要表现为维护社会治安和公共秩序、减少事故发生率、查处侵犯公民和社会权利的各种违法犯罪、提高公民和社会安全感等。第二，提高人口素质。主要表现为平均预期寿命的延长、受教育程度的提高、技术人员比例的增加、医疗水平的进步等。第三，促进经济发展。主要表现为社会产业结构水平的提升、经济效益的提高、国民生产总值和国民收入的提高等。第四，促进社会和人民生活的进步。主要表现为教育、科技、文化、卫生、体育等各项社会事业的发展，城市化水平、社会保障水平、脑力劳动者占社会劳动者的比重、人民群众生活质量的提高等。

2. 公共组织效能中的功能

功能，又可称为机能或职能，它是指人、事物、机构及方法所发挥的功效和作用。公共组织的功能，是指公共组织在履行公共责任，实现公共目标，向社会提供公共物品和服务的过程中所体现出来的功效与作用。

组织的功能是一个多层次、多元化的结构体系。从总体上来看，一切管理组织的功能可以分为两大系统：一是以管理内容为目标的任务系统；二是以管理过程为对象的程序功能系统。任何管理组织在后者上是相同的，也就是说一切管理组织的管理程序或步骤应包

---

① 张建东：《公共组织学》，高等教育出版社，2003 年版，第 265～268 页。

括决策、计划、组织、用人、指挥、协调、控制、激励等各项功能。总的来说，公共组织的功能包括对内对外两个方面，即内部功能和外部功能。

（1）内部功能。公共组织的内部功能是指组织为了自身的建设和发展所进行的一系列活动，包括：其一，组织结构建设。组织结构是组织存在的标志，也是组织发展的基础，所以结构建设是一项非常重要的功能。其二，组织制度建设。制度的建设有助于组织正常运行，明确成员的职责，特别是建立完善的决策机制和执行机制，对于公共组织而言，尤为重要。制度的建设有利于公共组织更有效率和更有秩序地开展活动，另外，健全有效的组织监督体制对于公共组织树立良好的公共形象和建立高公信度亦至关重要。其三，组织发展功能。公共组织的发展除了结构、制度建设外，还必须提升组织的文化内涵和拓展公共关系网，以产生强有力的内部凝聚力和获得有效的社会资源。

（2）外部功能。公共组织外部功能是指组织参与社会建构，提供公共产品和公共服务的系列活动。公共组织的外部功能是组织目标实现过程的外部体现，即组织企图实现的社会效益目标，主要表现为提供公共物品功能和提供公共服务功能两方面。公共物品和公共服务就性质而言，分为特殊公共物品和公共服务、一般公共物品和公共服务。特殊公共服务指立法、司法、行政、国家安全等社会事务，特殊公共产品指重大公众安全和国家机密方面的公共产品，如核技术、国防科技研究开发等。这类公共物品和公共服务只能由国家机关和国家设立的企业、事业单位垄断提供。一般公共物品和公共服务是指教育、职业培训、医疗、经济资助、社会救助、环境保护、文化娱乐、体育等。这类公共物品和公共服务，既可以由社会力量提供，也可以由国家提供，水、电、煤气、交通等还可以由营利性公司提供。

10.1.2　公共组织效能的地位及作用

提高公共组织效能是公共组织研究的核心课题之一。进行系统的科学的公共组织效能研究，是监督和激励公共组织及其工作人员，推动公共组织改革与发展的强大动力。研究公共组织效能具有重要的意义。

（1）效能是公共组织管理活动追求的目标。各种管理活动无不讲求效能，效能是管理的生命。目前，世界性的公共组织改革及中国的公共组织改革热点，主要在于克服各种阻力，来提高组织的效能。公共组织管理效能是公共组织管理活动的核心，是公共组织进行改革的总体要求。

（2）效能是公共组织管理活动各种要素组合的综合反映。通过公共组织管理效能可以检验公共组织内部是否人员适量、素质优良、分工合理、关系协调；可以检验公共组织体制，即公共组织的设置、结构、权责划分与运行是否科学、完善；也可以检验公共组织管理活动的程序，即决策、咨询、执行、信息处理、监督等各个环节是否健全和功能是否正常实现；还可以检验公共组织管理的技术和方法是否科学先进和是否得到合理运用。

（3）效能可以作为"付酬"、"预算"的根据。公共组织可以对业绩好的个人或集团实行某种形式的业绩加薪制度或奖金制度，即把组织或个人的效能作为付酬的依据。另外，一个有效果的组织最终需要的一种预算制度，不是根据投入而是根据效果来拨款，即依据效能来制定这种预算制度。

（4）效能是确立组织"使命"的条件。大多数公共组织被它们的规章制度所左右，为了防止错误的发生，它们制定了无数个规则，每当事情出错，它们总是习惯于去制定更多的规则。为了清除多年积累的规章和过时的陋习，我们要确立组织的使命，使公共组织成为有"使命感"的组织，实现"规则优化"战略向"超越规则"的转变，从而建立新的责任机制和组织文化，改变照章办事的人事制度并建立围绕使命的预算制度。组织"使命"是根据什么来确定的呢？这就得依靠效能了。

10.2　公共组织效能的评估

10.2.1　公共组织效能评估的内涵、特征和制约因素

"评估"表示"评议估计或评价"，与之相近的"评定"（经过评判或审核来决定）和"评议"（经过商讨而评定）皆为"评估所采用的方式和途径。在英文中，evaluate 较符合"效能评估"的语义要求。

公共组织的评估就是对公共组织满足国家、社会和市场主体需要的程度进行评价。公共组织的评估包括很多方面，其中公共组织效能评估是公共组织评估的主要部分，其他方面的评估均从属于公共组织效能评估。

1. 公共组织效能评估的内涵

公共组织效能评估就是指评估者依据一定的评估目标和评估原则，采用适当的评估方法，对公共组织的价值与作用、数量与质量进行评价、判断和预测的活动。在公共组织的控制活动中，评估活动有别于监测、审计等职能性的监督活动。一般而言，监测和审计是公共组织依托一定的常设机构而实施的对公共组织符合法律法规和项目计划的情况进行监督的活动。相对地，评估活动的评估主体一般是根据评估的需要而"临时"组建的，评估对象和评估范围则是根据公共组织自身的发展状况而"临时"选定的。此外，评估活动注重评估原则和评估方法而非"依法性"，评估的价值更侧重于"预测和学习"而非"监督与符合"。①

2. 公共组织效能评估的特征

（1）从内容方面看，公共组织效能评估是一个综合性的范畴。如前所述，一般认为，效能评估包括经济测定、效率测定和效益测定三个方面。由于公共组织的特性以及技术上的困境等因素，目前的效能评估主要是围绕经济测定、效率测定和效益测定三个方面来开展的。其中，经济测定涉及的是输入资源的成本，如学校里每个学生的成本，或每个住户用于垃圾收集的成本；效率测定关注的是输入与产出之间的比率关系，它是对组织过程的评价；效益测定涉及组织目标的实现。其中，效益标准又可以划分为：产出标准和效果标准。产出标准是针对组织提供的服务而言，如学校的考试成绩；效果标准是针对长期目标而言，如死亡率、失业率等。一些学者认为，质量评估是对产出质量的评价，因而，质量评估从属于产出评估；顾客满意度评估是从效果的角度而言的，因而顾客满意度评估从属于效果评估。然而，随着改革的持续推进，更多的学者和行政工作者倾向于将质量评估和顾客满意度评估单列出来，或者认为效能评估的内容包括经济测定、效率测定、效果测定

① 张建东：《公共组织学》，高等教育出版社，2003 年版，第 280~284 页。

（包括产出、社会效果、顾客满意度）、质量测定；或者认为效能评估的内容包括经济测定、效率测定、效益测定（包括产出、社会效果、质量、顾客满意度）。

（2）从要素方面上看，公共组织效能评估是一个完整的系统。作为一项系统工程，效能评估系统包括确定目标、拟定评估指标、选择评估方法、安排适当的评估时间和评估步骤、调配资源、识别管理哲学或管理文化等内容。有的学者提出，一个有效的效能评估系统应该是：由一系列的效能标准组成，这些效能标准能满足组织不同层次的需要；抓住效能的效率、效益维度的实质；提供用以保持效能的不同维度之间的协调的方法；将定量与定性方法相结合；拥有把评估看做前进的、发展的过程的管理哲学；明确评估标准，以免被管理者人为操纵。

（3）从程序方面上看，公共组织效能评估是一个动态的过程。从一般意义上来说，作为一个过程，效能评估包括确定效能目标、构建效能指标体系、收集资料和评价效能等一整套操作程序。英国审计委员会在 1988 年指出，效能评估过程由四个环节组成：确定效能、设置目标和监督取得的成就、挑选未达到预期目标的区域开展评审、依据评审过程采取行动。随着质量、效益和使用者意见反馈日益成为公共组织效能评估中的核心问题，英国审计委员会在 1989 年又将效能评估过程重新修改为以下四个环节：评估效能、评价效益和质量、监督和报告、改进效能。

3. 公共组织效能评估的制约因素

公共组织效能评估的制约因素有很多，这些制约因素可以分为两个基本的方面：一般制约因素和特殊制约因素。这种区分是由组织与公共组织的一般与特殊的辩证关系决定的。

（1）一般制约因素指任何组织在评估过程中均会面临的制约因素，如评估主体的评估能力的高低、评估环境的影响大小、评估方法选取的利与弊、评估实践经验的积累程度等。

（2）特殊制约因素则是指公共组织作为组织中的一类，在评估实践中的制约因素。这种特殊制约因素是由公共组织的特殊性决定的，应当充分注意它在公共组织效能评估过程中的影响。公共组织效能评估的特殊制约因素表现为：

第一，公共组织行为的垄断性。公共组织最显著的特征应该是其产出的非市场性质即垄断性。这种垄断性主要是由规模经济、公共服务的非营利性、管制等原因造成的。垄断性使公众难以掌握充分的信息来评定公共组织的绩效，它还使评估标准的确定更加困难。

第二，公共组织目标的多元性及目标弹性。公共组织的目标多元性主要表现在没有一个统率各项具体目标的总目标，私营企业的目标是既定的、明确的。目标弹性即软目标，表述抽象笼统且难以量化为硬性指标。这些复杂性会极大地影响公共组织效能的评估过程。

第三，公共组织产出的特征。公共组织的产出多为无形产品。多数公共组织的产品是服务，而不是有形的物质产品。服务具有无形性、不可储藏性而且只能在提供者和接受者互动过程中来实现等特点，这使得对其进行评估变得困难。

第四，公共组织价值实现过程的不确定性。相对企业组织的价值实现来说，公共组织价值实现过程中的人、技术和物的作用因素具有独特性和不确定性。例如，人的实践活动对公共组织而言，侧重于其政治价值、社会价值、审美价值等；而在企业组织中，则侧重于其经济价值等。另外，相对企业组织和企业环境的互动过程的"成本—效益"可测量性而言，公共组织与组织环境的互动过程的"成本—效能"可测量性要复杂得多。

10.2.2 公共组织效能评估的原则及标准

公共组织效能评估是一个复杂的工作过程，必须依靠一般的评估经验，根据评估的对象和目标，确立一定的评估原则。同时，为了保证公共组织效能评估的客观性，评估过程应参照一定的标准进行。

1. 公共组织效能评估的原则

公共组织效能的评估是一个科学的、严谨的过程，评估结果将为公共组织的运作和发展提供强有力的依据。为了确保评估过程的信度（即一种测试手段不受随机误差干扰的程度）和评估结果的效度（即一次测试所获得的测试结果与实际工作效能之间的相关程度），公共组织效能评估应当遵循以下基本的原则：

（1）客观性原则。客观性原则是首要的评估原则。只有保证评估的客观性，评估信息才具有可信性、有用性。这就要求：第一，搜集来的作为评估依据的所有信息必须准确，即使有误差也要在不影响评估的准确性的合理范围内，要经得起验证。第二，评估时要坚持实事求是，不得让主观因素影响到评估的正确性。第三，具体问题具体分析，应针对不同的评估对象和评估要求制定合理的评估指标体系、评估实施方案等。

（2）可比性原则。对于同一类公共组织，评估指标应在时间上和空间上保持一致，使不同时期的评估结果能够进行纵向比较和趋势分析，找出发展变化趋势及其根源；使同一时期同一类公共组织的评估结果能够进行横向比较和差异分析，查找出相互差异及其原因。

（3）定性与定量相结合的原则。定性分析和定量分析原是分析化学的术语，定性分析指确定某一物质含有哪些元素、离子或功能团等，但不确定其含量。定量分析则指测定物质的各成分的含量的过程。在进行公共组织效能评估时，要针对具体组织的评估目标，既要定性地指出公共组织效能的构成因素，又要定量地测出该效能因素的评估分值，便于评估结果的使用者利用评估信息，为决策提供有价值的建议。

（4）动态和静态相结合的原则。这是马克思主义唯物辩证法在公共组织效能评估中的方法论运用。对公共组织的评估，坚持动态原则，即除每年定期评估外，还要根据国家政治法律制度，政策改变的重大影响，国内外其他重要因素的显著影响，来及时对公共组织效能的重大变化进行评估，从而精确地把握公共组织的发展变化。坚持静态原则，才能对公共组织的具体情况进行深入的调查，以获得共识性的评估信息。

（5）有用性原则。评估信息要有用。评估要从公共组织发展的需要出发，对组织效能有影响的因素予以考虑，没有影响或影响微小到可以忽略不计的因素予以排除。此外，评估须指出优秀的方面和不足的方面，对优秀的方面予以总结肯定，不足的方面提出改进意见。必要时，还应当进行历史比较趋势分析，指出变化趋势及其原因；进行横向比较差异分析，指出差异的表现及其根源。

2. 公共组织效能评估的标准

在评估前必须制定出一整套与工作相关的、切实可行的效能评估标准，这套标准不仅要公之于众，而且要记录在案，并规定其使用期限。有效的效能评估标准必须符合信度和效度原则，信度是指评估结果必须相当可靠，即在时间间隔不是很长的时段内，评估结果基本趋向一致，上下偏差不大；效度是指达成所期望目标的程度，也是评估标准与评估内容间的关联程度。

（1）设置公共组织效能评估的通用指标，必须遵循以下几个原则：

第一，客观全面性原则。效能指标的制定要周密、合理、客观，要能涵盖公共组织的重要效能。我们在衡量政府部门的绩效时，常以经济效益和社会效益作为标尺，但在实际应用中，经济效益这个标尺常常缺乏相对精确合理的刻度和客观全面的经济核算，而社会效益又往往模糊不清，使得效能评估失去了价值。

第二，一致性原则。指标要真实地反映公共组织的效能，在制定效能指标时，政府各部门上下级之间在指标的数量、范围和权重方面必须协调一致。

第三，"软""硬"相结合的原则。效能具有多维性，因此，效能评估的指标应既有硬指标，又有软指标。所谓"硬指标"是指可量化的指标，其中以经济审计为主要内容和评估的主要途径；"软指标"是指难以具体量化的公众满意度，其中以社会评价为主要内容，评估的主要途径应是中介组织进行的社会调查。

（2）各类公共组织效能的一般性指标。

第一，首长负责制的国家机关、事业单位。首长负责制的国家机关、事业单位，评估指标可分为内部效能指标和外部效能指标。其中内部效能指标主要包括：纵向控制和横向分工是否科学；决策、指挥、控制、协调、反馈监督、对环境的反应速度和自我调适能力等是否高效；人员的数量与素质结构是否适合工作需要；工作条件是否与工作任务相适应；领导者的工作行为及组织的行为与组织的目标完全协调、基本协调或不协调；决策是否民主；工作人员的数量、年龄与文化水平；在一定时期内非民主化领导个人决策次数等。外部效能指标主要包括：廉洁或是腐败；办事效率高、一般或低；所承担的社会管理工作效果是优、良、一般或差；所承担的某项社会事业发展好或坏；年度工作目标完成与否；运转成本高、中或低；各项事业发展的数据；完成一项工作的平均时间；腐败发案率等。

第二，人民代议机构委员会制。对于作为国家权力机构的各级人民代议机构，其内部效能指标主要包括：现有各专业委员会的设置是否适应工作需要；工作程序是否符合民主、科学立法的时代需要；对"一府两院"的监督机制是否健全；人大代表的人民性强或弱；工作人员的数量与质量是否与工作相适应；对外部要求的反应能力高或低；阶段立法工作和国家机关结构的改革目标是否与社会发展要求相适应；民主与法治建设的规划是否反映人民的利益与要求；专业委员会设置的数量；工作人员的数量和能力水平数据等。外部效能指标主要包括：立法的质量、效率及其反映人民利益的程度高、中或低；监督"一府两院"的效果好与差；审查立法草案的平均时间；人民对立法监督工作的满意程度等。

第三，理事会制的非政治性社会团体和特殊的政治性社会团体。理事会制的非政治性社会团体和特殊的政治性社会团体，其内部效能指标主要有：理事会成员的素质结构好或差；秘书长的能力水平高或低；募集资金的能力或使基金增值的能力强或弱；民主议事决策制度、民主监督制度、财务制度是否健全；章程宗旨是否明确；组织目标的战略规划是否清楚可行；具体的阶段工作目标与计划与战略目标是否协调；领导成员与工作人员基本素质结构的数据；历年平均筹资金额等。外部效能指标主要有：向社会服务对象提供的服务效率与质量好与坏；社会形象的优劣；组织及其领导者的行为是否背离组织目标；工作的效率与质量数据；募集及支出资金数额；领导违反规定的数据等。

第四，董事会制的民办非企业单位。董事会制的民办非企业单位，其内部效能指标主要有：董事会成员素质结构好坏；总经理或具体负责人的能力高低；组织结构是否合理；决策、人事、财务、监督、反馈、协调、应变机制等方面制度的科学健全与否；章程所载的宗旨是否明确、每个工作计划与目标是否与战略目标一致；用数字表示的阶段工作计划与战略目标协调程度的比例；董事会成员与总经理的文化水平与年龄结构；内设机构的数量等。外部效能指标主要有：阶段目标完成与否；社会效果好与差；工作人员是否尽职尽责以及表明工作量及其效果的各种数据等。

10.2.3 公共组织效能评估的组织实施

1. 效能评估组织实施的含义及作用

（1）效能评估组织实施的含义。所谓效能评估的组织实施，从狭义上说，指公共组织实施效能评估的程序，以及评估实施中的制度和组织建设，其中制度和组织建设是效能评估实施的基础和保证。从广义上说，效能评估组织实施不仅包括实施的程序以及实施中相关的制度和组织建设，而且包括效能评估实施的方法以及评估中心调控的偏差控制方法等内涵。本章主要从狭义的角度来论述效能评估的组织实施。

效能评估组织实施的主要含义是：首先，评估组织实施是对公共部门的计划和目标实现情况进行评估和分析过程，即是评估方案的执行，将评估实施计划付诸实践，为达到评估应有效果和目的提供基础的过程。其次，评估的实施是一个动态的过程，为实现评估的功能而由评估主体依据评估方案和一定标准进行评估，同时也要根据评估阶段和公共组织内外环境变化而对实施情况进行一定调整，与效能评估其他方面相互统一。

（2）效能评估组织实施的作用。效能评估的成功与否与效能评估的实施是密切相关的。首先，效能评估的组织实施是效能评估的一个基本环节，也是效能评估的一个重要步骤。缺少组织实施步骤，效能评估就不能成为一个完整的体系，无法实现效能评估应有的作用。其次，通过效能评估的组织实施，能够有效建立一种公共部门的责任机制。效能评估的组织实施就是依据一定的标准，选择不同的评估主体对公共组织进行测量和评估。最后，效能评估的组织实施也是对效能评估中其他方面进行检验。同时，效能计划是否能够落实和完成依赖于效能评估的实施，可以说效能评估的实施与效能评估的其他方面是相互联系、相互作用的。

2. 公共组织效能评估的实施程序

公共组织效能评估是一个有计划、按步骤的过程，且由于评估的类型不同，评估活动的步骤也不尽相同。在此，我们简要地介绍美国国家公共生产力中心主任、美国行政学协会会长霍哲教授的观点，他认为一个良好的评估过程应当包括以下七个步骤：①

（1）鉴别要评估的专案。组织必须清楚界定要评估的专案，将那些为具体的公共服

---

① ［美］马克·霍哲著，张梦中译：《公共部门业绩评估与改善》，载《中国行政管理》，2000年第3期，第38~40页。

务提供支持的日常活动分组，即将每一项的活动分组形成一个专案。在一般情况下，专案由政府界定，列在一个部门的工作图上，并受制于预算。选择什么专案进行评估是一个判断问题，一方面，专案的内容不应太少，以至于仅有极少部分的服务被囊括；另一方面，太多的责任报告则可能会代价过高，或把人搞得脱离实际。一般来说，专案评估系统要处于最佳的工作状态，便需将精力集中于那些最需要监督控制又最为重要的基础专案上，而其中的关键是要搜集那些有限但又绝不可少的信息作为评估的依据。

（2）陈述目的并界定所期望的结果。典型的情况是，一个政府部门或组织提出一项战略计划，阐明其使命、目的。通过这项计划，该组织能够鉴别结果，以及组织想要通过该专案达到什么目的。只有清楚地表明一个专案的目的，专案管理者才能够评价一个专案的绩效，因此准备一个清楚明了的目的陈述报告是极为重要的一步。

（3）衡量标准或指标。一个好的评估体系应采纳各项指标衡量结果和业绩，以达公允。

（4）设置效能评估和结果（实现目标）的标准。公共组织的管理者应该明确在什么样的条件下，专案的目标应该被达成，且必须确定服务的有效性和质量对一个具体的专案意味着什么，并明确表示他们将如何确定所陈述的有效性及质量衡量标准是否已经达成。

（5）监督结果。系统化的、周期性的监督不但为管理者提供了追踪专案运作和采取纠正措施的机会，而且在通常情况下，监督会随专案和目标的实现而变化。

（6）定期报告专案结果。报告集中于取得什么样的结果以及代价如何。报告应当简明扼要，用图表来传达信息，且包括基本的信息解释。

（7）使用结果和绩效信息。一个有效的绩效评估体系的信息被定期地运用于专案计划中，以便重新评估目标，并调整重点。

3. 效能评估组织实施的环境建设

效能评估的实施总是在一定的环境中进行。环境建设对评估的实施影响很大，一般而言，环境因素的影响比人为选择的因素还重要，良好的环境建设是效能评估顺利实现必不可少的条件。

（1）评估基础——相关制度建设。效能评估作为提高公共组织效能和改进公共管理的有效工具，在西方国家已经制度化，被奉为新公共管理主义的圭臬和改进政府管理的重要手段。但在我国，对公共组织的效能评估，还只是处于"原始的手工艺水平上"。因此，必须加强制度建设，为公共组织效能评估的推进提供强有力的制度保障。

第一，加强效能评估的制度化建设。公共组织效能评估需要由公共管理者来推动，但是效能评估的实施将与公共管理者的既得利益相冲突，即效能评估悖论，加之政治性因素影响，效能评估更需要制度为其提供保障。同时，效能评估的顺利进行，必然与公共组织管理模式内在的制度基础有必然的联系，而这种联系无疑是影响公共组织效能评估和改进的一个重要方面。

第二，建立有效的评估申诉制度。评估申诉是一种解决失当问题的特定监督形式，其核心功能是促进公平，保障评估的顺利进行，增强社会、公众对公共服务的满意度。效能评估依赖于评估执行人，有的是领导人员，难免在实际评估中对评估制度执行不到位，有很多地方又要依据评估者的经验判断，不可避免地带有评估者的偏见因素。因此，在授予评估者一定的权力去完成评估的同时，必须要建立一个消除这种权力扩张的机制，让评估对象对评估不当的行为"投诉有门",促进评估稳步健康地运行。

第三,建立合理的评估奖惩制度。公共组织效能评估要长期健康地发展,必须建立适当的奖惩制度。不奖励成功,就可能鼓励失败,鼓励失败的结果是产生荒谬的刺激,导致组织效能每况愈下。奖惩是公共组织效能评估中具有较强激励作用的手段,它有助于保障和推动公共组织效能评估的顺利进行,调动公共组织效能评估的积极性。英国效能评估制度之所以能够长期地坚持下去,就在于它把评估的结果与评估部门的物质利益挂钩。

(2)评估动力——主要领导重视和政府政策支持。公共组织管理理念的变化和效能评估的推动力有赖于高层领导,特别是一级政府的主要领导的支持和政府政策的推动。因此,效能评估的成功有赖于强有力的政治支持。

在英国,效能评估之所以能走向普遍化、系统化、规范化和科学化,同撒切尔夫人的热心支持和撒切尔夫人当政12年这一事实密切相关。在美国,领导的重视和政府政策对公共部门推动大规模的效能评估的影响尤为显著。美国的里根、克林顿两届政府首脑都曾任命专门委员会审查政府如何最佳履行职能以及提高公共物品和服务供给的有效性。

(3)评估保障——充分信息材料和信息处理能力。效能评估活动的过程,从信息论的角度来看,就是信息的收集和处理的过程。评估的有效性在很大程度上取决于信息本身及其质量。评估主体只有通过完整的信息才能更地了解组织及其活动,才能作出客观的评定;而公共组织只有通过信息才能更有效地了解公众,提供他们所需要的服务,从而改进组织的服务,提高效能。

可见,在公共组织之间,公共组织与公众之间进行的信息交流,对效能的评估和改善是极其重要的。为此,西方国家在推进效能评估措施的同时,提出了以构筑顾客为导向的电子政府和政府在线服务的发展目标,以提高政府收集、处理信息的能力。

(4)评估氛围——有力的文化宣传。文化是一种强大的力量。对公共组织进行效能评估可以说是公共部门管理上的一次变革,要使效能评估得以顺利进行,必须加强评估的文化宣传。西方国家为了落实效能评估的改革举措,加大评估的宣传力度,通过一系列的出版物和资料形式进行宣传。文化是21世纪管理的主流,通过文化宣传,可以转变人们对效能评估的负面看法,树立公民取向的效能观。民本主义的效能观可以很好地推动公共组织的效能评估,让全社会尤其是公共管理部门充分认识到效能评估的重要作用。

10.2.4 公共组织效能评估的方法

公共组织目标多样性和功能结构复杂性的特点,决定了公共组织效能评估方法的多样性和复杂性。公共组织效能评估的方法主要包括:指标要素的构建过程、技术指标的确定过程、组织实施的过程和再评估过程。

1. 构建指标要素的方法

在构建公共组织效能评估的指标要素过程中,可以有多种多样的方法,一般有以下几种常用的方法:

(1)文献调查法。文献调查法也称历史文献法,就是通过搜集各种文献资料,摘取与调查和公共组织有关的信息,比如考评政府部门的教育局,首先必须查阅有关教育局的材料和信息,了解教育局的功能。

(2)问卷调查法。为了科学地评估公共组织的效能,收集充分而有效的基础信息资料，保证评估结果的客观公正，问卷调查法也是一种比较常用的指标构建方法。问卷调查法是指评估者将一些需要了解的信息设计成书面问卷向被调查者（通常是公共组织的服务对象）询问，并要求被调查者以书面文字或符号形式做出回答，然后进行归纳整理分析，并得出一定结论的方法。

（3）访谈法。访谈法是指评估主体通过和评估对象及有关人员进行面对面交谈、讨论并收集与评估有关的信息资料，并就评估对象的情况做出评估的一种方法。访谈法的最大特点在于，整个过程是评估者与被访问者在访谈过程中相互影响、相互作用的过程，因此它所获取的信息更全面、更直接和更真实。但是，此评估方法也是一种难度比较大的方法。

（4）观察法。观察法是指评估者在一定时间内，对评估对象在一定状态下的特定表现情况进行观察、考察、分析，从而获得第一手资料的方法。

（5）测量法。测量法是指运用各种测量工具（教育、心理测验和其他量表）测定评价对象的某些重要特征，从而搜集到有关评价信息的方法。所谓测量，就是按照一定的法则和程序给将要评估的对象属性和特征分配数值。而测验是对行为团体进行客观、科学和标准化测量的系统程序。

2. 确立技术指标的方法

（1）指标权重的运用方法。指标权重，就是衡量指标在整个指标体系中所处位置的重要程度的数值表示。确定权重常用的方法有五种[1]：定量统计法、专家评定法、比较平均法、对偶比较法以及层次分析法。

（2）指标等级的运用方法。所谓指标的等级，就是指按照指标在指标体系中的重要程度进行的一种由高到低或者由低到高的排列或者顺序。常见的等级有百分等级，百分等级是一种常用的表示评估结果的方法。一个分数的百分等级可定义为：在一个常模团体（即由具有某种共同特征的人所组成的一个群体或群体的一个样本）中低于该分数的人数的百分比。常用的等级运用方法主要有以下几种：

第一，等级鉴定法。等级鉴定法是一种历史悠久、应用广泛的效能评估方法。在实施此评估方法时，评估者首先确定效能评估的标准，然后对于每个评估职能列出几个行为程度供评估者选择，最后给出总的评估。这种方法所需要的费用较少，使用方便。

第二，指标分值的运用方法。所谓指标的分值，就是反映达到指标的程度的大小或者多少的数值表示。这是技术指标中最重要的一种类型，运用十分广泛。其常用的方法有：一是，累积分数法。所谓累积分数法，就是根据评估标准对评估对象进行逐项评分，然后将各项所得的分数相加，就可以得到评估对象应得总分的方法。二是，标准分数法。由一般统计学和心理测量的知识可知，中等难度水平的测评指标所测评出来的结果的标准差较大，较易或较难水平的测评指标，所测评出来的结果的标准差较小。三是，模糊综合评估法。所谓模糊综合评估法，就是用模糊数学对受到多种因素制约的事物或对象作出一个总体的评估。模糊综合评估可以用来对公共管理中的人、事、物进行比较全面、正确的定量评估。

---

①　卓越：《公共部门绩效评估》，中国人民大学出版社，2004 年版，第 102~110 页。

3. 组织实施评估的方法

评估实施方法是公共组织实施的基本条件，是评估顺利进行的基础，也是评估结果准确全面的保障。评估实施方法是对评估对象进行客观公正的评估的前提，为评估结果的分析和比较提供可能，从而达到评估应有的效果。由于公共组织的指标有量的方面，也有行为的方面，因此，公共组织效能的评估也必须采取有针对性的评估方法。

（1）选择评估对象的方法。评估实施过程中，首先要面对的是如何确定实施评估的对象。而确定评估对象的方法，主要是如何抽取样本和确定样本数的方法。抽样的方法主要有简单的随机抽样和等距抽样。

（2）评估实施中的一般方法。包括：

第一，主观评估法。主观评估法是在被评估对象进行相互比较的基础上进行排序，提供一个被评估对象的相对优劣的评估结果。它主要包括图尺度评价法（Graphic Rating Scale）、交错分布法（Alternative Ranking Method）、成对比较法（Paired Comparison Method）和强制分布法（Forced Distribution Method）。

第二，客观评估法。客观评估法是按照评估的标准给出一个量化的分数或程度判断，然后再将评估对象在各个方面的分数相加，即为评估对象的最后评估结果。它主要包括关键事件法和行为锚定法（BARS）。

第三，目标管理法。目标管理法是根据部门领导与部门预先确定的目标作为标准，评估者根据衡量评估对象在规定时间内的目标实现程度来评估其效能的一种评估方法。它是一整套计划和控制系统，同时也是一套完整的科学管理体系。主要有以下六个实施步骤：确定组织目标，确定部门目标，讨论部门目标，对预期成果的鉴定，工作效能评价，提供反馈。

（3）检验评估结果的方法。在评估对象确定，并且运用了各种评估实施的方法之后，我们就得到了评估的结果。但这并不意味着评估实施的过程已经结束，因为我们还需要对这个评估结果进行反馈。只有进行这种必要的结果反馈，评估实施过程才是完整的。而要获得评估结果的反馈信息，就要对其进行检验，这里主要采用正态分布的方法。

4. 进行再评估的方法

与其他的专业活动一样，公共组织效能评估活动在其实施的过程中难免会存在一些偏差，如：评估信息不完整、评估方法不妥当、评估指标的设计过于主观等，这些偏差的存在不仅造成极大的资源浪费，而且更为严重的是，由低劣的评估所得出来的错误结论，将产生极大的误导，造成十分恶劣的影响。因此，评估活动本身也就应当成为评估对象，以保证评估工作的质量。

（1）效度鉴定。评估效度是判断评估质量的重要技术指标。它是评估结果的有效性和准确性，即评估对其所要评判的特性准确评估的程度。也就是说，评估效度要求评估结果应当符合评估目的，并且与评估对象的实际情况相一致。如果评估效度很低，其实际效果必然不佳。

（2）信度鉴定。评估信度也是判断评估质量的重要技术指标。它是指评估指标的可靠性、一致性和稳定性程度。评估如果信度很低，其结果就缺乏可靠性。

10.3　公共组织提高效能的途径

10.3.1　影响公共组织效能的因素分析

要提高公共组织的效能，就有必要对影响公共组织效能的因素进行系统的分析。公共组织的类别不同、制度差异和环境条件等诸多方面的影响，使得科学地确定公共组织效能问题的因果联系具有复杂性。下面就从组织管理的理论角度把影响公共组织效能的因素归纳为五个基本方面：

1. 结构因素

在组织行为学中，组织结构是指组织内部关于职位、目标、权威和角色等组织基本要素而正式规定的、比较稳定的相互关系的形式。组织结构是可以设计的，应当随着组织问题的出现而进行优化，组织结构和组织效能的实现存在着相互影响、相互制约的关系。对公共组织而言，影响其效能的结构性因素包括内部结构性因素和外部结构性因素。内部结构性因素是指源自公共组织自身结构影响的因素，它基于公共组织自身即为一个具有类似组织特征的子系统。内部结构性因素，如：组织成员的素质结构、组织设置的职位结构、组织权威和角色的层次结构等。外部结构性因素是指源自公共组织外部结构影响的因素，它基于公共组织是国家或社区共同体结构的一个有机组成部分。外部结构性因素如：公共组织在共同体权责体系中的权利和义务结构、公共组织在共同体功能体系中的结构性作用等。

2. 管理模式因素

管理模式是公共组织为了实现其自我管理，有效地应对公共组织与组织环境互动的规范化、制度化的行为制约体系。确立组织的管理模式，就是要建章立制，在组织总目标的指导下明确内部各管理层次和每一层次各内设机构的职权，确定每个工作人员的岗位职责，规范组织内部的工作程序、纪律要求、人财物配置等各项规章制度。这样，一个公共组织的工作开展就有章可循，按部就班地进行活动。一个公共组织的管理模式的约束性、稳定性以及强化作用可以维持和增加公共组织所期望的组织行为的发生频率，从而有效地提高公共组织的效能。

3. 人员因素

公共组织的成员是公共组织有机体的基本单元，他们赋予公共组织以生命。一个公共组织有了科学的结构和健全的规章制度之后，人员就是组织实现效能的最重要、最活跃的因素。公共组织的所有制度要靠人执行，工作计划要靠人制订，工作任务靠人完成，组织的功能靠人来发挥。人员的知识、能力、品格、敬业精神、责任心、纪律观念等，直接决定着一个人的工作成效，影响着组织的效能。良好的个人素质是组建协调性团队和高效型组织的前提。团队精神则需要协调的人员搭配。

4. 物质因素

基本的物质条件、技术手段等，是公共组织效能得以正常发挥的物质基础。公共组织在实现组织目标的过程中，这些物质技术因素起着至关重要的作用。物质条件是公共组织完成任务的后勤基础，技术手段则常常直接决定着工作能否开展及工作绩效的高低。物质技术因素正在彻底地改变着大多数的公共组织，这种改变甚至触及了公共组织的组织结构、组织规模、组织目标和组织效能等核心的领域。

5. 环境因素

环境因素也直接影响着公共组织目标实现的可能性和实现的程度。组织环境是公共组织活动的外部条件。影响公共组织的环境因素可分为一般环境和具体环境两类。一般环境是指有可能影响公共组织运作的基本环境因素。具体环境是指与公共组织发生互动的直接环境因素，如直接针对公共组织的政策和法律体系、公共组织提供公共产品和公共服务的领域等。公共组织与组织环境之间具有相互影响、相互制约的关系，公共组织应通过组织变迁和组织更新提升自身适应环境、控制环境的能力，改变环境条件中的不利因素，增强组织与环境的协调性。

10.3.2 公共组织提高效能的一般途径

公共组织效能即公共组织效率的有效性，它是组织效率和组织目标之间的一种关系，而效率和效能成正比还是反比主要取决于决策的正确与否。因此，要提高组织效能，应在正确选择组织目标的前提下，提高组织效率，要有较高的政策水平、卓越的见识和运筹能力。一般地，可以从以下几个方面改进：

1. 明确的组织目标

如果一个组织战略目标模糊，使组织的工作缺乏方向性，组织就不可能有较强的活力，组织的高效能也不可能实现。

按照美国管理学家彼得·德鲁克的观点，非营利组织战略目标不清楚时，可以通过依次回答以下五个问题，对本组织的战略目标进行自我评估，确立明确的战略目标：①

（1）组织的使命是什么？即思考组织存在的目的与价值、活动的根本宗旨，分析遇到的挑战和今后一定时期的阶段工作总目标。

（2）组织的服务对象和支持者是谁？对组织的服务对象和支持者的类别进行调查，明确组织的工作对象。

（3）组织的工作对象和支持者的认知价值是什么？这一问题包括工作对象和支持者的生理与心理需求、对工作的建议和要求及长期追求。

（4）组织期望的结果是什么？即思索出组织所要达到的工作成效。

（5）组织的计划是什么？这是对以上问题的总结，也是要达到的目的。在完成以上四个问题的回答之后，组织应当考虑的是，重新明确原有的战略目标还是确立新的战略目标，如何确立新的战略目标，采取怎样的措施去实现这一战略目标，在此基础上制订出系统的可行性计划并进行论证。

2. 灵活的组织结构

合理的组织结构，可以提高工作效率、减少决策失误、增强对外界环境变化反应的灵敏度。组织的内外环境都是在不断发展变化的，当组织的结构不适应这些环境的变化时，必须及时进行组织的学习和改革，推动组织的发展。如我国以前举办的社会团体，其管理体制纯粹是政府机构的复制品。改革开放以来，随着国外民间组织的进入，我国社会团体

---

① 邓国胜：《非营利组织评估》，社会科学文献出版社，2001年版，第130~131页。

的国际交往日益频繁，而外国民间组织误认为我国的社会团体就是官方机构，往往不愿交往，总是寻找所谓的纯民间组织进行合作。我国目前在对实行事业单位管理的社会团体进行改革，大力推进社会团体社会化、民间化进程。在这种形势下，国家创办的社会团体要发展，只有一条出路——选取科学的目标组织模式，进行包括组织结构在内的全面改革。

3. 称职的组织人员

工作能力、工作态度以及工作效果等是员工称职与否的重要标志。一方面，要把好准入关，确保招募录用人员的基本素质符合工作要求；另一方面，要加强培训，使员工不断补充工作需要的新知识，提高工作水平，培养敬业精神。

4. 健全的组织制度

在决策、指挥、控制、协调、监督、反馈与变革等各个环节，在人事、财务、工作程序、岗位职责分工等各方面，建立健全系统的组织制度。健全的制度是组织运作的轨道，离开它组织会失去运转的规则而无法工作。近年来，我国建立了国家公务员制度，普遍实行了目标责任制管理，建立起了公共工程政府公开招标制度和政府采购制度，极大地推动了我国公共机关效能的提高。

5. 良好的组织管理

科学的管理就是生产力。在价值目标、结构、人员、制度问题解决之后，管理就是组织高效运作的关键。管理是一门复杂的学问，涉及社会学、心理学、政治学、文化学、组织学乃至自然科学的一些学科。管理又是一种艺术，民主、科学、灵活、高效的管理，可以提高组织的效能。

6. 有凝聚力的组织文化

有凝聚力的组织文化能够使组织内部各层级之间、同一层级各部门之间、各员工之间，在组织的战略目标和阶段目标基础上进行团结协作，从而形成较强的凝聚力；打破僵化的传统官僚体制下员工被动执行命令的惰性，鼓励员工为了提高工作成效和组织效率创造性地开展工作，使组织具有创新精神。

7. 良好的组织外部条件

组织的效能不仅受到内部因素的影响，而且受到外部因素的制约。国际环境、国内政策、经济发展状况、社会公众支持程度等多种因素，会阻碍或促进组织效能的提高。

公共组织应当努力创造有利于自身发展的外部环境。具体来说，第一，树立良好的公众形象。通过宣传、为社会提供优质高效的服务等途径，获得良好的社会声誉，赢得社会的支持。第二，建立稳定的支持基础。稳定的支持基础是组织生存和发展的土壤，它由组织工作人员、服务对象、志愿工作者、捐助者、工作合作者等构成。第三，加强国际交流与合作，争取组织发展的国际资源，学习外国的经验。

10.3.3　我国公共组织效能的提高

从决策体制的角度，一般将我国的公共组织分为首长负责制、委员会制、理事会制、董事会制四种基本的组织形式，以下就这几种公共组织形式效能的提高情况进行分述。

1. 首长负责制

首长负责制的国家机关与事业单位，自 1998 年以来，进行了深入的改革，改革的核心是立足于适应社会自治化、政治民主化、经济市场化、国家权力行使与公民权利维护法治化的人类社会发展的总趋势，改革机构设置、人员编制、事业单位人事管理等，其目的是提高组织效能。

中央政府在组织结构、职能、人员编制方面进行了大幅度调整。各部委办局精简了近1/3，人员编制精简约一半。对组织职能进行了大规模的改革，新设了信息产业部等部委，新增了最低生活保障、民办非企业单位登记管理等职能，取消了对经济若干产业的微观管理职能等多项职能，强化了发展计划委员会的宏观管理与调控职能，委托并鼓励行业协会承担行业微观管理与协调发展的社会功能。在人事制度方面，国家人事部于2000年7月印发了《关于加快推进事业单位人事制度改革的意见》，该文件中指出，符合各类事业单位特点的人事管理制度还没有完全建立起来，有效的竞争激励机制和自我约束机制还很不健全，能上能下、能进能出的用人机制还没有形成，在党政机关干部制度改革和企业人事制度改革全面展开的形势下，事业单位人事制度改革已成为一项紧迫的重要任务。该文件指明了事业单位人事制度改革的指导思想：坚持以邓小平理论为指导，认真贯彻党管干部原则、干部队伍"四化"方针和德才兼备的用人标准，适应事业单位体制改革的要求，建立政事职责分开、单位自主用人、人员自主择业、政府依法管理、配套措施完善的分类管理体制；建立一套适合科技、教育、文化、卫生等各类事业单位特点，符合专业技术人员、管理人员和工勤人员各自岗位要求的具体管理制度；形成一个人员能进能出，职务能上能下，待遇能升能降，优秀人才能够脱颖而出，充满生机与活力的用人机制，实现事业单位人事管理的法制化、科学化。

2. 委员会制

作为国家权力机关的各级人民代议机构，近年来在立法方面，逐步走出执法者立法、国家机关老干部经验立法的误区，开始注重专家建议，采取专家起草法律法规草案、新闻媒介公告草案向全社会征求意见等做法，使国家的法律法规更科学、更真实地反映人民的意愿和要求。2000年出台的第一部《立法法》，标志着我国的立法工作开始步入民主、科学立法的轨道。

作为基层群众自治组织性质的村（居）民委员会，近几年的改革卓有成效。新的《村民委员会组织法》颁布后，全国各地按照新的法律规定，在农村进一步推进村民民主自治。在民主选举方面，普遍实行了两选制，即由选民第一次选举产生正式候选人、第二次无记名投票选举产生村民委员会成员，云南省还将两选制纳入了地方法规。在城镇，全国自2001年以来进行了社区建设改革。作为城镇居民自治组织的居民委员会，从人口流动频繁、外来常住人口日益增多、居民管理单位制逐步瓦解、城镇建设拆迁造成人与户口普遍分离等新情况的现实出发，进行了以政府为主导的管理体制改革和制度健全工作。在管理体制上，由过去的属人管理变成属地管理，同一社区的居民选举出该社区的居民委员会，负责该社区居民的自治工作。在服务体系上，居民委员会对同一社区范围内的各项服务实行统筹管理，以服务居民为宗旨，建立健全配套服务体系。在民主自治上，实行居民会议、居民代表会议、居民委员会三级决策体制，按照居民自治章程、居民公约和各项议事制度等管理制度开展工作。

3. 理事会制

在我国，大多数社会团体属于国家单位发起成立的官办或半官办社会团体，其组织结构、管理体制、人事制度等具有与国家机关、事业单位相同的缺陷。作为政府登记管理机关的民政部门，从 20 世纪 90 年代以来，对社会团体进行了两次大规模的清理整顿，制定了一系列配套的政策规范，对社会团体的组织结构、管理制度、章程、消除行政色彩、兴办企业实体等进行了系统规定。

在中国科学技术协会对其主管的全国性学会进行的改革中，其总体目标是：确立以会员为主体、实现民主办会、具有现代科技团体特点的组织体制和管理模式；加强学会能力建设，提高学会竞争能力，建立和完善自立、自强和自律的运行机制，改进和丰富活动方式，提高活动质量和水平，增强对广大会员的凝聚力和吸引力；推动全国性学会成为满足党和国家以及科技工作者需要、适应社会主义市场经济体制、符合科技团体活动规律、具有中国特色、充满生机和活力的现代科技团体。

4. 董事会制

全国对民办非企业单位进行政府登记管理是从 2000 年才开始的，在此之前，都是由相关的业务审批部门负责行政管理事务，各类民办非企业单位因所属行（事）业不同，政府相关部门对其组织结构、管理体制、运行机制、工作效能的要求差别很大。自《民办非企业单位登记管理暂行条例》规定由民政部门进行登记管理之后，国家和地方各级民政部门单独或与有关部门联合制定了一系列配套政策，从人事、财务、税收、组织机构、管理制度等方面进行了规范。

本 章 小 结

公共组织的效能是公共组织生存和发展的价值前提，如果一个公共组织丧失了组织效能，这个公共组织就失去了它存在的价值，提高公共组织的效能是公共组织管理活动的主要目标。公共组织效能的提高是一个涉及多因素、多层次、多渠道的课题，是公共组织研究的核心课题之一。

本章把公共组织的效能界定为公共组织在对内和对外活动过程中的绩效和功能，认为公共组织的效能是其绩效和功能二者的统一体。在这一前提下，对公共组织的绩效和功能各自所包含的内容进行了概述，同时，简要地分析了研究公共组织效能的意义。

然而，要提高公共组织的效能，就必须先了解目前效能水平是怎么样的，如果不能测定效能，就无法改善效能。效能评估具有计划辅助、监控支持、报告、政策评估和激励等多项功能，通过评估，便可以反映公共组织运行中的缺陷与不足，从而促使组织革除弊病。鉴于效能评估的重要性，本章第二节对其进行了详细的介绍，分析了组织效能评估的制约因素及其意义，并提出了公共组织效能评估所应遵循的原则，在此前提下，对公共组织效能评估的指标体系、组织实施和评估方法进行了较为详细的论述。

在第三节中，对公共组织效能的影响因素进行了系统的分析，从而为公共组织提高效能、采取针对性的措施奠定了基础，并且对其具体影响因素进行了研究，提出了公共组织提高效能的一般途径。在此基础上，对我国公共组织（首长负责制、委员会制、理事会制、董事会制）效能的提高途径进行了分述。

案例

绩效考核催开效能之花

2011 年 12 月 26 日，一场历时半年，因南昌亨得利引进战略投资者而引发的股东之间、高层与员工之间的拉锯战，终于以和解收场。"这得益于工商干部高效、负责的工作。"亨得利法人代表熊林根感慨万分，2010 年亨得利出现纷争之后，市工商局就协同市商贸委进驻公司协调纠纷，经过 3 天、79 人次的调解谈话，推动矛盾各方基本达成一致。2011 年 12 月 23 日，亨得利向工商部门提出股东备案申请。然而，情况异常复杂，常规程序无法应对。南昌工商急人之所急，果断决定将此次亨得利发起人股权转让按企业备案注册登记程序执行。又是 3 天加班加点，终于让亨得利冲出云雾见彩霞。

"过去，工商部门以'管理者'的角色出现在企业和百姓面前，只觉'铁面'之冰，没有'人性'之暖；而如今，我们更多的是扮演'服务者'的角色，让一股股暖流涌入工商工作之中。"市工商局有关负责人表示，这种转变非常关键，没有这种转变，像亨得利这样异常复杂的情况是无法迅速得到解决的，而推动这种转变的，正是南昌工商持之以恒实施的绩效考核制度。

用制度创新点燃工作激情

门难进、脸难看、话难听、事难办，曾经是群众对包括工商部门在内的行政机关不良作风和效能低下的一种无奈感慨。但这一现象，在如今的南昌市工商系统却有了很大的改观。秘诀在哪？原来，南昌市工商行政管理局结合自身实际，通过不断的摸索创新，建立了一套完善的数字绩效考核体系。解剖这一考核体系，其特色在数字化、核心在个性化、魅力在关联化、关键在常态化、绝招在严肃化。

数字化体现在考核内容的量化和考核手段的信息化。它围绕"德能勤绩廉"五个方面，设置了 3 大类 21 项 126 个考核指标，并利用计算机网络进行考核数据的采集、归总、分析和评分。个性化体现在每个考核对象因岗位不同，考核指标各异，既解决了不同岗位公务员考核的可比性问题，又改变了"千人一面、万人一表"的考核模式，让每个人都有自己的努力方向。关联化体现在公务员之间、部门和个人之间，考核成绩相互影响，从而提升团队战斗力。常态化体现在考核的制度化，避免了考核一阵风，考完就轻松，让公务员能时刻绷紧工作这根弦。严肃化体现在考核结果严格兑现，职位升降、福利待遇、个人收入、荣誉处罚无不与考核结果紧密结合，决不讲情面、开后门。

这一考核体系使各个部门的职责更为明确、具体，避免了部门间的推诿、扯皮，使各项工作都能落实到具体的人，避免了有事没人干，有人没事干；使每一个人的一举一动都能影响到自己的工作业绩，避免了人浮于事、人心涣散；使考核操作更为简便易行，避免了繁琐的考核机制占用机关大量的人力、物力和精力。因此，这一考核机制的每一招都针对以往行政机关存在的诸多效能弊病，做到了对症下药、有的放矢，为行政机关工作效率的提升、人员作风的改善，为重燃工商行政管理人员的工作激情提供了一条创新之路。

用火热激情提升行政效能

近年来，为进一步提升效能，南昌工商提出了放宽登记条件、降低入市门槛、扶持群众创业、加强市场监管等方面的多项服务措施。为进一步缩短办照时间，减少审批环节，提高办事效率，市工商局还为许可证经营期限到期需要办理变更手续的企业现场办理变更登记，得到了办事群众的好评。

　　能方便的再方便一些，能快捷的再快捷一些，能热情的再热情一些，能主动的再主动一些……新年伊始，南昌工商又拉开了"作风大转变、效能大提速、环境大优化"活动的序幕，明确提出工商部门效能建设要抢先一步、快人一拍、高出一筹。

（资料来源：殷勇、龚涛：《绩效考核催开效能之花》，载《江西日报》，2012 年 1 月 29 日）

 结合上述案例，运用本章相关知识谈谈如何利用绩效考核，实现由"管理者"向"服务者"的创新转变。

思　考　题

1. 试述公共组织功能和公共组织绩效的基本内容。
2. 高绩效的公共组织具有哪些基本特征？
3. 什么是公共组织效能的评估以及公共组织效能评估的制约因素。
4. 公共组织效能评估的评估原则。
5. 公共组织效能评估的评估方法有哪些？
6. 试述公共组织效能的影响因素。
7. 试述公共组织效能提高的一般途径。
8. 试析如何在提高我国公共组织效能的同时探寻一条组织运作的创新之路？

专　业　名　词

效能评估	Efficiency Evaluation
效能建设	Efficiency Construction
公共组织效能	Public Organization Efficiency
公共组织绩效	Public Organization Performance
效能评估指标	Efficiency Evaluation Standard

第 11 章
公共组织战略管理

学习目的

通过本章的学习，了解公共组织战略管理的一般理论，主要应该掌握：战略与战略管理的含义和特征、公共组织战略管理的一般过程、公共组织战略管理的分类以及对公共组织战略管理的评价。公共组织战略计划与战略管理的兴起是作为新公共管理运动的一个重要组成部分出现的，公共组织引入战略管理具有重大的意义。

本章重点

1. 公共组织引入战略管理的背景分析。
2. 公共组织战略管理的一般过程。
3. 公共组织战略管理的问题与改进。

11.1 战略管理与公共组织战略管理

11.1.1 战略与战略管理概述

1. 战略的概念

"战略"（Strategy）一词源于希腊文的"strategos"，最初指的是军事战略，只用在军事领域。"战"通常指战争、战役，"略"通常是指筹划、谋略，联合取义，所谓战略，指的是为了达到战争和军事作战的目的，高瞻远瞩地执行战争计划，大规模运用军事力量的方针和策略，是对战争的整体性、长远性、基本性谋划。"战略"一词后来被运用于管理领域，工商业界利用这一军事概念发展出自己的战略观，用"战略"这个词描述企业为了达到目标而实施的各种策略。

后来，"战略"这个词的词义被人们引申。从广义上理解，战略泛指对各种行业的整体性、长远性、基本性谋划。从狭义上理解，战略是对企业竞争的整体性、长远性、基本性谋划，安索夫的《企业战略论》就是对狭义上"战略"的具体运用。

2. 战略管理的概念与基本特征

战略管理（Strategic Management）兴起于第二次世界大战之后，最早应用于工商管理领域。战略管理一词最初是由美国企业家兼学者安索夫在其 1976 年出版的《从战略规划到战略管理》一书中提出的。战略管理是一个动态的过程，是由战略计划发展而来的，包括环境的评估和执行，将计划和意图与对内外部环境状况的评估联为一体。斯坦纳在《企业政策与战略》一书中认为，战略管理是确定企业使命，根据企业外部环境和内部经营要素确定企业目标，保证目标的正确落实并使企业使命最终得以实现的动态过程。[①] 战略管理也有广义和狭义之分，广义的战略管理是指运用战略对整个组织进行管理；狭义的战略管理是指对企业战略的制定、实施、控制和评价等进行管理。目前，主张狭义战略管理者占主流。

我们认为，战略管理就是组织为适应外部环境的变化，对组织活动实行的总体性管理，是组织制定、实施、控制和评价战略的一系列管理决策和行动，它以组织整体和全局为对象，以实现组织目标为目的。

战略管理相对于一般管理活动来说，是组织最重要和最高层次的管理，它是决定组织命运的关键决策的制定与实施的过程，关注的是组织的整体性、长期性目标的构建和实施。它具有以下七个特征：

（1）战略管理具有全局性，又称总体性。战略管理是以组织的发展为对象，根据总体发展的需要而制定的。它所追求的重点并不是某个具体目标，而是组织整体目标的达成。

（2）战略管理具有长远性。战略管理关注的是组织在未来相当一段时期内的总体发展问题，通过一系列的战略管理过程，实现组织的长期目标，而不是在短期间通过一招一式来完成的。

（3）战略管理具有纲领性。战略管理所制定的战略目标等都属于方向性、原则性的，它是组织发展的纲领，对于组织的一切活动具有指导作用。

（4）战略管理具有相对稳定性。正是由于战略管理具有纲领性的特征，战略一经确定就具有很高的权威性，应保持其稳定性，才有利于组织的稳定性和组织整体目标的达成。

（5）战略管理具有协调统一性。组织内部存在多种相互矛盾的目标。战略管理是要通过协调各方行动，使它们统一朝着既定的目标努力，使组织资源达到有效的配置，最终实现组织全部目标。

（6）战略管理是一个与环境互动的过程。战略管理是一个组织发展自身优势、规避自身劣势、寻求发展机会、识别威胁的过程。同时，根据环境的变化，适时调整组织战略，以实现组织目标。

（7）战略管理是持续性与循环性的过程。组织所处的环境是不断变化的。战略管理要求组织持续不断地分析组织内外部环境，预测环境发展趋势，增强组织适应环境变化的

---

① 孙成志、孙皓：《管理学》，中国金融出版社，2004 年版，第 166 页。

能力，持续不断地对内外部环境变化作出反应。

3. 战略管理的地位和作用

张成福、党秀云在《公共管理学》一书中将战略管理界定为"制定、实施和评价使组织能够达到目标的、跨功能决策的艺术或科学"①。战略管理相对于一般的管理活动来说，是组织最重要和最高层次的管理，是决定组织命运的关键决策的制定与实施过程，这一过程以组织整体和全局为对象，考虑组织的总体发展。因此，战略管理在整个管理体系中占有不可替代的地位，发挥着重要的作用。

（1）战略管理有助于改善组织活动的协调与控制。战略的主要作用就是确定组织发展的长远目标、发展方向和重点，以便组织能齐心协力地为实现组织长远发展目标而努力。战略促进了组织行动的协调性。

（2）战略管理有助于实现组织的发展与内外部环境的动态平衡。战略管理是一个组织发展自身优势、规避自身劣势、寻求发展机会、识别威胁的过程，组织根据内外部环境的变化，适时调整组织战略，实现组织发展与环境的动态平衡。

（3）战略管理有助于优化组织资源配置。战略管理能够促进组织资源合理配置，将资源分配给那些能够建立和充分发挥竞争优势的关键领域，并注重其他领域的协同配合，适时采取战略行动。

（4）战略管理有助于实现组织目标。战略管理从总体上制定组织长远发展目标，使组织的具体工作与实现组织的宏大目标结合起来，通过战略规划、战略选择、战略实施和战略控制等战略管理的过程，保证组织目标的实现。

11.1.2 公共组织战略管理

1. 公共组织战略管理的产生背景

作为一种新的研究途径或新的学科分支，公共组织的战略管理兴起于20世纪80年代。长期以来，公共部门就有从私营部门汲取管理方法的传统。战略管理在私营部门的管理中最先受到重视，自20世纪80年代以来，战略管理问题越来越受到公共组织的重视。公共组织战略计划与战略管理的兴起是作为新公共管理运动的一个重要组成部分出现的。20世纪70—80年代，公共组织在管理实践中遇到了来自各方面的困难与挑战，主要包括经济全球化挑战以及信息通讯技术飞速发展的挑战，特别是20世纪80年代以来，"大政府"的观念受到越来越多的质疑，相反，"小政府"无论在理论还是在实践上都获得了人们的认同和支持，因此带来了新公共管理运动的兴起。尽管各国政府改革的起因、议程、战略、改革范围和改革力度不尽相同，但都具有一个相同的基本取向，这就是采用商业管理的理论、方法以及技术，引入市场竞争机制，提高公共管理水平。一些来自工商管理领域的学者从管理理论出发，试图将企业战略管理理论应用于公共组织，一些公共行政学者、公共政策者也认识到战略管理对公共管理研究的重要意义。因此，公共组织战略管理于20世纪80年代初在公共管理研究中应运而生。学者波兹曼和陶斯曼认为：政府部门必须进行战略管理，才能解决公共部门中所发生的问题，提高公共部门效率。

---

① 张成福、党秀云：《公共管理学》，中国人民大学出版社，2001年版，第75页。

保罗·纳特（Paul C. Nutt）和罗伯特·巴可夫（Robert W. Backoff）认为公共组织兴起和发展战略管理的诱因包括：新成立或成长中的组织、稳定资助的需要、扩张的欲望、对组织扮演更多角色的要求、监事会教育、领导的更换、法令对计划的要求、整合的需要、协调行动、墨守成规、政治威胁和远景目标。① 我国学者认为公共部门战略管理兴起和发展的原因主要来自于以下两方面的压力：环境变革的压力和角色变化的压力。② 具体而言，导致公共部门引入战略管理的因素主要有：

（1）全球化的挑战。全球化增加了公共管理的复杂性和不确定性，加快了社会变革的速度，同时也加剧了国家之间的竞争。为了更有效地进行管理活动，应付全球化带来的压力，公共组织必须从更宏观的视角来建构组织发展战略，提升国家竞争力。

（2）信息技术的发展。信息技术，尤其是计算机等办公自动化设备的发展与应用，改变了组织的管理。利用现代信息技术和网络技术，建立起网络化的组织信息系统，并利用这个系统为社会组织和公民提供方便、高效的公共产品和公共服务。因此，公共组织管理的改革和信息学方面的变革必须紧密结合起来，用新型的战略管理来代替越来越不适应技术变革的传统模式。

（3）公共部门角色的重新定位和新公共管理运动的影响。在福利国家时代，政府是"大政府"、"无限政府"、"万能政府"，人们认为管得越多的政府就是越好的政府。20 世纪 80 年代，新公共管理运动兴起，"大政府"观念受到了越来越多的质疑，"小政府"在理论和实践上都获得了越来越多的认同和发展。公共服务引入市场机制，政府角色由划桨转向掌舵。这种角色的重新定位要求政府更加关注长远目标的实现，实行战略管理势在必行。

（4）公共利益的要求。公共组织是公共利益的代表者，公共组织的宗旨是实现公共利益，为公众服务，促进社会进步与发展。公共利益要求公共组织要兼顾整体利益与局部利益、长远利益与眼前利益。公共组织必须构建系统的、长远的发展战略，实现社会的持久繁荣与长远发展。

2. 公共组织战略管理的发展历程

20 世纪 80 年代初，战略计划在公共部门中出现。和私营部门相同，公共部门采用战略管理的最初阶段旨在计划而非管理。正如欧文·休斯所言：战略计划在公共部门的运用，是在 20 世纪 80 年代，它落后于私营部门十几年；而战略管理的引入却是在 20 世纪 80 年代后期，只比私营部门晚了几年。③

（1）战略规划阶段（20 世纪 80 年代初—80 年代后期）。在这一时期，侧重于战略计划，而忽视了战略执行的重要性。奥尔森和伊迪是较早倡导引入私营部门战略规划技术的先驱者之一。他们认为，战略计划是在宪法规定范围内，为确定政府计划性质和方向的基本决策所进行的专业性努力。布莱森在 1988 年提出了公共部门战略计划的八个步骤：开

---

① ［美］保罗·C. 纳特、［美］罗伯特·W. 巴可夫著，陈振明等译：《公共和第三部门组织的战略管理：领导手册》，中国人民大学出版社，2001 年版，第 8~16 页。

② 曹现强、王佃利：《公共管理学概论》，中国人民大学出版社，2005 年版，第 118 页。

③ ［澳］欧文·休斯著，张成福译：《公共管理导论》，中国人民大学出版社，2001 年版，第 108 页。

始拟订战略计划过程并取得一致意见；明确组织权限；阐明组织任务和价值；对外界环境进行评价；对组织内部状况进行评价；确定组织面对的战略性问题；制定战备处理问题；制定有效的、未来的组织蓝图。

战略计划的引入对公共组织具有重大意义，它促进了沟通与参与，协调了利益与价值差异，推动了有序决策的制定和开展。然而，公共组织战略规划也存在很大的局限性，正如休斯指出的，"公共部门初期的战略计划工程的唯一产物是制定正式的文件"。

（2）战略管理阶段（20 世纪 80 年代后期至今）。20 世纪 80 年代后期，公共组织面临着更加复杂和不确定的环境，尤其是各种突发事件的经常发生，为了不断适应外部环境的变化，公共组织不得不运用战略保证生存。在这种情况下，战略规划的局限性明显地显露出来。与私营部门一样，学者们再次把注意力投向战略执行行为，并引入了"战略管理"一词，这意味着公共组织战略研究由战略计划阶段发展到战略管理阶段。这一阶段研究的内容更加广泛，包括战略计划、战略执行、战略控制、战略评价等一系列功能活动。科廷（Jack Koteen）在《公共与非营利组织的战略管理》一书中认为，为适应严重的财政紧缩时期的急剧环境变化，公共组织战略管理开始不断演进与调整。主要有如下六个发展趋势：一是出现了大量用于重塑政府或变革非营利组织的备选战略方案；二是战略管理不再专注于前瞻性计划的制订和战略构思，而是延伸到执行领域，追求结果的实现；三是战略计划过程分权化，许多项目管理者参与战略计划的制订，打破计划机构和运行机构之间的障碍；四是战略过程变得更灵活、迅速；五是战略计划开始超越传统的基本类型，增加了新的战略特征；六是政府与非营利组织间的相互依赖和合作。

3. 公共组织战略管理与私营组织战略管理的差异比较

公共组织管理历来有借鉴私营部门管理的理论、方法和模式的传统，公共组织的战略管理作为一种新的管理思维，同样使用了许多私营部门战略管理方法。保罗·C. 纳特和罗伯特·W. 巴可夫认为，现在公共部门使用的许多战略管理方法——如果不是全部的话——最初是从私营部门发展出来并为私营部门所使用的。有些引入的方法是有效的，有些则是失败的。这说明私营部门的战略管理方法并不完全适用于公共组织。公共组织有其自身的特征和需要，正是这些特征使得一些适用于私营部门的战略管理方法不能直接照搬到具有公共背景的组织中去。公共组织战略管理，从内外部环境、战略目标、战略内容和过程来看，较之私营部门，都极具复杂性，主要表现为以下几个方面：

（1）战略管理的环境差异。外部环境方面，主要包括市场环境、监督机制和政治影响。第一，市场环境。私营部门市场信号清晰，基于利润的驱动，私营部门通过不断地评估市场情况来提高自身的竞争力，并通过数据收集和整理分析，来综合考虑供需状况以制订战略计划。而公共组织与社会公共利益紧密相关，活动通常涉及面很广，市场信号弱，对于市场上的信息很难了解精确，不易量化成反映收益的数据进行分析、收集，由此增加了公共组织战略的复杂性。第二，监督机制。私营部门可以在合法的范围内按照自己的意愿来行事，拥有加大的自由裁量权，只受到相关的机构的监督。公共组织作为公共利益的代表者，法律、法规、规范、指令等大大限制了公共组织的自主权和灵活性，公共组织要受立法机关、司法机关、政党、利益团体以及公众的广泛监督。第三，政治影响。私营部门活动的影响因素主要是市场，政治影响对私营部门活动的作用是间接的、不明显的，被当做例外处理，没有特别安排。私营部门直接通过市场交换来获得利润，在市场上获得利润是私营部门的驱动力。而公共部门受政治的影响很大，公共部门受到权威网络的制约，关键的权威人员信仰和要求可能会影响战略的意图。

内部环境方面。私营部门具有相对灵活的组织结构，其制订战略计划的主要着眼点是效率，它的战略决策属于组织商业秘密，它不强调透明、公开与参与。而公共组织是一种层级节制的组织，更强调权力和权威的维护，强调严格依照规章制度办事。公共组织战略管理强调参与，强调管理者、专家、公众的参与，更注重公平、公正和公开。

（2）战略目的的差异。第一，私营部门战略管理有明晰的目的，那就是追求利益最大化，效率在私营部门上占有极其重要的位置。而公共组织战略管理的目的是为了实现公共利益，但公共利益大多是抽象模糊的，并且公共组织所处的政治环境具有复杂性、多元性和不确定性，同时不同的利益集团对政治的各方面具有不同程度的影响。所以，公共组织通常同时有很多目标，这些目标大多数非常模糊且相互冲突。正如保罗·C. 纳特和罗伯特·W. 巴可夫所说："组织的公共性越高，其目标也越模糊不清。"① 公共组织战略管理目标的模糊性要求组织找出目标的替代物，以克服目标的不明确以及其潜在的冲突，以帮助公共组织实行战略管理。第二，与私营部门战略管理实现"经济利益"的明确导向不同，公共组织在实施战略管理过程中必须了解公众要求和需要，对不同利益相关者的需要进行有效的判断和满足。

（3）战略内容的差异。第一，私营部门是为了实现利益最大化和追逐更多利润而进行的一种竞争性的战略管理，其内容具有明显的竞争性。而公共组织的竞争是作为提高绩效的手段，它在战略管理中更加注重与其他机构的合作，而不是竞争。因此公共组织在内容上更多体现的是一种协作性的规划和管理。第二，私营部门的战略管理是一种微观上的规划和管理，在内容上主要体现为具体的可衡量的利润。而公共组织的战略管理是一种宏观上的规划和管理，其内容主要体现为某种公共利益和追求。第三，公共组织战略管理与私营部门战略管理相比，更具有广泛性和复杂性。私营部门的战略管理仅仅涉及本企业在一定领域内的活动，而公共组织战略管理在内容上涉及社会各个领域的团体与个人，涉及整个社会的公共利益。

（4）战略过程的差异。在战略过程中，公共组织会受到不同于私营部门的特有因素的制约。私营部门实现战略管理的资金来源于经济利润，其效率和利润在很大程度上决定了私营部门的财力，而公共组织的资金主要来源于预算拨款或税收，或者象征性地收取仅够补偿所提供服务的部分成本费用。此外，还有法律法规的制约以及政治因素的制约，使公共组织战略管理与私营部门战略管理存在差异，前文已经介绍相关内容，在此不再赘述。

4. 戴维·奥斯本和彼得·普拉斯特里克对公共组织战略的分类

戴维·奥斯本（David Osborm）和彼得·普拉斯特里克（Peter Plastrik）在《摒弃官僚制：政府再造的五项战略》一书中提出了成功再造公共组织的五项战略（如表 11-1 所示）。他们认为，"战略，并不是指详尽的计划……是指致力用关键的杠杆作用支点进行

① ［美］保罗·C. 纳特、［美］罗伯特·W. 巴可夫著，陈振明等译：《公共和第三部门组织的战略管理：领导手册》，中国人民大学出版社，2001 年版，第 36 页。

根本变革，使得变革的涟漪涉及整个组织，并影响其他方面"①。

（1）核心战略：明确组织目标。把明确组织目标的战略称为"核心战略"，是因为它涉及政府的核心职能，即掌舵职能，而其他四种战略更多地关注改进划桨职能。核心战略革除了那些对有效的公共目标不再起作用的职能以及私营部门或其他层级政府做得更好的职能。② 实施核心战略有三个基本途径：

第一，准备行动。准备行动可以使公共官员不需要对那些不再存在的组织再造花去大量的时间和精力，而且缩小并系统安排了使用其他四种战略的再造范围。一旦领导者准备行动，就必须剔除那些对核心目标不再有用的职能——通过放弃、出售或者转移给其他层级政府。其工具主要有绩效和项目评估、优先选择审查、日落原则、资产出售、准私有化方法以及授权代理。

第二，掌舵与划桨分离。就是将政策与规章制度制定的角色同服务提供及执行角色分离开来，并将不同的服务职能和不同的执行职能分属不同的组织，以有助于每个组织专注于达成一个明确的目标。其工具主要包括灵活的绩效框架、竞标等。

第三，改进目标。其工具包括结果目标、掌舵组织、战略开发、绩效预算、长期预算与应计会计等。

表 11-1   **五项战略**

五 项 战 略		
杠杆	战 略	途 径
目标	核心战略（Core Strategy）	目标明确　角色明确　方向明确
激励	后果战略（Consequences Strategy）	有序竞争　企业化管理　绩效管理
责任	顾客战略（Customer Strategy）	顾客选择　竞争性选择　顾客质量保证
权力	控制战略（Control Strategy）	组织授权　雇员授权　社区授权
文化	文化战略（Culture Strategy）	破除习惯　撼动心灵　赢得心智

资料来源：［美］戴维·奥斯本、［美］彼得·普拉斯特里克著，谭功荣、刘霞译：《摒弃官僚制：政府再造的五项战略》，中国人民大学出版社，2002 年版，第 39 页。

（2）后果战略：创设绩效后果。后果战略确定了公共体制的激励机制，通过为绩效设定后果，建立自我驱动的动力机制。引入后果战略有三种途径：

第一，企业化管理（Enterprise Management）。这是实施后果战略最强有力的一种途径，因为它所产生的竞争是一种自动的、持续不断的过程。无需签订合同，没有加强后果，政治家们甚至不参与决策。当然，它并非适合所有的公共组织。企业化管理的工具主要有公司化、企业基金、使用者付费以及内部企业化管理等。

---

① ［美］戴维·奥斯本、［美］彼得·普拉斯特里克著，谭功荣、刘霞译：《摒弃官僚制：政府再造的五项战略》，中国人民大学出版社，2002 年版，第 30 页。

② ［美］戴维·奥斯本、［美］彼得·普拉斯特里克著，谭功荣、刘霞译：《摒弃官僚制：政府再造的五项战略》，中国人民大学出版社，2002 年版，第 42 页。

第二，有序竞争（Managed Competition）。企业化管理的适用范围毕竟是有限的，在某些情况下，财政底线并非是衡量成功与否的指标。例如，对环境保护、公务员管理、公共安全维护等公共组织活动来说，并不是能在市场上向顾客收取费用的，尽管此时有序竞争所产生的后果不如企业化管理的结果那么自动，但却更为有力。有序竞争要求政府服务的潜在提供者（私营公司或公共机构）以绩效为基础展开合同竞争。如果不可能签订合同，公共官员可通过竞争标杆进行绩效测量并与其他相类似的组织的绩效进行比较，这样就能产生心理和财政上的后果。其工具主要有竞标、竞争标杆等。

第三，绩效管理（Performance Management）。这是当企业化管理和有序竞争都不适合时的选择。它是利用绩效测量、绩效标准、奖励和惩罚达到绩效之目的。我们要注意到：一方面，公共机构的绩效通常是依据其过去的绩效记录或者预先设定的绩效目标来测量的，这样就可以知道其绩效是否改进或达到了既定目标。但由于没有竞争者与之比较，因而无法知道其他组织是否做得更好，或者其绩效究竟好到何种程度。另一方面，绩效管理改进绩效过程通常比较缓慢。绩效管理的主要工具有绩效奖励、精神补偿、奖金、增益分享、节余共享、绩效工资、绩效合同与协议、效率红利、绩效预算等。

（3）顾客战略：将顾客置于驾驶员的位置上。顾客战略通过将一些责任转向顾客，从而打破了旧的官僚体制。顾客战略是建立于后果战略基础之上的，组织不仅要遵循命令链对其行为绩效负责，也要对其顾客负责。实施顾客战略首先要界定顾客、执行者及权益相关者。实施顾客战略有三种途径：

第一，让顾客选择公共组织（Choice of Public Organization）。作为促进公共组织变革的一种杠杆，如果不与后果战略配合起来，其力量是弱小的。其工具主要有公共选择制度、顾客信息系统和经纪人制度等。

第二，竞争性选择（Competitive Choice）。通过允许顾客控制资源，并将其置于相互竞争的服务提供者之中，把顾客战略与后果战略结合起来。其主要工具有竞争性公共选择制度、代金券和补偿计划。

第三，顾客质量保证（Customer Quality Assurance）。制定顾客服务标准，并对那些很好地满足了顾客需要的组织进行奖励，否则，将对组织进行惩罚。其主要工具有顾客服务标准、顾客赔偿、质量保证、质量检查员、顾客申诉制度。

（4）控制战略：将控制从高层和中央移走。控制战略通过等级制度将重大的决策权下放，有时甚至将权力外移至社区。控制战略改变了传统官僚控制体制，取而代之的是建立于共同愿景、价值和公开绩效期盼基础上的新体制。控制战略发挥作用的条件是组织成员明白并致力于共同的使命和目标，并对自己的行为负责。实施控制战略有三种途径：

第一，组织授权。通过废除许多规则和其他控制来对这些组织进行授权，这些规则和控制是中央行政机构、立法部门、行政部门及高层政府强加于组织的。其主要工具有行政控制分权、放松管制、现场管理、选择退出或特许制度、再造实验室、豁免政策、政府间放松管制等。

第二，雇员授权。通过减少或废除组织内部的层级管理控制，并将权力下放至一线雇员。其工具主要有减少管理层级、组织分权、工作团队、劳资伙伴关系、雇员建议计划等。

第三，社区授权。将公共组织对决策、资源和任务等的实质性控制权转移给社区。其工具主要有社区治理机构、合作规则、社区投资基金、社区管理组织、社区—政府合伙公司等。

（5）文化战略：创造企业家文化。组织文化是组织成员内化的、共同的系列行动、情感和心理结构，组织文化为人们提供了行为、感觉和思维的权威性准则。文化战略是必要的，但不是充分的，文化战略产生结果较为缓慢，如果不使用其他四项战略，文化战略最终也会碰壁，因为组织的目标、积极性、责任和权力机构会继续传递着相反的信息。要改革公共组织，必须所有五种战略共同发生作用。实施文化战略的三种途径：

第一，改变习惯：创造新经历。将雇员置于挑战工作习惯的新经历中，以促进产生新的行为方式。其工具主要有知遇顾客、在顾客的位置体验、职位轮换、实习期和见习期、竞争、交流组织经历、重新进行工作设计等。

第二，撼动心灵：缔结新盟约。说服雇员放弃原有承诺，并开发新型的、截然不同的承诺。其工具主要有新符号、新故事、颂扬成功、珍视失败、仪式、投资工作场所建设、重新设计工作场所等。

第三，赢得心智：开发新的心智模式。帮助雇员重新理解组织的目的、作用、目标、价值、原则和战略。其主要工具有设定绩效标杆、学习型团体、产生使命感、建立共同愿景、明确表达组织的价值和信仰、使用新语言、给新成员导航等。

11.2　公共组织战略管理的实施

史蒂芬·T. 罗宾斯（Stephen P. Robbins）提出了九个阶段的战略管理过程[1]：确定组织当前的宗旨目标和战略、分析环境、发现机会和威胁、分析组织的资源、识别优势和弱点、重新评价组织的宗旨和目标、制定战略、实施战略、评价结果。

张泰峰和 Eric Reader 认为战略管理分为六个不可或缺的阶段[2]：搜集信息、战略分析、战略设计、战略选择、战略实施、战略评估。

保罗·C. 纳特、罗伯特·W. 巴可夫将实现战略管理的过程分为两类。第一类是战略管理不可或缺的六阶段行动，即描述历史背景、进行形势评估、建立问题议程、备选战略、可行性评估、实施战略。第二类是战略管理小组（SMG）。[3]

另外，有些学者将战略管理过程分为战略制定、战略实施和战略评价三个阶段；还有些学者将它分为战略调研、战略规划和战略实施三个阶段。

综合以上观点，我们将战略管理简单地分为三个阶段：战略规划阶段、战略实施阶段和战略控制阶段。它们之间是相互联系、相互影响的，共同形成一个循环的、持续上升的过程。

---

[1] ［美］史蒂芬·P. 罗宾斯著，孙建敏译：《管理学》，中国人民大学出版社，2002 年版，第171～175 页。

[2] 张泰峰、Eric Reader：《公共部门战略管理》，郑州大学出版社，2004 年版，第74 页。

[3] ［美］保罗·C. 纳特、［美］罗伯特·W. 巴可夫著，陈振明等译：《公共和第三部门组织的战略管理：领导手册》，中国人民大学出版社，2001 年版，第140 页。

11.2.1　战略规划

1. 战略规划的概念与分类

战略规划是在分析和解读环境的基础上，研究和拟订战略的过程，也是将战略意图转化为战略决策的过程。正如亨利·明茨伯格所言：“战略规划是一个以一体化决策系统的形成、产生，并发出连贯协调的结果的正规化程序。战略规划的实质是对未来潜在的机会和威胁进行系统的辨析，并结合自身的优势和劣势为组织更好地制定当前的决策提供基础，从而使组织能在将来抓住机会。”① 战略规划的结果是形成组织战略计划，主要包括战略范围、资源部署、战略范围的机会与威胁以及资源部署与竞争优势相互协调。一般而言，战略规划具有重大性、指导性和稀缺性等特点。战略规划往往涉及组织全局性的重大且不寻常的问题，战略性决策可以指导其他较低层次的决策以及引导组织未来发展的方针。

学者亚迪认为，战略规划在公共管理的应用大致可以分为三类：一是涉及全国的应用。这种较高层次的应用，通常需要广泛的公民参与，且战略执行也有赖于高度的组织之间的合作与协调。二是以州（省）部门为基础的策略性长期规划，关注部门的战略目标与计划。三是以部门为主的战略议题管理，此种应用是在前面战略计划中选择特定议题。

2. 战略规划与战略管理

战略规划既是战略管理途径兴起的一个阶段，又是战略管理过程的首要环节。两者既有区别又有联系，战略管理比战略规划所涵盖的范围广泛得多。其不同之处主要表现为：第一，战略规划关注的是制定恰当的决策；而战略管理侧重的是战略结果的产生。第二，战略管理包含了战略规划，但它更关注战略的执行，关注整合组织的力量去实现战略目标，而且还包括战略的实施和评估；战略规划不涉及战略的执行与评估问题。

3. 战略规划的过程

（1）形成初步共识。制定战略规划的目的在于取得主要决策者参与战略规划行为的共识。由于在公共组织战略规划的制定过程中涉及诸多部门和相关人员的利益，如战略规划的价值、需要介入的单位和人员、特定的步骤和方法等。因此，取得主要决策者与展开规划行为之间的共识就成为战略规划的首要环节。

（2）确认组织法令规章及组织使命。战略规划的主要工作在于明确组织的使命及价值。首先，要充分了解组织的相关法律环境；其次，确认组织的使命也非常重要。组织的使命包括组织的哲学和组织的宗旨，它是确定组织的目标和战略的依据，是一个组织存在和发展的根本目的。战略规划者通过回答如下问题来明确组织使命：第一，我们的角色是什么？第二，我们所需要满足的社会政治需求是什么？第三，我们如何去满足这些需求？第四，我们应该如何回应利益关系人？第五，我们的主要价值是什么？第六，我们不同于其他组织的条件是什么？

（3）进行环境分析。环境分析包括组织外部环境分析和组织内部环境分析，其主要任务是通过进行组织环境分析，搜集和获取组织内部的优势与劣势、组织外部机会与威胁

---

① 陈振明：《公共部门战略管理》，中国人民大学出版社，2004 年版，第 132 页。

的相关信息。这一分析即为 SWOT 分析。组织外部环境主要包含以下几个方面：社会的经济和政治状况、科学技术发展状况以及全球化的影响。组织内部环境分析主要包括以下几个方面：组织结构与各部门之间的关系、管理能力和水平、组织人员的知识结构和能力、竞争与适应能力、组织人财物资源、财务与会计、研究与开发、计算机信息系统与办公自动化。

SWOT 分析是目前战略管理与规划领域广泛使用的分析工具，它是由美国哈佛大学商学院率先采用的一种经典方法。它的主要目的在于了解组织内部的优势（strength）与劣势（weakness）、掌握外部机会（opportunity）与威胁（threats），以便最大限度地利用机会、规避风险，进而选择适当的战略。SWOT 分析可以用表 11-2 表示出来。

从该表中可以看出，SWOT 矩阵由九个方格组成，进行 SWOT 建造矩阵的过程有八个步骤：第一步列出组织的关键外部机会；第二步列出组织的关键外部威胁；第三步列出组织的关键内部优势；第四步列出组织的关键内部劣势；第五步将内部优势与外部机会相匹配，形成 SO 战略；第六步将内部劣势与外部机会相匹配，形成 WO 战略；第七步将内部优势与外部威胁相匹配，形成 ST 战略；第八步将内部劣势与外部威胁相匹配，形成 WT 战略。

SWOT 分析的关键是进行优势和劣势以及机会与威胁的分析，并在此基础上形成行动的战略。考察关键的内部因素和外部因素是进行 SWOT 分析最困难的部分，它要求有良好的判断。SWOT 分析为组织提供了四种可供选择的战略：

第一，SO 战略（优势—机会）：机会与优势相结合，是指组织利用自身优势抓住机会。这是一种比较理想的状态，所有的组织及管理者期望可以利用自己的优势，并抓住外部环境所提供的机会。

第二，WO 战略（劣势—机会）：机会与劣势相结合，是指组织利用外部机会来弥补内部的不足，例如我国的西部大开发战略。运用这一战略的基础是组织外部存在机会，但内部存在劣势，妨碍着外部机会的实现。

第三，ST 战略（优势—威胁）：威胁与优势相结合，是指组织凭借某一方面的优势来应对威胁。运用这一战略的基础是组织面临着外部的威胁与压力，组织利用自身优势来扬长避短。

第四，WT 战略（劣势—威胁）：威胁与弱势相结合，是指组织应以一个最坏的标准来警戒自己，在减少内部劣势的同时也要避开外部的威胁。

（4）创建组织战略议题。纳特和巴可夫将议题定义为："组织内部或外部出现的趋势或事件，这些趋势或事件极大地影响了组织达到其理想未来的能力。"① 议题在战略管理中占有极其重要的位置，议题为寻找战略回应方式划定了范围。在这一环节中，组织应运用各种方法对自己所面临的基本政策选择加以确定，并列出战略议题的清单，进而对其进行优先顺序排列。布赖森认为创建组织战略议题的途径有：直接法、间接法、目标法和成功选景法，其中直接法和间接法特别适用于公共组织。

---

① ［美］保罗·C. 纳特、［美］罗伯特·W. 巴可夫著，陈振明等译：《公共和第三部门组织的战略管理：领导手册》，中国人民大学出版社，2001 年版，第 99 页。

表 11-2 **SWOT 分析法**

	优势—S	劣势—W
保持空白	1. 2. 3. 4. 5. 列出优势 6. 7. 8. 9. 10.	1. 2. 3. 4. 5. 列出劣势 6. 7. 8. 9. 10.
机会—O 1. 2. 3. 4. 5. 列出机会 6. 7. 8. 9. 10.	SO 战略 1. 2. 3. 4. 发出优势 5. 利用机会 6. 7. 8. 9. 10.	WO 战略 1. 2. 3. 4. 利用机会 5. 克服劣势 6. 7. 8. 9. 10.
威胁—T 1. 2. 3. 4. 5. 列出威胁 6. 7. 8. 9. 10.	ST 战略 1. 2. 3. 4. 利用优势 5. 规避威胁 6. 7. 8. 9. 10.	WT 战略 1. 2. 3. 4. 减少劣势 5. 规避威胁 6. 7. 8. 9. 10.

资料来源：陈振明：《公共部门战略管理》，中国人民大学出版社，2004 年版，第 137 页。

（5）提出备选战略方案。在 SWOT 分析的基础上，根据组织的发展要求和组织使命以及目标，战略决策者尽可能列出所有可能达到组织目标的战略方案，并对备选方案进行综合分析和比较。

（6）选定战略方案。选定战略方案是在综合分析和评价各种备选战略方案的基础上，选择优化战略的过程，以形成符合组织战略发展需要的、具有可能性和可操作性的战略方案。有时，为了增强战略的适应性，组织往往选择一个或多个方案作为后备的战略方案。

11.2.2 战略实施

战略实施是战略管理的一个重要环节，是指组织为了实现组织战略目标，而根据组织内外部环境变化调整组织行为模式，逐步实现战略规划的行动过程。张成福、党秀云指出："战略实施是建立和发展行动的能力和机制，将战略构想转化为显示绩效的过程。"①战略实施将战略内容付诸实践，才能实现战略计划到战略现实的转变，进而实现组织的战略目标。另外，战略的有效实施，可以增加组织和领导者的权威，从而获取公众对组织存在的合理性和权威性的认可。

1. 战略实施的过程

战略实施是一个复杂的过程，它包含以下几个环节：

（1）战略宣传。组织要使战略计划转化为战略现实，就必须通过各种方式向组织成员宣传解释战略目标，让他们认识到实施战略的必要性和迫切性，并清楚地了解和掌握战略目标的内容和意图，从而在以后的实施战略过程中予以积极的支持和配合。

（2）制订行动计划。首先，将战略总目标分解为一系列的具体目标。其次，制定相应的衡量指标，以便于以后对实施进度的把握和进行监督考核。最后，要协调好各个层级的目标、各个阶段的目标、长期目标与短期目标之间的关系。

（3）组织准备。组织准备应做好以下几个方面的工作：第一，当组织的战略规划建构之后，就应当进行组织结构设计，调整并重建现有组织结构，建立合理的组织机构，规定各机构应有的职能，使之与新的战略实施需要相适应。第二，协调组织机构之间横向和纵向的相互关系。第三，配备精干的组织人员，并对组织成员进行战略知识培训，使他们掌握专业管理知识和实施战略的方法技巧。第四，组织制定必要的管理规章制度，以此规范组织和个人的行为。此外，组织还必须建立必要的沟通与协调机制，对各部门、各环节的活动进行协商和调节，使之相互配合，步调一致地有效实施战略管理。

（4）资源配置。资源配备是保证战略顺利实施的必不可少的物质资源。资源主要指人力资源、物力资源、财力资源等。应根据战略目标来配置相应的人、财、物等资源，从而保证战略目标的实现。

（5）战略实验。战略实验可以迅速显示实施结果，赢得更多的公众支持，为全面实施战略争取实践经验。战略实验主要包括选择实验对象、设计实验方案、分析实验结果三个步骤。

（6）全面实施战略。全面实施是指在战略实施范围内的全面推行，它是实施战略的关键环节，也是涉及面最广泛、程序性最强的一个环节。在全面实施过程中应该有效协调好组织的人、财、物资源，加强组织内部的沟通与控制，调节组织成员实施战略的积极性，以促进战略的顺利实施。

2. 战略实施的策略

纳特和巴可夫在《公共和第三部门组织的战略管理：领导手册》一书中提出了战略

---

① 张成福、党秀云：《公共管理学》，中国人民大学出版社，2001年版，第79页。

实施的策略，主要包括以下几个方面：①

（1）对付潜在的、持反对意见的利益相关者，可以考虑采用如下策略：第一，未决的和不重要的利益相关者类型中的中立者，有些与敌对的利益相关者有紧密关系，通过找出这部分中立者，可以发现潜在的联盟。第二，采取措施，阻止持反对意见的利益相关者与上述未决的利益相关者结盟。第三，防止持反对意见的利益相关者在暗中削弱拥护者。第四，确定必须对哪些有反对意见的利益相关者进行突袭（秘密的），以防止他们调动反对力量。第五，预期反对的性质，挑出部分持反对意见的利益相关者并针对他们采取应对措施。第六，与挑出的持反对意见的利益相关者讨价还价，以确定一个至少可以保证他们采取中立态度——如果不是支持态度——的战略。

（2）对潜在的拥护者应采取不同的管理方法：第一，向他们提供增强其信念的信息。第二，吸收关键的支持者加入 SMG（策略管理小组）讨论，或让他们成为团队成员。第三，请持拥护态度的利益相关者将战略介绍给那些不热心的人。第四，当需要在各种态度间取得平衡时，便要求中立的利益相关者在支持者和反对者都表明自己的立场后，再对战略做出反应。

（3）未决的利益相关者提出的管理问题较少，但适度的防范还是有益的。管理未决的利益相关者的策略包括：一是准备一些防御策略，以防止未决的利益相关者联合起来公开反对策略；二是尝试对中间派进行教育；三是重新解释战略，以消除过于消极的利益相关者。

（4）不重要的利益相关者仅在特殊条件下（如他们同质且数量较大）才需要管理。策略如下：一是以较低的成本，对处在重要和不重要边缘的利益相关者进行教育；二是利用支持者来促进他们的参与，以表明战略的受支持度。

3. 战略实施的手段

战略实施手段是指公共组织及其人员在实施战略的过程中，为了达到既定战略目标，而采取各种措施和方法的总和。战略实施主体可以根据需要对各种手段进行挑选或组合，主要有如下几类：

（1）行政手段。行政手段是指公共组织依靠组织的权威，采用行政命令、指令、规定及规章制度等形式来实施战略的方法，这是最直接最有效的手段。行政手段具有强制力和权威性，公共组织利用这种强制力的手段，通过发布行政指令和规章的方式，坚决有力地推行和落实战略。运用行政手段可以保证战略迅速、有效地实施。但是，行政手段也有其不可避免的缺陷，在运用行政手段实施战略过程中，下级人员是被动地执行命令，因此会导致组织的无效率，也不利于组织人员积极性和创造性的发挥。

（2）法律手段。法律手段是指公共组织在实施战略过程中，通过法律、法令、法规和司法来规范人们的行为，以调整战略实施过程中的各种利害关系。法律手段具有稳定性、规范性、强制力、权威性等特点，人们普遍受到这种手段的约束。法律法规一经国家立法机关或行政机关颁布后，在较长时期内是稳定的，不会朝令夕改。因此，公共组织运用法律手段的成本较低，不用时时对法律手段做出调整，法律手段是战略实施活动得以进

---

① ［美］保罗·C. 纳特、［美］罗伯特·W. 巴可夫著，陈振明等译：《公共和第三部门组织的战略管理：领导手册》，中国人民大学出版社，2001 年版，第 163~164 页。

行的根本保障，它有利于保证战略实施活动的合法性，并且有利于排除阻碍战略目标实现的各种干扰，最终保证战略实施活动的有序进行。

（3）激励手段。激励手段是指公共组织管理者为了实现特定的战略目标，通过满足组织成员某种需求来调动组织成员的积极性，使之为了战略目标的实现而努力工作。激励手段包括物质激励手段和精神激励手段。美国心理学家赫茨伯格提出了著名的"激励—保健理论"，又称"双因素理论"，激励因素主要包括工作所带来的成就、所获得的承认、工作本身、责任、晋升和成长等，保健因素主要包括工作条件、工资待遇、同事关系、个人生活、安全保健等。在这里，物质激励手段属于保健因素，精神激励手段属于激励因素。班菲尔德研究发现公共组织的成员对于金钱激励的偏好比不上私营部门，公共组织成员更注重工作的稳定性、被委以重任、得到上级赏识等。因此，要求公共组织在采用物质激励的同时，更注重精神手段，提高组织成员对组织的认同感，激励成员为实现战略目标而努力工作。

（4）思想诱导手段①。思想诱导手段是一种非强制性的手段，它诱使战略实施者自觉自愿地贯彻执行战略，而不从事与战略相违背的活动。思想诱导的手段主要有制造舆论、游说和协商。

11.2.3　战略控制和评估

战略控制和评估是一个不断监视和控制战略实施的过程，通过战略实施过程中的反馈信息，发现偏差，分析偏差产生的原因，并采取纠偏行为。战略控制致力于建立一种反馈机制，通过对战略实施结果的衡量，纠正管理中存在的错误，为下一轮战略管理过程提供经验，保证组织与环境的互动性和连续性。战略控制和评估主要由三个基本环节构成，即确立标准、衡量绩效和纠正偏差。

1. 确立控制标准

标准是衡量战略的实际效果的尺度。组织必须根据组织战略目标，建立能够有效监视战略实施的各种考核控制标准。一般来说，标准的范围应包括组织的几个主要方面的活动和成绩，如市场份额、行业的领导地位、人员发展、雇员态度、公共责任和短期目标与长期目标的平衡。② 英国战略学家理查德·努梅特提出了战略控制的四条标准，即一致性（consistency）、协调性（consonance）、优越性（advantage）和可行性（feasibility）。一致性是指一个战略方案应该具有一致的目标和政策。协调性是指战略控制时要考察组合趋势，即内部因素和外部因素共同作用导致的变化趋势。优越性是指必须保持组织的竞争优势，其中包括资源、技能、地位等方面的优越性。可行性是对组织战略最终的和最主要的检验标准，主要衡量战略实施的结果是否达到组织目标，以及战略实施的收益的多少。

2. 衡量绩效，评估战略

衡量组织绩效，是指将实际的绩效结果和预定目标加以比较，对战略执行情况作出综合评价，并反馈考核结果。在评估结果中要总结经验，找出优点与不足，对成功之处要加以坚持和发扬，对缺点和不足，要予以反省和纠正。美国学者斯肖尔认为评价一个组织的

---

① 陈振明：《公共部门战略管理》，中国人民大学出版社，2004年版，第174页。

② 王德高：《公共管理学》，武汉大学出版社，2005年版，第82页。

绩效要考虑以下三个不同层次的问题：一是组织长期目标的实现状况；二是组织本身含有短期目标的标准的实行情况，这些短期目标综合起来将确定组织的净总体绩效；三是次级目标的实现情况，这些次级目标的实际情况能及时反映朝向最终目标的进展或能反映达到成功的可能性大小。[①]　衡量组织绩效一般包括以下步骤：制订考核计划、建立绩效考核体系、收集资料信息、分析评价、绩效反馈。

评估战略是通过组织绩效的衡量，确定战略目标的实现程度，对战略执行情况进行综合评价。找出战略实施过程中的优点和不足，符合战略目标的行动之处要加以坚持和发扬，对偏离战略目标的行动予以反思和纠正。

3. 修正、调整战略

修正、调整战略是战略控制的最后一项活动，采取纠正措施要求通过变革使组织为了未来而重新进行更有竞争力的定位。在战略检查和绩效考核的基础上，作出持续战略、调整战略、重组战略或终止战略的选择。

修正、调整战略首要的是要找到偏差发生的原因。偏差可能出现在战略管理的各个阶段，因内外部环境的重大变化，原来的目标和战略严重脱离实际，或原来为多种情况而制定的应变战略未能付诸实施；又如在战略实施阶段，组织结构不合理、战略实施者工作不得力、资源配置不合理等都会产生偏差，影响战略目标的实现。偏差主要包括已经产生的偏差和预计未来会产生的偏差。对于已经产生的偏差，应根据其产生的原因，以实现战略目标为目的，及时采取纠正措施。对于预计会产生的偏差，应立即采取预防措施，防患于未然，防止偏差的产生。

修正、调整战略主要有三种方法：一是，如果原定的战略规划并无不当之处，只是在实施战略阶段中出现了问题，则应针对问题采取相应的纠错行为，保证原定战略目标的实现；二是，如果在战略规划阶段出现错误，导致目标与战略严重脱离实际，则应根据新情况建立新目标，调整战略，为实现新目标而努力；三是，在衡量绩效的基础上，确定组织战略目标已经达到，应终止现行战略，根据新情况制定新的战略目标。

4. 战略控制的类型

战略控制是战略管理的一项重要活动，贯穿于整个战略管理过程中。它主要包括如下几类：

（1）事前控制。事前控制也叫预先控制或前馈控制，是指在组织活动开始之前的控制。控制的内容包括依据组织的战略计划标准检查人、财、物、信息等资源的准备情况和预测其产生的效果两方面，这是一种面向未来的控制。事前控制的中心问题是防止组织所使用的资源在质量上产生偏差，其重点是预先对组织中的人、财、物、信息、时间等进行控制和检查，合理配置，使之符合预期的标准，从而保证战略目标的实现。事前控制可以避免预期出现的偏差，有利于提高组织活动的效率，保证战略目标的实现。

（2）事中控制。事中控制也叫过程控制，它是战略实施过程中所进行的控制，是一种同步的、适时的控制，即公共组织管理者对战略实施过程中的人和事进行直接指导和监督，随时纠正偏差。事中控制往往表现为公共组织管理者深入到具体的战略实施活动之中，进行直接的指导和监督，对一些事前未能估计到的偏差立即加以纠正，不作拖延。所

---

① 陈振明：《公共部门战略管理》，中国人民大学出版社，2004 年版，第 211 页。

以，这是一种对战略实施过程中的偏差作出即时发生、即时了解、即时纠正的做法，它是在偏差已经出现但尚未造成严重后果的情况下进行的，它可以分析研究造成偏差的根源，并预测偏差继续发展的可能方向，然后作出控制。

（3）事后控制。事后控制也叫反馈控制，它是一种针对结果的控制，是由公共组织管理者通过分析战略的实施状况，将它与控制标准相比较，发现偏差及造成这种偏差的原因，拟定纠正措施，防止偏差发展或继续存在的控制活动。事后控制可以防止已经发生的偏差再度发生或扩大，还能够为未来战略规划的制订提供借鉴。但是，事后控制的致命弱点就在于滞后性。从衡量结果、比较分析到制定纠偏措施及实施，整个活动已经结束，活动中产生的偏差已经在组织内部造成了损失，只能内部消化且无法补偿。

11.3 公共组织战略管理的问题与改进

长期以来，公共部门就有从私营部门汲取管理方法的传统。战略管理原来在私营部门的管理中受到重视，自20世纪80年代以来，战略管理问题越来越受到公共组织的重视。公共组织战略计划与战略管理的兴起是作为新公共管理运动的一个重要组成部分出现的。公共组织引入战略管理具有重大的意义，布赖森从四个方面总结了公共组织引入战略管理的重大意义：首先，战略管理促使公共组织的关注焦点由内部转向外部，促使组织更多地收集关于组织内外部环境和各种行动者利益的信息。其次，战略管理有助于组织更好地进行决策制定。公共组织的战略规划通过对未来潜在的机会和威胁进行系统的辨析，并结合自身的优势和劣势为组织更好地制定当前的决策提供基础，从而使组织能在将来抓住机会，制定出符合本组织生存和发展的战略。再次，战略规划可以直接给组织成员带来好处。它使政策制定者和计划者能更好地实现其职责和任务，使组织成员的团队工作能力和专业能力得到加强。最后，战略管理有助于提高组织绩效。战略管理能够促进组织资源合理配置，将资源分配给那些能够建立和充分发挥竞争优势的关键领域，从而大大提高了公共组织的绩效。

11.3.1 公共组织引入战略管理的问题

然而，公共组织引入战略管理，的确存在很多制约因素。对此，许多学者进行了分析。

公共行政学者罗伯特认为，政府采用战略管理至少存在四个困难：[①]

（1）政府管理者在进行决策时，必须与其他重要的行动者分享权力。这些行动者包括组织内外的行动者。

（2）政府组织的功能是政治性的，与现实的、理性的环境相反，因此无法就适当绩效方案取得一致意见。例如，某一纳税团体认为政府的社会方案很慷慨，但另一受惠团体可能认为不是这样。

（3）政府管理者与私营部门的管理者相比，缺乏完全的自主性与控制力，这使得政府执行和协调任何行动规划时均显得困难重重。

---

① 张成福、党秀云：《公共管理学》，中国人民大学出版社，2001年版，第86页。

（4）政府战略决策环境由于上述因素，要远比私营部门更为困难和复杂。

学者欧文·休斯在《公共管理导论》一书中，总结了目前比较普遍的对公共组织战略管理问题的批评，批评意见主要包括战略管理本身存在的问题和战略管理在公共组织中应用的问题。概括起来讲，主要可以分为以下七种：①

第一，战略规划的设计过于抽象，在执行过程中可能产生严重偏差。正式的战略计划过程被描述为比它的实际情况或所能做到的更具逻辑性和分析性。

第二，过程过于呆板。正式的战略计划过程过于呆板，因此，面对要求作出快速反应的迅速变化和动荡不安的外面环境时，显得过于迟钝。

第三，正式的战略计划过程使组织缺乏创造性。虽然战略管理自身应是改革和创新的，但是在有些情况下，战略计划过程可能会存在与创造性和改革观念相对抗的倾向。

第四，由于公共部门和私营部门的差异，将战略管理照搬到公共组织会产生严重问题。战略管理在私营部门中的运用大大提高了组织绩效，但是，把它完全照搬到公共组织必然会产生严重的问题。

第五，责任问题。如果战略是组织制定的，其内容损害了政治官员的利益，就会造成追究责任的问题。休斯认为，当战略是政治总体的组成部分时，它是或应该是排斥政治的，不应该将责任问题和战略问题对立起来。

第六，公共组织设定目标的困难。公共组织由于自身的公共性，因而往往存在着多种目标，而这些目标之间又是经常相互冲突或矛盾的，组织目标的含糊不清使得公共组织在设计战略目标时困难重重。

第七，公共组织的时间观念过于短暂（主要指官员的任期问题），导致组织所提出的任何长期观点都必定遭遇失败。

11.3.2　公共组织战略管理的改进

公共组织战略管理中虽然存在很多问题和限制，但是这并不意味着公共组织不能实施战略管理。对于公共组织而言，只要做好以下几方面的工作，将有助于公共组织战略管理的有效实施。

（1）公共管理者必须树立战略思维，发展前瞻性、长期性的思考观。战略思维对于公共部门的管理有着宏观上的指导作用，使其沿着既定的方向前进。在管理实践中，战略计划本身不是目的，而只是一套协助领导者制定决策和采取重要行动的观念，只有当它帮助重要决策人通过战略方式进行思维与行动时，才显示出价值。因此，在公共部门运用战略管理时，制定书面的战略是第一步，更重要的是培养组织领导人、组织成员进行战略性思考和行为的能力。这是公共部门实施战略管理的必要条件。

（2）注重政治与行政的整合，便于战略规划与战略实施间的有效配合。战略管理是一个全面的过程，并注重组织长期性、整体性目标的构建与实现。它强调行政的主动性，以及它与政治目标的一致性。考虑政治影响和权威网络的行动更易获得成功。在重大问题

---

① ［澳］欧文·休斯著，张成福译：《公共管理导论》，中国人民大学出版社，2001 年版，第216～218 页。

的战略决策和规划过程中提供政治参与的权利与机会不仅有利于获取广泛的信息，也有利于克服实施战略管理的障碍。在战略实施中，需要发展一种全局观，强调整合的管理途径。政府部门必须打破职责的限制，克服"功能性短视"，注重各级管理人员对战略规划设计的广泛参与，清除各种僵硬的制度障碍，还需要打破部门主义的限制，加强各部门的沟通与合作，建立有利于战略规划和战略实施有效结合的组织机构和工作程序。

（3）在公共组织中创造有利于战略管理和变革的组织文化。在公共部门，由于繁文缛节和僵化的科层制度，以及很少面对来自顾客或竞争者的压力，墨守成规、懒散、不负责任几乎成为了公共组织作风的标签。这种懒散的作风与战略管理是格格不入的。战略不仅强调稳定性，更注重灵活性和创新性。组织文化作为一种由许多个体长期形成的共享信念或组织特点，很难迅速改变，组织可以借此应对不确定性。公共部门必须像企业一样灵活、敏感，才能做出正确的战略决策；公共组织必须创造企业家文化才能克服公共组织的懒惰性，积极推进战略管理。

（4）在战略管理中满意比最佳更重要。在战略管理中，运用最佳的战略优势不仅不符合成本效益原则，还有可能达不到预期的效果。如果用可以接受的战略实现满意的结果，比用最佳的战略而没有实现最佳的结果要好得多。

（5）要更加注重高层次的目标。公共组织由于自身的公共性，往往存在着多种目标，而这些目标之间又是经常相互冲突或矛盾的，组织目标的含糊不清使得公共组织在设计战略目标时困难重重。所以，在设计组织战略目标时，将视角放在更高层次的问题上，这样就会发现很多短期利益让位于长远利益。

本 章 小 结

战略管理就是组织为适应外部环境的变化，对组织活动实行的总体性管理，是组织制定、实施、控制和评价战略的一系列管理决策和行动，它以组织整体和全局为对象，以实现组织目标为目的。自 20 世纪 80 年代以来，战略管理问题越来越受到公共组织的重视。公共组织战略管理主要包括战略规划、战略实施和战略控制三个阶段。公共组织战略计划与战略管理的兴起是作为新公共管理运动的一个重要组成部分出现的。公共组织引入战略管理具有重大的意义。但是，公共组织引入战略管理存在很多制约因素，在本章第三节提出了改进公共组织战略管理的方法。

案例

台州海洋经济大有可为，浪尖领舞蓝色畅想

2010 年 2 月 25 日，国务院正式批复《浙江海洋经济发展示范区规划》，浙江海洋经济发展示范区建设上升为国家战略。占浙江海岸线三分之一的台州，将在浙江新一轮海洋经济发展中大有可为。海洋为台州人民提供了大开大合、广阔无边的创业舞台。

台州海洋经济大有可为

这几年来，台州市政府深入实施"主攻沿海"战略，坚持"以港兴工、海陆联动、拓展空间、合理开发"，推动经济发展迈向陆海联动发展时代。沿海产业带从北到南，由西向东，截至目前，已累计投入基础设施 168 亿元，累计开发面积 5220 公顷，"一线十二点"的空间布局结构基本成型，一张覆盖铁路、公路、海运、航空的立体交通集疏运网络正成型；以三门核电、台州第二发电厂、玉环华能火电为代表的电力能源加速发展；汽摩及零部件、医药化工、缝制设备、家用电器、塑料模具、船舶修造等优势产业发展迅速。目前，台州拥有可管辖权的领海和内水面积 6910 平方公里；海岸线长 630.87 公里，可开发港口岸线长 96.23 公里；大于 500 平方米的海岛共有 601 个；海涂总面积约 100 万亩，成片连续开发潜力巨大，这在全国沿海也是名列前茅。台州港口资源十分丰富，其中可建万吨级以上港口的岸线长达 30.75 公里。大陈岛可建 30 万吨级原油码头，玉环大麦屿和临海头门岛都可建 20 万吨级码头，三门健跳建设"东方大港"，也曾是孙中山先生的宏愿。

未来台州港展望

目前，《台州市海洋经济发展规划》形成了台州较为完备合理的规划体系。《温台沿海产业带台州市实施规划》的"一轴三片多组团"的开发格局初步成型。在新一轮发展中，省委省政府对台州提出"建设循环经济的示范区、新型城市化的先行区和海洋综合开发体制改革的试验区"的要求，台州将充分利用得天独厚的海洋资源优势，坚持开发、保护、修复并重，以沿海产业带为主平台，以循环经济产业集聚区为核心区，以石化工业园区、金属再生产业基地、头门港工业园区、新能源产业基地为着力点，推动转型升级，加快形成以循环经济为特征、三次产业协调发展的现代产业体系。作为台州港的中心港区，头门港成为台州蓝色经济发展的中心点，被列为重要的港口物流岛和重要能源资源储运基地。根据台州港总体规划，大麦屿港区是现代集装箱运输支线港，矿石、煤炭、原油等大宗货物集散中转港，对台贸易港及港口贸易中心。大麦屿港将开发成一个兼备水运、铁路、公路、管道等多种运输方式，集港口装卸及仓储、中转换装、临港工业、现代物流等功能为一体的现代化港口。

天赋良机，台州正逢其时

在未来海洋经济发展中，台州将搭建好空间集约发展、转型升级、体制机制创新的三大平台。台州倚靠东海，最大的潜在资源是海洋，最大的比较优势是海洋，未来最大希望也是海洋。在新一轮经济发展中，如果把目光投向广阔的海洋，发展空间将成倍增加。此外，台州依托海洋经济发展之势，继续深化民营经济综合配套改革试点，创建海洋综合开发体制改革试验区，将海洋的资源优势转化为经济优势。

（资料来源：王晏、李昌正：《台州海洋经济大有可为，浪尖领舞蓝色畅想》，载《台州商报》，2011 年 4 月 11 日）

结合上述案例，运用本章相关知识谈谈台州市政府是如何进行战略管理的？台州市政府的战略抉择给我国政府带来了什么启示？

思 考 题

1. 战略管理的概念和基本特征。
2. 公共组织引入战略管理的背景及发展历程。
3. 试述戴维·奥斯本和彼得·普拉斯特里克对公共组织战略的分类。
4. 试述公共组织战略管理与私营组织战略管理的差异比较。
5. 试述公共组织战略管理的一般过程。
6. 试评价公共组织战略管理。

专 业 名 词

战略	Strategy
战略管理	Strategic Management
核心战略	Core Strategy
后果战略	Consequences Strategy
顾客战略	Customer Strategy
控制战略	Control Strategy
文化战略	Culture Strategy
战略规划	Strategic planning
战略实施	Strategic Implementing
战略控制	Strategic Control
战略评估	Strategic Evaluation

第12章
主要国际组织简介

学习目的

通过本章的学习，了解国际组织的含义、分类、发展历程及作用，对当今世界上发挥重要作用的主要国际组织有一个基本的认识，有助于培养学生的国际意识。

本章重点

1. 联合国的有关情况。
2. 北大西洋公约组织的发展演变。
3. 亚太经济合作组织的有关情况。

12.1 国际组织概述

12.1.1 国际组织的含义和特点

国际组织（International Organization）的快速发展是20世纪特别是第二次世界大战后一个重大现象，在21世纪也呈现快速发展的态势。这个现象已经受到社会各界的高度关注。

1. 国际组织的含义

关于国际组织的含义，有从广义和狭义上来进行定义的，也有从一般意义和国际法意义上来定义的。本书将从一般意义上来定义国际组织。国际组织是由两个以上的国家间政府、民间团体或者个人基于特定目的，以一定协议形式建立起来的各种国际联合机构。①

---

① 曲如晓、韩庆华、王玉琴主编：《当代世界经济与政治》，经济科学出版社，2005年版，第88页。

2. 国际组织的特点

一般来说，不同的事物总会有属于自己的特点，这是事物相互区别的重要依据。了解国际组织的特点是研究国际组织的前提条件。下面我们将对国际组织的特点进行介绍。

（1）地域的跨国性。国际组织的构成至少是两个以上的国家或不同国家的两个团体。国际组织是介于国家之间的组织，不能凌驾于国家之上。中文的"际"和英文的"inter"恰当地表明了国际组织的这一重要特性。

（2）成立的目的性。国际组织的建立都是为了适应某种特定需要，如为了维护世界和平与安全而成立了联合国，为了促进世界经济贸易而成立了世界贸易组织等。各自的目的性规定了不同的国际组织具有不同的职能，也制约着不同的国际组织的规模、形式、结构及发展趋向。

（3）机构的常设性。国际组织一般设有相应的常设机构以履行职能、开展工作。国际组织的主要机构一般有决策机构（通常为大会）、执行机构（通常为理事会）、办事机构（通常为秘书处）。也就是说，国际组织必须有一定的物质形态和外在表现。这也是它与国际会议的主要区别之处。人们对跨国机构的想象、筹划不能算是国际组织。

（4）地位的合法性。无论是政府间国际组织，还是非政府间国际组织，合法性是其开展活动的基础。政府间国际组织是以国家间的正式协议为基础建立的。这里的"正式"，是指协议必须由政府（或者政府同意）的代表签署并得到国内立法机关的批准。这种协议一般规定了该国际组织的宗旨、原则、职权、活动程序、效力范围及成员国的权利、义务等。非政府间国际组织也应有一定的协议，且得到国内政府的认可。由此看来，那些非法的所谓国际组织如恐怖组织不在此列。

12.1.2 国际组织的分类

据设在比利时布鲁塞尔的国际协会联盟（UIA）在 1994 年发表的统计数字，截至 1993 年，政府间国际组织是 272 个，非政府国际组织是 4830 个。[1] 国际组织的数量很多，因而对它进行分类是一个相当复杂的工作，本书将按照下面的三个标准来进行划分：

（1）政府间国际组织与非政府间国际组织。依据国际组织与国家政府的关系来划分，我们将国际组织划分为政府间国际组织与非政府间国际组织，如上海合作组织是政府间国际组织，天主教会是非政府组织。

（2）全球（世界）性和区域性国际组织。从成员构成的地理特点来看，国际组织可以分为全球性国际组织和区域性国际组织。前者其成员构成可以包括全世界所有国家，如联合国；后者的成员构成只包括国际社会的特定的成员，如东南亚国家联盟。

（3）一般性国际组织与专门性国际组织。依据组织的宗旨与功能来划分，可以分为一般性国际组织和功能性或专门性国际组织。一般性国际组织的职能和活动范围广泛，包括政治、经济、社会、文化，甚至是军事等领域，如美洲国家组织（Organization of American States，OAS）；专门性国际组织一般只具有专业技术性职能，偏重于技术性与行政性的活动，如世界银行（World Bank，WB）。值得注意的是，随着国际经济联系的加强和经济一体化的深入，国际经济组织已经成为最重要的专门性国际组织。

---

[1]　Union of International Associations ed. *Yearbook of International Organizations*，1993/1994.

下面我们按照组织成员与国家政府的关系、组织成员的地理分布和组织的目的与功能这三个标准，对国际组织进行分类（见表 12-1）。

表 12-1　　　　　　　　　　　　　　**国际组织的类型及其案例**

	目的			
	一般性目的		专门性目的	
地理分布	政府间国际组织	非政府间国际组织	政府间国际组织	非政府间国际组织
全球性	联合国	天主教会	世界银行 国际货币基金组织	大赦国际 国际红十字会
地区性	美洲国家组织	欧洲人民党	东南亚国家联盟	亚洲足球协会

资料来源：John T. Rourke. *International Politics on the World Stage Dushkin Publishing Group*，1995：340.

12.1.3　国际组织的发展

关于国际组织的思想，中外学者很早就在自己的论述和著作中提到，如中国古代思想家孔子的"天下大同思想"，古希腊思想家柏拉图的"理想国设想"，欧洲中世纪神学思想家彼埃尔·杜布依斯的"国际仲裁设想"，等等。

国际组织是世界政治经济发展到一定阶段上出现的，是现代国际关系的产物。在人类社会发展的历史中，有了国家就有了国家之间的往来，但那时的国家之间总体上处于一种隔离状态，彼此交往带有偶然性、区域性、个别性和民间性的特点，例如中国与西方国家的"丝绸之路"，自然也就谈不上联系国家关系的纽带——国际组织。

有的学者认为国际组织的起源可以追溯到古希腊的城邦国家体系（如公元前 5 世纪，雅典与斯巴达共同发起起的由希腊的 31 个城邦组成的、以斯巴达为军事首领的反波斯同盟），或中国春秋战国时代的合纵连横（公元前 318 年魏公孙衍联合赵、韩、燕、楚等国"合纵"攻秦，曾一度阻止了秦国的扩张，后来，秦国又采取了谋士的建议，对东部各诸侯采取"远交近攻"的所谓"连横"战略来破坏联合抗秦的"合纵"战略）。多数学者仍认为 17 世纪中叶开始的国际会议是国际组织的重要前身。

1648 年的威斯特伐利亚会议，结束了欧洲 30 年的战争，会上签署了《威斯特伐利亚和约》，开创了世界近代历史上国家通过大规模的国际会议的形式解决重大国际问题的先例。此后，1652—1654 年的英荷战争、1700—1721 年的俄国对瑞典与土耳其北方大战、1701—1714 年西班牙王位继承战争、1740—1748 年奥地利王位继承战争、1756—1763 年欧洲各国卷入的七年战争等都是通过国际会议的形式来决定战后的善后事宜。19 世纪后，处理民族主权国家关系的形式，主要以国际会议为主，尤其是在 1815 年维也纳国际会议以后。

随着资本主义生产关系的发展，尤其是海外贸易的拓展，资本主义国家在海外殖民地掠夺与经济贸易中，矛盾与纠纷不断，亟须某些超国家组织加以协调，于是自 19 世纪中期开始，首先出现了一批专业性的国际组织。例如，1865 年成立的国际电报联盟，1875 年成立的国际度量衡组织，1883 年成立的国际保护工业产权联盟，1886 年成立的国际保护文化艺术作品联盟，1890 年成立的国际铁路货运联盟。19 世纪是现代国际组织的形成时期，国际组织的内部组织形式在 19 世纪的国际组织（会议）中都体现出来了，经常性的国际会议、国际行政联盟为现代国际组织中的立法机构、执行机构、秘书处、表决程序以及处理问题的机制提供了可以引用的先例与经验。

1914 年，强国之间为瓜分殖民地与势力范围进行了人类历史上第一次世界大战。战后为了确保战胜国的既得利益，并维持战后世界和平，英、法、美等国在巴黎和会上签署了《凡尔赛和约》，并成立了第一个全球性的常设国际组织——国际联盟。该组织享有广泛的职能，但它更多地代表了少数西方大国利益，排斥苏联及一般小国。随着其成员国间的利益冲突加剧，第二次世界大战爆发，该组织已再无存在意义，只能在 1946 年 4 月宣告解散。在此之前，第二次世界大战结束前夕，由美、英、法、中、苏五国倡导，50 余国参加的联合国于 1945 年 10 月 24 日诞生。这是人类历史上具有最广泛的国际基础的常设性国际组织。

战后各种类型的国际组织如火如荼，蓬勃发展。如果说 19 世纪是"国际会议世纪"，20 世纪可称为"国际组织世纪"。现在国际社会各个领域已有各种专门性的国际组织。就空间范围而言，上至外层空间，下至海床洋底；就生活而言，从人类衣食住行到生老病死；就专业而言，政治、经济、军事、文化、科学、教育、卫生、体育各行各业都有专门组织。尽管目前国际组织数量巨大，并还在不断增加，但是数千个国际组织并非一盘散沙，而是形成了一个以联合国为中枢调节者的互相协调配合的国际组织系统，该组织系统可称为"联合国体系"。例如，联合国开发计划署提供援助的项目，由联合国及其他 25 个国际组织机构协同实施。

第二次世界大战后，国际组织的发展异常迅速和广泛，主要表现为以下几个方面：

一是活动范围广泛，已遍及国际社会各个领域，上至外层空间，下至海床洋底，从政治、经济、军事、社会、文化、科技、教育、卫生、体育等各个部门，到人类的衣、食、住、行、生、老、病、死的所有过程，都有相应的国际组织在活动。

二是国际组织的发展随着国际社会经济政治发展重心的不同，带有性质不同的阶段性特征。20 世纪 50 年代，东西方冷战，两大阵营对峙，国际军事组织的建立极其重要，且作用十分突出；60 年代，民族解放运动蓬勃发展，第三世界崛起，发展中国家的国际组织如雨后春笋般相继产生；70 年代，全球范围经济合作加强，国际经济组织日益增多，活动频繁，作用扩大；80 年代以来，国际局势出现缓和，特别是冷战结束，联合国的作用进一步加强。

三是第二次世界大战后国际组织的发展进入成熟阶段，其地位的巩固、作用的加强，已经使它成为国际社会中不可缺少的行为主体之一。随着世界经济迅速走向国际化，各国利益相互依赖和渗透加强，整个国际社会形成一种"你中有我，我中有你"的交织状态。而科技革命和生产力的发展，同时也带来了环境污染、生态失衡、自然资源枯竭等一系列不可分割的全球性问题，特别是核武器的出现，严重地威胁着整个地球人类的生存。国际社会的这种发展，把全球各国日益紧密地连为一体。上述问题的解决需要全世界的共同努力，因此，迫切需要国际组织来协调各国的行动，国际组织的作用日益重要。

12.1.4 国际组织的作用

与主权国家相比，国际组织没有固定的领土和居民，因而一般没有特殊的国家利益或阶级利益，从而具有超国家性和超阶级性。同时，国际组织虽然不同程度地拥有政治或经济势力，拥有国际活动的物质手段，但不具备强制机制或暴力工具，因此一般不具备以武力强制实施其对外行为的手段。与此相适应，国际组织在国际关系中发挥的作用也与主权国家有所不同：一是参与国际事务的间接性，其发挥作用的方式主要是会议、舆论、游说等；二是对外行为的跨国性，它不代表单个国家的党派或社会集团利益，因而得以成为协调各国间共同利益的重要纽带；三是职能作用的独特性，比如，为协调国家间关系提供一个对话的场所，为国家间交往制定和提供共同的行为规范和准则，成为协调国家间矛盾与冲突的渠道以及国家间合作的一个重要形式。国际组织的兴起是与经济全球化趋势和相互依赖的时代特征相适应的。

国际组织已成为国际合作与国际竞争的新领域，如果从宏观的角度来考察，国际组织的作用主要表现在以下几个方面：

（1）积极促进国际合作和协调。国家间的相互依赖促使国家利益出现重合，通过国际组织这一形式在众多的超越国界的领域内进行合作和协调，是促进各方利益的有效手段。国际组织不仅为国际合作和协调提供场所和渠道，而且为研究问题、做出决定、实施行动提供相关手段和机制。

（2）对国际冲突及时调停和解决。当国际冲突将要发生时，国际组织的"预防性外交"有助于各方化解敌意；当国际冲突发生后，国际组织以"第三者"的身份适时介入，有利于冲突双方找到"台阶"以免冲突升级，相关国家也可以从中发挥影响以防止更具破坏性行为的发生；当国际冲突结束时，国际组织可以为双方达成停火协议和战后重建提供帮助。联合国安理会在处理国际政治、世界贸易组织在处理国际贸易冲突中，已经形成比较完善的机制。

（3）全面参与全球公共问题的管理。国内社会的"公共产品"主要由政府来提供，而国际社会的"公共产品"（如适宜的气候）则主要是通过各国采取国际行动来提供，"全球共用地"（包括外层空间、大气、海洋和南极大陆等）的管理主要是通过国际组织来实施，"全球性问题"（如难民问题、人口问题、粮食问题、能源问题、环境问题、债务问题、毒品问题、核扩散问题、国际恐怖主义问题等）的解决更需要全球共同努力。这些公共产品问题、全球共用地问题、全球性问题都不是单个民族国家独自所能解决的。

（4）为各国参与国际活动提供空间。大国和小国都能通过国际组织来完成自己的对外战略服务，如美国在第二次世界大战后热心筹划联合国、冷战后积极推动北约的东扩和战略新概念就是典型的一例。小国则通过国际组织寻求国际保护和援助。此外，争取独立的民族和国内分离主义势力以达到自决或独立的目的，也往往把目光投向国际组织。

（5）为国际关系民主化提供渠道。以领土、主权和势力为基础的多国家体系是国际关系的基本事实。自 300 多年前形成民族国家体系以来，国际社会发生过无数次战争，没有一个国家不直接或间接地卷入各种战争。强权政治和"丛林原则"一直在这一体系中起主导作用。现今，各国已经越来越认识到有必要对这一体系进行适当的调整与修改，经济化和信息化的发展对这种体系缓慢地却不可避免地产生着侵蚀作用。国际组织的发展过程就是人们试图摆脱国际无政府状态，追求国际关系民主化的探索过程。

尽管民族国家在国际社会中依然是居于支配地位的基本政治单位，但国际组织的多种作用已经构成当代国家主权的重要制约因素之一。国际组织的扩增无疑是对主权国家的一种挑战，这是国际关系新兴角色对传统角色的挑战，这种挑战不是前者取代后者，而是对后者的一种制约和侵蚀，对中小国家尤其如此。国际组织作用的相对增强和民族国家主权的相对受制，将是 21 世纪并行不悖的两个趋势。国际组织，包括政府间和非政府间的国际组织以及跨国公司，将是未来时代与国家共同发挥作用的主要组织形式。

12.2 联 合 国

12.2.1 联合国的建立

联合国（The United Nations，UN）的建立既是世界反法西斯战争胜利的产物，也是各国人民希望保障世界和平、避免战争浩劫强烈愿望的结果。1942 年 1 月 1 日，26 个反对德、意、日轴心国的国家在华盛顿集会，商讨对轴心国联合作战大计，会后发表《联合国家宣言》（*Declaration by United Nations*），首次使用"联合国家"（United Nations）一词。1943 年 10 月 30 日，中、美、英、苏四国在莫斯科发表《普遍安全宣言》，提出有必要建立一个普遍性的国际组织。1944 年 8—10 月，苏、美、英三国和中、英、美三国先后在华盛顿橡树园举行会谈，讨论并拟订了组织联合国的建议案。1945 年 4 月 25 日，50 个民主国家代表出席旧金山会议，商讨建立战后国际组织事宜，并起草该组织宪章。两个月后，大会通过该宪章，并决定在同年 10 月 24 日正式建立战后全球综合性国际组织，并取名"联合国"，从此，United Nations 一词的含义由反轴心国的联合国家，转变为国际组织"联合国"。1947 年，联合国大会决定，10 月 24 日为"联合国日"。联合国总部设在美国纽约市曼哈顿区东湖畔，其欧洲办事处在瑞士的日内瓦。中国作为发起国与创始国之一，为联合国的建立发挥过重要作用。

12.2.2 宗旨与基本原则

1. 宗旨

1945 年《联合国宪章》第一条明确规定了它的宗旨是：（1）维护国际和平与安全，协调各国行动，制止侵略行为。采取有效方法，以防止并且消除对和平的威胁，制止侵略行为或者其他破坏和平的行为，并且以和平方法，依据正义以及国际法原则，调整或者解决足以破坏和平的国际争端。（2）发展国家间以尊重各国人民平等权利及自决原则为基础的友好关系。（3）促进国际合作。以解决国家间经济、社会、文化和人类福利性质的问题，并且促进对于全人类的人权和基本自由的尊重。

2. 原则

为实现上述宗旨，《联合国宪章》第 2 条规定了七项基本原则：（1）主权平等原则。即所有会员国主权平等。（2）忠实履行宪章原则。即各会员国应该忠实履行根据宪章规定所应承担的义务。（3）和平解决国家间争端原则。即各会员国应该以和平方法解决国际争端。（4）禁止使用武力并享有一定自卫权利。各会员国在国际关系中不得以不符合联合国宗旨的任何方式进行武力威胁或使用武力。（5）集体协作原则。各会员国对联合国依照宪章所采取的任何行动应尽力予以协助。（6）不干涉他国内政原则。联合国组织不得干涉在本质上属于任何国家国内管辖的事项，但此项规定不应妨碍联合国对威胁和平、破坏和平的行为及侵略行径采取强制行动。（7）确保非会员国遵守宪章原则。联合国在维护国际和平与安全的必要范围内，应确保非会员国遵循上述原则。

12.2.3　主要组织机构及其职能

联合国有六大组织机构：联合国大会、安全理事会、经济与社会理事会、托管理事会、国际法院和秘书处。

1. 联合国大会（简称"联大"，The General Assembly）

联合国大会由全体会员国组成。大会每年举行一次常会，时间为 9 月份的第三个星期二，在联合国总部开幕，为期三个月，通常在 12 月中下旬闭幕。大会可以在会议期间决定暂时休会，并且可以在以后复会，但必须在下届常会开幕前闭幕，未议完的议案放在明年春天再讨论。大会应安理会或过半数会员国的请求或经过半数会员国对任何会员国的请求表示赞同后，可以于 15 天内召开联大特别会议，24 小时内召开紧急特别联大。2011 年 7 月 14 日，随着南苏丹共和国的加入，联合国成员国已经达到 193 个。

1946 年 1 月召开了第一届联合国大会。大会全体会议由大会主席（或副主席）主持。大会设主席 1 人，副主席 21 人，由全体会议选举产生。安理会五个常任理事国是当然的副主席，其余副主席席位则按地区分配原则选出，即：非洲 6 席、亚洲 5 席、东欧 1 席、拉美 3 席、西欧及其他国家 2 席。大会主席所属地区的副主席名额减少 1 个。大会主席由上述五个地区轮流推选本地区某国代表并经大会选举担任。

联合国大会的主要职能是讨论与审理动议，组织与监督各项工作，处理行政与财务事项，是一个"国际讲坛"或"国际会议"。（1）讨论权。根据《联合国宪章》规定，大会有权讨论宪章范围内的任何问题或事项，以及宪章所规定的有关机构的职权。（2）选举权。选举安理会非常任理事会、经社理事会的全部理事国、托管理事会的部分理事国；与安全理事会各自独立选举国际法院的法官。（3）审议权。大会审议安理会及联合国其他机构的报告。（4）批准权。根据安理会推荐批准接纳新会员国和委任秘书长；联合国的预算和会员国分摊的会费比率都需经过大会讨论决定。（5）建议权。大会可以就国际安全、社会、经济、军事和法律编撰等方面的问题向会员国和安理会提出建议。（6）参与修改宪章。宪章还规定，关于安理会正在审议的任何争端或局势，非经安理会请求，大会不得提出任何建议。

联大表决原则：重要议案，例如关于和平与安全的建议，安理会、经济与社会理事会以及托管理事会的选举，接纳新成员入盟，会员国权利的中止及会员国的开除、托管等，均需经出席并参加投票的会员国以 2/3 多数票通过。一般议案表决采取简单多数通过原则。有些问题如预算现在要求协商一致来批准。近年来这种协商一致通过的问题越来越多，这就增加了这种决议的约束力。

大会现设六个主要委员会。一般性辩论结束后，大会开始审议实质性议程项目。由于要求大会审议的问题很多（譬如，第六十届会议有 160 个议程项目），大会将与六个主要委员会工作有关的项目分配给它们，由这些委员会讨论，并设法尽量协调各国的不同做法，然后向大会全体会议提出决议和决定草案供其审议。裁军与国际安全委员会（第一委员会）处理裁军和有关的国际安全问题。经济和金融委员会（第二委员会）处理经济问题。社会、人道主义和文化委员会（第三委员会）处理社会和人道主义问题。特别政治和非殖民化委员会（第四委员会）处理第一委员会不处理的各种政治问题以及非殖民化问题。行政和预算委员会（第五委员会）处理联合国的行政和预算问题。法律委员会（第六委员会）处理国际法律事务。

大会还设有两个程序委员会：总务委员会和全权证书委员会。总务委员会由大会主席、副主席和6个委员会的主席组成，负责组织大会的工作，审议大会的议程，决定各个项目的优先秩序，并协调大会各委员会的会议进程。全权证书委员会由大会根据上届大会主席提议而任命的9个会员国组成，负责审查各国出席会议代表的全权证书。

大会另有两个常设委员会：行政和预算问题咨询委员会、会费委员会。行政和预算问题咨询委员会由大会任命的16人组成，负责联合国方案预算的技术审查；会费委员会由大会任命的18名专家组成，负责就各会员国分摊联合国的会费问题向大会提供意见。

大会还设有一些其他辅助机构，如维和行动特委会、非殖化特委会、宪章特委会、反对种族隔离特别委员会、外空委员会、印度洋特别委员会、裁军审议委员会、裁军谈判会议等。

根据1984年修订后的大会议事规则规定，大会的正式语言和工作语言是汉语、英语、法语、俄语、西班牙语和阿拉伯语。

2. 安全理事会（简称"安理会"，The Security Council）

它是六大机构中最重要的权力机构，由5个常任理事国和10个非常任理事国组成。宪章规定，联合国的五大发起国即：中、法、苏、英、美五国为常任理事国（苏联于1991年解体后，由俄罗斯于1991年12月27日接替原苏联在安理会及联合国的一切席位）。另外10个非常任理事国任期2年，由联大每年改选50%，不能连选连任，名额按亚、非、拉美、西欧、东欧五个地区分配（亚洲3席，非洲2席，拉美2席，西欧及其他国家2席，东欧1席）。安理会主席由各理事国依据国名的英文字母顺序按月轮流担任，任期1个月。安理会会议一般在联合国总部举行。

安理会的主要职能是：（1）根据宪章规定做出会员国都有义务接受并执行的决定。（2）调查任何国际争端或可能引起国际摩擦的局势，提请争端当事国采用和平的方法解决争端。（3）断定威胁和平、破坏和平或侵略行为，并可采取经济、外交或军事制裁行动来反对侵略。（4）负责拟订军备管制计划。（5）向大会推荐秘书长和国际法院法官，接纳或开除联合国成员。（6）派遣维和部队，制止侵略，对战略地区行使托管权。安理会在履行其职能时，应遵照联合国宪章的宗旨和原则及其他有关规定。

安理会的表决原则是：（1）每一理事国有一个投票权，安理会对一般大会程序的表决，以多数票原则通过。（2）程序问题由15个理事国中至少9个理事国的赞成票决定。（3）对非大会程序的实质性问题表决，遵循"常任理事国一致同意的原则"。一旦5个常任理事国中有一票反对，该提案就会被否决。即每个常任理事国在实质问题上都拥有否决权，5个常任理事国中只要有一个投反对票就可以否决实质问题决议案，但弃权票通常不构成否决。同时宪章还规定，关于和平解决争端的决议，争端的当事国不得参加表决。这一现象是大国特权的一种表现，但其产生有一定的历史背景。

常任理事国使用否决权的情况，往往与国际局势和联合国的构成的变化密切相关。据统计，截至 2002 年底，5 大常任理事国共 252 度行使否决权。其中最多的是俄罗斯（包括苏联）共 121 次动用否决权，美国 76 次投下反对票，英国和法国行使否决权的次数分别为 32 次和 18 次，而中国仅 5 度投下反对票。尤其是苏联，仅在 1946 年至 1965 年间就曾 106 次投下反对票，占同期安理会 5 大常任理事国行使否决权总数的 90% 以上，以至于 1957 年至 1985 年间担任苏联驻联合国大使的葛罗米柯得了个"摇头先生"的外号。①

大会、秘书长以及任何会员国都可以提请安理会注意可能危及国际和平与安全的争端和局势。应邀参加安理会会议的非理事国的会员国或非会员国，可以参加讨论，但无表决权。

安理会设有军事参谋团和接纳新会员国委员会以及若干特设机构。军事参谋团由 5 个常任理事国的总参谋长或其代表组成，负责向安理会提供有关安理会支配的军队的战略指导问题、军备管制问题和可能的裁军问题的意见和帮助。接纳新会员国委员会由安理会全体成员国组成，审议有关国家加入联合国的申请并将审查结果报告安理会。目前安理会的特设机构主要有维持和平行动部队和军事观察团以及根据安理会有关决议设立的制裁委员会。

冷战后，安理会面临增加成员国的难题，一些经济大国与地区性大国纷纷要求作为新增常任理事国，这是联合国在新形势下改革的重要内容之一。

3. 经济与社会理事会（简称"经社理事会"，The Economic & Social Council）

主要职能是在联大权力之下，负责协调联合国及各专门机构即所谓"联合国系统"的经济和社会领域的工作，召开有关经济与社会发展问题的国际会议，向联大及其他机构提出一些建议与报告。每年在纽约和日内瓦分别召开两次为时一个月的会议。它由 54 个成员国代表组成，一般理事会任期 3 年，每届联大需改选 1/3，即 18 个，可以连选连任。5 个安理会常任理事国是当然理事国。经社理事会席位按地区分配如下：非洲 14 个，亚洲 11 个，拉丁美洲和加勒比海地区 10 个，东欧 6 个，西欧及其他国家 13 个。

经社理事会设有 8 个职司委员会和 5 个区域委员会以及各种常设和特设委员会。按地区设立的区域委员会，旨在协助地区经济社会发展，加强该地区内国家之间的经济关系及与世界其他地区国家的关系，受经社理事会领导。各职司委员会、区域委员会或常设机构研究的问题，均须向经社理事会提出报告。

4. 托管理事会（The Trusteeship Council）

由安理会 5 个常任理事国组成。托管理事会每年春天召开一次会议，主要审议讨论并监督对托管领土的工作，促进托管地的发展与自治独立。战后 11 个托管地区都是第二次世界大战战败国的殖民地及被占领土，随着托管领土的不断减少，特别是 1994 年 10 月最后一个托管领土——太平洋岛屿托管地帕劳宣布独立改名为帕劳共和国，并于同年 12 月 15 日被接纳为联合国的新会员国，该组织的历史使命已经完成。

5. 国际法院（International Court of Justice）

国际法院是联合国永久性的常设机构，总部设在荷兰海牙。国际法院由 15 名不同国籍的"独立法官"组成，法官候选人由各国政府根据本国著名国际法专家组成的国家团

---

① 肖岩：《美国对否决权又爱又恨》，载《环球时报》，2003 年 3 月 17 日。

体的提名予以推荐，在大会和安理会分别获绝对多数赞成票者才能当选，当选的法官应具有在其本国被任命担任最高司法职务所要求的资格，或者是公认的国际法权威，选举结果必须使法院作为一个整体，分别代表世界各种主要的文化和法律体系，其中不得有任何两名法官的国籍相同。安理会常任理事国均有一名法官入选，入选法官每届任期9年，3年改选1/3，可以连选连任。国际法院选举正、副院长各1名，任期3年，可连选连任。我国著名法官倪征燠在1984年入选，1993年连续当选。1994年史久镛法官当选，2003年连任。院长与副院长从15名法官中无记名投票产生。2003年史久镛法官当选为国际法院院长，这是国际法院历史上第一次由中国人任院长。国际法院需9名法官以上才构成开庭法定人数。

联合国会员国是规约的当然当事国，均可成为法院受理案件的当事国。非会员国如声明接受安理会提出的条件（如承认法院规约、接受法院判决、承担一定比例的法院费用等）亦可成为规约当事国。国际法院的管辖范围包括各国提交国际法院的一切事项。各当事国向国际法院提出诉讼案件原则上是自愿的，但对曾声明接受国际法院强制管辖权的国家，当它们之间发生争端时，只要一方将争端提交国际法院，另一方就必须承认法院有权受理该案。受理案件由法院做出判决后，当事国均应遵守。如当事国一方不履行国际法院的判决所规定的义务，当事国的另一方可提请安理会确定应当采取的措施，以执行国际法院的判决。

国际法院做出的司法判决或发表的咨询意见，均需经出席法官的过半数票数通过。当两种意见投票数相等时，由院长或代理院长职务的法官投决定票。

1996年联合国在德国汉堡成立"国际海洋法庭"，由21位法官组成，任期6年。针对一些国家爆发的种族冲突，联合国设立了临时司法机构，1993年设立前卢旺达国际刑事法庭，1999年设立前南斯拉夫国际刑事法庭，由11名法官组成，任期4年。

6. 秘书处（The Secretariate）

秘书处由秘书长和联合国工作人员组成，秘书长是联合国的最高行政首长，由安理会推荐，联合国大会多数票表决通过。秘书长任期5年，可连任，两届为限。2006年12月14日，第61届联大举行新秘书长就职宣誓仪式，联合国第8任秘书长潘基文（Ban Ki-moon）当着192个会员国代表的面进行了宣誓，表示将不受任何外部影响，全心全意为联合国服务。

联合国秘书长的职能是：在大会、安理会、经社理事会和托管理事会的会议中，以秘书长资格行使职权，向大会提交关于联合国工作的年度报告和必要的补充报告，有权将其认为有可能威胁国际和平与安全的事件提请安理会注意，并根据大会和安理会授权负责有关决议的实施。

联合国职员由秘书长按照大会所确定的规章任命。宪章规定，雇用职员和决定服务条件时的"首要考虑"是保证最高的工作效率、才干和品德的必要性，同时应该注意到在尽可能广泛的地域基础上录用职员的重要性。

秘书处的主要职责是为联合国及其所属机构服务，并负责执行这些机构所制定的方案和政策。该机构涉及联合国行政、财政、政治、技术等各种事务的具体实施。

按照宪章规定，秘书长和秘书处职员只对联合国负责，秘书处作为在总部和外地处理联合国日常工作的国际工作人员班子，不得寻求或接受任何政府的指示。联合国在许多国家设有新闻中心或新闻服务处，它还以 30 种语言对世界各国和地区广播有关联合国的新闻节目。

除了总部的 6 大机构之外，联合国还有 16 大专门机构，分别设在日内瓦、华盛顿、罗马、伯尔尼、巴黎、蒙特利尔、伦敦、维也纳。

联合国的地位与作用是十分重要的。战后联合国在维持世界和平，调节地区冲突，促进各国合作与发展等方面已经做出了不少有益的工作，但也曾犯过一些重要错误，包括阻挠恢复中国在联合国的合法席位，支持美国发动侵朝战争等。冷战后由少数超级大国操纵联合国的历史行将结束。

12.3　欧 洲 联 盟

欧洲联盟（European Union，EN），简称"欧盟"，是由欧洲共同体（European Communities）发展而来的，是一个集政治实体和经济实体于一身、在世界上具有重要影响的区域一体化组织。1991 年 12 月，欧洲共同体马斯特里赫特首脑会议通过《欧洲联盟条约》，通称《马斯特里赫特条约》（简称"马约"）。1993 年 11 月 1 日，"马约"正式生效，欧盟正式诞生。总部设在比利时首都布鲁塞尔。

1946 年 9 月，英国首相丘吉尔曾提议建立"欧洲合众国"。1950 年 5 月 9 日，当时的法国外长罗贝尔·舒曼（1886—1963 年）代表法国政府提出建立欧洲煤钢联营。这个倡议得到了法、德、意、荷、比、卢 6 国的响应。1951 年 4 月 18 日，法国、联邦德国、意大利、荷兰、比利时和卢森堡在巴黎签订了建立欧洲煤钢共同体条约（《巴黎条约》）。1952 年 7 月 25 日，欧洲煤钢共同体正式成立。1957 年 3 月 25 日，这六个国家在罗马签订了建立欧洲经济共同体条约和欧洲原子能共同体条约，统称《罗马条约》。1958 年 1 月 1 日，欧洲经济共同体和欧洲原子能共同体正式组建。1965 年 4 月 8 日，六国签订的《布鲁塞尔条约》决定将三个共同体的机构合并，统称欧洲共同体。但三个组织仍各自存在，具有独立的法人资格。《布鲁塞尔条约》于 1967 年 7 月 1 日生效，欧洲共同体正式成立。1973 年后，英国、丹麦、爱尔兰、希腊、西班牙和葡萄牙先后加入欧洲共同体，成员国扩大到 12 个。

欧洲共同体（欧共体）12 国间建立起了关税同盟，统一了外贸政策和农业政策，创立了欧洲货币体系，并建立了统一预算和政治合作制度，逐步发展成为欧洲国家经济、政治利益的代言人。1991 年 12 月 11 日，欧共体马斯特里赫特首脑会议通过了以建立欧洲经济货币联盟和欧洲政治联盟为目标的《马斯特里赫特条约》（简称"马约"）。1993 年 11 月 1 日"马约"正式生效，欧共体更名为欧盟，这标志着欧共体从经济实体向经济政治实体过渡。1995 年，奥地利、瑞典和芬兰加入，使欧盟成员国扩大到 15 个。欧盟成立后，经济快速发展，1995 年至 2000 年经济增速达 3%，人均国内生产总值由 1997 年的 1.9 万美元上升到 1999 年的 2.06 万美元。欧盟的经济总量从 1993 年的约 6.7 万亿美元增长到 2002 年的近 10 万亿美元。

2002 年 11 月 18 日，欧盟 15 国外长会议决定邀请塞浦路斯、匈牙利、捷克、爱沙尼亚、拉脱维亚、立陶宛、马耳他、波兰、斯洛伐克和斯洛文尼亚 10 个中东欧国家入盟。2003 年 4 月 16 日，在希腊首都雅典举行的欧盟首脑会议上，上述 10 国正式签署入盟协议。2004 年 5 月 1 日，这 10 个国家正式成为欧盟的成员国。这是欧盟历史上的第五次扩大，也是规模最大的一次扩大。2007 年 1 月，罗马尼亚和保加利亚两国加入欧盟，欧盟经历了六次扩大，成为一个涵盖 27 个国家总人口超过 4.8 亿人的当今世界上经济实力最强、一体化程度最高的国家联合体。

欧盟主要机构有：欧洲理事会、欧盟委员会、欧盟理事会、欧洲议会、欧洲法院和欧洲审计院。

欧洲理事会（European Council），即首脑会议，由成员国国家元首或政府首脑及欧盟委员会主席组成；负责讨论欧洲联盟的内部建设、重要的对外关系及重大的国际问题，每年至少举行两次会议，欧洲理事会主席由各成员国轮流担任，任期半年。欧洲理事会是欧盟的最高权力机构，在决策过程中采取协商一致通过的原则。理事会下设总秘书处。

欧盟理事会，即部长理事会，主席由各成员国轮流担任，任期半年。

欧盟委员会是欧洲联盟的常设机构和执行机构，负责实施欧洲联盟条约和欧盟理事会作出的决定，向理事会和欧洲议会提出报告和立法动议，处理联盟的日常事务，代表欧盟对外联系和进行贸易等方面的谈判等。在欧盟实施共同外交和安全政策范围内，该委员会只有建议权和参与权。总部设在比利时首都布鲁塞尔法律大街 200 号一座十字形的大厦内。根据"马约"，自 1995 年起，欧盟委员会任期为 5 年，设主席 1 人、副主席 2 人。该委员会由来自不同成员国的 25 名代表组成。欧盟委员会主席人选由欧盟各成员国政府征询欧洲议会意见后共同提名，欧盟委员会其他委员人选由各成员国政府共同协商提议。按此方式提名的欧盟委员会主席和其他委员需一起经欧洲议会表决同意后，由欧盟成员国政府共同任命。

欧洲议会是欧洲联盟的执行监督、咨询机构，在某些领域有立法职能，并有部分预算决定权，并可以三分之二多数票数弹劾欧盟委员会，迫其集体辞职。议会大厦设在法国斯特拉斯堡，议会秘书处设在卢森堡。自 1979 年起，欧洲议会议员由成员国直接普选产生，任期 5 年。

此外，欧盟机构还包括设在卢森堡的欧洲法院和欧洲审计院。欧洲法院是欧盟的仲裁机构，负责审理和裁决在执行欧盟条约和有关规定中发生的各种争执。现有 15 名法官和 9 名检察官，由成员国政府共同任命。欧洲审计院负责欧盟的审计和财政管理工作。审计院 1977 年成立，由 12 人组成。

12.4　北大西洋公约组织

北大西洋公约组织（North Atlantic Treaty Organization，NATO），简称"北约"，它本来是美国、加拿大和部分西欧国家在战后为联合对抗苏联军事力量而形成的地区性军事同盟组织。

1949 年 4 月 4 日，美国、加拿大、英国、法国、比利时、荷兰、卢森堡、丹麦、挪威、冰岛、葡萄牙和意大利 12 国在美国首都华盛顿签订了北大西洋公约，宣布成立北大西洋公约组织。截至 2004 年 3 月 29 日，北约成员国有 26 个。该组织总部设在比利时首都布鲁塞尔。

北大西洋公约共 14 条，其宗旨是缔约国实行"集体防御"，任何缔约国同它国发生战争时，成员国必须给予帮助，包括使用武力。北约最初的成员国包括：美国、加拿大、比利时、法国、卢森堡、荷兰、英国、丹麦、挪威、冰岛、葡萄牙和意大利。

北约曾被称为北大西洋联盟或北大西洋集团。北约的最高决策机构是北约理事会。理事会由成员国国家元首及政府首脑、外长、国防部长组成，常设理事会由全体成员国大使组成。总部设在布鲁塞尔。希腊和土耳其于 1952 年、联邦德国和西班牙分别于 1955 年和 1982 年加入该组织。

20 世纪 90 年代，随着 1955 年 5 月成立的华沙条约组织（华约）的解散和苏联的解体，欧洲的政治与安全形势发生了巨大变化，北约开始向政治军事组织转变。

1990 年 7 月，北约第 11 届首脑会议在伦敦宣布冷战结束。1991 年 12 月，北约在罗马首脑会议上决定与部分中东欧国家成立北大西洋合作委员会。自 1992 年起，波兰等东欧国家相继提出加入北约的请求。同年，北约批准了一项原则，允许它的军队离开成员国领土到其他地方参与维和行动。当年年底，北约便决定以军事力量介入南斯拉夫危机。

1994 年 1 月，北约布鲁塞尔首脑会议通过了与中东欧国家以及俄罗斯建立和平伙伴关系计划。1996 年 9 月，北约公布了《东扩计划研究报告》。1997 年 5 月，取代北大西洋合作委员会、旨在加强北约同欧洲和欧亚大陆的非北约成员之间的安全关系的欧洲—大西洋伙伴关系理事会正式成立。1997 年 7 月马德里首脑会议决定接纳波兰、捷克和匈牙利加入北约。1999 年 3 月，这三个国家正式成为北约新成员。至此，北约成员国已发展到 19 个。2002 年 11 月，北约布拉格首脑会议决定接纳爱沙尼亚、拉脱维亚、立陶宛、斯洛伐克、斯洛文尼亚、罗马尼亚和保加利亚 7 个国家加入北约。这是北约自 1949 年成立以来规模最大的一次扩大。2004 年 3 月，上述 7 国正式递交各自国家加入北约的法律文本，从而成为北约的新成员，使北约成员国从 19 个扩大到 26 个。

2003 年 6 月布鲁塞尔国防部长会议对北约军事指挥系统做了重大调整，精简三级司令部，由原来的 20 个减为 11 个；全球最高战略指挥中心统一为战略司令部；欧洲盟军司令部与大西洋盟军司令部合并为欧洲盟军司令部；2006 年 10 月前建成 2 万人的快速反应部队；北约的重心东移，驻德国部队将向东欧成员国转移，反恐成为北约的主要任务之一。

北约有一个统一的军事指挥系统，其成员国指派一些本国部队由它指挥（除法国、西班牙、爱尔兰之外），其欧洲总兵力达 340 万人，其中美国军队约 32.6 万人。华沙条约组织解体后，北约兵力大减，20 世纪 90 年代中期，兵力裁减到 200 万人，科索沃战争与第一次东扩后，回升到 280 万人左右，第二次东扩后，北约的总兵力增加到 300 万人。北约已经建立了一支拥有约 20 万人的快速反应部队，拥有雷达飞机并在地中海部署一支常驻海军部队。

2004 年 3 月 29 日北约第二次东扩，美国总统小布什在华盛顿白宫举行欢迎仪式，欢迎罗马尼亚、保加利亚、斯洛伐克、斯洛文尼亚、波罗的海三国加入北约，7 国的国防部长参加了欢迎仪式，7 国正式加入北约，北约第二次东扩完成。4 月 2 日北约布鲁塞尔总部为新入盟 7 国举行升旗仪式。"北约"防线进一步由波罗的海推到黑海，成员国已达 26 国。其中波罗的海三国（爱沙尼亚、拉脱维亚、立陶宛）曾是苏联加盟共和国；波兰、匈牙利、捷克、罗马尼亚、保加利亚、斯洛伐克曾是华沙条约组织成员。升旗仪式后，26国外长举行北大西洋理事会，集中讨论了伊拉克问题、阿富汗问题、科索沃问题，并发表了一个反恐声明。目前在伊拉克有 17 个北约成员国派驻军队。

北约的东扩与战略的调整，引起俄罗斯的极度不满，但又无可奈何。波罗的海三国加入北约后 2 天，比利时 4 架 F-16 战机在 3 月 31 日飞抵立陶宛夏乌利亚伊空军基地，机场保卫人员、后勤服务人员与 100 名丹麦军人开始驻守波罗的海三国的第一个军事基地。阿富汗战争后，北约在中亚的驻军，进一步将其东扩的触角抵达亚洲腹地，对全球战略平衡造成严重影响。

北约第二次东扩后面临新的挑战，首先，新成员的加入对北约现有的结构与决策机制带来了冲击，美国与法国、德国的分歧依然存在，北约内部保持一致的压力增加；其次，北约东扩后俄罗斯与北约的关系更加敏感，俄罗斯西部边界直线暴露在北约面前，波罗的海三国原本是苏联领土，它们没加入《欧洲常规裁军条约》，因此在其国土上可保留与部署任何军事装备。一旦北约的先进军事装备部署在此，装甲车只需一昼夜，巡航导弹只需几分钟就可抵达俄中央地区，对俄的军事威胁尤其严重。尽管北约已向俄罗斯保证，波罗的海三国与其他新成员将签署《欧洲常规裁军条约》，并承诺不在自己的领土上发展、建造、保存核武器，也不部署强大的军事力量，但是这并不能打消俄罗斯的担心。俄罗斯在北约第二次东扩前后，多次举行大规模的军事演习，表达了这种忧虑。北约与俄罗斯抗衡的可能性加大；此外，北约要完成全球反恐的任务，其自身的能力与资源并不能够应对，新成员的加入也不能有多大帮助，它们本身经济欠发达，军力有限，需要美国与其他富国援助，北约战略目标对其自身能力继续提出挑战。

北约主要决策机构是北大西洋理事会，其常设委员会每周举行一次大使级会晤，部长理事会由外长、财长级举行会晤，每年至少举行两次。军事委员会一年举行 3 次，由各国参谋长参加，讨论军事计划。各国国防部长组成防务计划委员会与核计划小组（除法国国防部长之外），每年至少举行两次会晤。1991 年 12 月，北约设立北大西洋合作委员会，作为同原东欧集团成员国对话的论坛。日常组织联络工作由国际秘书处承担。1996 年 6 月 3 日，北约在柏林会议上通过组建欧洲多国特种部队，在美国不参加的情况下，独立处理地区军事防务，这是北约在冷战后进行重大改革的重要一步，其独立性大大加强了。必要时北约可举行首脑会议。

12.5 全球最主要的三大国际经济组织
——国际货币基金组织、世界贸易组织、世界银行

12.5.1 国际货币基金组织

国际货币基金组织（International Monetary Fund，IMF）是政府间国际金融组织。1945年 12 月 27 日正式成立，1947 年 3 月 1 日开始工作，1947 年 11 月 15 日成为联合国的专门机构，在经营上有其独立性，总部设在华盛顿，截至 2007 年 1 月有 185 个成员国。

该组织宗旨是通过一个常设机构来促进国际货币合作，为国际货币问题的磋商和协作提供方法；通过国际贸易的扩大和平衡发展，把促进和保持成员国的就业、生产资源的发展、实际收入的高水平，作为经济政策的首要目标；稳定国际汇率，在成员国之间保持有秩序的汇价安排，避免竞争性的汇价贬值；协助成员国建立经常性交易的多边支付制度，消除妨碍世界贸易的外汇管制；在适当的条件下，基金组织向成员国临时提供普通资金，使其有信心利用此机会纠正国际收支的失调，而不采取危害本国或国际繁荣的措施；按照以上目的，缩短成员国国际收支不平衡的时间，减轻不平衡的程度等。

该组织的资金来源于各成员认缴的份额。成员享有提款权，即按所缴份额的一定比例借用外汇。1969 年又创设"特别提款权"的货币（记账）单位，作为国际流通手段的一个补充，以缓解某些成员的国际收入逆差。成员有义务提供经济资料，并在外汇政策和管理方面接受该组织的监督。

国际货币基金组织的管理机构主要包括理事会和执行董事会（见图 12-1）。

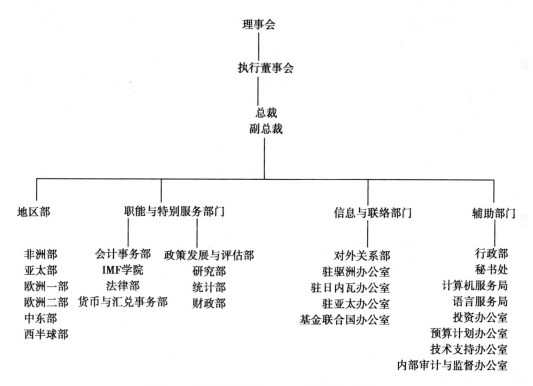

图 12-1　国际货币基金组织内部行政机构图

资料来源：国际货币基金组织网站，http：//www. imf. org，1998 年 5 月 10 日。

1. 理事会

（1）理事会是国际货币基金组织的最高权力机构，由每个成员国按其自行决定的方法委派理事和副理事各一人组成。每一理事和副理事可以任职到另有新的任命为止。副理事仅在理事缺席时才有投票权。国际货币基金组织理事会主席，由理事会推荐从理事中产生。除了国际货币基金组织直接赋予理事会的权力外，理事会的日常事务委托执行董事会行使。（2）按理事会的规定，理事会可以自行召集会议，或通过执行董事会召集会议。董事会在 15 个成员国或者持有 1/4 总投票权的成员国提出请求时，必须召集会议。（3）理事会每次会议的法定人数应该为过半数理事，并持有不少于 2/3 的总投票权。（4）如果理事会需要指定规章或建立一种程序，或执行董事会在认为其行动最适合基金利益时，对某项特殊问题可以采取不召开理事会而获得各理事的投票。（5）在适当的时机下，理事会和执行董事会可以任命粮站各类工作的委员会。这些委员会的成员不必限于理事、执行董事或其副职。

2. 执行董事会

（1）执行董事会的每次定期选举，理事会可以根据总投票权 85% 的多数增加或减少。（2）每一执行董事应该指派一名副董事在其本人缺席时全权代理行使其职权。当执行董事出席时，副董事可以参加会议，但不得投票。（3）如果某执行董事在其任期结束前出缺超过 90 天以上时，应该由其所属成员国另派一名执行董事，以继续其未满的任期。在执行董事出缺期间，由其副董事代行职权，但无权指派副董事。（4）执行董事会应该长驻基金总部办公，并依据基金业务的需要经常举行会议。（5）执行董事会每次会议的法定人数，应当超过半数执行董事。

此外，在执行董事会下面，还设有地区部、其他职能及特殊服务部门。其中，六个地区部包括：非洲部、亚太部、欧洲一部、欧洲二部、中东部、西半球部，根据各所属地区经济发展与政策状况，这些地区向执行董事会提供咨询和建议，负责国际货币基金组织在该地区基金的使用与评估。地区部要与国际货币基金组织的其他职能部门一起，为成员国提供政策咨询与技术援助，并与有关地区组织和多边机构保持联系。

另外，国际货币基金组织设总裁一人，总裁为执行董事会主席，同时负责国际货币基金组织的日常工作。总裁由执行董事会选举产生，但实际上由欧洲国家协商推荐。理事、执行董事均不得兼任总裁。总裁还可以参加理事会会议，但没有投票权，只有在双方票数相等的情况下，总裁才可以投决定性的一票。

国际货币基金组织作为促进国际货币合作、维护汇率稳定、保障国际贸易的平稳发展和世界经济免遭重大挫折的一个国际经济组织，它的作用在冷战结束后才开始显示。近年来，IMF 在世界经济中发挥重大作用是一个不争的事实。最初，IMF 把维持固定汇率作为自己的首要目标，但随着布雷顿森林体系的崩溃，IMF 将自己的目标调整为在浮动汇率条件下维持汇率的稳定。冷战结束后，向成员国提供贷款，在货币问题上促进国际合作，研究国际货币制度改革的有关问题，研究扩大基金组织的作用，提供技术援助和加强同其他国际机构的联系。

中国是该组织创始国之一。1980 年 4 月 17 日，该组织正式恢复中国的代表权。中国在该组织中的份额为 33. 852 亿特别提款权，占总份额的 2.34%。中国共拥有 34102 张选票，占总投票权的 2.28%。中国自 1980 年恢复在国际货币基金组织的席位后单独组成一个选区并派一名执行董事。1991 年，该组织在北京设立常驻代表处。①

---

① 新华网，http://news. xinhuanet. com/ziliao/2003-01/27/content_709580. htm，2007 年 2 月 17 日。

12.5.2　世界贸易组织

世界贸易组织（World Trade Organization，WTO），简称"世贸组织"，是一个专门协调国际贸易关系的国际经济组织。其前身是关税和贸易总协定（General Agreement on Tariff and Trade，GATT），简称"关贸总协定"。

世贸组织成员分四类：发达成员、发展中成员、转轨经济体成员和最不发达成员。1995 年 7 月 11 日，世贸组织总理事会会议决定接纳中国为该组织的观察员，2001 年 11 月中国加入该组织。2007 年 1 月，越南成为世贸组织第 150 个正式成员。

世贸组织是一个独立于联合国的永久性国际组织。建立世贸组织的设想是在 1944 年 7 月举行的布雷顿森林会议上提出的，当时设想在成立世界银行和国际货币基金组织的同时，成立一个国际性贸易组织，从而使它们成为二次大战后左右世界经济的"货币—金融—贸易"三位一体的机构。1947 年联合国贸易及就业会议签署的《哈瓦那宪章》同意成立世贸组织，后来由于美国的反对，世贸组织未能成立。同年，美国发起拟定了关贸总协定，作为推行贸易自由化的临时契约。1986 年关贸总协定乌拉圭回合谈判启动后，欧共体和加拿大于 1990 年分别正式提出成立世贸组织的议案，1994 年 4 月在摩洛哥马拉喀什举行的关贸总协定部长级会议才正式决定成立世贸组织。1995 年 1 月 1 日正式开始运作，负责管理世界经济和贸易秩序，总部设在瑞士日内瓦莱蒙湖畔。1996 年 1 月 1 日，它正式取代关贸总协定临时机构。世贸组织是具有法人地位的国际组织，在调解成员争端方面具有很高的权威性。世贸组织与世界银行、国际货币基金组织一起，并称为当今世界经济体制的"三大支柱"。目前，世贸组织的贸易量已占世界贸易的 95% 以上。

世贸组织被认为是多边贸易体制的代表，其核心是世贸组织的各项协定。这些协定是由世界上绝大多数国家和地区通过谈判达成并签署的，已经各成员立法机构的批准。这些协定包含了国际贸易通行的法律规则，一方面保证各成员的重要贸易权利，另一方面对各成员政府起到约束作用，使它们的贸易政策保持在各方议定且符合各方利益的限度之内，这样做是为了向产品制造者和服务提供者提供帮助，并便利进出口业务的开展。

世贸组织的首要目标是帮助开展平稳、自由、公平的贸易。实现这些目标的途径包括：管理世贸组织协定、处理贸易争端、监督各国贸易政策、为发展中国家提供技术援助和培训、与其他国际组织开展合作等。

世界贸易组织的目标是建立一个完整的、更具有活力的和永久性的多边贸易体制。与关贸总协定相比，世界贸易组织管辖的范围除传统的和乌拉圭回合确定的货物贸易外，还包括长期游离于关贸总协定外的知识产权、投资措施和非货物贸易（服务贸易）等领域。

世贸组织的宗旨是：在提高生活水平和保证充分就业的前提下，扩大货物和服务的生产与贸易，按照可持续发展的原则实现全球资源的最佳配置；努力确保发展中国家，尤其是最不发达国家在国际贸易增长中的份额与其经济需要相称；保护和维护环境。

世界贸易组织的基本原则是非歧视贸易原则，包括最惠国待遇和国民待遇条款；可预见的和不断扩大的市场准入程度，主要是对关税的规定；促进公平竞争，致力于建立开放、公平、无扭曲竞争的"自由贸易"环境和规则；鼓励发展与经济改革。

世贸组织的基本职能有：管理和执行共同构成世贸组织的多边及诸边贸易协定；作为多边贸易谈判的讲坛；寻求解决贸易争端；监督各成员贸易政策，并与其他同制定全球经济政策有关的国际机构进行合作。世贸组织有以下一些主要机构：

1. 部长级会议

部长级会议是世界贸易组织的最高决策机构（非常设机构），由世界贸易组织的所有成员主管外经贸的部长、副部长官员或其全权代表组成。部长会议至少每两年举行一次，它具有广泛的前例，主要对国际贸易重大问题做出决策，并在适当的时候发动多边贸易谈判（见图 12-2）。

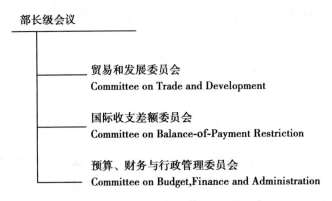

图 12-2　WTO 部长会议及其委员会

资料来源：李滨：《世界政治经济中的国际组织》，国家行政学院出版社，2001 年版，第 248 页。

2. 总理事会

总理事会由世界贸易组织全体成员的代表组成，是世界贸易组织的核心机构，在部长级会议休会期间，总理事会负责世界贸易组织的日常事务，监督和指导下设机构的各项工作，并处理世界贸易组织的重要紧急事务。根据《建立世界贸易组织协定》，世界贸易组织在总理事会下设立货物贸易理事会、服务贸易理事会、与贸易有关的知识产权理事会等附属机构，理事会由所有成员代表组成，分别履行不同的职责：货物贸易理事会主要负责监督货物贸易多边协定，即《1994 年关税与贸易总协定》及其关于货物贸易的协定和决定等的贯彻和执行，货物贸易理事会下设 12 个专门委员会具体负责各项协议的执行。它们是：市场准入委员会、农产品委员会、纺织品监督委员会、动植物卫生监督委员会、与贸易有关的投资措施委员会、原产地规则委员会、进口许可证委员会、反倾销措施委员会、补贴与反补贴措施委员会、保障措施委员会、海关估价委员会、技术性贸易壁垒委员会等。服务贸易理事会主要监督实施《服务贸易总协定》，下设金融服务贸易委员会和具体承诺委员会。与贸易有关的知识产权理事会主要负责监督实施《与贸易有关的知识产权协定》，尚无下设机构（见图 12-3）。

3. 秘书处

根据《建立世界贸易组织协定》，世界贸易组织设立了由总干事领导的世界贸易组织秘书处，总干事由部长级会议任命，其权限、义务、待遇和任职期限由部长会议确定。总干事有权根据部长会议的规定任命秘书处的官员，确定秘书处官员的职责和待遇。秘书处负责世界贸易组织的日常事务。

图 12-3　WTO 总理事会机构设置图

资料来源：李滨：《世界政治经济中的国际组织》，国家行政学院出版社，2001 年版，第 249 页。

12.5.3　世界银行

世界银行（World Bank，WB）一般而言是指国际复兴开发银行（International Bank for Reconstruction and Development，IBRD）。1944 年 7 月在美国布雷顿森林举行的联合国货币金融会议上通过了《国际复兴开发银行协定》，1945 年 12 月 27 日，28 个国家政府的代表签署了这一协定，并宣布国际复兴开发银行正式成立。1946 年 6 月 25 日开始营业，1947 年 11 月 5 日起成为联合国专门机构之一，是世界上最大的政府间金融机构之一。总部设在美国华盛顿，并在巴黎、纽约、伦敦、东京、日内瓦等地设有办事处，此外还在 20 多个发展中成员国设立了办事处。

世界银行成立初期的宗旨是致力于战后欧洲复兴。法国是第一个从世界银行得到贷款的国家。1948 年以后世界银行转向世界性的经济援助，通过向生产性项目提供贷款和对改革计划提供指导，帮助欠发达成员国实现经济发展。

1994 年 7 月，世界银行在一份题为"学习过去，拥抱未来"的报告中为该行未来的发展确定了下述 6 项原则：提高向发展项目提供贷款的选择性；加强与各类发展机构的伙伴关系；认真适应借款国的需求，促进它们参与世界银行相关项目的设计和执行；扩大贷款项目对经济发展的总体影响；消除官僚主义，讲究实效；完善世界银行自身的财务管理。

世界银行有三个限制条件：（1）只有参加国际货币基金组织的国家，才允许申请成为世界银行的成员，贷款是长期的，一般为 15～20 年不等，宽限期为 5 年左右，利率为 6.3% 左右。（2）只有成员国才能申请贷款，私营生产性企业申请贷款要由政府担保。（3）成员国申请贷款一定要有工程项目计划，贷款专款专用，世界银行每隔两年要对其贷款项目进行一次大检查。

世界银行的资金来源：（1）各成员国缴纳的股金。（2）向国际金融市场借款。（3）发行债券和收取贷款利息。

截至 2007 年 1 月，世界银行拥有 185 个成员国，雇员 6400 人，顾问 1100 人，年度预算 14 亿美元。世界银行总资金额达 1882.2 亿美元。1980 年 5 月，中国恢复了在世界银行的合法席位。1981 年起中国开始借用该行资金。

WB 的行址设在美国首都华盛顿，与 IMF 总部相隔一个街区，邻街相对。其组织结构为理事会、执行董事会和办事机构三级。

理事会是 WB 的最高权力机构，由各成员国选派一名理事和一名副理事组成。理事一般由各国的财政部长、中央银行行长或者其他相当地位的高级官员担任，副理事只有在理事缺席时，才有投票权。理事会每年举行一次会议，一般与 IMF 理事会联合举行。但必要时经过理事会中具有全部投票权 1/4 的理事或成员国提议，可以召开特别会议。理事会会议必须有行使全部投票权的 2/3 以上的理事参加。理事会的最主要职权是：批准接纳新成员国和暂停成员国的资格，决定普遍地增加或者调整成员国应缴纳的股本，决定银行净收入的分配以及决定银行业务和银行资产分配，裁决执行董事会对《国际复兴开发银行协定》的解释，安排与其他国际组织的合作。除了上述职能外，一般情况下，平时理事会授权执行董事会代行各项职能。

执行董事会是 WB 日常的决策机构，它负责执行董事会的决议以及行使由理事会授予的其他职能。WB 执行董事会的产生与 IMF 相似，由 24 名执行董事组成，其中 5 名董事是来自于认股份额最多的 5 个发达国家：美国、英国、法国、德国和日本。其余执行董事则由其余成员国按地区组成的 19 个选区选举产生，每个选区选出的执行董事行使的表决权是其所代表选区各国表决权的总和。选举每两年进行一次，各个选区的选举是以选区内各国的份额为基础的，一般情况下，也是谁的认股份额最大，谁当选执行董事。但是有些情况下，也不一定是选区内认股份额最多的国家当选执行董事，而是各国所拥有的投票权进行结盟的结果。另外，三个国家沙特阿拉伯、俄罗斯和中国，尽管也在这 19 个选区内，但是它们具有较大的认股份额，也可以单独选出自己的执行董事。实际上是沙特阿拉伯、俄罗斯和中国所在的选区内选出两名执行董事（即除了沙特阿拉伯、俄罗斯、中国外，各选区还可以另选一名执行董事）。每名执行董事可以任命一名副执行董事，在执行董事缺席时代理执行董事行使权力。执行董事任期 2 年，可以连任。执行董事会设主席 1 人，由世界银行行长兼任。

根据 WB 的章程，执行董事会主要有以下几个方面的职能：（1）审查年度财务计划、业务计划和行政预算，决定下一年度的资金和工作人员的使用。（2）审查具体政策建议，决定各自政策的方向。（3）审查世界银行对其各项工作的评价，保证世界银行和各成员国从已有的经验教训中受益。（4）负责向理事会会议提交财务审计、行政预算和年度经营报告。

WB 的行政办事机构由行长、副行长和工作人员组成，他们主要负责 WB 的日常业务工作。行长是世界银行的行政首脑，他是由执行董事会选举产生的，这一人选必须是理事或董事以外的人担任，按照习惯一般由美国人担任。行长任期 5 年，可以连选连任。行长可以参加理事会会议，但没有投票权，同时兼任执行董事会主席，但是在执行董事会中一般没有投票权，如果执行董事会中出现双方票数相等的情况，行长才可以投出决定性的裁决票。行长的主要职责是根据执行董事会的指示，负责领导银行总部和各个办事机构的行政工作，聘用高级职员和工作人员。行长下设副行长若干人，一般为 18 人，协助行长工作。

WB 有相当庞大的内部机构，仅华盛顿总部内按照地区和专业所设的局就达到五十多个，各局之下又设有众多的职能与专业处。另外，在世界五十多个国家，WB 还设有办事处或代表处。

在 1980 年，世界银行内部建立了一个行政法庭，这个法庭的职能仅对内解决世界银行集团工作人员与其管理机构之间的争端。

12.6　亚太经济合作组织

亚太经济合作组织（简称"亚太经合组织"，Asia-Pacific Economic Cooperation，APEC）成立之初是一个区域性经济论坛和磋商机构，经过十几年的发展，已逐渐演变为亚太地区重要的经济合作论坛，也是亚太地区最高级别的政府间经济合作机制。它在推动区域贸易投资自由化，加强成员间经济技术合作等方面发挥了不可替代的作用。

亚太经合组织诞生于全球冷战结束的年代。20 世纪 80 年代末，随着冷战的结束，国际形势日趋缓和，经济全球化、贸易投资自由化和区域集团化的趋势渐成为潮流。同时，亚洲地区在世界经济中的比重也明显上升。在此背景下，1989 年 1 月，澳大利亚总理霍克提出召开亚太地区部长级会议，讨论加强相互间经济合作。1989 年 11 月，亚太经合组织首届部长级会议在澳大利亚首都堪培拉举行，标志着亚太经合组织的正式成立。澳大利亚、韩国、美国、日本、新加坡、加拿大、东盟六国（新加坡、马来西亚、泰国、菲律宾、文莱、印度尼西亚）12 国为创始国。1991 年 11 月，亚太经合组织第三届部长级会议在韩国首都汉城（现称"首尔"）举行，会议通过的《汉城宣言》正式确立该组织的宗旨和目标为："为本地区人民的共同利益保持经济的增长与发展；促进成员间经济的相互依存；加强开放的多边贸易体制；减少区域贸易和投资壁垒。"

亚太经济合作组织的原则：（1）承认多样性与灵活性。（2）相互尊重与平等合作。（3）互惠互利共同繁荣。（4）协商一致自主自愿。（5）开放的地区主义原则。亚太经济合作组织的经费，各国认缴一定比例的会费，成立中央基金拨款。

截至 2006 年 11 月，亚太经合组织共有 21 个成员：澳大利亚、文莱、加拿大、智利、中国、中国香港、印度尼西亚、日本、韩国、马来西亚、墨西哥、新西兰、巴布亚新几内亚、秘鲁、菲律宾、俄罗斯、新加坡、中华台北、泰国、美国和越南。1991 年前称为成员国，1991 年 11 月中国、中国香港、中华台北同时入会后，一律称经济体而不是成员国或国家。

亚太经合组织总人口达 26 亿人，约占世界人口的 40%；国内生产总值之和超过 19 万亿美元，约占世界国内生产总值之和的 56%；贸易额约占世界总量的 48%。这一组织在全球经济活动中具有举足轻重的地位。

亚太经济合作组织的运作机制分为 5 个层次。

1. 领导人非正式会议

会议就有关经济问题发表见解，交换看法，会议形成的领导人宣言是指导亚太经合组织各项工作的重要纲领性文件。首次领导人非正式会议于 1993 年 11 月在美国西雅图召开，此后每年召开一次，在各成员间轮流举行，由各成员领导人出席（中华台北只能派出主管经济事务的代表出席）。2001 年 10 月 21 日，亚太经合组织第 9 次领导人非正式会议在中国上海举行。中国国家主席江泽民主持会议并发表题为"加强合作，共同迎接新世纪的新挑战"的重要讲话，全面阐述了中国对当前世界和地区经济形势的看法，以及对推进 APEC 合作进程的主张。与会领导人以"新世纪、新挑战：参与、合作，促进共同繁荣"为主题，就当前世界经济形势以及"9·11"事件对经济发展带来的影响、人力资源能力建设和亚太经合组织未来发展方向等问题深入交换意见，达成了广泛的共识。会议通过并发表了《领导人宣言：迎接新世纪的新挑战》、《上海共识》和《数字 APEC 战略》等文件。与会各成员领导人还利用午餐会就反对恐怖主义问题交换了意见，并发表了《亚太经合组织领导人反恐声明》。

2. 部长级会议

部长级会议是亚太经合组织决策机制中的一个重要组成部分，在每年领导人非正式会议前举行。会议的主要任务包括：为领导人非正式会议召开进行必要的前期准备；贯彻执行领导人会议通过的各项指示，讨论区域内的重要经济问题，决定亚太经合组织的合作方向和内容。部长级会议实际是"双部长"会，即由各成员的外交部长（中国香港和中华台北除外）以及外贸部长或经济部长、商业部长等（中国香港和中华台北派代表）出席。

3. 高官会议

高官会议是亚太经合组织的协调机构，始于 1989 年，通常由当年举办领导人非正式会议的东道主主办，每年举行 3 至 4 次会议，主要负责执行领导人和部长级会议的决定，审议各工作组和秘书处的活动，筹备部长级会议、领导人非正式会议及其后续行动等事宜。

4. 委员会和工作组

委员会包括：预算和管理委员会、贸易和投资委员会、经济委员会、亚太工商咨询理事会、亚太经合组织商业顾问委员会金融委员会。

工作组包括：贸易促进小组、贸易和投资数据研究小组、工业和科技小组、人力资源开发小组、能源小组、海洋资源保护小组、电信小组、交通运输小组、旅游小组、渔业小组、农业技术合作小组、中小企业小组、名人小组。

5. 秘书处

1993 年 1 月 1 日在新加坡正式建立，同年 3 月正式运行，为 APEC 各层次的活动提供支持与服务。秘书处负责行政、财务、信息收集及出版和工作组会议的组织协调等事务性工作。其主要职能有：为部长级会议及高官会议提供文件和服务；准备年度预算并向高官会议提出使用建议，检测和审查专题工作组的活动并提出建议；向报界、商界、学术团体及公众传播信息；完成高官会议授权交办的其他任务。秘书处执行主任由每年部长级会议的东道主派人担任。副执行主任由下届 APEC 会议东道主指派，一年之后成为执行主任。

12.7　其他重要国际组织

除了上述国际组织外，世界上还有其他的一些重要的国际组织，随着全球化进程的发展，这些组织在各自领域发挥的作用越来越重要。以下将介绍八国集团首脑会议、石油输出国组织、不结盟运动和上海合作组织等国际组织的基本情况。

12.7.1　八国集团首脑会议

八国集团首脑会议（G8 Summit）由西方七国首脑会议演变而来，其成员由美国、英国、法国、德国、意大利、加拿大、日本和俄罗斯组成，又称八国集团。

20 世纪 70 年代初，西方国家经历了第二次世界大战后最严重的全球性经济危机，经济形势严重恶化。为共同研究世界经济形势，协调各国政策，重振西方经济，在法国倡议下，1975 年 11 月，法、美、德、日、英、意六国领导人在法国巴黎郊外的朗布依埃举行了首次最高级经济会议。

1976 年 6 月，六国领导人在波多黎各首府圣胡安举行第二次会议，加拿大应邀与会，形成七国集团，也被称为"西方七国首脑会议"。此后，西方七国首脑会议作为一种制度固定下来，每年轮流在各成员国召开一次。1977 年起，欧洲共同体（后改名为欧洲联盟）委员会主席亦应邀参加会议。

西方七国首脑会议最初主要讨论经济问题。随着国际形势的发展，从 20 世纪 80 年代初开始，首脑会议除讨论经济问题外，把世界重大的政治问题也列入了议程，诸如何面对"苏联战略的挑战"问题、核裁军问题、东西方关系和人权问题等。

1991 年原苏联总统戈尔巴乔夫，1992 年和 1993 年俄罗斯总统叶利钦先后应邀与七国首脑在会后举行会晤。1994 年第 20 次会议期间，俄罗斯作为正式成员参加政治问题的讨论，形成"7+1"模式。1997 年在美国丹佛举行的七国首脑会议时，克林顿总统作为东道主邀请叶利钦以正式与会者的身份"自始至终"参加会议，并首次与七国集团首脑以"八国首脑会议"的名义共同发表"最后公报"。从此，"西方七国首脑会议"演化为"八国首脑会议"，"7+1"的模式结束，八国首脑会议体制形成。但在经济问题上，八国首脑会议依然保持七国体制。

2003 年 6 月，八国首脑会议在法国的埃维昂举行。中国国家主席胡锦涛应希拉克总统的邀请，出席了八国集团在峰会前与 11 个发展中国家举行的南北领导人非正式对话会议。

2004 年 6 月，八国集团首脑会议在美国佐治亚州小城萨凡纳举行。美国、英国、法国、德国、意大利、日本、加拿大和俄罗斯的领导人出席了此次为期 3 天的峰会。美国总统布什还特意邀请了阿富汗、阿尔及利亚、巴林、约旦、也门和土耳其等国领导人参加。此次峰会的主题为"自由与合作通向繁荣和安全"。

2005 年 7 月，八国集团峰会在英国格伦伊格尔斯（也称"鹰谷"）举行，会议着重讨论非洲发展和气候变化等问题。在这次峰会上，胡锦涛主席应布莱尔首相邀请，出席了八国集团与中国、印度、巴西、南非、墨西哥 5 个发展中大国领导人举行的南北领导人对话会。

2006 年 7 月，八国集团首脑会议在圣彼得堡举行。八国领导人除了就能源安全、传染病防控和教育三大议题进行磋商外，还就世界经济、地区热点和安全等问题交换了意见。峰会 16 日就三大议题通过了三项联合声明，并就贸易、反腐败、知识产权保护和非洲问题通过了有关文件。胡锦涛主席出席了八国集团同发展中国家领导人对话会议。此前，胡锦涛主席于 16 日与印度、巴西、南非、墨西哥、刚果（布）领导人举行集体会晤。

12.7.2　石油输出国组织

1960 年 9 月由伊朗、伊拉克、科威特、沙特阿拉伯和委内瑞拉的代表在巴格达开会，决定联合起来共同对付西方石油公司，维护石油收入，14 日，五国宣告成立石油输出国组织（Organization of Petroleum Exporting Countries，OPEC，简称欧佩克）。其后，卡塔尔（1960 年）、印度尼西亚（1962 年）、厄瓜多尔（1973 年）、加蓬（1973 年）、阿拉伯联合酋长国（1974 年）等陆续加入该组织。随着成员的增加，欧佩克发展成为国际性石油组织，拥有 13 个成员国。欧佩克总部设在维也纳。1962 年 11 月 6 日，欧佩克在联合国秘书处备案，成为正式的国际组织。

石油输出国组织的宗旨：协调和统一各成员国的石油政策，并确定以最适宜的手段来维护它们各自和共同的利益。

石油输出国组织的原则：不干涉不违背石油输出组织权威机构讨论决定的决策。

石油输出国组织的主要机构为：

1. 大会

欧佩克大会是该组织的最高权力机构，各成员国向大会派出以石油、矿产和能源部长（大臣）为首的代表团。大会每年召开两次，如有需要还可以召开特别会议。大会奉行全体成员国一致原则，每个成员国均为一票，负责制定该组织的大政方针，并决定以何种适当方式加以执行。

欧佩克大会同时还决定是否接纳新的成员国，审议理事会就该组织事务提交报告和建议。大会审议通过对来自任何一个成员国的理事的任命，并选举理事会主席。大会有权要求理事会就涉及该组织利益的任何事项提交报告或提出建议。大会还要对理事会提交的欧佩克预算报告加以审议，并决定是否进行修订。

2. 理事会

欧佩克理事会类似于普通商业机构的理事会，由各成员国提名并经过大会通过的理事组成，每两年为一届。理事会负责管理欧佩克的日常事务，执行大会决议，起草年度预算报告，并提交给大会审议通过。理事会还审议由秘书长向大会提交的有关欧佩克日常事务的报告。

3. 秘书处

欧佩克秘书处依据欧佩克组织条例，在理事会的领导下负责行使该组织的行政性职能。秘书处由秘书长、调研室、数据服务中心、能源形势研究部门、石油市场分析部门、行政与人事部门、信息部门、秘书长办公室以及法律室组成。秘书处内设有一个专门机构——经济委员会，协助该组织把国际石油价格稳定在公平合理的水平上。秘书处于1961 年设立，办公地点最初在日内瓦，后来于 1965 年移至维也纳。

12.7.3 不结盟运动

第二次世界大战结束后，形成以雅尔塔体系为基础的冷战割据与东西方两大阵营的严峻对立，帝国主义将更多的注意力放在遏制社会主义国家的"冷战"上面，放松了对其他发展中国家的注意；一些帝国主义国家，诸如德国、意大利、日本在战争中惨败，丧失了原有殖民地，另一些帝国主义国家，如英、法等国，也遭受到严重创伤，殖民体系在反法西斯战争中崩溃了。战后，在一些国家走上社会主义道路的同时，许多殖民地或半殖民地国家，开始走上民族解放运动的道路。20 世纪 60 年代，亚洲与非洲一大批新独立的民族国家，在取得了主权独立的同时，提出了在国际社会中享有平等的政治发言权与经济发展权的要求。

由于 20 世纪五六十年代的世界两大军事集团严重对峙，两种政治制度与经济制度也互相对立。西方资本主义的剥削与压迫制度固然被深受殖民统治侵害的国家人民所唾弃，东方社会主义制度的不完善，尤其是苏联斯大林模式的缺陷，也使新兴民族国家感到迷茫。一大批中小发展中国家，为了游离于两大军事集团的冷战对峙之外，集中力量求得自身发展，开始联合起来，探索一条既不同于西方发达资本主义道路，又区别于苏联社会主义道路的中立、不结盟的道路，它们便逐渐形成战后国际舞台上一支重要的政治力量——不结盟运动。

1956 年 7 月，铁托在前南斯拉夫的布里俄尼岛与埃及纳赛尔、印度尼赫鲁、印尼苏加诺以及柬埔寨西哈努克等国首脑聚会，针对当时东西方两大军事集团严重对抗殃及广大中小国家的情况，共同发起不结盟运动。1961 年 6 月开罗会议是第一次不结盟国家首脑会议的筹备会议，有 25 国参加，发表了《不结盟国家和政府首脑会议宣言》。1961 年 9 月，在南斯拉夫、埃及、印度和印度尼西亚等国的倡议下，第一次不结盟国家首脑会议在南斯拉夫首都贝尔格莱德举行，25 个国家出席了会议，不结盟运动正式形成。

不结盟运动现有 116 个成员（2004 年 5 月 19 日，塞浦路斯退出不结盟运动；2006 年 5 月接纳其观察员国安提瓜和巴布达、多米尼加两国为新成员），都为发展中国家。中国一贯重视与不结盟运动的关系，在国际事务中与不结盟运动保持着良好的合作，并于 1992 年 9 月正式成为不结盟运动的观察员。

不结盟运动奉行独立、自主和非集团的宗旨和原则；支持各国人民维护民族独立、捍卫国家主权以及发展民族经济和民族文化的斗争；坚持反对帝国主义、新老殖民主义、种族文化和一切形式的外来统治和霸权主义；呼吁发展中国家加强团结；主张国际关系民主化和建立国际政治经济新秩序。

不结盟运动不设总部，无常设机构，也无成文的章程。它定期召开首脑会议、外长会议、协调局外长会议及纽约协调局会议等。首脑会议为最重要的会议，自 1970 年起，首脑会议会期制度化，每三年举行一次。外长会议一般在首脑会议前一年召开，也是三年举行一次。协调委员会由 66 个协调局成员国驻联合国代表组成，在联大与安理会中协调各国的立场，每月召开会议一次。不结盟运动各种会议均采取协商一致的原则。如有分歧，各成员国可采取书面形式向主席国正式提出保留意见，以示不受有关决议或文件的约束。

不结盟运动现在已经形成一支独立的政治力量，在反对霸权、争取地区与世界和平方面作出了贡献，并在南南合作、发展民族经济方面也取得了很大成绩。

12.7.4　上海合作组织

上海合作组织（the Shanghai Cooperation Organization）于 2001 年 6 月 15 日在上海成立，成员国为中国、俄罗斯、哈萨克斯坦、吉尔吉斯斯坦、塔吉克斯坦和乌兹别克斯坦。六国总面积超过 3000 万平方公里，占欧亚大陆的 3/5；人口近 15 亿人，占世界人口的 1/4。2005 年，六国国内生产总值之和超过 3 万亿美元。上海合作组织秘书处设在北京，工作语言为汉语和俄语。

1. 上海合作组织的宗旨和原则

2001 年 6 月 15 日的《上海合作组织成立宣言》和 2002 年 6 月 7 日的《上海合作组

织宪章》，规定了上海合作组织的宗旨和原则。

上海合作组织的宗旨和任务：加强成员国的相互信任与睦邻友好；维护和加强地区和平、安全与稳定，共同打击恐怖主义、分裂主义和极端主义、毒品走私、非法贩运武器和其他跨国犯罪；开展经贸、环保、文化、科技、教育、能源、交通、金融等领域的合作，促进地区经济、社会、文化的全面均衡发展，不断提高成员国人民的生活水平；推动建立民主、公正、合理的国际政治经济新秩序。

上海合作组织遵循的主要原则：恪守《联合国宪章》的宗旨和原则；相互尊重独立、主权和领土完整，互不干涉内政，互不使用或威胁使用武力；所有成员国一律平等；平等互利，通过相互协商解决所有问题；奉行不结盟、不针对其他国家和组织及对外开放原则。上海合作组织的宗旨和原则，集中体现在"上海精神"上，即"互信、互利、平等、协商、尊重多样文明、谋求共同发展"。"上海精神"已写入《上海合作组织成立宣言》。

2. 上海合作组织的机构设置

上海合作组织迄今已基本完成机制建设任务，建立起涵盖不同层次、涉及众多领域的较完善的机构体系，为其自身发挥作用奠定了坚实的基础。

（1）会议机制。目前已建立国家元首、总理、总检察长、安全会议秘书、外交部长、国防部长、经贸部长、文化部长、交通部长、紧急救灾部门领导人、国家协调员等会议机制。每个会议机制的运作，均有相应的文件予以规范。

国家元首理事会是最高领导机构，负责研究、确定上海合作组织合作与活动的战略、优先领域和基本方向，通过重要文件。元首例行会议每年举行一次，通常由成员国按国名俄文字母顺序轮流举办。举行例行会议的国家为本组织主席国。上海合作组织迄今共举行了5次元首会议，分别于2001年6月在上海、2002年6月在圣彼得堡、2003年5月在莫斯科、2004年6月在塔什干、2005年7月在阿斯塔纳举行。

（2）常设机构。上海合作组织目前设有两个常设机构——秘书处和地区反恐怖机构。上海合作组织秘书处设在北京，2004年1月正式启动。秘书处是组织的常设行政机构，为组织框架内的活动提供行政、技术和信息保障。主要职能包括：协助举行组织的各种会议；参与制定组织的文件草案；协助落实组织通过的各项决议和文件；保管组织的文件、资料；收集、整理和传播组织活动的信息；编制和执行组织常设机构的预算；代表组织同其他国际组织和国家开展交往。秘书处编制30人，秘书长由成员国按国名俄文字母顺序轮流担任，任期3年。

上海合作组织地区反恐怖机构设在乌兹别克斯坦首都塔什干，是上海合作组织成员国在打击"三股势力"等领域开展安全合作的常设机构。

2001年6月，《上海合作组织成立宣言》规定在比什凯克设立地区反恐怖机构。2002年6月圣彼得堡峰会签署《上海合作组织成员国关于地区反恐怖机构的协定》。2003年莫斯科峰会决定地区反恐怖机构所在地由比什凯克改到塔什干。2004年1月地区反恐怖机构正式启动。

地区反恐怖机构的主要职能是：准备有关打击恐怖主义、分裂主义和极端主义的建议和意见；协助成员国打击"三股势力"；收集、分析并向成员国提供有关"三股势力"的信息；建立关于"三股势力"组织、成员、活动等信息的资料库；协助准备和举行反恐演习；协助对"三股势力"活动进行侦查并对相关嫌疑人员采取措施；参与准备与打击"三股势力"有关的法律文件；协助培训反恐专家及相关人员；开展反恐学术交流；与其他国际组织开展反恐合作。地区反恐怖机构下设理事会和执行委员会。理事会是地区反恐怖机构的协商决策机关，由成员国反恐主管部门负责人或代表组成。执行委员会是常设执行机关，编制 30 人，最高行政官员为执委会主任，任期 3 年。

3. 上海合作组织的合作领域

上海合作组织的合作目前已涉及政治、安全、经济、人文等领域，成绩显著。

（1）政治合作。加强和深化成员国的政治合作，是上海合作组织的一项主要任务。迄今所做的主要工作和成就是：

解决边界问题，巩固成员国政治互信和睦邻友好。《关于在边境地区加强军事领域信任的协定》和《关于在边境地区相互裁减军事力量的协定》的签署，使中国同俄罗斯和中亚国家长达 7000 多公里的边界彻底消除了冷战遗迹。此后，中国与俄罗斯和中亚国家相继彻底解决了历史遗留的边界问题。各方确认，不允许利用本国领土从事损害任何一方主权、安全和社会秩序的活动。

在成员国关切的问题上以上海合作组织名义表示支持。在重大地区和热点问题上加强协调与合作，对外以一个声音说话。成员国多次阐述对阿富汗、巴以、伊拉克、朝鲜核问题等问题的共同立场。在联合国安理会改革问题上，阿斯塔纳峰会宣言强调改革应遵循最广泛协商一致的原则，不应为改革设立时限和强行表决尚有重大分歧的方案。

2004 年 6 月，塔什干峰会通过《上海合作组织成员国外交部协作议定书》，规定成员国外交部就重大国际和地区问题开展各种形式的磋商和协调工作。

此外，成员国多次对外阐述对世界多极化、国际关系民主化、经济全球化、多边主义、文明多样性、人权等问题的共同看法，努力推动建立国际政治经济新秩序。

（2）安全合作。安全合作是上海合作组织的重点合作领域，核心是打击恐怖主义、分裂主义和极端主义"三股势力"。2001 年 6 月 15 日，上海合作组织成立当天，成员国即签署《打击恐怖主义、分裂主义和极端主义上海公约》，在国际上首次对恐怖主义、分裂主义和极端主义"三股势力"作了明确定义，并提出成员国合作打击的具体方向、方式及原则。这发生在"9·11"事件之前，体现了成员国打击恐怖主义的远见卓识。上海合作组织由此成为最早打出反恐旗帜的国际组织之一。

2004 年，成员国相继建立地区反恐怖机构和安全会议秘书会议机制，加之 2002 年建立的总检察长会议机制，为开展安全合作奠定了坚实的机制基础。

为震慑恐怖分子，2002 年 10 月，中国、吉尔吉斯斯坦两国率先在上海合作组织框架内举行了双边联合反恐军事演习。这也是中国历史上首次与外方举行联合军事演习。2003 年 8 月，成员国（除乌兹别克斯坦外）在中国和哈萨克斯坦境内举行了上海合作组织首次多边联合反恐军事演习。2006 年 3 月初在乌兹别克斯坦、吉尔吉斯斯坦、塔吉克斯坦境内举行上海合作组织执法安全部门联合反恐军事演习，乌兹别克斯坦、吉尔吉斯斯坦、塔吉克斯坦参加，中国、俄罗斯、哈萨克斯坦观摩。

鉴于本地区贩毒势力与"三股势力"相互勾结、为其提供资金支持的现状，成员国将禁毒作为一项重要的合作内容。2004 年塔什干峰会签署《关于合作打击非法贩运麻醉药品、精神药物及其前体的协议》。目前，成员国正在积极落实该协议。

上海合作组织还在反恐领域开展对外合作，派代表参加了联合国反恐委员会组织的活动。上海合作组织与东盟和独联体签署的合作文件中，均规定要在反恐领域开展合作。

（3）经济合作。经济合作是上海合作组织的另一重点合作领域。2001 年 9 月阿拉木图总理会议通过《上海合作组织成员国政府间关于区域经济合作的基本目标和方向及启动贸易和投资便利化进程的备忘录》。2003 年 9 月北京总理会议通过《上海合作组织成员国多边经贸合作纲要》，规定了区域经贸合作的目标、重点领域和步骤以及实施机制。该纲要规定要推进贸易和投资便利化和开展经济技术合作，争取至 2020 年实现商品、服务、资金和技术自由流动。2004 年 9 月比什凯克总理会议通过《〈上海合作组织成员国多边经贸合作纲要〉措施计划》，提出了 127 个项目，涵盖贸易投资、海关、金融、税收、交通、能源、农业、科技、电信、环保、卫生、教育等领域。

目前，成员国建立了海关、质检、电子商务、过境运输、投资促进 5 个旨在推进贸易和投资便利化的专业工作组，并正在酝酿成立能源、通信工作组，开通了区域经济合作网站，建立了上海合作组织实业家委员会和银行联合体，正在商谈公路运输便利化协定。

为推动多边经济合作，2004 年塔什干峰会上，胡锦涛主席宣布向其他成员国提供 9 亿美元优惠出口买方信贷。

（4）人文等领域合作。上海合作组织在文化、教育、环保、紧急救灾等领域合作进展顺利，取得积极成果。上海合作组织已举行两次文化部长会议，通过 2005 年至 2006 年多边文化合作计划。2005 年阿斯塔纳峰会期间，举行了成员国首届文化艺术节。成员国政府间教育合作协定已基本商定，关于相互承认学位、学历的协定正在商谈中。在 2005 年阿斯塔纳峰会上，胡锦涛主席宣布 3 年内为其他成员国培训 1500 名不同领域的管理和专业人才。中方已开始落实该计划，范围包括行政管理、经济发展、外交安全、专业技术、汉语学习等领域，包括短期培训和长期的学历学位教育。2005 年已培训 166 人。2005 年 9 月，成员国首次环保专家会议在莫斯科举行，启动环保合作。2002 年 4 月，紧急救灾部门领导人举行首次会议。2005 年 10 月总理会议期间，各国紧急救灾部门领导人签署《上海合作组织成员国政府间紧急救灾互助协定》。

4. 上海合作组织的对外交往

上海合作组织奉行外开放的原则，致力于同其他国家和国际组织开展各种形式的对话、交流与合作。

上海合作组织已与联合国、东盟、独联体、阿富汗建立了正式联系。2004 年 12 月，上海合作组织获得联合国大会观察员地位。2005 年 4 月中下旬，上海合作组织秘书处分别与独联体执委会和东盟秘书处签署了谅解备忘录。2005 年 11 月，上海合作组织秘书长与阿富汗驻华大使签署《关于成立上海合作组织与阿富汗联络组的议定书》。2006 年 2 月，联络组举行了首次会议。此外，上海合作组织还派代表参加了欧洲安全与合作组织的一些活动。成员国正在研究和商谈上海合作组织与联合国开发计划署、亚太经合组织、集体安全条约组织、欧亚经济共同体、欧盟、世界海关组织和经济合作组织建立联系的问题。

2004 年，塔什干峰会通过《上海合作组织观察员条例》，规定了吸收观察员的条件、程序、观察员权利等。2004 年 6 月塔什干峰会和 2005 年 7 月阿斯塔纳峰会分别给予蒙古和巴基斯坦、伊朗、印度观察员地位。①

本 章 小 结

本章首先介绍了国际组织的含义，认为国际组织是由两个以上的国家间政府、民间团体或者个人基于特定目的，以一定协议形式建立起来的各种国际联合机构。国际组织具有地域的跨国性、成立的目的性、地位的合法性等特点。

本章按照下面的三个标准对国际组织进行分类：依据国际组织与国家政府的关系来划分，我们将国际组织划分为政府间国际组织与非政府间国际组织；从成员构成的地理特点来看，国际组织可以分为全球性国际组织和区域性国际组织；依据组织的宗旨与功能来划分，可以分为一般性国际组织和功能性或专门性国际组织。

国际组织是世界政治经济发展到一定阶段上出现的，是现代国际关系的产物。多数学者仍认为 17 世纪中叶开始的国际会议是国际组织的重要前身。随着资本主义生产关系的发展，尤其是海外贸易的拓展，资本主义国家在海外殖民地掠夺与经济贸易中，矛盾与纠纷不断，急需某些超国家组织加以协调，于是在 19 世纪中期，首先出现了一批专业性的国际组织。第一次世界大战，为了确保战胜国的既得利益，并维持战后世界和平，英、法、美等国在巴黎和会上签署《凡尔赛和约》，并成立了第一个全球性的常设国际组织——国际联盟。第二次世界大战结束前夕，由美、英、法、中、苏五国倡导，50 余国参加的联合国于 1945 年 10 月 24 日诞生。这是人类历史上具有最广泛的国际基础的常设性国际组织。战后各种类型的国际组织如火如荼，蓬勃发展。如果说 19 世纪是"国际会议世纪"，20 世纪可称为"国际组织世纪"。现在国际社会各个领域都已有各种专门性的国际组织。

国际组织的作用主要表现在以下几个方面：积极促进国际合作和协调、对国际冲突及时调停和解决、全面参与全球公共问题的管理、为各国参与国际活动提供空间、为国际关系民主化提供渠道。

本章还介绍了以下主要的国际组织：联合国、欧洲联盟、北大西洋公约组织、国际货币基金组织、世界贸易组织、世界银行、亚太经济合作组织、八国集团首脑会议、石油输出国组织、不结盟运动、上海合作组织。

案例

中俄第三次否决安理会关于制裁叙利亚决议

据香港《大公报》7 月 19 日报道，联合国安理会 19 日就英国等国提交的叙利亚问题决议草案进行表决，俄罗斯和中国对决议草案投了否决票，决议草案未获通过。美国驻联合国大使苏珊·赖斯之后表示，联合国安理会在叙利亚问题上"彻底失败"，美国现在将

---

①　上海合作组织元首会议官方网站，http://www.scosummit2006.org/bjzl/2006-04/20/content_128htm,2006 年 12 月 10 日。

开始绕开安理会，直接对抗叙利亚总统巴沙尔。

报道称苏珊·赖斯表示，美国将在安理会之外，加强与其他伙伴的工作，继续施压巴沙尔政权，并向那些有需要的人施以援助。

另据外交部网站公布的消息，中国在否决叙问题决议草案后的解释性发言中指出，中国和俄罗斯之所以不支持决议草案，因为该草案援引了《联合国宪章》第七章的内容。中俄早就明确表示，如果要达成协商一致，英国和其他西方国家的协议草案必须删除两个内容：援引《联合国宪章》第七章的内容；对叙利亚政府单方制裁的内容。《联合国宪章》第七章规定，在国际和平遭到威胁或发生侵略行为时，可以采取包括军事手段在内的强制措施。

（资料来源：张晓芳：《中俄第三次否决安理会关于制裁叙利亚决议》，环球网，http：//world. huanqiu. com/exclusive/2012-07/2932953.html，2012 年 7 月 20 日）

 运用本章联合国的有关知识，结合上述材料，谈谈我国投否决票的考虑以及联合国的改革。

思 考 题

1. 国际组织的作用有哪些？
2. 各个主要国际组织的职能是什么？

专业名词

联合国	The United Nations，UN
欧洲联盟	European Union，EU
北大西洋公约组织	North Atlantic Treaty Organization，NATO
国际货币基金组织	International Monetary Fund，IMF
世界贸易组织	World Trade Organization，WTO
世界银行	World Bank，WB
亚太经济合作组织	Asia-Pacific Economic Cooperation，APEC
八国集团首脑会议	G8 Summit
石油输出国组织	Organization of Petroleum Exporting Countries，OPEC
不结盟运动	Non-Aligned Movement
上海合作组织	The Shanghai Cooperation Organization

第13章
公共组织的变革与发展

学习目的

随着经济的发展和生产方式的变更，工业革命背景下产生的公共组织存在着明显的局限性。经济全球化、高新技术的全面发展，各行各业竞争加剧，组织生存的内外环境已经发生了剧烈的变化，公共组织面临着巨大的挑战。因此，公共组织只有不断进行调整与变革，才能适应环境的不断变化，紧跟时代步伐，充分发挥应有功能。希望通过本章的学习，能够了解：什么是公共组织变革？怎样进行公共组织变革？在公共组织变革的过程中存在哪些阻力？有哪些动力促进公共组织变革？公共组织变革方式以及公共组织未来的发展趋势。

本章重点

1. 公共组织变革的阻力和动力因素。
2. 公共组织变革方式。
3. 公共组织发展的趋势。

13.1 公共组织变革

13.1.1 公共组织变革含义

没有一成不变的组织，不变是相对的，变化是绝对的。对任何组织而言，都要随着环境的变化而变化，以适应组织生存环境，公共组织也不例外。在弄清何谓公共组织变革之前，先了解何谓组织变革。

组织变革（Organizational Change）是指为组织发展提供达到目标的手段。①

---

① 孙彤：《组织行为学》，高等教育出版社，2009年版。

13.1.2 公共组织变革阻力分析

组织变革作为公共组织适应内外部环境变化，实现组织目标和组织发展的重要途径之一，总是伴随着许多的风险和不确定性，甚至是失误，它涉及组织成员和各部门的利益，必要时还会付出一定的代价。公共组织的稳定性是其重要的特征，变革时必然会打破原有的稳定局面。对公共组织成员而言，会担心变革使自己的地位、职权、薪酬等发生变化；变革的风险性和预期的不稳定性会使组织成员产生某种程度的不安全感，便对变革的前途产生怀疑等。对组织而言，变革可能会打破原有组织的平衡状态，某些地区、部门、团体的利益可能受到威胁等，而使变革遭到这些群体的反对。因此，公共组织在实施变革的过程中，可能会遇到来自个人或组织强大的抵制，使组织变革很难实施和开展，在某些情况下，还可能会导致组织变革的失败。总的来说，公共组织变革过程中，其阻力主要来源于两个层面：

1. 来自个体的阻力

对个体而言，公共组织实行变革可能会让组织成员产生极度的不安全感，尤其是在已有的、稳定的组织体系下，组织成员担心组织变革会使自己失去已拥有的一切；面对组织变革的不确定性，担心未知的改变会减少已有的利益，进而采取直接或间接的方式抵制变革。个体对公共组织变革的抵制可能来源于以下几个方面：

（1）个人习惯。人作为习惯的动物，在面对复杂的生活环境时，总是按照自己的习惯对外界事物作出反应。长期生活在一定组织中形成的习惯"可能成为个人获得满足的源泉"。原有生活方式或工作方式改变了，组织中的个体可能不得不改变已有的习惯，造成个体产生某种不安全感而抵制变革。例如：组织执行变革之前，一些人可能对工作环境、人际关系、工作内容等均已较为熟悉，不再需要过多的学习，也不需要投入更多的精力就能够轻松适应环境；一旦实施变革，就意味着他们可能要面对新的工作环境，中断与原有同事间的联系，开展新的人际交往，学习新的知识以掌握新的工作内容，等等。这些必须投入更多的精力，不断地学习，才可能适应新环境，胜任新工作。总之，人们一旦习惯于相同的工作，就可能对变革的不确定性产生排斥。但是，如果个体能够认识到改变行为可以获得更多的好处，在某种程度上来说，习惯可能就不会成为个体抗拒变革的一个主要阻力源。

（2）对收入报酬的担忧。担心变革会引起个人收入报酬的下降是个体抵制变革的又一个原因。生活在现代社会，金钱无论是在实际生活中，还是在人们心目中，都占有非常重要的地位，因为金钱是人们非常重要的衡量标准，尤其是当收入与能力紧密联系的时候。工作任务或工作规范的改变可能引起个体的恐慌，因为在原有的工作状态之下，个体已经掌握了如何干好工作并获得好的评价的技巧和方法，懂得如何与工作环境中的其他个体有效地沟通、交往。组织的变革可能会使已经建立的工作惯例或工作职责发生变化，从而威胁到个体的经济安全。当采用新的管理方法，制定新的制度或者改变现有的组织结构时，个体会担心自己能否适应新环境、新工作，这些会直接或间接地影响到个体的经济收入。总之，一项变革只要涉及减少成员收入时，很可能遭到来自基层和高层的抵制。

（3）安全感的缺失。对一些组织成员而言，组织实施变革可能使他们对"既有的技术和贡献在将来是否会有价值感到疑虑"，或者"对能否在新形势下很好地适应工作感到疑虑"。① 例如，一些公共组织实行变革，可能会要求组织成员更换工作，尤其是当组织成员对新工作显得无能为力时，就会产生莫名的恐惧感，进而会对自己的能力产生怀疑，最终导致无法胜任工作。还有一些组织变革如果引起工作环境或技术上的变动，也可能会引起一部分人的反对。其原因是工作环境或技术的变革可能会引起人际关系的变化而使组织成员缺乏安全感。如果原有工作方式让个体感到舒适和安全，变革就可能会使原来安全的事变得不安全了，也会遭到抵制。

（4）对变革不确定性的恐惧。由于公共组织变革的结果不可能精确地、科学地预测或衡量，改革可能产生许多未知的事物。面对未知的事物，许多人会感到焦虑和恐惧，而公共组织变革总是伴随着许多的不确定性。例如，组织成员不清楚变革后自己要做什么，能做好什么，要面对什么样的同事、上级；如果开始一项工作，自己的能力是否能够胜任这项工作；如果被分派到另外一个地方工作，又会有什么事情发生：会适应新的工作环境吗？会与新同事友好相处吗？如果拒绝工作调动，上级领导会怎么看？等等。面对这些不可能事先知道的假设，大多数组织成员会感到不安和恐惧，甚至产生强烈的威胁感。因此他们可能会抵制被分配到新的工作岗位，或者抵制改变自己原有的工作职责等。

（5）价值观的影响。在公共组织中，组织成员长期生活在相对稳定的环境中，一些人难免容易形成按部就班、因循守旧的思想。还有些人害怕变革，认为"一动不如一静"，求稳怕乱，不愿意承担变革风险，特别是一些领导人抱有"不求有功，但求无过"的心态等，都会成为公共组织变革的阻力。另外，人作为群体性的动物，一个部门，一个科室中的共同成员之间不仅存在工作关系，也存在着一定的社会关系，如成员间相互交往以及由此而形成的共同的价值观和行为等。这种关系一旦建立就很难改变。如果某项变革的实行破坏这种社会关系，并且与共同成员的价值观念或行为规范产生冲突，组织成员为保持其完整性和固有的平衡，就必然会强烈地抵制变革。加之变革是一项充满曲折和风险的工程，需要投入很多的心血和精力，以及敢于变革的勇气，才有可能取得成功，如果有些组织成员害怕变革，不愿吃苦，花力气，就不会支持变革？若变革中碰到困难，一些思想保守的人就可能会以"反冒进"、"反冒尖"为由来抵制变革。

2. 来自组织的阻力

（1）公共组织结构的惰性。公共组织的重要特征是其稳定性。其目的是为了有效发挥公共组织作用，使组织工作能够有序地开展。整个组织大多以某种特定的结构，一定数目的人员各司其职，通过建立的办事程序和获取信息的方式来运行，而组织成员、工作性质、内容、组织层级、结构等具有不易改变的惰性。例如，组织内部固有的机制为了保持其稳定性，可能已经片面地规定了组织成员的职责，划分了权威与责任的界限。由于严格的设计和过分强调等级，组织成员会过分地以自己的责任为中心。加上信息自上而下地流通，"增加了任何新观点被剔除的可能性"，使组织变得更加机械化，当公共组织面临变革时，组织结构为维护组织固有的稳定性而对组织变革起反向作用。

（2）公共组织变革对潜在权力关系的重新分配。公共组织变革可能会引起组织体系中管理者的地位、权力的变化，打破原来组织体系中的权力平衡状态，对潜在权力关系实

---

① 李剑峰：《政府组织行为学》，中国人民大学出版社，2005 年版，第 202 页。

行重新分配。那些地位、权力受到组织变革威胁的人自然会抵制变革。例如，公共组织中实施变革一般会涉及权力的转移，或者是决策权的变更，也就意味着一部分人会因为组织变革而得到权力，同时，有一部分人会因此而失去拥有的权力。决策权的变更也可能会对公共组织中潜在的权力关系构成威胁，使得这种潜在的权力关系会对组织变革进行干扰或抵制。例如，公共组织中，决策权下放到基层，对中层管理者来说可能会形成威胁；对中央要求将管理权下放到企业而言，许多政府部门依然通过行政权力对企业的经营活动进行干预，使企业无法实现自主经营等，都是权力关系的重新分配对公共组织变革起反作用力的表现。

（3）公共组织变革对有限资源的重新分配。公共组织实行变革还意味着可能会对资金、人才等稀缺资源的重新分配。因此，公共组织中控制着稀有资源的个人和部门就会将组织变革看成对自身利益的威胁，自然就会抵制变革。例如，能够从固有的资源中获得好处的个人和部门，对变革可能会影响本部门的未来资源的分配而感到不安，竭力阻止变革；还一种情况是对现有资源的分配状况感到满意的个人和部门，担心变革后个人或部门原有的利益受到损害而抵制变革。总之，控制相当数量资源的个人和部门，由于组织变革"可能影响到未来资源的分配"和影响到现有资源分配中获得的利益而抵制变革。

（4）公共组织变革成本。公共组织变革成本巨大。一方面，公共组织变革需要强大的经济支持。例如，公共组织信息化过程中，一些基础设施的更新需要金钱的支撑；组织变革中的人员的安置问题也离不开金钱；对公共组织变革的建议和变革的方案的设计，可能需要聘请专家、顾问团等，都需要大量的资金。另一方面，公共组织变革还面临着巨大的风险成本。变革过程不可能是一帆风顺的，倘若变革失败，就组织成员而言，可能会面临收入减少甚至是失业的风险；就组织领导而言，可能会面临失去工作职位或承担主要责任的风险；同时，组织变革失败也可能会影响整个组织的士气和成员的积极性，等等。这些隐性成本可能无法用金钱来衡量，但对组织产生的副作用则是持久的，造成的损失也是无法估量的。

3. 阻力克服

（1）提高组织成员对变革的参与度。提高组织成员对变革的参与度是避免组织成员抵制变革较为有效的方式之一。由于组织内部的成员都具有不同程度的参与意识，这种参与意识的产生是与组织成员的自我实现需求相关的。因此，在公共组织中，上级领导与下属之间如能合理分享信息和工作成果，广泛实行民主管理，下属也会主动关心组织，具有较强的参与意识。若让组织成员拥有对变革的发言权，充分表达对变革的看法，甚至有机会参与组织发展计划的制订和实施，也能极大地提高组织成员的积极性，发挥他们的创造性，集思广益，使组织变革的方案适应内外部环境的变化，促使变革措施深入人心。另外，让组织成员参与变革的计划和实施，有利于发现变革过程中的失误和障碍，同时，让组织成员有被需要的感觉而更加积极地投身于变革。但这种提高组织成员参与度的方式也存在着缺陷。例如，由于众口难调，组织变革执行者不可能兼顾各方利益，容易引起各部门之间的争论和派别斗争；由于提供的可供选择的执行变革的方案过多，需要变革执行者花费大量的时间、金钱成本来作出决策，最后可能还得不到满意的变革方案。

（2）通过教育、沟通消除组织成员的心理障碍。对组织成员进行适度的教育、沟通，有助于让他们了解变革的内容和要求、过程及方式；认识到变革的意义；觉察到组织和个人能够从变革中获得的利益；改变他们对变革的一些错误认识和看法，从而消除组织成员的心理压力和心理障碍。因为组织成员对变革后的结果没有把握，加上对有关组织变革的信息缺乏了解，一些小道消息和谣言容易乘虚而入，就会增加人们对变革的恐惧。因此，公共组织在实施变革之前，要做好充分的宣传工作，尽力做好组织成员的思想教育工作，加上充分的讨论和精心的准备，让所有成员明白变革的目的和要求，帮助组织成员现实地面对变革。不过，采用教育、沟通的方式也存在着局限。例如，经过教育沟通，组织变革执行过程中可能会收到许多关于变革的意见，执行者又不得不对这些信息加以充分的考虑，这在无形之中就会增加变革执行者的工作量，也不利于有用信息的甄选。

（3）与各利益群体之间的充分协商。组织变革并非少数几个人的事，会涉及整个组织和群体的利益。由于不能保证个人、群体和组织的目标始终是一致的，为了使组织变革得以顺利地进行，可以充分利用群体的力量。因为群体成员对群体的归属感以及群体在成员心目中占有非常重要的地位，可以利用群体力量将群体成员发展成组织变革的积极力量。例如，对少数有影响力的个人和部门，可以通过用一些有价值的事物与之交换，争取对方的认同与参与，满足其需要，支持组织变革。但是用这种方法也有缺陷，而且其潜在成本是不容忽视的，一旦为了避免阻力而做出让步时，"组织就可能面临着其他权威个人或群体提出同样要求的境地"。总之，要注重各利益群体之间的相互协调与相互支持，尽量使部门目标与组织目标保持一致，必要的时候，组织可以做出适当的让步。

（4）强制执行。强制执行是通过对组织变革抵制者直接施加压力，强行让其接受的行为。由于强制执行时采用威胁的方法，迫使对方服从，"如果不转向同化或内化"，①可能会使组织成员产生不满的情绪，迫于压力而表面服从，实则进行消极地抵抗，甚至会破坏组织变革。因此，强制执行应在特殊的时刻，在特定的情景下，对少数成员使用。一旦使用了，就要采取其他补救措施，尽最大可能减少其产生的消极影响。在过去的公共组织变革中，由于强制执行能够使问题得到迅速解决，因此，公共组织大多采用行政权力直接执行变革，变革方法简单、粗暴，变革效果不明显，有的甚至以失败而告终。但并不是说放弃使用强制执行方法，而是应在使用时谨慎而行。

总之，公共组织变革过程中，存在阻力是必然的，对待阻力我们应该采取客观的态度，采取适当的方法克服阻力消极面，以保证组织变革的顺利进行。

13.1.3 公共组织变革动力分析

公共组织作为社会大系统中的子系统，其变化与发展必然离不开政治、经济、科技和社会文化等的影响。社会的不断进步对公共组织也提出了更高的要求。公共组织为了适应发展和变化了的环境，必须做出相应的改变才可能得以生存和发展。不变革的组织是没有生命力的，最终会被社会所淘汰，但盲目变革也会给公共组织带来致命的打击。根据社会发展的趋势，加上科学的预测分析，有计划、有步骤地实行变革，才可能成功，才可能使组织得到进一步的发展。因此，就要对公共组织变革的动因进行分析，有学者认为："组织变革的基本动因研究是研究组织变革的起点，组织变革是多种因素综合作用的结果。"引起公共组织变革的因素大致可以分为以下几个方面：

---

① 胡君辰、杨永辉：《组织行为学》，复旦大学出版社，2002 年版，第 492 页。

1. 来自外部环境的动力

（1）政治环境对公共组织变革的影响。由于公共组织的活动是在特定的政治背景下进行的，公共组织实施变革，就不得不考虑政治环境的影响。政治环境的影响是多方面的。例如：政治体制确定了公共组织在社会政治生活中的地位和作用；政党制度使部分公共组织能够以强有力的集体行动参与公共决策；公共政策可以作为公共组织实施变革的一个重要工具；政局局势是否稳定，对公共组织的存在与发展，以及组织目标的实现也具有深刻的影响；政治关系也可能对公共组织变革产生影响，因为公共组织在执行变革的过程中，各种利益关系的存在必然会影响到公共组织变革目标的选择和实现。另外，公共组织实施变革也离不开法律的制约。"在法治的背景下，公共组织的活动被严格地限定在宪法和法律的框架之内，虽然现代社会的公共组织具有相当大的自由裁量权，但其行动或不行动皆需必要的法律依据，否则就会被追究相应的责任"①，公共组织变革也不例外，必须在宪法或法律的规范下实行。

（2）经济环境对公共组织变革的影响。公共组织的任何方面不可能真正地离开对经济环境的考虑。比如：公共组织公共预算和财政开支离不开经济支撑。没有经济支撑，公共组织自身可能都无法生存和发展，更不用说实行组织变革了。所以，经济环境是影响公共组织的基本因素之一，同时又为公共组织变革创造了机遇。例如，经济发展带来了社会物质财富的增长，为公共组织变革提供了物质基础。计划经济向市场经济转变的过程中，公共组织的管理职能也发生了变化。计划经济体制下的公共组织通过计划和行政命令等手段直接参与微观经济活动以及资源的配置等；市场经济体制下，国家并不直接干预具体的经济生活，公共组织的主要作用在于制定并维护市场运行的规则体系，并在市场失灵的领域发挥作用。此外，经济的发展也推动了教育事业的发展，提高公共组织成员文化水平的同时，也提高了他们的参与意识、民主意识、权利意识、法律意识等，进而推动了公共组织的发展。

（3）科技进步对公共组织变革的影响。科学技术的不断进步对社会生活方式和生产方式产生了巨大的影响，也从多方面推动了公共组织变革。主要表现在：一是计算机在公共组织中的广泛应用，使公共组织向电子化、信息化的方向发展，极大地提高了公共组织效率。二是信息技术的迅速发展使公共组织系统更加开放，组织内部信息传递速度加快，同时，大大增强了公共组织的信息管理职能。三是随着技术更新的速度加快，产品结构、生产技术、生产方式以及公众的消费偏好也发生了巨大的变化。加之当今社会知识更新的速度不断加快，对公共组织成员的知识水平和工作能力提出了更高的要求。公共组织成员担负着日益复杂的工作，必须不断提高自身的劳动素质，掌握更多的现代管理技术和方法以适应社会发展的趋势。同时科学技术的发展推动了公共组织管理职能目标多元化发展趋势，也增加了各部门之间的流动性。总之，科学技术在推动社会从传统的农业经济向工业经济以及知识经济社会转变的过程中，公共组织必须不断地进行改革才能适应社会发展的潮流。

（4）社会文化对公共组织变革的影响。相对于政治环境、经济环境对公共组织变革的影响而言，社会文化环境对公共组织的影响要迟缓一些，但作用时间更长，影响更为深

---

① 陈淑伟：《公共组织环境的特性与领域》，载《山东工商学院学报》，2006年第5期，第50页。

远。比如：人们的认知水平可能会影响公共组织对公共问题的确定以及处理问题的方式；价值观念可能左右公共组织对社会事务的态度；行为规范可能会影响公共组织如何与其他组织以合法合理的方式进行沟通，另外，社会的不断进步使得人们的生活质量、工作环境、价值观念也在不断地变化着。生活节奏的加快，公众对公共组织的要求也越来越高，组织中拖拉的办事作风和繁琐的办事程序已经不能适应公众的要求。现代社会中，人们也越来越注重公平和正义，要求公共组织办事、待人应一视同仁，防止"走后门"、"靠关系"的不良作风盛行，也减少了寻租的可能，促进了公共组织的廉政建设。

除以上几种因素之外，国际环境的重大变化也影响着公共组织的变革。国际互动日益频繁，为了有效解决共同面临的问题，要求各国组织间相互配合、相互合作，因此对各国公共组织的政策、职能、目标、机构等产生重要影响。同时，随着公共组织服务对象的收入、教育程度、偏好等的变化，以及人力、物力、财力等资源的变化，也必然要求公共组织作出相应的改变。另外，企事业组织、社会团体组织、大众传媒的发展等，也将会"影响到公共组织的动员力和号召力，影响到公共组织职责权限的架构和行使"，① 在一定程度上推动公共组织变革。

2. 来自内部环境的动力

（1）公共组织结构层次紊乱，沟通不力，部门主义严重，需要变革。社会事务的不断增多使得公共组织职能不断扩张，组织结构也变得越来越复杂。上下级和同级部门之间的沟通受阻，公共组织内部沟通难以在上下级和同级部门之间顺利进行。各部门为了维护本部门利益，各自为政，部门主义盛行。这些因素迫使公共组织不得不实行变革。为了适应环境的变化，公共组织需要调整管理幅度和管理层次，合理划分、合并部门，协调各部门的工作，完善优化组织结构。总之对公共组织中权责体系、部门体系等进行调整，使之适应新的发展变化。

（2）公共组织职能重叠，责权不明，内部矛盾激烈，需要变革。公共组织的职能和基本内容随着社会发展的变化也发生了相应的变化，推动着公共组织的变革。传统社会下的公共组织，职能混淆不清，人浮于事，造成有权无责或有责无权的局面。对有利可图的事，许多部门纷纷插手，无利可图的事，各部门之间就相互推诿；做出成绩，各部门争着抢功，出了问题，各部门相互埋怨，相互扯皮，致使内部矛盾激化，不利于公共组织的发展，因此，公共组织变革应从原来的混浊不清向高度分化转变，变革原有的组织体系，做到各司其职，各尽其责；公共组织要注重强调组织的社会服务功能，做到事得其所，人尽其才，责权利高度统一，以保证公共组织运转有序，充满活力；同时还要做到统一领导与分权自主相结合，做到既有统一的目标、合理的制度，各职能部门又能灵活地处理具体的问题。

（3）公共组织成员自身需求动机发生变化，推动组织变革。公共组织结构与组织目标应同组织成员的内在需求动机相一致。公共组织成员的行为是公共组织顺利、有效进行的基础。作为个体，其行为又反映了自身的需求动机。因此，公共组织成员的需求动机发生变化，在一定程度上推动公共组织的变革。例如，组织成员素质随着生活水平的提高和自身的努力，也在不断地提高，可能会认为组织中老一套的陈旧的制度或工作方法束缚了

---

① 黎民：《公共管理学》，高等教育出版社，2003 年版，第 86 页。

自身的发展，而要求采用新的管理制度和管理方式；组织成员希望能够在工作中寻求个人发展的机会，但组织原有的简单化、专制化的管理手段使组织成员找不到自我发展的机会；组织成员更为注重友谊、信任、真诚等情感的满足，而组织只重视工作任务是否完成，忽视人的情感等，均是组织目标、结构、体系等与组织成员的工作期望、个人价值观、工作态度等产生矛盾的表现，这些矛盾也可能促使公共组织的变革。

13.1.4 公共组织变革目标与程序

1. 公共组织变革目标

公共组织变革目标作为推动公共组织变革的重要原因和检验公共组织变革是否成功的重要指标，在公共组织变革中起着重要作用。只有明确变革后想要得到什么样的预期收益，才能知道组织规划如何实现。所以公共组织变革必须要有其基本的目标，盲目的变革是没有意义的。公共组织变革的基本目标在于：通过实行组织变革，优化组织功能，改善组织结构，使组织的管理方式和人事配备更加合理，提高组织的办事效率和服务质量，以满足社会发展的需要，以及更好地适应社会实践的需要。总的来说，公共组织的变革目标可以概括为以下两个方面：

（1）优化组织结构，提高效率，以适应环境的变化。外在环境总是在不断变化着，且不受组织的控制，公共组织想在变化的环境中生存并发展壮大，必须适应外界环境的变化，把握时机实行变革。要更好地适应环境，就要增强组织的适应能力，优化组织功能，保证组织内部信息畅通无阻，快捷准确；快速果断地反馈信息以利于决策的及时调整；组织成员对决策的指挥高度信任，并能快速地执行。总之使公共组织对外界环境的变化具有较强的适应能力，能够对环境的变化作出自觉地、主动地反应，而不是被动地、被迫地适应环境，在应对突发状况的同时，能够完成本职工作，提高服务质量和工作效率，提升组织形象，增强组织成员的自信心。

（2）改变公共组织成员的行为和观念，使之适应公共组织的发展。公共组织成员作为公共组织变革最直接的感受者，他们的行为、观念和态度对公共组织变革能否顺利进行起着至关重要的作用。因此，组织变革的执行者和资源的分配者应尽力使组织成员充分认识到组织变革的重要性，使其观念、态度和行为与组织目标保持一致，定期对组织成员进行再教育和再培训。例如，可以有意识地培养组织之间、组织与成员之间良好的竞争与合作意识，使各部门保持良好的竞争合作关系，使组织成员间具有和谐的人际关系；注重培养组织成员对组织目标的认同感，以及对组织活动的参与意识、归属感、责任感和义务感；使组织保持较高的透明度和民主气氛，建立良好的信息交流与意见沟通渠道，等等。

2. 公共组织变革程序

有关组织变革的程序，国内外的许多学者从不同角度进行了研究，提出了不同的观点，主要有：

（1）J. Kelly 认为组织变革的程序可以分为九个步骤：确定问题，诊断问题，列出可行方案，确定决策准则，选择可解决的方案，计划变革，实施变革，评估效果，信息反馈。

（2）J. W. Lorsch 则把组织变革程序分为四个部分：创造变革氛围，使成员意识到组织存在问题；通过对内外环境的诊断、分析来确定变革的方向；采用沟通的方式以影响组织所有成员；实施变革，并及时予以监控、调整与修正。

（3）Irofan 认为组织变革程序应包括以下几个方面：充分了解影响组织变革的力量；了解实施组织变革的能力；创造适合变革的环境；弄清参与变革的人员；为变革而进行组织；引发变革动机；计划变革；实施变革；尽可能降低风险冲突；提供领导。

（4）E. Kast 将组织变革步骤分为：回顾、反省组织并进行自我批评；察觉问题并认识到变革的必要性；问题诊断；拟订多种备选方案并做出选择；执行变革；评价效果，反馈信息并循环。

结合上述各位学者的观点和公共组织的特性，本书认为公共组织变革的基本程序大致包括以下几点：

（1）诊断问题。根据公共组织出现的问题，如管理成本和行政成本逐渐增加、效率低下、人浮于事、决策迟缓等，分析问题产生的原因，分析这些问题是表面现象还是实质问题？如果是公共组织本身存在的问题，哪些是最需要解决的，哪些需要作出改进？如果进行变革，希望达到什么样的目的？改革可能会带来哪些好处和弊端？何时变革？组织本身结构是否适合变革的要求？会存在哪些阻力，又有哪些动力？对这些问题的诊断，公共组织在进行变革之前均要进行充分的估量和准备。

（2）设计变革方案。对问题诊断清楚之后，就要针对存在的问题进行方案的设计。为了有效地解决问题，达到变革的预期目标，就必须精心设计方案。可以鼓励有关人员提出各种改革方案，也可以聘请专家给予专业指导。总之，尽量提供多种可供选择的备选方案，无论是解决全体的总方案，还是解决局部问题的方案，均要围绕变革的目标进行甄选，对各种方案、技术进行对比、分析，尽量吸收每一种方案的优点以及考虑方案的可行性，再根据公共组织的实际情况设计适合组织变革的方案。

（3）实施变革。一旦变革方案确定以后，就是执行环节了。执行环节做不好，变革就没有意义，甚至会遭到失败。所以在实施变革的过程中，要考虑以下几点：在执行变革前要先想方设法减少变革阻力，尽可能利用变革动力以保证变革方案的顺利实施；抓住变革时机才可能使变革取得最佳效果；对变革的深度也要充分考虑，根据变革的需要来把握；从何处开始变革，即变革的起点也要谨慎选择。一般来说，根据各个组织的实际情况来作出判断。

（4）评估效果并循环。根据变革的情况对效果进行评估，注重评估的手段、评估的标准的选择，便于衡量变革的实际效果与计划方案之间的差距，及时修正方案，继续进行改革，直到实现预期目标。

13.1.5　公共组织变革方式

公共组织变革能否选择一个合理有效的变革方式，是决定变革能否成功的关键因素。根据公共组织内外部环境的变化要求，公共组织变革一般有以下三种方式：

（1）革命性变革。在较短的时间内，打破原状，抛弃原有的一套，断然采取新的方法，实现公共组织从职能到结构、由内而外的重大变革。革命性变革是要彻底地推翻现状，完全改弦更张，往往会产生大的震荡，导致变革过程中阻力重重，内部冲突激烈，甚至有可能导致整个组织变革失败。但是，革命性变革因能够在较短的时间内解决问题，实现变革目标，使社会公众较为满意而受到一些公共组织的青睐。

（2）渐进性变革。在原有的框架内，采用逐渐演化、过渡的方法，从最容易解决的问题入手进行小改小革。渐进性变革以稳中求变、积小变为大变的原则进行，因而变革阻力较小，不易引起组织内的骚乱。但是，由于渐进性变革并未触及公共组织内部的根本性问题，而且花费时间较长，零打碎敲，所以变革效果并不明显。

（3）计划性变革。"采取系统发展、统筹解决的办法，在充分的理论准备和经验总结的基础上，拟订变革的方案，经有关人员共同研究，分析修改，建立变革的系统模型，确定解决问题的具体措施，然后一步步实施，最终达到行政组织高效化、最佳化状态，完成组织的任务。"① 这种变革方式的特点是：激发领导和组织成员的聪明才智，系统地研究问题和拟定变革方案，让组织成员有一定的变革思想准备，减少变革阻力，让组织变革朝着预定的目标顺利地进行。

13.2　公共组织发展

13.2.1　公共组织发展含义

在研究公共组织发展的概念之前，先弄清何谓组织发展（Organization Development）。

组织发展是运用行为科学的知识和技术，对整个组织进行自上而下的管理，实施有计划的干预手段的过程，其目的是增进组织的效能和提高组织对外界环境的适应力。

根据其概念可以得出组织发展具有以下几个特征：

（1）组织发展是一种有计划的变革。组织发展不是无计划的、盲目的。通常是组织对整个系统进行诊断，根据组织改善的战略规划以及实施这些尝试所需要的资源分配而形成有计划和有序的变革。

（2）组织发展是涉及整个组织体系的变革。组织发展涉及组织各个方面的变革，例如：组织文化，组织成员，组织制度以及整个组织管理战略的改变等方面。

（3）组织变革具有整体性和相对的自治性。组织变革所要变革的系统是一个完整的、相对自治的组织。相对而言，能够自主地决定自己的变革计划和组织未来的发展，但不能抗拒外部环境的干扰和制约。

（4）组织发展的目标明确。组织通常希望通过发展来增进组织效能和组织健康，使组织更具活力和适应性；加强了组织中人的作用；组织系统更为开放，组织及各部门之间在一个更大的环境中相互作用，"组织中每一个部门的完整性和独立性在一个相互依存的环境中得到维护"②。

（5）组织发展运用行为科学和其他相关学科的知识以帮助实现组织目标。组织发展过程中会涉及个体与组织、组织与环境之间的互动，涉及组织文化和过程决策、计划和沟通等，这些离不开行为科学的理论和技术。

结合组织发展的概念、特征与公共组织的特殊性，我们将公共组织发展定义为：通过

---

① 金太军：《行政组织变革的动力和阻力分析》，载《学海》，2001年第4期，第109～114页。

② ［美］弗伦奇等编，阎海峰等译：《组织发展与转型：有效的变革管理》，机械工业出版社，2006年版，第10页。

对未来社会发展的科学预测，根据内外环境的变化，对公共组织实施有计划的、自上而下的、全面的变革，以达到提高组织效率和应对威胁的能力。

13.2.2　公共组织发展趋势

随着社会经济环境的发展和生活方式的改变，以及经济全球化和知识经济的到来，公共组织生存的外部环境发生了巨大的变化，使公共组织面临着诸多挑战，也带来了许多机遇。如科学技术的飞速发展带来了公共组织的电子化、网络化，提高了公共组织的办事效率。又如：随着教育水平的提高，公共组织人员的整体素质也普遍地提高，为公共组织的发展注入了新的活力。公共组织内外部环境的变化使未来公共组织呈现出以下发展趋势：

1. 公共组织结构由原来多层级向扁平化发展

传统的科层制组织是以工业革命为背景产生的，盛行于工业社会，以理性和效率为目的，消除人的情感因素对组织运行的影响，形成了一种刚性的官僚系统。对不断产生的新问题倾向于以条块分割的专业化单位加以解决，导致公共组织内部层级增多，机构膨胀，职能交叉重叠，带来了许多弊端。

因此，公共组织迫切需要减少管理层次，扩大管理幅度，以顺应时代的变化。组织结构向扁平化发展的趋势越来越明显。结构扁平化有利于上下级之间的有效沟通和信息的及时传递，使公共组织对外界环境的变化作出迅速的反应，提高组织效率。同时，现代信息技术日益完善，克服了时间和空间的限制，使信息能够快速传播；现代信息技术处理和通讯的发展，使公共组织能够对大量复杂信息进行快速而及时的处理和传输。这些极大地节约了时间成本，简化了工作程序。同时，下级能够直接与最高层进行沟通，大大提高了组织成员的独立工作能力。但由传统的金字塔式层级结构向扁平化组织结构转变，也带来了许多的问题，存在局限性。例如：由于公共组织结构中间层次减少，为加快信息的传递速度，上级对下级进行直接的控制。为了提高管理效率，降低行政成本，必然会精简层级。同时，结构扁平化授予下级充分权力的同时，也加大了管理者的管理幅度，上级领导机关顾不过来时，会影响管理工作的有效性，也会影响整个组织的发展。

总之，时代在变，公共组织结构也需要变。虽然扁平化组织结构也有不完善之处，但是总的来说是适应时代发展要求的，会成为公共组织结构的发展趋势之一。

2. 公共组织运作柔性化

为了充分利用组织资源，增强组织对外部环境的适应能力，公共组织运作越来越趋向于"柔性化"，这一发展趋势使得"标准化的刚性组织日益被灵活精干的柔性组织所取代"[①]。

柔性化的公共组织表现为以下几点：一是适度的专业分工。在传统的科层制组织中，倾向于高度专业化分工，而且组织规模越大分工越细，使得组织层级增多，机构臃肿，行动迟缓，增加了行政成本，不适应现代社会的发展。而柔性化的公共组织在运作过程中的可调整性以及对环境变化、战略调整的适应能力，使整个公共组织的效率得以提高。对公共组织的专业进行适当的分工，组建大量的综合部门，减少专业性机构，有利于减少部门之间的摩擦，保持公共组织自我维持的工作量。二是加强组织内的顾客关系，即改变传统

---

① 冯云廷：《公共行政组织的变革及其现实性》，载《财经问题研究》，2000 年第 3 期，第 9 页。

的职级间的权力关系，提倡"水平管理"，以克服垂直管理的缺陷。因为在传统的公共组织中，就各部门而言，在组织运作过程中依靠的是行政权力，使各部门为实现组织目标而努力；就组织成员而言，则存在较强的等级观念而使组织行为受诸多制约，这些是不利于公共组织发展的。但通过组织柔性化运作，使各部门之间成为相互提供服务的顾客关系，而不是仅仅依靠行政关系，在一定程度上有利于解决人性平等的问题。三是"小政府"运作模式。即公共组织可以将自己承担的某些社会事务通过市场交给有资格和有能力的社会机构承担。随着社会的发展，一些不具有公共权力的社会组织也逐渐发展和成熟起来，公共组织不必像过去那样大包大揽，可以采用"小政府"运作模式，注重服务质量的提高。四是充分发挥中介组织具有的某些类似的功能，使之辅助或替代公共组织从事某些社会性事务工作，发挥其对公共组织的辅助作用。中介组织不仅有利于缩小公共组织的管理规模，而且可以利用自身的特殊性来弥补公共组织的不足。

3. 学习型组织备受重视

1980 年彼得·圣吉在《第五项修炼——学习型组织的艺术与实务》一书中对学习型组织作了如下定义：学习型组织是指通过培养整个组织的学习气氛，充分发挥组织成员的创造性思维能力而建立起来的一种有机的、高度柔性的、扁平的、符合人性的、持续发展和变革的组织。由此定义可以看出"学习型组织是一个具备不断调整与革新能力的组织"，而公共组织正需要这种不断调整与革新的能力。因此，学习型组织在公共组织中日益受到重视并得以应用。

在学习型组织中，组织成员彼此坦诚相见，提出的计划或方案也能得到他人的认同，了解组织如何运作等。斯蒂芬·P. 罗宾斯总结出学习型组织有以下五个特征：① 一是存在一个大家一致同意并共享的方案；二是组织成员抛去解决问题或工作的陈规陋习和老脑筋；三是组织成员把所有组织的程序、行动、功能以及与环境的互动作用看做一个相互联系的系统中的一部分；四是组织成员彼此坦诚交流（跨越水平与垂直交流），不用担心受到批评与惩罚；五是组织成员从个人以及部门的利益王国中走出来为组织中共享的方案通力合作。

学习型组织在公共组织中的应用可以为公共组织带来以下几个好处：一是可以打破由于专业分工的重重阻隔，使组织内的部门相互独立，失去有机联系的局面，使组织成员"从个人以及部门的利益王国中走出来"，围绕公共组织的发展而通力合作。二是由于组织各部门为了争取有限的利益资源而过分强调竞争，削弱了相互合作的关系，"应该合作与共享资源的时候却各自为政"，而且管理层人员各执己见，互不相让，增加了公共组织内耗，不利于公共组织的发展。学习型组织则强调抛除工作中的陈规陋习，组织成员彼此坦诚交流等都值得公共组织借鉴。三是原有公共组织中存在的只注重如何解决问题，而不关心问题是如何产生的现象，阻碍了组织的变革和持续发展，"鼓励组织成员为了灭火绕着圈跑，而不查清并阻止火源"，而学习型组织则主张组织成员抛去过去解决问题的老脑筋，把"所有组织的程序、行动、功能以及环境的相互作用看做一个相互联系的系统中的一部分"，避免陷入只关注如何解决问题，不管新问题是如何产生的怪圈。

---

① ［美］斯蒂芬·P. 罗宾斯著，郑晓明、葛春生译：《组织行为学精要：全球化竞争策略》，电子工业出版社，2001 年版，第 294 页。

那么对公共组织而言，如何组建学习型组织呢？在这里我们可以借鉴斯蒂芬·P. 罗宾斯给出的三条建议：①

（1）制定一个战略方案。管理层应该明确其改进、革新即持续发展的目标。

（2）重新设计组织结构。原有的结构会对学习造成巨大的障碍。通过削减阶层，合并或减少部门，增加具有交叉性的团队，可增强内部联系与合作，促进人际交流。

（3）重建组织文化。学习型组织的特征受文化的价值观、开放度及其成长的影响。管理层通过所说的（战略）及所做的（行为）为组织文化定下了基调。管理人员必须具备敢于承担风险和勇于承认错误的品质，管理层应该注重功能性冲突的作用。

归根结底，在公共组织中组建学习型组织，应尽量减少组织内部的管理层次。因为学习型组织是以信息和知识为基础的组织，管理层次过多，不利于信息的传递和组织成员之间的相互沟通，除此以外，公共组织还应注重塑造组织的学习文化和学习气氛，培养组织成员的学习习惯等。为了更好地促进公共组织学习型组织的建立，还应注重同外界的联系，"积极地向外界学习，组建知识联盟，有助于组织之间的学习和知识共享，使组织能够开展系统思考"。②

4. 团队组织日显重要

随着社会的日益多元化，传统的自上而下的管理模式越来越不适应环境的变化了，不但等级森严，而且使组织成员丧失了主动性和创造力，使整个公共组织缺乏生机和活力，反应迟钝。团队组织则强调在工作中的参与性，注重个体在团队中的价值，并最大限度地满足个人发展的需求，激发员工的积极性。因此，团队组织在现代公共组织中越来越受到重视，并发挥着重要作用。

与传统公共组织比较而言，团队组织具有以下一些优势：一是有利于提高公共组织的工作效率。竞争环境的日益复杂，传统的公共组织仅依靠固定的规章制度显然已经不能及时有效地应对突发事件。二是随着组织对人员越来越重视，增加了组织成员的强烈参与感，有利于充分发挥组织成员的工作能力，激励员工参与决策。团队组织能根据组织成员能力、技能的不同，根据特定的目标和任务，将不同的成员有效地组织起来，解决问题。除此以外，团队组织作为一个相对独立的组织形式，组织成员可以参与决策，在某种程度上，可以降低组织决策的失误率，以便对快速变化的环境及时做出反应。三是有利于降低组织成本。团队组织尽量做到人尽其才，技能互补，避免人力资源的浪费，有助于降低公共组织的人力成本。四是有利于形成良好的组织文化。对组织成员而言，团队组织对组织成员的心理素质要求极高；对团队组织领导而言，则要求其有高超的管理艺术和卓越的战略眼光，而这些是形成良好的组织文化必不可少的条件。

团队组织也存在着不少的缺陷。例如：团队组织要求其成员具有高度的自律精神，否则可能会因组织成员缺乏自律和公德而不能实现组织目标。在团队组织的规模上也有很大的限制，若团队人数过多，则可能会出现缺乏明确性、彼此认同的问题，而且灵活性和组织成员的责任感也不如人数少的团队组织强。另外，团队组织需要成员投入过多的精力来

---

① ［美］斯蒂芬·P. 罗宾斯著，郑晓明、葛春生译：《组织行为学精要：全球化竞争策略》，电子工业出版社，2001 年版，第 294 页。

② 张建东、陆江兵：《公共组织学》，高等教育出版社，2003 年版，第 318 页。

关注成员间的关系、职务分配、筹划、认同等，以维持团队组织的正常运行等。

5. 公共组织信息化

现代的信息技术和通讯技术在公共组织中的运用，带来了公共组织管理方式和制度的变革，以弥补传统公共组织管理和服务的不足，提高公共组织的管理水平和服务质量。公共组织信息化给公共组织带来巨大的影响，表现为：

（1）公共组织信息化变相延伸和增强了公共组织成员的体能，开阔其眼界，提升了组织成员的分析、判断和解决问题的能力，也节省了组织成员的时间和精力。

（2）公共组织信息化在做出决策的过程中，尽最大可能将群众的满意度作为基本标准，改善公共组织决策者的有限理性，使决策更加科学化，更加完善。

（3）公共组织信息化可以缩减中间管理层，适当地增加管理幅度，以提高管理效率。

（4）公共组织信息化有利于保存组织重要文件，避免其流失，防止文件记录的原始性、凭证性受到冲击等。

（5）公共组织信息化有利于公众对公共组织的监督。信息化对公共组织运作过程的透明度提出了更高的要求，公众可以借助网络技术参与有关公共事务的处理过程。同时，公众可以借助信息技术对滥用权力、贪污腐败的个人和组织进行检举和揭发，促使更多的人参与到监督公共组织行为的行列，保证公共组织的廉洁高效。

（6）公共组织信息化推动了政治民主化的进程。信息化有利于民主文化、法治文化的迅速传播；方便快捷的沟通渠道扩大了公民的知情权、参与权和监督权。

纵然公共组织信息化为社会和公众带来许多好处，但在我国推行公共组织信息化的过程中也存在着不少的阻力。首先，我国的人口素质差异非常大，不均衡。其次，我国地区大，机构多，且各地区之间的发展极不平衡。公共组织信息化的推行和实施需要有大量的基础设施的投资，但各地区的经济状况差异很大，而且全国职能部门加起来将是一个非常庞大的数字，要想在全国推行公共组织信息化，对于任何国家而言是难以想象的。再次，我国现有的行政文化传统和政治运行体制以及行政操作的非透明化等是与公共组织信息化所要求的分权制和透明化的行政方式相违背的，因此，公共组织信息化的推行必然会受到阻碍。最后，相关法律制度的不完善也可能使公共组织信息化的发展受到许多限制。例如，政府信息公开法、电子邮件的法律效力等都还有待确定。总之，在推行公共组织信息化的过程中。应注重信息资源的整合，协调好信息资源的共享和信息安全的关系。理论联系实际，根据各地区、各部门的实际情况和技术能力来推行公共组织信息化进程，防止"一窝蜂"。

6. 公共组织文化（Public Organizational Culture）地位突出

组织文化最早出现于20世纪80年代美国管理学者泰伦斯·迪尔和艾伦·肯尼迪所著的《企业文化——企业生存的习俗和礼仪》一书中，这引发了企业文化研究的热潮。公共组织学者将其引用到公共组织研究中，认为公共组织也应有组织文化，并对公共组织文化作了定义，张建东、陆江兵认为：所谓公共组织文化是指公共组织在长期的实践活动中所形成的并为组织成员所普遍认同和支持的具有本组织特色的价值观念、团体意识、行为规范和思维模式的总和。[①]

---

① 张建东、陆江兵：《公共组织学》，高等教育出版社，2003年版，第318页。

那么，公共组织文化包含哪些内容呢？有学者作了系统的归纳（见表 13-1）。

公共组织文化对公共组织的各项活动具有重要的作用，主要有：

（1）公共组织文化有利于增强公共组织的凝聚力。文化是一种极强的凝聚力量，它使组织成员认清组织共同利益与自身的利益密切相关，组织兴衰关系到各自的切身利益，从而以组织的生存和发展为己任，与组织同甘苦、共命运。

表 13-1　　　　　　　　　　　　　公共组织文化主要内容

	主要内容
公共组织活动理念	全心全意为人民服务、实现公共利益的最大化、高效、廉洁等
公共组织价值观	权力观、人才观、知识观、信息观、竞争观、发展观、卓越观、诚信观、服务观、时间观、义利观、效益观、公平观等
公共组织精神	公仆精神、爱国主义精神、实事求是精神、集体主义精神、创新精神、艰苦奋斗精神、无私奉献精神、爱岗敬业精神、追求卓越精神等
公共组织制度规范	各种制度规章、纪律和本组织提倡的道德规范等
公共组织形象	服务形象、环境形象、领导形象、成员形象、社会形象等
公共组织理想	即公共组织在未来预期达到的某种状态

资料来源：张建东、陆江兵：《公共组织学》，高等教育出版社，2003 年版，第 318 页。

（2）公共组织文化有利于塑造公共组织形象。组织文化不仅可以激发本组织成员对组织的自豪感和责任感，而且反映该组织的特色与内涵，对社会、公众以及其他组织产生一定的影响，有利于提高公共组织的知名度。

（3）公共组织文化激励组织成员为实现自我价值和组织的发展而不断进取。因为优秀的组织文化营造了一种人人受重视、受尊重的文化氛围；强调以人为中心的管理方法；摒弃了传统的官僚制中只重视工作任务而不重视人的情感的管理方法；创造出良好的价值观念，在良好的文化氛围中，每个成员的进步或贡献都能得到肯定和奖励，继而产生一种激励机制，使组织效率得以提高，形象得以提升。

（4）公共组织文化在一定程度上能够弥补规章制度的不足。在公共组织中，为了维护组织的正常运转，必然会制定出许多的规章制度来规范组织成员的行为。但是规章制度再全面，再多，也难以消除组织成员对规章制度的逆反心理和抵触行为。而组织文化可以通过建立共同的价值体系，形成一种软规范，"使组织成员在心理上形成一种定势：只要外部诱导信号发生变化，就能得到组织成员的积极响应，并转化为行动，以此减弱组织成员对这些刚性约束的心理冲撞，诱导多数成员认同并自觉遵守规章制度，从而使组织内部达成统一"[1]。

（5）公共组织文化有利于将公共组织目标与组织成员的价值取向和行为取向达成一致，在具体的环境下将个人的事业心和成功的欲望转化成具体的奋斗目标和行为准则，并

---

[1]　单大明：《组织行为学》，机械工业出版社，2004 年版，第 222 页。

为实现目标而努力奋斗。一个优秀的组织文化，能够通过共同的价值观和群体意识的培养，使组织成员在潜移默化中接受共同的价值观，并对组织产生认同感，使组织成员与组织成为有机整体。

总之，在公共组织的各项管理活动中，公共组织文化发挥着重要的作用，是公共管理活动坚实的心理和情感态度支撑力量。为了更好地承担国家事务和社会公共事务，公共组织应力图将自己"建设成为一个具有良好精神品位和文化品位的文化型组织"① 而努力。

本 章 小 结

随着社会的不断发展，外界环境的不断变化，公共组织存在的症结也逐渐浮出水面，例如，公共组织效率低下，机构臃肿，人浮于事，许多部门形同虚设，服务质量低下等。为了适应内外部环境的变化，保证组织的有效运转，必须对公共组织实行变革。公共组织变革是指公共组织根据内外部环境的变化，对组织战略目标、组织结构、管理方式、组织人员、组织文化等进行及时的调整与变革，提高组织绩效，实现组织目标。

公共组织变革并非一帆风顺，存在着阻力。公共组织变革的阻力主要来源于两个方面：一是个体阻力，二是组织自身的阻力。个体阻力包括：个体习惯，对收入报酬的担忧，安全感的缺失，对变革不确定性的恐惧等；组织阻力主要包括：组织结构惰性，变革对潜在权力关系的重新分配，变革对有限资源的重新分配以及出于对公共组织变革成本的考虑等。对公共组织变革的阻力克服有如下对策：提高组织成员对变革的参与度，通过教育、沟通消除组织成员的心理障碍，与各利益群体之间的充分协商，强制执行等。

同样，公共组织变革也存在着动力因素，包括两个方面：一是来自外部环境的动力：如政治、经济、科技、社会文化等因素对组织变革的影响。二是来自组织内部环境的动力：如公共组织结构层次紊乱，沟通不力，部门主义严重，需要变革；组织职能重叠，责权不明，内部矛盾激烈，需要变革；公共组织成员自身需求动机发生变化，推动组织变革等。

公共组织变革作为一项复杂的工程，必须选定正确的变革目标，按照一定的程序来执行，才可能保证变革的顺利实施。公共组织变革基本目标主要有两个：一是优化组织结构，提高效率，以适应环境的变化；二是改变公共组织成员的行为和观念，使之适应公共组织的发展。实施变革的基本程序有：一诊断问题；二设计变革方案；三实施变革；四评估效果并循环。

重视公共组织变革的同时，也不能忽视组织发展的问题。国内外许多学者对组织发展的定义作了精辟的阐述，结合公共组织的特点，将公共组织发展的定义为：通过对未来社会发展的科学预测，根据内外部环境的变化，对公共组织实施有计划的、自上而下的、全面的变革，以达到提高组织效率和应对威胁的能力。公共组织未来发展的基本趋势：一是公共组织结构由原来多层级向扁平化发展，二是公共组织运作柔性化，三是学习型组织备受重视，四是团队组织日显重要，五是公共组织信息化，六是公共组织文化地位突出。

---

① 张建东、陆江兵：《公共组织学》，高等教育出版社，2003年版，第319页。

案例

浅析顺德区大部制改革的可借鉴性经验

广东省佛山市顺德区 2009 年 9 月的大部制改革取得了广东省委、省政府的大力支持，在获得地级市管理权限后，大刀阔斧地进行了改革过程只有三天的大部制改革。其改革速度之快，一度引起人们的关注和议论。作为广东省大部制改革的示范县，它的改革经验已被广东省在全省范围内推广。作为全国县域改革的标兵和示范，顺德此次深化行政体制改革在全国开了先河。顺德区这一"石破天惊"的改革迄今已成果显著，对中国今后县区域改革具有重要示范和标本意义，总结分析其可借鉴性经验显得尤为重要。

大部制改革：大部门体制，又称大部门制、大部制，一般是指将职能相同或相近的部门整合、归并为一个较大的部门，或者使相同相近的职能由一个部门管理为主，以减少机构重叠、职责交叉、多头管理，增强政府履行职能的能力。大部门作为政府机构设置的一种形式，是相对于小部门而言的，通常管理职能较宽，业务管理范围较广，对一项政府事务或几项相近事务实行统一管理。所以，实行大部门体制的关键，在于实现职能有机统一。

选择顺德作为广东大部制改革试点，主要原因有三：其一，作为中国改革发展的排头兵之一，顺德现在遇到的问题正是其他地区即将遇到的问题；其二，顺德拥有雄厚的物质基础、强烈的改革意识和丰富的改革经验，破解科学发展难题的能力强；其三，顺德历来是改革的先锋示范点，示范效应作用更大。

2009 年 9 月 16 日上午，顺德召开副科级以上动员大会，大部制正式实施，根据《佛山市顺德区党政机构改革方案》，顺德区的党政机构由 41 个部门变为 16 个部门，精简幅度接近 2/3。区综合设置 16 个党政机构，其中：设置纪律检查委员会机关和党委工作部门 5 个，政府工作部门 10 个。其中 10 个局 6 个委员会，工商、质监、安全合并，加上知识产权、农业、文化的部分职能，成立市场安全监管局。工商行政管理局将不再存在，新成立的市场安全监管局人财物隶属于顺德区政府。除了国税、公安整体保留，其他受兼并。

具体经验总结有以下五点：

一、确立"省直管区"模式

2009 年 8 月 18 日，广东省确定顺德为广东全省唯一一个综合改革试验区，在现时建制不变的前提下，除党委、纪检、监察、法院、检察院系统及需要佛山市统一协调管理的事务外，其他经济、社会、文化等方面的事务，赋予顺德行使地级市管理权限。顺德作为实行"省直管区"模式的"吃螃蟹者"，在经济发展模式上、管理体制上创新，走出了自己发展特色的路。顺德综合改革试验工作创新主要表现在两个方面，首先顺德被赋予的是明确提出"行使地级市管理权限"，权限上要比"省直管县"大得多。其次，顺德的行政自主权扩大了，今后在城市规划、社会事务管理、公共财政、公共服务提供上还有望可以自行审批，效率上会大大提高。这些是此前"省管县"模式所没有的。

改革一定要敢于打破常规，这次赋予顺德一定的自主权与决定权，给了顺德一个创新求变、自由发挥的环境与条件，给顺德大刀阔斧的改革创造了有利的政策与制度环境。政策先行，给顺德的党政综合改革给予了环境优势，还注入了改革的动力。地级市管理权限的获得对这次的全面改革起到了至关重要的作用。这对于以后其他地区的改革提供了一个思考价值极高的经验。

二、实行党政合署

这次顺德大部制改革，最大的亮点是建立了党政统合的组织架构，从根本上改变了过去党政两条腿的机制。由于职能合并而不是取消，只是换了一个名字，因此也与现行体制不相矛盾。到目前为止，顺德是全国唯一进行了党政统合改革的县，其他地方还没有迈出那么大的步子。

这次改革党政联动一起改，41个党政部门精简为16个大部。比如，宣传部和文体旅游局合署办公，宣传部长兼任文体旅游局局长；工会、共青团、妇联、工商联、残联等群团组织一起并入社会工作部；原民政局则一分为二，双拥优抚、基层政权建设和民间组织管理职责，划入新组建的社会工作部，形成了大规划、大经济、大建设、大监管、大文化、大保障的格局。5个党委工作部门，都有一个职能相同的政府机构与其合署办公，做到党政两块牌子，一套人马。这次改革增加了宣传部与文体旅游局、司法局与政法委、社会工作部与民政宗教和外事侨务局的合署办公。

顺德这次跨党政进行职能整合，将区委统战部、区外事侨务局、民族宗教事务局、工商联、残联相关的职责，农业局管理农村集体经济组织的职责，区民政局双拥优抚、基层政权建设、民间组织管理的职责，整合划入区委社会工作部。顺德是中国2800多个县唯一没有统战部，没有民政局，没有工商局的，这是开风气之先。这从实用和操作角度，把群众工作、统战工作和宗教等工作加强到一个新的部门，不拘泥于名称，无论是从人力、决策、执行，都是加强了社会工作，也是加强了统战工作。

三、实施扁平化管理

此次改革探索建立党政决策权、执行权、监督权既分工清晰又统一协调的高效运行新机制，实现大部门首长负责制，大部门的部长、局长由区委常委、副区长或政务委员兼任。这使运行机制更加科学、决策管理更加扁平。在这16个职能部门当中就是由党委和政府的主要负责人兼任各个部门的局长，从而简化了很多不必要的程序，有效提高了政府效率。顺德这次改革使区委常委和副区长全部兼任大部门首长，还设立了几个和副区长同级别的区务委员，一起兼任大部门首长。

顺德改革后的创新性运行机制，全局性重大决策集中由区联席会议行使。联席会议成员由区委常委、区人大常委会主任、区政府正副区长、区政协主席、政务委员组成。组建区政府政务委员会，政务委员会由区政府区长、副区长和政务委员组成，参加区联席会议决策。政务委员按副处级领导职务配备。这样，顺德将使每个部门在区联席会议上都占有席位，拥有发言权，最大限度地实现决策民主化。在决策方面，除了"一个决策中心、四位一体"领导机制外，组建发展规划和统计局，成立决策咨询和政策研究室。联席会议的决策一步到位地直接由16个大部门落实执行，形成了联席会议—部门—业务科室的扁平化决策执行机制，减少了原来区委常委、副区长分管和区委区政府副秘书长协调的两个环节，缩短管理链条，提高决策、执行的效率效能；执行方面，实行区级领导、职责分明的部门首长责任制，一方面既压缩管理层级，实行扁平化管理，强化决策的执行力，另一方面可以使区的党政领导更加专业化，集中精力研究推进工作，避免过去分工跨度太大、疲于应付且效率不高的问题。

四、转变政府职能

转变政府职能是行政制度改革的核心。职能是机构的内核，机构是职能的载体。政府机构的设置，必须紧紧围绕政府职能这个内核和经济社会发展的需要来设置。推行大部制改革，不能只停留在简单的加减法，而要"同类项合并"，且要发生"化学反应"。就如顺德区委书记刘海强调，减少机构并不是改革的核心问题，"根本目的是更好地向服务型政府转变，让老百姓办事更方便"。从根本上厘清政府、市场和社会三者的关系，最大限度地释放社会生产力，走出机构改革"精简、膨胀、再精简、再膨胀"的怪圈。

我国公共管理部门服务态度差，政府"门难进，脸难看，事难办"的问题是普遍存在的。在这种情况下，政府应建立服务型政府，据公民的需求而不是政府自己的需求来提供公共服务。

改革后的顺德政府把主要精力放在履行社会经济管理者的职责上，加强和改善宏观经济调控，创造良好的市场环境，提高公共服务水平，构建服务型政府。现在，顺德是典型的"小政府，大社会，大经济"，"小机构，大协调，大服务"。

五、推进政策配套改革方案

这次的改革没有以牺牲干部的利益为代价，在人员调整上按照"人员不降级、编制不突破"的原则进行。在具体实施上，顺德区在不突破省核定的各类编制的情况下，采取多种措施来确保队伍的平稳过渡。改革方案用"人随事走"的方式进行，按照职能划分将科室整体平移，因此编制和公务员数量不会大幅度变化，避免挫伤党政管理人员对改革的积极性，为改革进一步减少阻力。

顺德政府还设计了很多方案，成功完成了行政人员的人事安排工作。聪明的顺德人做了一个"发明"，就是在区一级设立"政务委员"，在局一级设立"局务委员"，编制不突破、人员不降级、薪酬也优化，人员安置的困局随之破解。还根据《公务员法》，科员做得好的话，工资可能比局长还高。这个也为改革减少了阻力。

另外，市场安全监管局整合后，创新性提出"网格化管理"的模式，将顺德全区划分为若干个网格综合执法，将六七顶大盖帽有效地合并为了一顶，很好地解决了"多头管理"的问题。事业单位实施分类改革，条件成熟的事业单位与主管部门脱钩，走向市场，政府可以购买其服务。

有人曾说，顺德这次改革主要是 1992 年和 1999 年两次综改的延续，新方案提出要将一系列行政机构裁减与合并，主要是将政府、党委和政府中职能重叠的机构进行合并。这认识到，这次改革借鉴了前两次改革的优秀经验：党政合署办公和合并重叠机构。但是没有看到，顺德这次的大部制改革是以广东省行政体制改革为背景。广东省特将顺德区作为大部制改革的试点，希望把它的试验经验推广到全省，这就决定了顺德区的改革只是广东改革的一颗棋子。但就是作为一颗棋子，恰恰赋予了顺德能在省直管下大展拳脚地进行改革，这就是它区别于前两次改革的方面。广东省这一宏观规划、局部放权做法，是其他地区改革值得深思的地方。

我们说判断一个区域体制改革的方向，要看它是否有利于促进生产力的发展，是否有利于惠及人民群众和企业，是否有利于连续、平稳建设社会和谐等问题，如果能够按照这种方向来推进，我们认为这种改革都能够成功。顺德以打造机构精简、效率高效、服务周全的"小政府，大社会"为改革宗旨和目标，为顺德发展提速更快，服务市民更方便快捷提供政府服务管理平台。顺德的大部制改革至今已有三个多月，虽然改革尚未完成，但顺德的"小政府，大社会"效应已初战告捷。这次机构改革，表面上看是机构的合并，实质上是党政组织结构的深刻变革，是政府职能的重大转变。通过改革建立决策、执行与监督互相制约又互相协调的行政管理体制，为全国县级行政单位改革探路。

（资料来源：豆丁网，《浅析顺德区大部制改革的可借鉴性经验》，http://www.doc.com/p-660150856405.html）

1. 根据以上案例，思考顺德区大部制改革有哪些经验可取？
2. 在优化地方政府组织结构时应该注意什么问题？

思 考 题

1. 公共组织变革的含义是什么？
2. 公共组织变革的阻力有哪些？如何克服？
3. 公共组织变革的动力有哪些？
4. 公共组织变革的程序和目标是什么？
5. 公共组织发展的含义是什么？
6. 结合所学的知识，你认为公共组织发展的趋势是什么？

专 业 名 词

组织发展	Organization Development
公共组织文化	Public Organizational Culture
学习型组织	Learning Organization
扁平化组织结构	Flat Organizational Structure
公共组织信息化	Public Organizational Informatization

参 考 文 献

[1] 阎洪琴：《公共行政组织》，团结出版社，2000 年版。

[2] 唐兴霖：《公共行政组织原理：体系与范围》，中山大学出版社，2002 年版。

[3] 陈春花、段淳林：《中国行政组织文化》，华南理工大学出版社，2005 年版。

[4] 吴刚：《行政组织管理》，清华大学出版社，1999 年版。

[5] 尹钢、梁丽芝：《行政组织学》，北京大学出版社，2005 年版。

[6] 张建东、陆江兵：《公共组织理论》，高等教育出版社，2003 年版。

[7] ［美］罗伯特·B. 登哈特，扶松茂、丁力译：《公共组织理论》，中国人民大学出版社，2001 年版。

[8] 付明贤：《行政组织理论》，高等教育出版社，2000 年版。

[9] 曾繁正编译：《行政组织管理学》，红旗出版社，1998 年版。

[10] 陈振明、孟华：《公共组织理论》，上海人民出版社，2006 年版。

[11] 刘霞：《公共组织创新战略》，中国社会科学出版社，2005 年版。

[12] ［美］迈克尔·L. 瓦休等著，张斌涛等译：《组织行为与公共管理》，经济科学出版社，2004 年版。

[13] 帅学明：《现代公共管理学》，华南理工大学出版社，2004 年版。

[14] 叶常林、金太军：《公共管理学概论》，北京大学出版社，2005 年版。

[15] 孙成志、孙天隽：《组织行为学》，中国金融出版社，2004 年版。

[16] 张德、吴志明：《组织行为学》，东北财经大学出版社，2002 年版。

[17] 孙多勇：《公共管理学》，湖南人民出版社，2005 年版。

[18] ［美］戴维·奥斯本、［美］特德·盖布勒著，周敦仁等译：《改革政府——企业精神如何改革着公营部门》，上海译文出版社，1996 年版。

[19] 丁煌：《西方行政学说史》，武汉大学出版社，2005 年版。

[20] ［美］拉塞尔·林登著，汪大海译：《无缝隙政府：公共部门再造指南》，中国人民大学出版社，2002 年版。

[21] ［美］彼得·圣吉著，郭进隆译：《第五项修炼——学习型组织的艺术与实务》，三联书店，1998 年版。

[22] ［美］斯蒂尔曼著，李方等译：《公共行政学》（下册），中国社会科学出版社，1989 年版。

[23] ［美］巴纳德著，孙耀君等译：《经理人员的职能》，中国社会科学出版社，1997 年版。

[24] ［德］韦伯著，林荣远译：《经济与社会》，商务印书馆，1997 年版。

[25] ［法］法约尔著，周安华等译：《工业管理与一般管理》，中国社会科学出版

社，1982 年版。

[26] ［希］亚里士多德著，吴寿彭译：《政治学》，商务印书馆，1983 年版。

[27] 阎海峰、王端旭：《现代组织理论与组织创新》，人民邮电出版社，2003 年版。

[28] 陈树文：《组织管理学》，大连理工大学出版社，2005 年版。

[29] 朱国云：《公共组织理论》，南京大学出版社，2003 年版。

[30] 金东日：《现代组织理论与管理》，天津大学出版社，2003 年版。

[31] Thompson, James. *Organizations in Action*. McGraw-Hill, 1967.

[32] Kaufman, Hebert. *The Forest Ranger*. Baltimore, Johns Hopkins University Press, 1960.

[33] ［美］弗莱蒙特·E. 卡斯特、［美］詹姆斯·E. 罗森茨韦克著，傅严译：《组织与管理》，中国社会科学出版社，2000 年版。

[34] ［美］理查德·L. 达夫特著，王凤彬等译：《组织理论与设计》，清华大学出版社，2003 年版。

[35] ［美］斯蒂芬·P. 罗宾斯著，孙建敏译：《组织行为学》，中国人民大学出版社，1997 年版。

[36] ［美］理查德·H. 霍尔著，张友星等译：《组织：结构、过程及结果》，上海财经大学出版社，2003 年版。

[37] ［美］德博拉·安可纳等著，李梦学等译：《组织行为与过程》，中信出版社，2003 年版。

[38] ［美］W. 理查德·斯格特著，黄洋等译：《组织理论》，华夏出版社，2002 年版。

[39] ［英］S. 泰森、T. 杰克逊著，高筱苏译：《组织行为学精要》，中信出版社，2003 年版。

[40] 汪玉凯：《公共管理与非政府公共组织》，中共中央党校出版社，2003 年版。

[41] 张润书：《行政学》，中国台湾三民书局，1976 年版。

[42] 罗锐韧、曾繁正：《组织行为学》，红旗出版社，1997 年版。

[43] 徐仁璋：《公共行政学》，中国财政经济出版社，2002 年版。

[44] 徐仁辉、杨永年、张昕：《公共组织行为学》，北京大学出版社，2006 年版。

[45] 孙萍、张平：《公共组织行为学》，中国人民大学出版社，2006 年版。

[46] 张爱卿：《当代组织行为学》，中国邮电出版社，2006 年版。

[47] 肖余春：《组织行为学》，中国发展出版社，2006 年版。

[48] 李剑锋：《政府组织行为学》，中国人民大学出版社，2005 年版。

[49] 石兴国、安文、姜磊：《组织行为学——以人为本的管理》，电子工业出版社，2005 年版。

[50] 张德：《组织行为学》，高等教育出版社，2004 年版。

[51] 滕玉成、俞宪忠：《公共部门人力资源管理》，中国人民大学出版社，2003 年版。

[52] 庄士钦：《组织行为理论与实务——怎样成为有效的领导者》，人民邮电出版社，2003 年版。

[53] 朱晓卫：《公共部门人力资源开发与管理研究》，黑龙江出版社，2003 年版。

［54］王祖成：《世界上最有效的管理——激励》，中国统计出版社，2002年版。

［55］［美］罗纳德·克林格勒、［美］约翰·纳尔班迪著，孙柏瑛等译：《公共部门人力资源管理——系统与战略》，中国人民大学出版社，2001年版。

［56］孙柏瑛、祁光华：《公共部门人力资源管理》，中国人民大学出版社，1999年版。

［57］［美］巴纳德著，王永贵译：《经理人员的职能》，北京大学出版社，1992年版。

［58］［美］纳尔逊、［美］奎克著，桑强等译：《组织行为学：基础、现实与挑战》，中信出版社，2004年版。

［59］［美］戈伦比威斯基、［美］瓦尼著，杨爱华等译：《组织发展案例：环境、行为与组织变革》，中国人民大学出版社，2004年版。

［60］王乐夫：《中国公共管理理论前沿》，中国社会科学出版社，2006年版。

［61］［美］尼古拉斯·亨利著，项龙译：《公共行政学》，华夏出版社，2002年版。

［62］［美］卡明斯、［美］沃里著，李剑峰等译：《组织发展与变革精要》，清华大学出版社，2003年版。

［63］王苹：《当代中国公共组织文化建设》，四川出版集团，2004年版。

［64］竺乾威：《公共行政学》，复旦大学出版社，2004年版。

［65］周庆行：《公共行政导论》，重庆大学出版社，2004年版。

［66］［美］理查德·L. 达夫特、［美］雷蒙德·A. 诺伊著，杨宇等译：《组织行为学》，机械工业出版社，2004年版。

［67］［美］加里·尤克尔著，陶文昭译：《组织领导学》，中国人民大学出版社，2004年版。

［68］［美］迈克尔·L. 瓦休等著，张斌涛译：《组织行为与公共管理》，经济科学出版社，2004年版。

［69］顾锋：《管理学》，上海人民出版社，2004年版。

［70］刘丽霞：《公共管理学》，中国财政经济出版社，2002年版。

［71］黎民：《公共管理学》，高等教育出版社，2003年版。

［72］［美］斯蒂芬·P. 罗宾斯著，孙建敏译：《管理学》，中国人民大学出版社，2004年版。

［73］周三多、陈传明、明泓：《管理学——原理与方法》，复旦大学出版社，1999年版。

［74］［美］赫伯特·西蒙著，詹正茂译：《管理行为》，机械工业出版社，2004年版。

［75］武玉英：《变革社会中的公共行政——前瞻性行政研究》，北京大学出版社，2005年版。

［76］曹现强、王佃利：《公共管理学概论》，中国人民大学出版社，2005年版。

［77］娄成武、魏淑艳：《现代管理学原理》，中国人民大学出版社，2004年版。

［78］王为民：《公共组织财务管理》，中国人民大学出版社，2006年版。

［79］侯江红：《公共组织财务管理》，高等教育出版社，2002年版。

［80］李兰英：《公共部门财务管理概论》，中国财政经济出版社，2002 年版。

［81］财政部：《民间非营利组织会计制度》，经济科学出版社，2004 年版。

［82］王国生：《民间非营利组织会计》，经济管理出版社，2004 年版。

［83］会计制度研究组：《民间非营利组织会计制度讲解与操作》，东北财经大学出版社，2005 年版。

［84］汪玉凯：《公共管理与非政府公共组织》，中共中央党校出版社，2003 年版。

［85］王金秀、陈志勇：《国家预算管理》，中国人民大学出版社，2001 年版。

［86］［美］斯蒂芬·P. 罗宾斯著，郑晓明、葛春生译：《组织行为学精要：全球化竞争策略》，电子工业出版社，2002 年版。

［87］［英］拉德克利夫·布朗著，潘蛟等译：《原始社会的结构与功能》，中央民族大学出版社，1999 年版。

［88］邓国胜：《非营利组织评估》，社会科学文献出版社，2001 年版。

［89］刘靖华：《政府创新》，中国社会科学出版社，2002 年版。

［90］张国庆：《行政管理学概论》，北京大学出版社，2000 年版。

［91］［美］弗伦奇等编，阎海峰等译：《组织发展与转型：有效的变革管理》，机械工业出版社，2006 年版。

［92］卓越：《公共部门绩效评估》，中国人民大学出版社，2004 年版。

［93］吴琼恩：《公共行政学》，北京大学出版社，2004 年版。

［94］陈振明：《公共管理学》，中国人民大学出版社，2003 年版。

［95］王强、陈易难：《学习型政府——政府管理创新读本》，中国人民大学出版社，2003 年版。

［96］唐兴霖：《公共行政组织原理：体系与范围》，中山大学出版社，2002 年版。

［97］庄序莹：《公共管理学》，复旦大学出版社，2006 年版。

［98］苏保忠、张正河：《公共管理学》，北京大学出版社，2004 年版。

［99］王德高：《公共管理学》，武汉大学出版社，2005 年版。

［100］赵定涛：《公共管理学》，中国科学技术大学，2006 年版。

［101］孙成志、孙皓：《管理学》，中国金融出版社，2004 年版。

［102］张成福、党秀云：《公共管理学》，中国人民大学出版社，2001 年版。

［103］［澳］欧文·休斯著，张成福译：《公共管理导论》，中国人民大学出版社，2001 年版。

［104］陈振明：《公共部门战略管理》，中国人民大学出版社，2004 年版。

［105］张泰峰、Eric Reader：《公共部门战略管理》，郑州大学出版社，2004 年版。

［106］［美］保罗·C. 纳特、［美］罗伯特·W. 巴可夫著，陈振明等译：《公共和第三部门组织的战略管理：领导手册》，中国人民大学出版社，2001 年版。

［107］［澳］欧文·E. 休斯著，张成福译：《公共管理导论》，中国人民大学出版社，2001 年版。

［108］［美］戴维·奥斯本、［美］彼得·普拉斯特里克著，谭功荣、刘霞译：《摒弃官僚制：政府再造的五项战略》，中国人民大学出版社，2002 年版。

［109］曲如晓、韩庆华、王玉琴：《当代世界经济与政治》，经济科学出版社，2005

年版。

    [110] 李滨：《世界政治经济中的国际组织》，国家行政学院出版社，2001 年版。

    [111] 周敏凯：《国际政治学新论》，复旦大学出版社，2004 年版。

    [112] 黎民：《公共管理学》，高等教育出版社，2003 年版。

    [113] 胡君辰、杨永辉：《组织行为学》，复旦大学出版社，2002 年版。

    [114] 李剑峰：《政府组织行为学》，中国人民大学出版社，2005 年版。

    [115] 单大明：《组织行为学》，机械工业出版社，2004 年版。

后　记

本书第一版于 2007 年出版之后，受到了广大读者的厚爱。按照武汉大学出版社的要求，我们对第一版进行了修订。本书仍然主要是为高等学校行政管理、公共事业管理、电子政务等公共管理类专业的专业课公共组织理论编写的教材。

本书在修订时，力求做到以下几点：

1. 更新有关内容，汲取新的理论研究成果和成功实践。本书作者多年来从事公共组织理论的教学和研究工作，能够跟踪学科的研究热点，注意公共组织最新的成功实践。体现在本书的这几个方面：（1）将许多新理论观点充实进来；（2）许多社会活动是最近才开始进行的；（3）体现了党中央的有关重大决策；（4）案例都是近年来发生的经典事件。

2. 体现教材的实用性和普及性。本书尽力为读者提供完整的理论研究框架和基本的学术概念，重点介绍国外经典理论，特别注重阐释最新的理论成果。此外，本书还就公共组织的有关成功实践进行了分析，尽量做到内容实用，方便阅读，体现教材的实用性和普及性。

3. 在继承第一版教材的特点之后，我们在格式上进行了一些调整。每章开始就说明学习目的，指出本章重点。在正文结束后进行本章小结，接着就是案例材料，帮助大家熟悉和运用本章的有关知识，然后是思考题，方便大家复习本章的基本知识。为了节省版面，我们删除了每章的讨论焦点和各章节后的参考文献。最后我们列举了一些专业名词的中英文，以便于大家阅读相关的外文文献。

4. 体现公共组织理论的科学交叉性。尽管公共组织理论是一门独立的学科，但并不意味着它能够离开其他学科而独立发展。我们非常注意公共组织理论的科学交叉性，努力将其他相关学科的理论成果和研究方法融入到公共组织理论中，使公共组织理论成为一个相对开放的学科。在公共组织财务管理一章，我们引入权责发生制的内容，这对公共组织管理的完善提供了新的视角。

本书在改编的过程中参阅了国内外学者的大量优秀论著和其他研究成果，我们尽力在每页的脚注中对参阅的文献加以标注，以表示我们对各位论著作者和有关媒体的尊重。同时，作者在此真诚地向各位论著作者和有关媒体表示感谢。书中如有参考文献标注遗漏之处，敬请原作者原谅，并请与我们联系，我们将在再版中更正。

本书由多位作者合作完成，是集体智慧的结晶。参加本次编写的有：苏忠林（第 1、2、12 章），刘婧、吴丽琼（第 3、11 章），曾婧婧、王海桃（第 4、9 章），曾婧婧、吴强华（第 5 章），刘婧、蒋祖存（第 6 章），李云新、田青（第 7、13 章），李云新、岳奇（第 8、10 章）。全书由苏忠林主持编写，并负责统稿和定稿，其他参编人员也提出了很多宝贵意见。在此谨向他们表示衷心的感谢！

本书能够顺利出版，还要感谢武汉大学出版社相关人员的大力支持，没有他们的支持，本书绝对不能按时与大家见面。我的妻子张红莲女士做了大量文字方面的工作，我可爱的儿子苏良文章在我疲惫的时候带给我许多快乐，给予我精神上的莫大鼓励。中南财经政法大学公共管理学院副院长、博士生导师赵丽江教授，博士生导师徐双敏教授也为本书提出了宝贵的指导意见。行政管理系主任李明强副教授和其他同事为了我能够安心完成书稿，在教学任务和时间安排上给予了我很大的便利。湖北经济学院公共管理系系主任袁文艺副教授也给予了宝贵支持。我在此向他们表示诚挚的感谢！

由于编者的水平有限，书中一定还存在不足之处，希望使用本教材的老师和同学以及其他专家学者批评指正，以便于再版时修订。

苏忠林

2012 年 12 月于中南财经政法大学